Windows Vista™
PARA
DUMMIES®

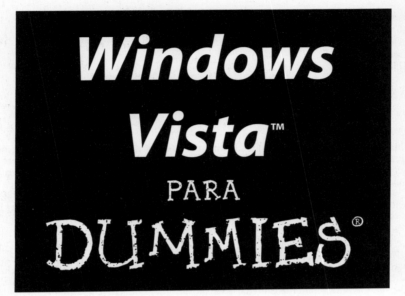

Windows Vista™ PARA DUMMIES®

por Andy Rathbone

1807
WILEY
2007

Wiley Publishing, Inc.

Windows Vista™ Para Dummies®

Published by
Wiley Publishing, Inc.
111 River Street
Hoboken, NJ 07030-5774
www.wiley.com

WILEY

Sobre el Autor

El interés de **Andy Rathbone** en el campo de la computación inició en 1985, cuando compró un equipo portátil de 26 libras CP/M Kaypro 2X. Como otros apasionados de la informática de ese entonces, pronto comenzó a jugar con los adaptadores del módem nulo, marcando los boletines de los equipos y trabajando medio tiempo en Radio Shack.

Escribió artículos para diversas publicaciones técnicas antes de cambiarse a libros de computación en 1992. Ha escrito la serie *Windows Para Dummies, Upgrading and Fixing PCs For Dummies (Actualizar y Reparar PCs Para Dummies), TiVo Para Dummies, PCs: The Missing Manual (El manual que faltaba)* y muchos otros libros de computación.

Actualmente, tiene más de 15 millones de copias impresas de sus libros que se han traducido a más de 30 idiomas. Puede contactar a Andy en su sitio Web, www.andyrathbone.com.

Agradecimientos del Autor

Gracias en especial a Dan Gookin, Matt Wagner, Tina Rathbone, Steve Hayes, Kelly Ewing, Colleen Totz, Dave Diamond, Joyce Nielsen, Kristie Rees, Jodi Jensen y Amanda Foxworth. Gracias también a todas las personas que no llegué a conocer en la editorial, ventas, mercadeo, revisión, diseño, gráficos y manufactura, quienes trabajaron arduamente para crear este libro.

Agradecimientos del autor

Estamos orgullosos de este libro. Por favor envíenos sus comentarios a través del formulario de registro que se encuentra en www.dummies.com/register/.

Entre las personas que ayudaron a llevar este libro al mercado se incluyen:

Adquisiciones, editorial y desarrollo de medios

Editor del proyecto: Kelly Ewing y Kevin Kirschner

Editor senior de adquisiciones: Steve Hayes

Editor técnico: Joyce Nielsen

Gerente de la editorial: Jodi Jensen

Gerente del desarrollo de medios: Laura VanWinkle

Asistente de la editorial: Amanda Foxworth

Asistente senior de la editorial: Cherie Case

Caricaturas: Rich Tennant (www.the5thwave.com)

Servicios de composición

Coordinador del proyecto: Kristie Rees

Diseño y gráficas: Denny Hager, Stephanie D. Jumper, Amanda Spagnuolo, Erin Zeltner

Lectores de prueba: Cynthia Fields, Joni Heredia, Susan Moritz, Libros técnicos

Indexador: Broccoli Information Management

Publicación y editorial para Dummies de Tecnología

Richard Swadley, Vicepresidente y editor del grupo ejecutivo

Andy Cummings, Vicepresidente y editor

Mary Bednarek, Director ejecutivo de adquisiciones

Mary C. Corder, Directora de la editorial

Publicación para Dummies de consumo

Diane Graves Steele, Vicepresidente y editor

Joyce Pepple, Directora de adquisiciones

Servicios de composición

Gerry Fahey, Vicepresidente de servicios de producción

Debbie Stailey, Directora de servicios de composición

Un vistazo al contenido

Tabla de Materias

Introducción

• •

*¡B*envenido a Windows Vista Para Dummies.

La popularidad de este libro probablemente se debe a este simple hecho: Algunas personas quieren ser genios de Windows. Les encanta interactuar con cuadros de diálogo. Algunas personas presionan teclas al azar, con la esperanza de descubrir características ocultas sin documentar. Algunos memorizan largas cadenas de comandos de computación mientras se están lavando el cabello.

¿Y usted? Bien, usted no es ningún *dummy*, eso es seguro. Pero cuando se trata de Windows y equipos, simplemente no existe la fascinación. Usted quiere realizar su trabajo, terminarlo y seguir con algo más importante. No tiene intenciones de cambiar y no hay nada de malo en eso.

Ahí es cuando este libro se vuelve útil. En lugar de convertirlo en un genio de Windows, sencillamente proporciona fragmentos útiles de información de equipos cuando los necesita. En lugar de convertirse en un experto en Windows Vista, sabrá justo lo suficiente para captar de una manera rápida, desenfadada y con un mínimo de sufrimiento, para que pueda continuar con cosas más placenteras en la vida.

Acerca de Este Libro

No intente leer este libro en un solo impulso, no hay necesidad. En vez de eso, trate a este libro como un diccionario o enciclopedia. Trasládese hasta la página que tenga la información que usted necesita y diga, "Ah, así que esto es de lo que están hablando". Luego, cierre el libro y siga adelante.

No se moleste en tratar de memorizar toda la terminología de Windows Vista, tal como "Seleccionar el elemento del menú desde el cuadro Lista desple-gable." Deje esas cosas para los entusiastas de la computación. De hecho, si aparece algo técnico en un capítulo, una señal en el camino se lo advierte con suficiente anticipación. Dependiendo de su estado de ánimo, puede detenerse para leerlo o verlo con rapidez.

En lugar de la estrambótica jerga de computación, este libro trata temas como los siguientes, todos explicados en un español simple:

- ✔ Mantener su equipo seguro y a salvo.
- ✔ Encontrar, iniciar y cerrar programas
- ✔ Localizar el archivo que guardó o descargó ayer
- ✔ Configurar un equipo para que lo utilice toda la familia
- ✔ Copiar información de y hacia un CD o DVD
- ✔ Trabajar con las fotografías de su cámara digital y hacer presentaciones de diapositivas
- ✔ Escanear e imprimir su trabajo
- ✔ Crear una red entre equipos para que compartan una conexión a Internet o la impresora
- ✔ Reparar Windows Vista cuando no esté funcionando

No hay nada que memorizar y nada que aprender. Sólo busque la página correcta, lea la breve explicación y regrese a trabajar. A diferencia de otros libros, éste le permite omitir el lenguaje técnico y aún así llevar a cabo su trabajo.

Cómo Utilizar Este Libro

Eventualmente, algo en Windows Vista lo dejará rascándose la cabeza. Ningún otro programa tiene tantos botones, barras y balbuceos en la pantalla. Cuando algo en Windows Vista lo deja confundido, utilice este libro como referencia. Busque el tema que le está dando problemas en la tabla de contenido o índice. La tabla de contenido enumera los títulos de los capítulos y secciones, así como los números de página. El índice enumera los temas y los números de página. Desplácese por las páginas a través de la tabla de contenido o índice hasta el lugar que describe ese determinado pedacito de oscuridad de la informática, lea sólo lo que tiene que leer, cierre el libro y aplique lo que ha leído.

Si se siente valiente y quiere averiguar más, lea un poco más en los elementos marcados con viñetas debajo de cada sección. Puede encontrar de manera completamente voluntaria algunos detalles, consejos o diferencias cruzadas adicionales para echarles un vistazo. Sin embargo, no existe presión. No está obligado a descubrir nada que no quiera o para lo que sencillamente no tiene el tiempo.

Si tiene que escribir algo en el equipo, podrá ver el texto en negrita fácil de seguir, como éste:

Escriba **Media Player** en el cuadro Search.

En el ejemplo anterior, usted escribe las palabras *Media Player* y luego presiona la tecla Enter en el teclado. Escribir palabras en el equipo puede ser confuso, así que se muestra una descripción que explica lo que debería estar viendo en la pantalla.

Cada vez que describo un mensaje o información que usted ve en la pantalla o en una dirección de la Web, se lo presento de esta forma:

```
www.andyrathbone.com
```

Este libro no se limita a decir, "Para obtener mayor información, consulte su manual". Windows Vista ni siquiera *viene* con un manual. Este libro tampoco contiene información sobre cómo funcionan paquetes de software específicos de Windows, tales como Microsoft Office. ¡Windows Vista ya es lo suficientemente complicado por sí solo! Por suerte, otros libros *para Dummies* explican compasivamente la mayoría de paquetes de software más populares.

No obstante, no se sienta abandonado. Este libro describe Windows con mucho detalle para que usted haga el trabajo. Además, si tiene preguntas o comentarios sobre *Windows Vista para Dummies*, siéntase en la libertad de escribirme unas líneas a mi sitio Web en www.andyrathbone.com.

Finalmente, tenga presente que este libro es una *referencia*. No está diseñado para enseñarle cómo utilizar Windows Vista como un experto; el cielo no lo permita. En vez de esto, este libro proporciona suficientes fragmentos útiles de información fáciles de digerir para que no *tenga* que aprender Windows.

¿Y Qué Hay sobre usted?

Las probabilidades son que ya tenga Windows Vista o que esté pensando en actualizarse. Usted sabe qué es lo que *usted* quiere hacer con su equipo. El problema radica en hacer que el *equipo* haga lo que usted quiere que éste haga. Está acorralado de una forma o de otra, ojalá con la ayuda de un gurú en equipos, ya sea un amigo en la oficina, alguien que vive en su calle o su hijo de cuarto grado.

Pero cuando su gurú en equipos no está a la mano, este libro puede ser un sustituto durante sus momentos de necesidad. (Mantenga cerca una dona o una tarjeta de Pokémon en caso de que necesite un pequeño descanso).

Cómo Está Organizado Este Libro

La información en este libro ha sido muy bien clasificada. Este libro contiene siete partes y dividí cada parte en dos capítulos relacionados con el tema de la parte. Con un cuchillo de superficie uniforme y muy fina, divido cada capítulo en pequeñas secciones para ayudarle a deducir un poco las rarezas de Windows Vista. Algunas veces, puede encontrar lo que está buscando en una pequeña barra lateral encasillada. Otras veces, puede necesitar explorar toda una sección o capítulo. Depende de usted y de la tarea determinada en ese momento.

Aquí están las categorías (el sobre, por favor).

Parte 1: Aspectos de Windows Vista que Todos Piensan que usted Ya Sabe

Esta parte analiza la médula de Windows Vista: su pantalla de inicio y botones de nombre de usuario, y el inmenso botón Start que esconde todas sus cosas importantes y el escritorio de su equipo: el fondo en donde viven todos sus programas. Por ejemplo, le explica cómo mover las ventanas y hacer clic en los botones correctos en el momento correcto. Explica los aspectos de Windows Vista que todos piensan que usted ya sabe.

Parte II: Trabajar con Programas y Archivos

Windows Vista viene con muchos programas gratuitos. Sin embargo, encontrar e iniciar los programas por lo general resulta ser toda una faena. Esta parte del libro muestra cómo poner a trabajar los programas. Si un archivo o programa importante se ha desvanecido del radar, descubrirá cómo hacer que Windows Vista hurgue en las entrañas saturadas de su equipo y lo traiga de vuelta.

Parte III: Lograr Hacer Cosas en Internet

Visite esta parte para recibir un curso rápido sobre el campo de juegos de la computación hoy en día: la Internet. Esta parte explica cómo enviar correos electrónicos y navegar en los sitios Web. Lo que es mejor, un capítulo entero explica cómo hacerlo de una forma segura, sin virus, spyware ni molestos anuncios emergentes.

Una sección explica la barra de herramientas de seguridad de Internet Explorer. La barra de herramientas previene que sitios perversos de suplantación de identidad (phishing) lo engañen y evita que los parásitos de Web se adhieran a su tabla mientras surfea por la Web.

Parte IV: Personalizar y Actualizar Windows Vista

Cuando Windows Vista necesite una sacudida, arréglelo al cambiar de lugar uno de los dispositivos ocultos en su Control Panel descritos aquí. Otro capítulo explica el mantenimiento de equipos que puede llevar a cabo fácilmente usted mismo, reduciendo así sus facturas por reparaciones. Descubrirá cómo compartir su equipo con muchas otras personas en una familia o departamento compartido, sin dejar que nadie hurgue la información de nadie más.

Y, cuando esté listo para agregar un segundo equipo, diríjase al capítulo relacionado con redes para obtener instrucciones rápidas sobre cómo vincular los equipos para que compartan una conexión a Internet, archivos, así como una impresora.

Parte V: Música, Películas, Recuerdos (y Fotografías También)

Visite esta parte para obtener información sobre cómo reproducir CD de música, DVD, música digital y películas. Compre algunos CD baratos y cree su propio CD de grandes éxitos, de sus canciones favoritas. (O sencillamente copie un CD para que su disco favorito no se raye en el carro).

Los propietarios de cámaras digitales deberían visitar el capítulo sobre cómo transferir imágenes desde su cámara a la computadora, organizar las imágenes y enviarlas por correo electrónico a los amigos. ¿Compró una cámara de video? Diríjase a la sección que explica cómo editar las partes mal grabadas y guardar su obra maestra completa en un DVD que los familiares ahora sí *disfrutarán*.

Parte VI: ¡Ayuda!

Aunque el vidrio no explota cuando Windows deja de funcionar, aún así duele. En esta parte, encontrará algunos remedios para las más dolorosas irritaciones. Además, encontrará formas de cómo liberar al equipo de solucionadores de problemas del programa Windows Vista.

¿Está atorado con el problema de trasladar sus archivos de un equipo viejo a uno nuevo? También puede encontrar ayuda aquí. (Si ya está listo para actualizar su equipo con Windows XP a Windows Vista, revise el Apéndice también, el cual tiene las instrucciones completas).

Parte VII: La Parte de los Diez

Todos aman estas listas (salvo durante la época de impuestos). Esta parte contiene listas de preguntas relacionadas con Windows, tales como diez cosas que disgustan sobre Windows Vista (y cómo solucionarlas). Como una bonificación para los propietarios de equipos portátiles, he reunido las herramientas más útiles de Windows Vista y las coloqué en un capítulo completo, con instrucciones paso a paso para la mayoría de las tareas de los equipos portátiles.

Íconos Utilizados en Este Libro

Sólo toma un vistazo a Windows Vista para notar sus íconos, que son pequeñas imágenes de botones que se presionan para iniciar diversos programas. Los íconos en este libro se adaptan muy bien. Hasta son un poco más fáciles de entender:

¡Cuidado! Esta señal le advierte que a continuación encontrará información técnica sin sentido a la vuelta de la esquina. Aléjese de este ícono para permanecer a salvo de horribles cosas técnicas sin sentido.

Este ícono lo alerta sobre suculenta información que hace más fácil la computación: Un método comprobado y auténtico para evitar que el gato duerma en la parte de arriba del monitor, por ejemplo.

No olvide recordar estos puntos importantes. (O al menos marque las páginas para que pueda verlas de nuevo dentro de algunos días).

El equipo no explotará mientras usted está ejecutando operaciones delicadas asociadas con este ícono. De todos modos, utilizar guantes y proceder con precaución es una buena idea.

¿Se está cambiando a Windows Vista desde Windows XP? Este ícono lo alerta sobre los lugares en donde Vista trabaja significativamente diferente de Windows XP.

A Dónde ir Desde Aquí

Ahora, usted está listo para la acción. Dé una rápida hojeada a las páginas y busque una sección o dos que sabe que necesitará más adelante. Recuerde, éste es *su* libro, su arma contra los genios de la informática que le han impuesto este complicado concepto sobre computadoras. Por favor, encierre en un círculo los párrafos que encuentre útiles, resalte los conceptos clave, agregue sus propias notas adhesivas y escriba en los márgenes al lado de las cosas complicadas.

Mientras más marque su libro, más fácil será para usted volver a encontrar todo lo bueno.

Parte I

Aspectos de Windows Vista que Todos Piensan que Usted Ya Sabe

The 5th Wave   Por Rich Tennant

¿Te gusta la interfaz de Aero transparente en Vista? Bonita, ¿verdad?

En esta parte . . .

La mayoría de las personas se ven arrastradas a Windows Vista sin previo aviso. Sus nuevos equipos probablemente ya tienen instalado Windows Vista. O tal vez la oficina se cambió a Windows Vista, en donde todos tienen que aprender a utilizarlo con excepción del jefe, quien no tiene equipo. O tal vez la publicidad exagerada de mercadeo lo empujó a hacerlo.

Cualquiera que sea su situación, esta parte le proporciona una actualización sobre la información básica de Windows Vista y palabras de moda, tales como arrastrar y colocar, cortar y pegar y mover las barras de herramientas que se desaparecen.

Explica cómo Vista cambió a Windows para mejorar y le advierte cuando Vista causó un completo alboroto.

Capítulo 1

¿Qué Es Windows Vista?

En Este Capítulo

▶ Familiarizarse con Windows Vista

▶ Presentar las nuevas características de Windows Vista

▶ Comprender cómo Windows Vista afecta sus programas antiguos

▶ Averiguar si su equipo es lo suficientemente poderoso para ejecutar Windows Vista

▶ Saber qué versión de Windows Vista necesita

*L*o más probable es que usted ya haya escuchado acerca de Windows: los cuadros, ventanas y puntero del mouse que le dan la bienvenida siempre que enciende su equipo. De hecho, millones de personas alrededor del mundo están tratando de descifrarlo mientras usted lee este libro. Casi todos los equipos nuevos que se venden actualmente vienen con una copia preinstalada de Windows, misma que le dio una calurosa bienvenida cuando los encendió por primera vez.

Este capítulo le ayuda a entender por qué Windows vive dentro de su equipo y le presenta la versión Windows más reciente de Microsoft, conocida como *Windows Vista*. Explica cómo Windows Vista es distinto a las versiones anteriores de Windows, si debería actualizar su equipo a Vista y qué tan bien el equipo que le ha sido fiel por tanto tiempo aceptará la actualización.

¿Qué es Windows Vista y Porqué Usted lo Está Utilizando?

Creado y vendido por una compañía llamada Microsoft, Windows no es como su software usual que le permite escribir ensayos de fin de semestre o enviar correos con furiosos reclamos a las compañías de pedidos por correo. No, Windows es un *sistema operativo*, lo que significa que controla la forma en que trabaja con su equipo. Existe desde hace más de 20 años y la fenomenal versión más reciente se llama *Windows Vista*.

Windows recibe su nombre de todas las simpáticas ventanitas que coloca en su monitor. Cada ventana muestra información, tal como una imagen, un programa que esté ejecutando o un reclamo técnico desconcertante. Usted puede colocar varias ventanas en la pantalla al mismo tiempo y saltar de pantalla en pantalla, visitando programas diferentes. También puede agrandar una ventana para que cubra toda la pantalla.

Windows controla todas las ventanas y cada parte de su equipo, como una madre vigilante a la hora de la comida. Cuando enciende su equipo, Windows aparece súbitamente en la pantalla y supervisa todos los programas que se estén ejecutando. Durante toda esta acción, Windows hace que las cosas funcionen sin problemas, aun si los programas empiezan a lanzarse comida entre ellos.

Además de controlar su equipo y dar órdenes a sus programas, Windows Vista viene con una gran cantidad de programas gratuitos. Aunque su equipo puede funcionar sin ellos, es agradable tenerlos. Estos programas le permiten realizar cosas variadas, como escribir e imprimir cartas, explorar en Internet, escuchar música e incluso reducir su grabación de video de vacaciones a un corto metraje de 3 minutos, todo de manera automática.

Y ¿por qué está usando Windows Vista? Si es como la mayoría de las personas, no tenía muchas opciones. Casi todos los equipos vendidos desde principios de 2007 vienen con Windows Vista preinstalado. Unas pocas personas se escaparon de Windows porque compraron equipos Apple (esas computadoras de aspecto más bonito que cuestan más). Pero lo más probable es que usted, sus vecinos, su jefe, sus hijos en la escuela y millones de personas alrededor del mundo estén usando Windows.

- ✔ Microsoft pasó problemas (y varios años de trabajo) para desarrollar Windows Vista, la versión más segura de Windows hasta ahora. (Sólo pregúnteles a las personas que actualizaron sus equipos a partir de versiones anteriores).

- ✔ Windows facilita que varias personas compartan un solo equipo. Cada persona recibe su propia cuenta de usuario. Cuando los usuarios hacen clic en su nombre en la pantalla de apertura de Windows, ven su *propio* trabajo, justo como lo dejaron. Vista agrega controles nuevos para que los padres limiten la forma en que sus hijos usan el equipo, así como qué tanto pueden ver en Internet.

- ✔ Una versión nueva y automatizada de Backup hace que sea más fácil hacer lo que ha estado haciendo todo el tiempo: hacer copias de sus archivos importantes todas las noches. (La página principal de Vista incluye el programa de Backup, pero no es automático: usted debe acordarse de ejecutar el programa todas las noches).

Sí, Microsoft es engañoso

Microsoft puede pintar a Windows como su útil compañero en cuestiones de computación, siempre al tener en mente los mejores intereses para usted, pero eso no es realmente cierto. Windows siempre tiene los intereses de *Microsoft* en mente. Se dará cuenta de eso tan pronto como llame a Microsoft para pedir ayuda en hacer que Windows funcione bien. Sus dos primeras preguntas son gratuitas, si usted acepta el cobro de llamada de larga distancia a Redmond, Washington. La tercera llamada (y todas las demás), cuesta $35 cada una, pero los precios pueden cambiar en cualquier momento.

Microsoft también usa Windows para conectar sus propios productos y servicios. A veces usted hace clic en un menú que indica que le proporcionará información de apoyo, pero Windows simplemente lo dirige a un sitio Web donde usted puede comprar artículos adicionales de Microsoft o de sus asociados comerciales. Por ejemplo, el menú Start, generalmente su plataforma de inicio para programas, muestra una entrada para Windows Marketplace. La opción Order Prints en la Windows Photo Gallery no le permite ingresar a su tienda de impresión de imágenes favorita; sólo enumera impresoras que se han asociado con Microsoft.

En pocas palabras, Windows no sólo controla su equipo, sino también funciona como un gran vehículo publicitario de Microsoft. Tome los volantes publicitarios de Microsoft con el tradicional grano de sal.

✔ Por último, el nuevo y poderoso programa de búsqueda de Vista significa que usted se puede olvidar de dónde guardó sus archivos. Sólo haga clic en el menú Start y escriba el contenido de ese archivo: unas cuantas palabras en un documento, el nombre del grupo que canta la canción o hasta la fecha en que tomó esa foto de Carla en la fiesta de la oficina.

¿Me Debería Tomar la Molestia de Cambiar a Windows Vista?

Microsoft lanza al mercado versiones nuevas de Windows con intervalos de unos cuantos años entre sí. Si usted compró su equipo entre 2001 y 2006, probablemente ya se acostumbró a la mecánica de Windows XP. Eso nos deja con la pregunta incómoda, ¿por qué molestarse en actualizar a Windows Vista, si Windows XP funciona bien?

En realidad, si Windows XP funciona bien, entonces probablemente no necesitará Windows Vista. Pero Microsoft tiene la esperanza de que las siguientes mejoras en Vista le empujen su mano hacia su tarjeta de crédito.

Seguridad mejorada

El exterior más resistente de Windows Vista hace que sea más difícil que los programas dañinos arruinen su equipo. Por ejemplo, el programa integrado Windows Defender de Vista realiza búsquedas constantes de *spyware* en su equipo, que son pequeños programas que espían sus actividades, frecuentemente mostrando publicidad en elementos emergentes mientras que hacen más lento su equipo en el proceso. Microsoft constantemente entrena a Windows Defender, en la Figura 1-1, para que reconozca y desintegre las variedades más nuevas de spyware.

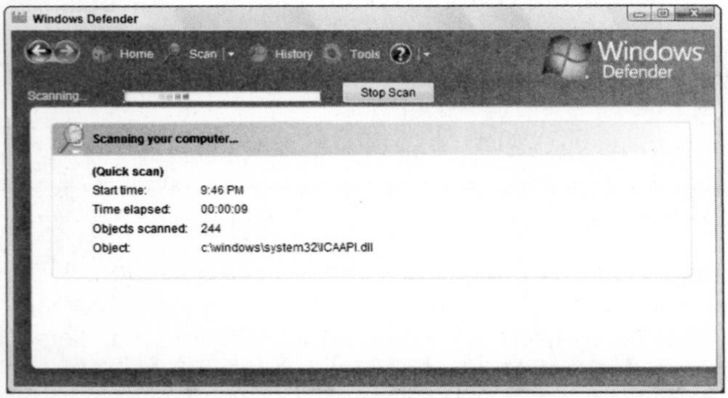

Figura 1-1:
Windows Vista viene con Windows Defender, un erradicador de spyware gratuito que Microsoft actualiza automáticamente para reconocer las variedades más nuevas de spyware.

Desafortunadamente, las demás partes del sistema de seguridad de Vista no son tan sencillas. Verá, los equipos reconocen los programas como simples cadenas de números y no pueden diferenciar una cadena buena (un procesador de textos, por ejemplo) de una cadena mala, como un virus. Para resolver el problema de identificación, Vista simplemente deja que la responsabilidad de tomar la decisión caiga sobre *sus* hombros: Cuando un programa poderoso en particular intenta ejecutarse en su equipo, Vista indica: "Windows necesita su autorización para ejecutar este programa". Luego le deja con dos opciones: Allow o Cancel.

Para facilitarle esta nueva y difícil responsabilidad, cubro las nuevas características de seguridad de Vista en el Capítulo 10.

Y aunque Windows Defender lo mantiene cubierto contra spyware, Vista no incluye un programa antivirus gratuito. En cambio, Microsoft le invita a suscribirse en su nuevo programa antivirus Live OneCare (`www.windowsonecare.com`) por $49 dólares al año.

Versión nueva de Internet Explorer

El nuevo Internet Explorer 7 de Vista (el cual cubro en el Capítulo 8) le permite navegar la Web con más facilidad y seguridad con las siguientes características nuevas:

- **Exploración por fichas:** En el pasado, mantener dos sitios Web abiertos en pantalla significaba ejecutar *dos* copias de Internet Explorer. Con Vista, Internet Explorer muestra varios sitios Web de manera simultánea, cada uno ejecutándose en páginas individuales con una ficha en la parte superior en la que se puede hacer clic para cambiar fácilmente. Esa ficha hace que sea más fácil comparar precios de distintos sitios de compras, por ejemplo, o leer un sitio Web mientras otros se cargan en segundo plano. Hasta puede guardar un grupo de sitios Web como su página principal: siempre que cargue Internet Explorer, sus sitios favoritos ya estarán esperándole, cada uno residiendo en su propia ficha.

- **Filtro de suplantación de identidad (phishing):** Una nueva industria maléfica llamada *suplantación de identidad* envía correos electrónicos que simulan ser de compañías relacionadas a finanzas, como bancos, PayPal, eBay y otras. Los correos electrónicos de aspecto real pretenden alertarle sobre algún problema de seguridad mientras intentan engañarlo para que escriba su nombre y su preciada contraseña. El nuevo filtro de suplantación de identidad de Internet Explorer, que se muestra en la Figura 1-2, detecta los sitios Web de suplantación de identidad antes de que usted ingrese su información, al mantener seguros su nombre y contraseña.

- **Cuadro de búsqueda integrado:** ¿Cansado de correr siempre a Google para encontrar un sitio Web? La parte superior de Internet Explorer 7 muestra un pequeño cuadro llamado Search para realizar búsquedas instantáneas. Aunque está programado para realizar búsquedas en el MSN propio de Microsoft, el Capítulo 8 le muestra cómo hacer para que busque en Google.

- **Fuentes RSS:** Esta función—la abreviatura de Really Simple Syndication—le permite ver títulos de sus sitios Web favoritos en un pequeño cuadro desplegable. Con dar una mirada en el cuadro RSS, usted puede ponerse al día en los títulos de las noticias más recientes, por ejemplo, sin detenerse a visitar su sitio favorito de noticias. Las fuentes RSS también le permiten ver si sus sitios favoritos tienen algún artículo nuevo, ahorrándole una visita inútil. Las fuentes RSS aceleran su exploración y, convenientemente, eliminan los anuncios.

Figura 1-2:
El nuevo filtro de suplanta-ción de identidad de Internet Explorer le alerta sobre sitios Web falsos que le engañan para que ingrese su nombre, contraseña o información de tarjeta de crédito.

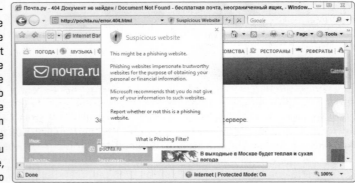

Nuevo Media Player y Media Center

La nueva versión de Media Player de Vista muestra controles simplificados y fáciles de usar. Sin embargo, la gran estrella es el Media Center de Vista, que no sólo reproduce DVD y música, sino le permite ver televisión en su equipo y hasta grabar programas en su unidad de disco duro para verlos después.

Sin embargo, el grabar programas de televisión requiere dos cosas impor-tantes: un sintonizador de televisión en su equipo y la versión adecuada de Vista. (Vista viene en *cinco* sorprendentes versiones, las cuales de describen al final de este capítulo). El instalar un sintonizador de televisión puede ser tan simple como conectar una caja en el puerto USB de su equipo o deslizar una tarjeta dentro del mismo. Describo ambas tareas en uno de mis otros libros, *Upgrading and Fixing PCs For Dummies (Actualizar y Reparar PCs Para Dummies),* 7th Edition publicado por Wiley Publishing, Inc.

Grabar en DVD

Más de cinco años después de que los grabadores de DVD salieron al mercado, Windows por fin puede aprovecharlos sin necesidad de software de terceros. Windows Vista le permite copiar archivos y películas tanto en DVD como en CD.

De hecho, la versión actualizada de Movie Maker (que se describe en el Capítulo 16) le permite convertir la grabación de su cámara de video a DVD, que se pueden reproducir en un reproductor de DVD normal y en su televisor. Envíelos por correo a sus amigos y además prepárese para una avalancha de DVD entrantes acerca del tema de las vacaciones.

Calendario

Por primera vez, Windows viene ahora con un calendario, que se muestra en la Figura 1-3, para que lleve control de sus citas. Hasta puede publicar su calendario en otros equipos o sitios Web, a fin de mantener sus citas sincronizadas con los calendarios de sus amigos y compañeros de trabajo.

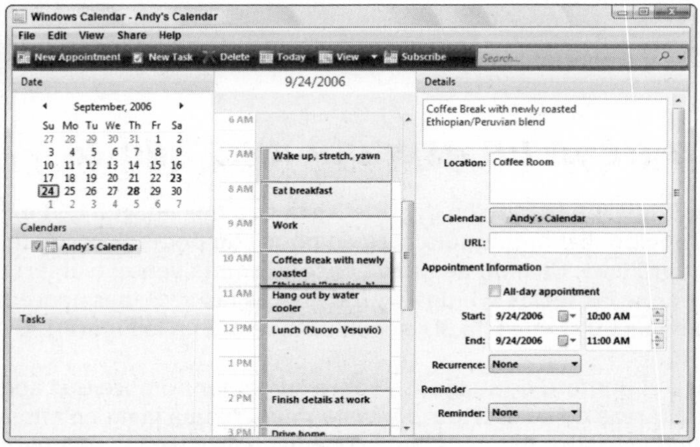

Figura 1-3: El programa de calendario integrado en Vista lleva control de sus tareas y citas, así como sincroniza su calendario con otros para coordinar reuniones.

Buscar archivos más fácilmente

Para Windows XP, es un gran esfuerzo buscar archivos. Buscar un archivo por nombre toma varios minutos en una unidad de disco duro bastante llena y si está buscando archivos por palabra o frase específica, le espera un largo fin de semana. Vista, en contraste, utiliza su tiempo de inactividad para perfeccionar un índice de cada palabra en su unidad de disco duro.

En lugar de enviarle a una búsqueda constante de sus archivos, Vista recuerda automáticamente la ubicación de los mismos. Por ejemplo, busque todos los documentos que mencionen "apio" y Vista instantáneamente enumera los nombres de esos archivos, listos para abrirse con un doble clic. Siempre que cree documentos nuevos con la palabra "apio", Vista también recuerda automáticamente sus ubicaciones, logrando una recuperación fácil y rápida.

Vista coloca un cuadro Search en el menú Start, encima de cada carpeta, en la ventana Help and Support técnico y en otros puntos clave. El útil cuadro Search y el índice actualizado de Vista hacen que sea más fácil que nunca encontrar los archivos y programas que desea.

Vista hasta actualiza su índice con palabras en sitios Web que haya visitado recientemente, permitiéndole volver a leer aquel título que leyó la semana pasada.

En el Capítulo 6 explico cómo hacer funcionar el cuadro Search.

Vista tiene un aspecto más bonito

Microsoft invirtió tiempo en decorar Vista con una imagen tridimensional, una distinción disponible sólo para equipos con poderosas capacidades para mostrar gráficos. Cuando no pueda encontrar una ventana abierta, por ejemplo, presione las teclas Windows y Tab: todas las ventanas aparecen en su equipo en una vista de Flip 3D, según se muestra en la Figura 1-4.

Desplace el puntero de su mouse sobre cualquier nombre que aparezca en la barra de tareas de su escritorio y Vista muestra una vista en miniatura del contenido actual de esa ventana, lo que hace más fácil la recuperación de su ventana dentro del mar de programas.

Figura 1-4:
Para una vista 3D de sus ventanas abiertas en ese momento, presione Tab mientras mantiene presionada la tecla Windows. Presione Tab o gire la rueda de desplazamiento de su mouse para ver las ventanas abiertas y suelte la tecla Windows cuando la ventana que busca esté arriba.

Aún así, ¿Puede Mi Equipo Ejecutar Vista?

Si su equipo ya ejecuta bien Windows XP, probablemente ejecutará Vista, pero no de la mejor forma. Sin embargo, actualizar su equipo con unas cuantas mejoras ayudará a que Vista se ejecute mejor, un tema que abordo en *Upgrading and Fixing PCs For Dummies (Actualizar y Reparar PCs Para Dummies),* 7th Edition. Ésta es la lista de compras:

- ✔ **Video:** Vista requiere gráficos poderosos para sus características 3D de lujo, como Flip 3D (véase la Figura 1-4). Las tarjetas de video actualizadas pueden costar más de $100 y no están disponibles para equipos portátiles. Pero si el video de su equipo no tiene la potencia y a su billetera le falta el dinero, no se desespere. Vista simplemente se coloca ropa más casual, lo que permite que su equipo se ejecute sin las vistas en 3D.

- ✔ **Memoria:** Vista adora la memoria. Para obtener los mejores resultados, su equipo debe tener 1GB de memoria o más. La memoria es fácil de instalar y relativamente barata, así que no escatime en esto.

- ✔ **Unidad de disco DVD:** Contrario a Windows XP, que viene en un CD, Windows Vista viene en un *DVD*. Eso significa que su equipo necesita una unidad de DVD que funcione para instalarlo. Eso probablemente no descartará muchos equipos estos días, pero sí puede deshacerse de algunos equipos portátiles más antiguos.

Windows Vista debería poder ejecutar la mayoría de sus programas actuales sin ningún problema. Algunos, sin embargo, no funcionarán, incluidos la mayoría de programas que se basan en seguridad, tales como antivirus, servidor y programas de seguridad. Deberá comunicarse con el fabricante del programa para consultar si le dan una actualización gratuita.

¿Piensa comprar un equipo nuevo para ejecutar Vista? Visite cualquier tienda y encontrará una gran cantidad de equipos que ejecutan Vista. Para ver qué tan bien un equipo en particular maneja Vista, haga clic en el botón Start, seleccione Control Panel y abra la categoría System and Maintenance. Al estar ahí, seleccione Performance Information and Tools. Vista muestra el Windows Experience Index de ese equipo en particular, el cual varía entre 1 (catastrófico) y 5 (excelente).

¿No está seguro de cuál versión de Windows tiene su equipo? Haga clic con el botón secundario del mouse sobre Computer en el menú Start y escoja Properties. Esa pantalla le indica su versión de Windows.

¿Puedo Hacer que Windows Vista Se Vea y Sienta Como Windows XP?

Algunas personas ansían la nueva interfaz de Vista; otros sienten que están viendo el tablero de un carro alquilado desconocido. Siga estos pasos para hacer que Vista se vea *casi* como Windows XP:

1. **Empiece por cambiar el menú Start:** Haga clic con el botón secundario del mouse sobre el botón Start, escoja Properties, elija Classic Start Menu y haga clic en OK.

2. **Luego, regrese al escritorio:** Haga clic con el botón secundario del mouse en una parte en blanco del escritorio y escoja Personalize. Escoja Theme y luego elija Windows Classic del menú desplegable Theme. Haga clic en OK.

3. **Por último, vuelva a colocar los menús sobre cada carpeta:** Abra su carpeta Documentos desde el menú Start. Luego haga clic en el botón Organize, escoja Folder and Search Options y escoja Use Windows Classic Folders. Haga clic en OK.

Estos pasos no sólo le devuelven la vista de las versiones anteriores de Windows, sino también aceleran un equipo más viejo al que le cuesta llevar el ritmo con los niveles de gráficos artísticos de Vista.

Los Cinco Sabores de Vista

Windows XP venía en dos versiones fáciles de entender: Una para la casa y una para el negocio. Microsoft hace más confusas las cosas en Vista al dividirlo en cinco diferentes versiones, cada una con precio distinto.

Por suerte, sólo tres versiones están dirigidas a los consumidores y la mayoría de personas probablemente escogerá Windows Vista Home Premium. Aun así, para aclarar la confusión, describo las cinco versiones en la Tabla 1-1.

Tabla 1-1	Los Cinco Sabores de Windows Vista
La Versión de Vista	*Lo Que Hace*
Windows Vista Home Basic	Recordando a Windows XP Home Edition, esta versión deja afuera las características multimedia más llamativas de Vista, tales como grabar DVD, HDTV, grabación de TV y otras características similares.
Windows Vista Home Premium	Esta versión es Windows Vista Home Basic, pero con las características multimedia. Está dirigida a personas que ven televisión en su equipo o que desean crear DVD de las grabaciones de su cámara de video.

(continued)

Tabla 1-1 *(continued)*

La Versión de Vista	Lo Que Hace
Windows Vista Business	Tal como su hermano, Windows XP Professional, su objetivo es el mercado profesional. Incluye un programa de fax, por ejemplo, pero no tiene las características multimedia de Vista Home Premium.
Windows Vista Enterprise	Esta versión para el mercado profesional contiene aún más herramientas, tales como soporte para otros idiomas y redes más grandes.
Windows Vista Ultimate	Una combinación de las versiones Home y Business, esta versión está dirigida a las billeteras de usuarios entusiastas de computadoras, como aficionados a video juegos, personas de la industria de videos e individuos en similares condiciones que pasan sus vidas frente a sus teclados.

Aunque cinco versiones pueden parecer algo complicado, escoger la que necesita no lo es tanto. Y debido a que Microsoft empacó todas las versiones en su DVD de Vista, usted puede hacer una actualización en cualquier momento al sacar su tarjeta de crédito y desbloquear las características de una versión diferente. A continuación, algunas instrucciones para escoger la versión que necesita:

✔ Si su equipo no puede mostrar o grabar programas de televisión y usted no desea crear DVD de sus grabaciones de cámara de video, entonces ahórrese un poco de dinero y quédese con **Windows Vista Home**. Funciona bien para el procesamiento de texto, correo electrónico e Internet.

✔ Si desea grabar DVD o grabar programas de televisión en su equipo, entonces consiga el dinero para adquirir **Windows Vista Premium**.

✔ Las personas que ejecutan servidores Web en sus equipos, y usted sabrá si lo está haciendo, querrán **Windows Vista Business**.

✔ Los aficionados a video juegos y los profesionales de la industria de la computación querrán **Windows Vista Ultimate**, porque incluye todo lo que traen las otras versiones.

✔ Los técnicos en computación que trabajan para negocios discutirán con sus jefes acerca de si necesitan la versión **Windows Business** o **Windows Enterprise**. Su decisión se basa en si se trata de una compañía pequeña (Windows Business) o una grande (Windows Enterprise).

Esa versión a bajo costo de **Vista Starter**, sobre la cual probablemente ha escuchado, no se vende en Estados Unidos. Se vende a precios reducidos en países en vías de desarrollo como Malasia. (No es tanto un gesto de buena voluntad, sino más bien un intento de reducir la piratería de software.)

Capítulo 2

El Escritorio, el Menú Start y Otros Misterios de Windows Vista

· ·

En Este Capítulo

▶ Iniciar Windows Vista

▶ Ingresar una contraseña

▶ Iniciar sesión en Windows Vista

▶ Usar el escritorio y otras características de Windows Vista

▶ Cerrar sesión en Windows Vista

▶ Apagar su equipo

· ·

*E*ste capítulo le brinda un recorrido rápido de Windows Vista. Encenderá su equipo, iniciará Windows y pasará unos minutos mirando tontamente los diversos sectores de Vista: El escritorio, la barra de tareas, el menú Start y la ambientalmente correcta (y compasiva) Papelera de Reciclaje.

Los programas que está utilizando se mantienen en el *escritorio* de Windows (una palabra extravagante destinada al fondo de Windows). El barra de tareas sirve para llamar su atención y le permite moverse de un programa a otro. Para invitar todavía más programas al escritorio, pase por el menú Start: Está lleno de botones de comando que le permiten agregar otros programas a la mezcla.

¿Hay algo de lo que quiera deshacerse? Láncelo a Papelera de Reciclaje, donde se desaparece o, de ser necesario, puede revivirse de forma segura.

Recibir la Bienvenida al Mundo de Windows Vista

Iniciar Windows Vista es tan fácil como encender su equipo: Windows Vista surge automáticamente en la pantalla con un toque futurista. Pero antes de que pueda empezar a trabajar, Windows Vista podría lanzarle una bola rápida con su primera pantalla: Windows quiere que *inicie sesión*, como se muestra en la Figura 2-1, al hacer clic en su nombre.

Figura 2-1:
Windows Vista quiere que todos los usuarios inicien sesión para que pueda saber quién está usando el equipo siempre.

Yo personalicé mi pantalla Welcome (Bienvenida). La suya se verá diferente. Si no ve un nombre de usuario asignado a usted en la pantalla Welcome, entonces tiene tres opciones:

- **Si acaba de comprar su equipo, use la cuenta que se llama Administrator (Administrador).** Diseñada para otorgar al propietario poder absoluto sobre su equipo, la cuenta de Administrator puede crear cuentas nuevas para nuevos usuarios, instalar programas, grabar CD, iniciar una conexión a Internet y tener aceso a todos los archivos en el equipo, incluidos aquellos de otros usuarios. Windows Vista necesita por lo menos una persona que actúe como administrador, aun si su equipo no está conectado con otros equipos. Visite el Capítulo 13, si le interesan estos temas.

- **Use la cuenta Guest (Invitado).** Diseñada para las visitas en casa, esta cuenta les permite a los invitados, tales como la niñera o los parientes que están de visita, usar temporalmente el equipo. (Se enciende o apaga en el área Add or Remove User Accounts, que se describe en el Capítulo 13).

✔ **¿No hay cuenta Guest *y* no hay usuario?** Entonces averigüe de quién es el equipo y solicítele a esa persona que cree un usuario para usted. (Si la persona no sabe cómo, muéstrele el Capítulo 13, donde explico cómo crear una cuenta de usuario).

¿No *quiere* iniciar sesión en la pantalla Welcome? Estos botones escondidos de la pantalla Welcome controlan otras opciones:

✔ El botoncito azul en la esquina inferior izquierda de la pantalla, como se muestra en la Figura 2-1 y el margen, personaliza Windows Vista para personas que presentan problemas auditivos, visuales o de destreza manual, todo lo cual cubro en el Capítulo 11. Si usted presiona este botón por error, presione Cancel (Cancelar) para eliminar el menú de opciones de su pantalla sin cambiar ningún ajuste.

✔ Para apagar su equipo desde esta escueta pantalla de apertura, haga clic en el botoncito rojo en la esquina inferior derecha, como se muestra en la Figura 2-1. (Si accidentalmente hizo clic sobre el botón y apagó su equipo, no entre en pánico. Oprima el botón de encendido de su equipo y éste regresará a esta pantalla).

✔ Haga clic en la flecha pequeña junto al botón rojo y Vista terminará su sesión ya sea poniéndola en suspensión, apagando el equipo o reiniciándolo, opciones que explico al final de este capítulo.

Windows Vista regresa a esta pantalla Welcome siempre que usted no haya tocado su equipo en diez minutos. Para evitar estas escapadas, haga clic en el botón secundario del mouse sobre el escritorio y elija Personalize. Escoja Screen Saver y elimine la marca de verificación junto a la opción On Resume, Display Logon Screen. Entonces sólo tendrá que iniciar sesión cuando inicie Windows; no durante todo el día.

Manipular las cuentas de usuarios

Windows Vista permite que varias personas trabajen en el mismo equipo, sin embargo mantiene separado el trabajo de todos. Para hacerlo, necesita saber quién está sentado frente al teclado en ese momento. Cuando usted *inicia sesión* (se presenta) al hacer clic en su username *(nombre de usuario)*, como se muestra en la Figura 2-1, Windows Vista presenta su escritorio personalizado, listo para que usted haga su propio desorden personalizado.

Cuando haya terminado de trabajar o sienta que necesita un descanso, cierre la sesión (lo cual explico al final de este capítulo) para que alguien más pueda usar el equipo. Más tarde, cuando regrese, su desordenado escritorio le estará esperando.

Ejecutar Windows Vista por primera vez

Si acaba de instalar Windows Vista o está encendiendo su equipo por primera vez, le espera un espectáculo de características adicionales de Windows Vista. El Welcome Center (Centro de bienvenida) le deja con los siguientes botones personalizados para su equipo particular:

- **View Computer Details (Ver detalles de equipo):** El Welcome Center inicia en esta página, la cual enumera (bostezo) detalles técnicos acerca de su equipo: su versión particular de Vista, así como el procesador, memoria, adaptador de video y otros enigmas de su equipo.

- **Transfer Files and Settings (Transferir carpetas y configuración):** ¿Acaba de encender su equipo *nuevo* con Vista? Esta útil área le permite arrastrar los archivos de su equipo antiguo al nuevo, una tarea que le explicaré en el Capítulo 19.

- **Add New Users (Agregar usuarios nuevos):** Ignórelo, a menos que otras personas vayan a compartir su equipo. Si ése es el caso, haga clic aquí para introducir a esas personas en Windows. Esta área también le permite controlar lo que sus hijos (o compañeros de habitación) puedan hacer en su equipo; lo cual cubro en el Capítulo 13.

- **Connect to the Internet (Conectarse a Internet):** ¿Listo para navegar y revisar correo electrónico? Esta característica introduce a Vista en su conexión a Internet, un proceso que describo en el Capítulo 8.

- **Windows Ultimate Extras (Extras para Windows Ultimate):** Los propietarios de la versión Ultimate de Vista encuentran aquí complementos descargables.

- **Windows Anytime Upgrade:** Los propietarios de cualquier otra versión de Windows pueden hacer clic aquí para actualizarse a una versión más poderosa.

- **What's New in Windows Vista (Qué hay de nuevo en Windows Vista):** Útil para quienes actualizan Windows XP, este botón le brinda una introducción a las nuevas características de su versión particular de Vista.

- **Personalize Windows (Personalizar Windows):** Diríjase aquí para colocar una nueva pantalla en su escritorio, cambiar los colores de Vista o modificar su monitor (todo lo cual cubro en el Capítulo 11).

- **Register Windows Online (Registrar Windows en línea):** Diríjase aquí para, eh, inscribirse para recibir propaganda de mercadeo de Microsoft vía correo electrónico.

- **Windows Media Center:** Este botón lo introduce en el proceso de acelerar el Windows Media Center para grabar programas de televisión, lo cual cubro en el Capítulo 15.

- **Windows Basics (Introducción a Windows):** Diseñado para propietarios de equipo por primera vez, esta guía explica cómo utilizar el mouse y el teclado, así como los archivos y carpetas.

- **Ease of Access Center (Centro de accesibilidad):** Las personas con incapacidades físicas disfrutarán de la variedad de herramientas de accesibilidad de Vista, descritas en el Capítulo 11.

- **Back Up and Restore Center (Centro de copias de seguridad y restauración):** En el Capítulo 10 describo cómo hacer copias de seguridad de sus archivos.

- **Windows Vista Demos (Demostraciones de Windows Vista):** Estos cortometrajes en el programa Ayuda de Vista, el cual cubro en el Capítulo 20, le ayudan con distintas tareas de Vista.

✔ **Control Panel (Panel de control):** El centro nervioso de su equipo, el Control Panel, le permite modificar la forma como Vista interactúa con su equipo, lo cual cubro en el Capítulo 11.

Al principio, Vista sólo muestra unos cuantos botones, pero para verlos todos, haga clic en Show All 14 Items en la parte inferior del Welcome Center.

Para ver más información acerca de cualquiera de estas tareas, haga clic en el botón una vez. O haga doble clic en un botón para ir directamente a esa tarea. Para hacer que el Welcome Center deje de darle la bienvenida cada vez que encienda su equipo, elimine la marca de verificación del cuadro Run at Startup de la ventana. ¿Ya no la tiene? Recupérela al hacer clic en el botón Start, elegir All Programs, hacer clic en Accessories y hacer de nuevo clic en Welcome Center.

Aunque usted puede hacer un desorden en su escritorio, es su *propio* desorden. Cuando regrese al equipo, sus cartas estarán justo como las guardó. Gerardo no eliminó por accidente sus archivos o carpetas mientras jugaba Widget Squash. El escritorio de Cristina tiene vínculos para sus sitios Web favoritos. Y toda la música de John Coltrane en MP3 de Jaime se mantiene en su propia carpeta personalizada Music.

Por supuesto, la primera gran pregunta se resume a esto: ¿Cómo personaliza la imagen junto a su nombre de usuario, similar a mi rostro en la Figura 2-1? Después de iniciar sesión, abra el menú Start y haga clic en la imagen pequeña en la parte superior del menú Start. Windows convenientemente abre un menú donde usted puede escoger Change Your Picture. (Para tener acceso a ideas, haga clic en Browse for More Pictures) y busque en las fotos digitales que ha guardado en su carpeta Pictures. En el Capítulo 16 explico cómo recortar fotos al tamaño cuadrado apropiado).

Mantener privada tu cuenta con una contraseña

Debido a que Windows Vista permite que varias personas usen el mismo equipo, ¿cómo se puede evitar que Roberto lea las cartas de amor que dirige Diana a Enrique Rollins? ¿Cómo puede evitar Josué que Graciela elimine sus avances de la película *Star Wars*? La *contraseña* opcional de Windows Vista resuelve algunos de esos problemas.

Al escribir una contraseña secreta al inicio de sesión, como se muestra en la Figura 2-2, usted habilita a su equipo para que le reconozca a *usted* y a nadie más. Si protege su nombre de usuario con una contraseña, nadie puede obtener acceso a sus archivos (con excepción del administrador del equipo, quien puede dar una mirada en cualquier lugar y hasta eliminar su cuenta).

Figura 2-2:
Con una contraseña, nadie más puede obtener acceso a sus archivos.

Para crear o cambiar su contraseña, siga estos pasos:

1. **Haga clic en el botón Start, haga clic en Control Panel, luego en User Accounts and Family Safety, y luego elija Change Your Windows Password.**

   Si su Control Panel muestra la "Vista Clásica", elija el ícono User Accounts y escoja "Create a Password for Your Account".

2. **Elija Create a Password for Your Account o Change Your Password.**

   Las palabras cambian dependiendo de si va a crear una contraseña nueva o cambiar una anterior.

3. **Escriba una contraseña fácil para que usted, y nadie más, la recuerde.**

   Mantenga su contraseña simple y bonita: el nombre de su vegetal favorito, por ejemplo, o la marca de su hilo dental.

4. **En el último cuadro, escriba una pista que le recuerde, y sólo a usted, su contraseña.**

5. **Haga clic en el botón Create Password.**

6. **Cuando la pantalla User Accounts vuelve a aparecer, elija Create a Password Reset Disk en el lado izquierdo de la pantalla.**

   Vista le lleva por el proceso de crear un Password Reset Disk (Disco para restablecer contraseña) en un disquete, CD, DVD, tarjeta de memoria o USB, un proceso que describo en su totalidad en el Capítulo 17.

Windows Vista empezará con pedirle su contraseña siempre que inicie sesión.

✔ Las contraseñas *distinguen mayúsculas de minúsculas. Caviar* y *caviar* se consideran dos contraseñas distintas.

¡Ya no quiero que Windows me siga pidiendo mi contraseña!

Windows pide su nombre y contraseña sólo cuando necesita saber quién está pulsando su teclado. Y necesita esa información por cualquiera de estas tres razones:

✔ Su equipo es parte de una red y su identidad determina la información a la que usted puede tener acceso.

✔ El dueño del equipo desea limitar lo que usted puede hacer en él.

✔ Usted comparte el equipo con otras personas y no quiere que éstas inicien sesión con su nombre y cambien sus archivos y configuración.

Si estos asuntos no son válidos para usted, deshágase de la contraseña al seguir los primeros dos pasos en la sección "Mantener privada su cuenta con una contraseña" pero elija Remove Your Password en lugar de Change Your Password.

Sin esa contraseña, cualquiera puede iniciar sesión en su cuenta de usuario y ver (o destruir) sus archivos. Si trabaja en un ambiente de oficina, esta configuración puede ser un problema serio. Si le han asignado una contraseña, es mejor si simplemente se acostumbra a la misma.

✔ *¿Ya* se le olvidó su contraseña? Cuando usted escribe una contraseña que no funciona, Vista automáticamente muestra su "pista", esperando que le haga recordar su contraseña. Sea cuidadoso, de todos modos. Cualquier persona puede leer su pista, así que asegúrese de que sea algo que sólo tenga sentido para usted. Como último recurso, inserte su Password Reset Disk, una tarea que cubro en el Capítulo 17.

Explico mucho más acerca de cuentas de usuario en el Capítulo 13.

Trabajar en el Desktop

Por lo general, las personas desean que sus escritorios estén horizontales, no verticales. Evitar que los lápices rueden y se caigan de un escritorio normal es lo suficientemente difícil. Pero en Windows Vista, a la pantalla de su monitor se le conoce como el *desktop (escritorio)* de Windows y es ahí donde se realiza todo su trabajo. Puede crear archivos y carpetas directamente en su nuevo escritorio electrónico y arreglarlos en toda la pantalla. Cada programa ejecuta su propia *window (ventanita)* en la parte superior del escritorio.

Windows Vista inicia con un escritorio vacío acabado de limpiar. Después de que ha estado trabajando por un rato, su escritorio se llenará de *íconos,* pequeños botones de comando que cargan sus archivos con un doble clic rápido del mouse. Algunas personas dejan sus escritorios con íconos regados por todos lados para tener un fácil acceso. Otros organizan su trabajo: Cuando terminan de trabajar en algo, lo guardan en una *carpeta*, una tarea que cubro en el Capítulo 4.

El escritorio presume de cuatro partes principales, las cuales se muestran en la Figura 2-3.

Taskbar (Barra de Tareas): Descansando perezosa en la orilla inferior del escritorio, el taskbar indica los programas y archivos con los cuales está trabajando actualmente. (Señale el nombre de cualquier programa en la barra de tareas para ver un nombre o vista en miniatura de ese programa, como se muestra en la Figura 2-3).

Start Menu (Menú Inicio): En el extremo izquierdo de la barra de tareas, el Start Menu trabaja como el mesero del restaurante: presenta menús a su elección, permitiéndole seleccionar qué programa ejecutar.

Papalera de Reciclaje
(Recycle Bin)

Barra de tareas
(Taskbar)

Barra lateral
(Sidebar)

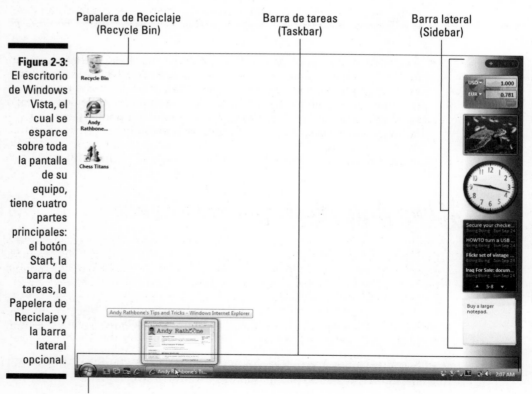

Figura 2-3: El escritorio de Windows Vista, el cual se esparce sobre toda la pantalla de su equipo, tiene cuatro partes principales: el botón Start, la barra de tareas, la Papelera de Reciclaje y la barra lateral opcional.

Haga Clic para Abrir el Menú
Start

Sidebar (Barra Lateral): El nuevo miembro del escritorio de Windows Vista, la *Sidebar*, se sostiene en la orilla derecha, donde ofrece una amplia variedad de gadgets personalizados, tales como pronosticadores del clima, cuadros de búsqueda y juegos de Sudoku.

El Recycle Bin (Papelera de Reciclaje): El *Recycle Bin* del escritorio, ese pequeño ícono en forma de basurero, almacena sus archivos recién elimina- dos para poder recuperarlos fácilmente. ¡Qué suerte!

✔ Puede iniciar proyectos nuevos directamente desde su escritorio: haga clic con el botón secundario del mouse, escoja New (Nuevo) y elija el proyecto de sus sueños del menú emergente, ya sea agregar un Contact (Contacto) nuevo o cargar un programa favorito. (El menú enumera la mayoría de los programas de su equipo para tener acceso rápido y fácil).

✔ ¿Está usted confundido con la razón de ser de ciertos objetos? Tímidamente coloque el puntero sobre el objeto misterioso y Windows hará que emerja un pequeño cuadro que explica lo que ese objeto es o hace. Haga clic con el botón secundario del mouse y el siempre servicial Windows Vista generalmente muestra un menú que enumera práctica- mente todo lo que usted puede hacer con ese objeto en particular. Este truco funciona con la mayoría de los íconos de su escritorio y en todos sus programas.

✔ Todos los íconos en su escritorio pueden desaparecer de repente, deján- dolo completamente vacío. Lo más probable es que Windows Vista los escondió en un intento poco afortunado de ser práctico. Para regresar su trabajo a la vida, haga clic con el botón secundario del mouse sobre su escritorio vacío y escoja View (Ver) desde el menú emergente. Por último, asegúrese de que el cuadro Show Desktop Icons (Mostrar íconos del escritorio) tenga una marca de verificación para que todo se man- tenga visible.

Limpiar un desktop desordenado

Cuando los íconos cubren su escritorio en una cantidad equivalente a un año de notitas autoadhesivas, Windows Vista ofrece distintas formas de limpiar el desorden. Si usted sólo desea que el caos de su escritorio se vea más organi- zado, haga clic con el botón secundario del mouse sobre el escritorio, elija Sort By por del menú emergente y elija cualquiera de estas opciones.

✔ **Name (Nombre):** Ordenar todos los íconos por orden alfabético, usando filas verticales y ordenadas.

✔ **Size (Tamaño):** Arreglar los íconos de acuerdo a su tamaño, al colocar los más pequeños en la parte superior de las filas.

✔ **Type (Tipo):** Esta opción alinea los íconos por su *tipo*. Todos los archivos de Word se colocan en el mismo grupo, por ejemplo, al igual que todos los vínculos a sitios Web.

✔ **Date Modified (Fecha de modificación):** Ordenar íconos por la fecha en que usted o su equipo los cambiaron por última vez.

Al hacer clic con el botón secundario del mouse sobre el escritorio y escoger la opción View puede cambiar el tamaño de los íconos así como jugar con estas opciones de organización del escritorio.

✔ **Auto Arrange (Orden automático):** Ordenar automáticamente todo en filas verticales. Hasta los íconos recién colocados se arrastran a filas ordenadas.

✔ **Align to Grid (Alinear en cuadrícula):** Esta opción coloca una cuadrícula invisible en la pantalla y alinea todos los íconos en la cuadrícula para mantenerlos atractivamente ordenados, independiente-mente de cuánto intente desordenarlos usted.

✔ **Show Desktop Icons (Mostrar íconos del escritorio):** Mantenga siempre esta opción encendida. Al apagarla, Windows esconde todos los íconos en su escritorio. Si en su frustración puede recordarlo, haga clic en esta opción otra vez para regresar los íconos a la pantalla.

La mayoría de opciones View también están disponibles para cualquiera de sus carpetas al hacer clic en el menú View de la carpeta.

Animar el fondo del escritorio

Para dar vida a su escritorio, Windows Vista lo cubre con lindas imágenes conocidas como *fondo*. (La mayoría de personas se refiere al fondo como *papel tapiz*).

Cuando se aburra de la atractiva indumentaria normal de Vista, elija su propia imagen—cualquier imagen almacenada en su equipo:

1. **Haga clic con el botón secundario del mouse sobre una parte en blanco del escritorio, elija Personalize y haga clic en la opción Desktop Background.**

2. **Haga clic sobre cualquiera de las imágenes, que se muestran en la Figura 2-4, y Vista rápidamente la coloca en el fondo de su escritorio.**

   ¿Encontró una que merece conservar? Haga clic en el botón Save para mantenerla en su escritorio. Haga clic en el menú Picture Location para ver más imágenes. O bien, si continúa buscando, siga al siguiente paso.

Figura 2-4:
Pruebe
distintos
fondos al
hacer clic
sobre ellos;
haga clic
sobre el
botón
Browse
para ver
imágenes
de distintas
carpetas.

3. **Haga clic en el botón Browse (Examinar) y haga clic sobre un archivo dentro de su carpeta Pictures (Imágenes).**

   La mayoría de personas almacenan sus fotos digitales en su carpeta Pictures. (En el Capítulo 4 explico cómo buscar en carpetas).

4. **¿Encontró una buena imagen?**

   Salga del programa y la foto que escogió permanecerá en su escritorio como fondo.

A continuación, unas sugerencias para engalanar su escritorio:

✔ Mientras busca entre distintas imágenes, Windows Vista automáticamente decide si la imagen debería colocarse en *mosaico* repetidamente en toda la pantalla, colocarse *centrada* directamente a la mitad o *ampliarse* para cubrir la pantalla entera. Para invalidar la elección automática de Windows, elija su propia preferencia en el área How Should the Picture Be Positioned? en la parte inferior de la ventana. Siéntase en libertad de experimentar para ver todos los efectos.

✔ Fácilmente puede tomar prestada una imagen de Internet para usarla como fondo. Haga clic con el botón secundario del mouse sobre la imagen del sitio Web y elija Set as Background del menú emergente. Microsoft disimuladamente copia la imagen en su escritorio como el nuevo fondo. (También puede hacer clic con el botón secundario sobre cualquier foto en su carpeta Pictures y escoger Set as Background que resulta práctico para hacer cambios rápidos del fondo).

✔ Para cambiar la *apariencia* completa de Windows Vista, haga clic con el botón secundario del mouse sobre el escritorio, elija Personalize y seleccione Theme. Dirigido a personas que suelen estar aplazando sus decisiones, temas distintos colocan distintos colores sobre los diversos botones, bordes y cuadros de Windows. Explico más acerca de Themes en el Capítulo 11. (Si usted descarga cualquier Theme ofrecido en Internet, compruebe que pueda usarlo con software antivirus, lo cual cubro en el Capítulo 10).

Introducirse en la Papelera de Reciclaje para recuperar elementos eliminados

La Papelera de Reciclaje, ese ícono de basurerito en la esquina de su escritorio, trabaja muy parecido a una *verdadera* papelera de reciclaje. Exhibida en el margen, le permite recuperar el periódico del domingo cuando otra persona sacó la sección de tiras cómicas antes de que usted pudiera leerla.

Puede desechar alguna cosa (un archivo o carpeta, por ejemplo) en una Papelera de Reciclaje de Windows Vista en una de dos formas:

✔ Simplemente haga clic con el botón secundario del mouse y elija Delete del menú. Windows Vista cuidadosamente le pregunta si está *seguro* de que desea eliminar el elemento. Haga clic en Yes y Windows Vista lo lanza en la Papelera de Reciclaje, igual que si usted lo hubiera arrastrado hacia ahí. ¡Zas!

✔ En último caso y para darse prisa en eliminar el elemento, haga clic en el objeto que no desea y oprima la tecla Delete de su teclado.

¿Desea algo de regreso? Haga doble clic sobre el ícono de la Papelera de Reciclaje para ver sus elementos eliminados. Haga clic con el botón secundario sobre el elemento que desea y elija Restore. La pequeña y útil Papelera de Reciclaje devuelve su preciado elemento al mismo punto de donde lo eliminó. (También puede resucitar elementos eliminados al arrastrarlos a su escritorio u otra carpeta; arrástrelos de vuelta para eliminarlos).

La Papelera de Reciclaje puede llenarse demasiado. Si está buscando desesperadamente un archivo eliminado recientemente, indíquele a la Papelera de Reciclaje que ordene todo por la fecha y hora en que lo eliminó: haga clic en las palabras Date Deleted del menú superior de la Papelera de Reciclaje. (Haga clic sobre la flecha que apunta hacia abajo a la par de la palabra Views y elija Details para ver las fechas de eliminación.)

Para eliminar algo de forma *permanente*, sólo elimínelo de la Papelera de Reciclaje: haga clic sobre el elemento y presione la Date Deleted. Para eliminar *todo* lo de la Papelera de Reciclaje, haga clic con el botón secundario sobre la Papelera de Reciclaje y elija Empty Recycle Bin.

Para omitir por completo la Papelera de Reciclaje cuando elimina archivos, mantenga presionada la tecla Shift mientras presiona Delete. ¡Puf! El objeto eliminado desaparece, para no volverlo a ver nunca; un truco útil cuando se trata de elementos delicados, como números de tarjetas de crédito.

 ✔ El ícono de la Papelera de Reciclaje cambia de cesto vacío a cesto lleno tan pronto como contenga un archivo eliminado.

 ✔ ¿Durante cuánto tiempo la Papelera de Reciclaje retiene los archivos eliminados? Espera hasta que la basura consuma aproximadamente el 10 por ciento del espacio de su unidad de disco duro. Después empieza a deshacerse de sus archivos eliminados más viejos para hacer espacio para los nuevos. Si no tiene espacio en su disco duro, reduzca el tamaño de su papelera al hacer clic con el botón secundario del mouse en Papelera de Reciclaje y elegir Properties. Reduzca el ajuste del Custom Size para eliminar archivos más rápidamente y de manera automática; aumente el número y la Papelera de Reciclaje los guarda un poco más de tiempo.

 ✔ La Papelera de Reciclaje sólo guarda elementos eliminados de la unidad de disco duro de su propio equipo. Eso significa que no guardará nada eliminado de un disquete, CD, tarjeta de memoria, reproductor MP3 o cámara digital.

 ✔ Si elimina algún elemento del equipo de alguien más en una red, éste ya no podrá recuperarse. La Papelera de Reciclaje sólo guarda elementos eliminados de su *propio* equipo, no del equipo de otra persona. (Por alguna terrible razón, la Papelera de Reciclaje del equipo de la otra persona tampoco los guarda). Tenga cuidado.

La Razón de Ser del Botón Start

El botón Start azul brillante reside en la esquina inferior izquierda del escritorio, donde siempre está listo para la acción. Al hacer clic en el botón Start, usted puede iniciar programas, hacer ajustes en Windows Vista, buscar ayuda en situaciones difíciles o, con suerte, apagar Windows Vista y alejarse del equipo por un rato.

Haga clic una vez en el botón Start y surge el primer nivel de menús, como se muestra en la Figura 2-5.

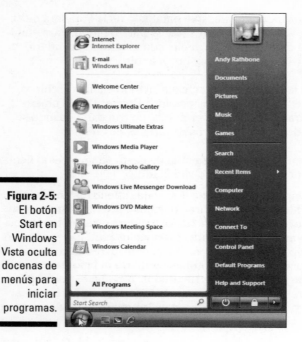

Figura 2-5:
El botón
Start en
Windows
Vista oculta
docenas de
menús para
iniciar
programas.

Su menú Start cambiará a medida que agrega más programas a su equipo. Es por eso que el menú Start en el equipo de su amigo probablemente está distribuido distinto al menú Start de su equipo.

RECUERDE

✔ Sus carpetas Documents (Documentos), Pictures (Imágenes) y Music (Música) están a un clic de distancia en el menú Start en todo momento. Estas carpetas están especialmente diseñadas para sus contenidos. La carpeta Pictures, por ejemplo, muestra vistas en miniatura de sus fotos digitales. ¿La mayor ganancia de estas tres carpetas? Mantener sus archivos en estas carpetas le ayuda a recordar dónde los guardó. En el Capítulo 4 cubro lo relacionado con organización de archivos.

✔ Windows atentamente coloca los programas que usted utiliza con más frecuencia a lo largo del lado izquierdo de su menú Start para fácil acceso y ejecución por medio del mouse.

✔ ¿Ve las palabras *All Programs (Todos los programas)* en la parte inferior izquierda de su menú Start? Haga clic ahí y aparecerá otro menú más para ofrecer más opciones. (En tanto que ese nuevo menú cubre el primero; para regresar al primero, haga clic en la palabra Back (Atrás)).

✔ ¿Detecta algo confuso en el menú Start? Desplace el puntero de su mouse sobre el misterioso ícono. Windows responde con un útil mensaje explicativo.

✔ Como algo extraño, usted también puede hacer clic en el menú Start si desea *dejar* de usar Windows. (Haga clic en uno de los botones Off (Apagar) en la parte inferior derecha del menú Start, un proceso de decisión que describo al final de este capítulo).

Los mejores atributos del menú Start

Cuando el menú Start emerge (vea la Figura 2-5), siempre muestra los elementos enumerados en la próxima lista, de arriba para abajo. Usará estas cosas constantemente en Windows, así que si ya le aburrió esta sección del botón Start, por favor finja interés en las siguientes explicaciones.

Si los menús Start le parecen emocionantes, le encantará la próxima sección "Personalizar el menú Start", en la cual explica cómo reorganizar todo su menú Start.

Internet Explorer: Esta opción le permite visitar la Internet, lo cual cubro en el Capítulo 8.

E-mail (Correo electrónico): Elija este comando para enviar o recibir correo electrónico con el nuevo programa de Windows Mail de Vista, descrito en el Capítulo 9.

Recently Used Programs (Programas recién utilizados): El lado izquierdo del menú Start constantemente actualiza su lista de íconos de programas utilizados con más frecuencia para iniciarlos de forma rápida.

Search box (Cuadro Búsqueda): Convenientemente ubicado sobre el botón Start directamente, esta área le permite encontrar archivos al escribir un poquito de su contenido—unas cuantas palabras en un correo electrónico, documento, nombre de un grupo musical, nombre de un programa o cualquier otra cosa. Presione Enter y Vista rápidamente lo exhibe para usted. En el Capítulo 6 cubro lo relacionado con Search a profundidad.

Username (Nombre de usuario): El nombre de su cuenta de usuario aparece en la esquina superior derecha del menú Start. Haga clic aquí para ver una carpeta que contiene todos sus archivos, así como sus carpetas Documents, Pictures y Music.

Documents (Documentos): Este comando rápidamente abre su carpeta Documents, haciendo que sea más imperativo que nunca guardar siempre su trabajo aquí.

Pictures (Imágenes): Mantenga sus fotos digitales en esta carpeta. El ícono de cada imagen es una vista miniatura de su foto.

Music (Música): Guarde aquí su música digital para que el Media Player pueda encontrarla y reproducirla más fácilmente.

Games (Juegos): Windows Vista ofrece varios juegos nuevos, incluso un juego de damas decoroso. ¡Por fin!

Search (Búsqueda): La palabra Search en el menú Start le permite buscar archivos en términos precisos; digamos, todos los archivos creados en los últimos dos meses que contengan la palabra "ostra". Utilice el cuadro Search, ubicado en la parte inferior del menú Start, cuando haga búsquedas más generales.

Recent Items (Elementos recientes): ¿Hay algún archivo que haya visto en las últimas horas? Lo más probable es que aparezca aquí para su rápido acceso.

Computer (Equipo): Esta opción muestra las áreas de almacenamiento de su equipo: carpetas, unidades de disco, unidades de CD, cámaras digitales y otros atributos adjuntos.

Network (Red): Si su equipo está conectado con otros equipos en una red, haga clic aquí para visitarlos.

Connect To (Conectarse a): Esta área le permite conectarse con diferentes redes, lo cual cubro en el Capítulo 14. Es una forma rápida para los dueños de equipos portátiles de conectarse con una red inalámbrica, por ejemplo, así como una entrada a Internet con sólo un clic para personas que tengan conexiones de acceso telefónico a Internet .

Control Panel (Panel de control): Esta área le permite modificar el cúmulo de ajustes confusos de su equipo, todo lo cual cubro en el Capítulo 11.

Default Programs (Programas predeterminados): Haga clic aquí para controlar qué programa activar cuando abre un archivo. Aquí es donde usted le indica a Windows que permita que iTunes maneje su música en lugar del Media Player, por ejemplo.

Help and Support (Ayuda y soporte técnico): ¿Desorientado? Haga clic aquí para obtener una respuesta. (El Capítulo 20 explica el estoico sistema de Ayuda de Windows).

Sleep/Power (Suspender/Apagar): El hacer clic aquí pone su máquina en suspensión o la apaga, opciones que explico en la última sección de este capítulo.

Lock (Bloquear): Este comando bloquea su cuenta de usuario, lo que permite que otras personas inicien sesión sin tener acceso a sus archivos.

En el Capítulo 11, explico cómo asignar distintas tareas al botón Sleep, inclusive que simplemente apague su equipo.

Iniciar un programa desde el menú Start

Esta tarea es fácil. Haga clic en el botón Start y el menú Start emerge de la cabeza del botón. Si ve un ícono para el programa que desea, haga clic sobre él y Windows carga el programa.

Si su programa no aparece en la lista, haga clic en All Programs, cerca de la parte inferior del menú Start. Aparece otro menú más, el cual enumera los nombres de los programas y carpetas llenas de programas. ¿Ya encontró el que busca? Haga clic sobre el nombre y Windows coloca ese programa en el frente de su pantalla.

Si *aún* no encuentra el programa en la lista, intente señalar las pequeñas carpetas que aparecen en el menú All Programs. El menú se llena con los programas de esa carpeta. ¿No lo ve? Haga clic en otra carpeta y vea cómo su contenido se despliega en el menú Start.

Cuando finalmente encuentre el nombre de su programa, sólo haga clic sobre él. Ese programa salta al escritorio en una ventana, listo para la acción.

- ¿Sigue sin encontrar el programa por su nombre? Entonces diríjase al Capítulo 6 y busque la sección sobre cómo encontrar archivos y carpetas perdidos. Windows Vista puede ubicar su programa.

- Hay otra forma de cargar un programa perdido, si puede encontrar algo que haya creado o editado con ese programa. Por ejemplo, si escribió cartas al recaudador de impuestos con Microsoft Word, haga doble clic sobre una de sus cartas de impuestos para sacar a Microsoft Word a la pantalla desde su escondite.

- Si no ve un programa en la lista, escriba el nombre del programa en el cuadro Search del menú Start. Escriba **Windows Mail**, por ejemplo, presione Enter y Windows Mail aparece en la pantalla, listo para enviar correos electrónicos.

- Si no sabe cómo desplazarse por sus carpetas, visite el Capítulo 4. Ese capítulo le ayuda a desplazarse elegantemente de carpeta en carpeta, reduciendo así el tiempo que toma llegar a su archivo.

Personalizar el menú Start

El menú Start de Windows Vista funciona excelente, hasta que usted anhela encontrar algo que no está en el menú o algo que casi nunca usa está estorbándole.

✔ **Para agregar un ícono de un programa favorito al menú del botón Start,** haga clic con el botón secundario del mouse sobre el ícono del programa y elija Pin to Start Menu del menú emergente. Windows copia ese ícono en la columna izquierda de su menú Inicio. (Desde ahí, usted puede arrastrarlo al área de Todos los programas, si lo desea).

✔ **Para deshacerse de íconos no deseados en la columna izquierda del menú Start**, haga clic con el botón secundario del mouse y elija Unpin from Start Menu o Remove from This List. (La eliminación de un ícono del menú Start no elimina el programa en sí de su equipo; sólo elimina uno de los botones de comando que lo inician).

Hacer que Windows inicie programas automáticamente

Muchas personas se sientan frente a una computadora, la encienden y luego pasan por el mismo proceso mecánico de cargar los programas que generalmente usan. Créalo o no, Windows Vista puede automatizar esta tarea. La solución es la carpeta Startup, deambulando por el menú All Programs del botón Start. Cuando Windows Vista se despierta, da una mirada dentro de la carpeta Startup. Si encuentra programas deambulando en su interior, inmediatamente lanza ese programa a la pantalla.

Para hacer que sus programas favoritos despierten junto con Windows Vista, siga estos pasos:

1. **Haga clic en el botón Start y elija All Programs.**

2. **Haga clic con el botón secundario del mouse en el ícono Startup del menú Start y elija Open.**

El ícono Startup, que reside en el área de All Programs del menú Startup, se abre como una carpeta.

3. **Arrastre y coloque cualquiera de sus programas o archivos favoritos a la carpeta Startup.**

Windows Vista automáticamente crea accesos directos para aquellos programas que están dentro de la carpeta Startup.

4. **Cierre la carpeta Startup.**

Ahora, siempre que encienda su equipo e inicie sesión con su usuario, Vista automáticamente cargará estos programas o archivos para que estén esperando por usted.

Cuando instala un programa, como se describe en el Capítulo 11, el programa casi siempre se agrega a sí mismo al menú Start *automáticamente*. Entonces el programa anuncia audazmente su presencia, como se muestra en la Figura 2-6, al mostrar su nombre con un color de fondo diferente.

Puede personalizar aún más el menú Start si cambia sus propiedades. Para empezar a jugar, haga clic con el botón secundario del mouse sobre el botón Start, elija Properties (Propiedades) y haga clic sobre el botón Customize del menú Start. Coloque una marca de verificación a la par de las opciones que desea o elimine las marcas de verificación para retirar las opciones. ¿De alguna forma desordenó su menú Start? Haga clic en el botón Use Default Settings, haga clic en OK y de nuevo en OK para empezar desde cero.

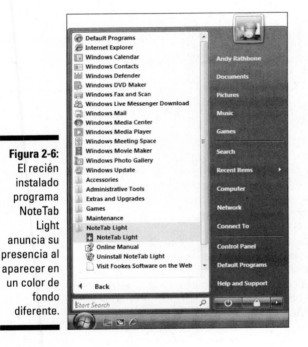

Figura 2-6: El recién instalado programa NoteTab Light anuncia su presencia al aparecer en un color de fondo diferente.

Acercarse a la Barra de Tareas

Esta sección presenta uno de los trucos más prácticos de Windows Vista, así que acerque su silla un poco más. Siempre que ejecuta más de una ventana en el escritorio, hay un gran problema: Los programas y ventanas tienden a cubrirse el uno al otro, haciendo que sea difícil ubicarlos.

La solución de Windows Vista es el taskbar *(barra de tareas)*, un área especial que lleva control de todos sus programas abiertos. Como aparece en la Figura 2-7, *la barra de tareas* normalmente reside en la parte inferior de su pantalla, aunque la puede mover a la orilla que desee. (**Sugerencia:** Sólo arrástrela de orilla a orilla. Si no se mueve, haga clic con el botón secundario del mouse sobre la barra de tareas y haga clic en Lock the Taskbar para eliminar la marca de verificación que tiene a la par).

Figura 2-7:
Haga clic en los botones para los programas que están ejecutándose actualmente en la barra de tareas.

Descanse el puntero de su mouse sobre cualquiera de los programas en la barra de tareas para ver una vista miniatura de ese programa, como se muestra en la Figura 2-7, inclusive si en ese momento ese programa está cubierto por otras ventanas en su escritorio. (Este truco sólo funciona si su equipo tiene gráficos suficientemente poderosos).

¿Puede ver cómo el botón correspondiente Paint Shop Pro se ve más oscuro que los otros botones en la barra de tareas en la Figura 2-7? Eso es porque Paint Shop Pro es la ventana actualmente *activa* en el escritorio: Es el programa que en ese momento está esperando que usted empiece a trabajar. Uno de los botones de su barra de tareas siempre se ve más oscuro, a menos que usted cierre o minimice todas las ventanas de su escritorio.

Desde la barra de tareas, usted puede hacer magia poderosa en sus ventanas abiertas, según se describe en la siguiente lista:

✔ Para jugar con un programa de la barra de tareas, haga clic en su nombre. La ventana sale a la superficie y descansa sobre las otras ventanas abiertas, lista para la acción.

✔ Para cerrar una ventana de la barra de tareas, haga clic *con el botón secundario* del mouse sobre su nombre y elija Close del menú emergente. El programa se cierra, igual que si hubiera elegido el comando

Close desde su propia ventana. (El programa que está cerrando le da la oportunidad de guardar su trabajo antes de finalizar y salir de la pantalla).

✔ Si la barra de tareas se esconde debajo de la orilla inferior de la pantalla, señale con el mouse en la orilla inferior de la pantalla hasta que la barra de tareas salga a la superficie. Luego haga clic con el botón secundario de la barra de tareas, elija Properties y elimine la marca de verificación de Auto-hide the Taskbar.

Reducir ventanas a la barra de tareas y recuperarlas

Las ventanas producen ventanas. Usted empieza con una ventana para escribir una carta de elogios para la casa de ópera local. Abre otra ventana para confirmar una dirección, por ejemplo, y otra más para ver si se le ha olvidado algún evento próximo. Antes de darse cuenta, tiene cuatro ventanas más amontonadas en el escritorio.

Para combatir el desorden, Windows Vista proporciona un medio simple de control de ventanas: puede transformar una ventana de un cuadrado que desordena la pantalla en un pequeño botón en la *barra de tareas*, la cual se ubica en la parte inferior de la pantalla. La solución es el botón Minimize.

¿Ve los tres botones deambulando prácticamente en la esquina superior derecha de cada ventana? Haga clic en el *botón Minimize*, el botón con la rayita dentro, como se muestra en el margen. ¡Zas! La ventana desaparece, la que está representada por su pequeño botón en la barra de tareas en la parte inferior de su pantalla.

Para revertir un programa minimizado de la barra de tareas a una ventana normal en la pantalla, sólo haga clic sobre su nombre en la barra. ¿Sencillo, verdad?

✔ Cada botón de la barra de tareas muestra el nombre del programa que representa. Y si desplaza el puntero de su mouse sobre el botón de la barra de tareas, Vista muestra una imagen en miniatura de ese programa. (Si los gráficos de su equipo no son de lo mejor, Vista sólo muestra el nombre del programa).

✔ Cuando minimiza una ventana, no destruye su contenido ni cierra el programa. Y cuando hace clic sobre el nombre de la ventana en la barra de tareas, se vuelve a abrir al mismo tamaño en que lo dejó, mostrando el mismo contenido.

RECUERDE

> ✔ Siempre que carga un programa, su nombre aparece automáticamente en la barra de tareas. Si una de sus ventanas abiertas alguna vez se pierde en su escritorio, haga clic sobre su nombre en la barra de tareas para llevarla a primer plano.

Hacer clic en las áreas sensibles de la barra de tareas

Como un astuto jugador de cartas, la barra de tareas viene con unos cuantos consejos y trucos. Por ejemplo, a continuación presentamos la verdad acerca de los íconos cerca de la orilla derecha de la barra de tareas, que aparece en la Figura 2-8, conocida como el *área de notificación:*

✔ **Clock (Reloj):** Sostenga el puntero del mouse sobre en reloj y Windows Vista muestra el día y fecha actuales. Haga clic en el reloj para ver un útil calendario mensual. Si desea cambiar la hora, fecha o inclusive agregar una segunda zona horaria, haga clic en el reloj y elija Change Date and Time Settings, una tarea que cubro en el Capítulo 11.

✔ **Arrow (Flecha):** A veces la barra de tareas esconde cosas. Haga clic sobre la flecha pequeña en el extremo izquierdo (como aparece en la Figura 2-8) y puede que unos pocos íconos se deslicen hacia fuera. (Consulte la sección "Personalizar la barra de tareas" más adelante en este capítulo, para tener acceso a consejos y trucos que afectan estos íconos).

✔ **Speaker (ltavoz):** Haga clic en el pequeño altavoz para ajustar el volumen de la tarjeta de sonido, como se muestra en la Figura 2-9. O haga doble clic sobre la palabra Mixer para que emerja un panel de mezclado. Los *mezcladores* le permiten ajustar niveles separados de volumen para cada programa, permitiendo que el volumen de su Media Player sea más alto que los sonidos molestos de otros programas.

Figura 2-8:
Estos íconos de la barra de tareas ayudan con distintas tareas.

Figura 2-9:
Deslice la
palanca
para ajustar
el volumen.

- ✔ **Other icons (Otros íconos):** Estos muchas veces aparecen junto al reloj, dependiendo de lo que Windows Vista tiene planeado. Por ejemplo, cuando imprime, aparece un ícono de una impresora pequeña. Los equipos portátiles muestran un indicador de nivel de energía de la batería y un ícono de red indica cuando usted está conectado a Internet. Igual que con todos los otros íconos ahí abajo, si hace doble clic en la impresora o en el indicador de batería, Windows Vista muestra información acerca del estado de la impresora o de la batería.

- ✔ **Blank part (Espacio en blanco):** Las porciones vacías de la barra de tareas también esconden un menú. ¿Desea minimizar rápidamente todas las ventanas abiertas de su escritorio? Haga clic con el botón secundario del mouse en un espacio en blanco de la barra de tareas y elija Show the Desktop del menú emergente.

Para organizar sus ventanas abiertas, haga clic con el botón secundario del mouse sobre un espacio en blanco de la barra de tareas y elija uno de los comandos de mosaico. Windows Vista recoge todas sus ventanas abiertas y las regresa en cuadros nítidos y ordenados. (En el Capítulo 3 cubro el tema de mosaicos).

Personalizar la barra de tareas

Windows Vista trae un torbellino de opciones para la barra de herramientas, permitiéndole jugar con la misma de más formas que un espagueti y un tenedor. Haga clic con el botón secundario en el botón Start, elija la opción Properties y haga clic en la pestaña Taskbar para empezar a jugar. La Tabla 2-1 explica las opciones, así como mis recomendaciones para las mismas. (Deberá eliminar la marca de verificación a la par de Lock the Taskbar para que funcionen algunas de estas opciones).

Tabla 2-1	Personalizar la Barra de Tareas
Ajuste	*Mis Recomendaciones*
Lock the Taskbar (Bloquear la barra de tareas)	El hacer clic aquí hace que Windows Vista bloquee la barra de tareas en su lugar, evitando que usted cambie su apariencia. No la puede arrastrar hacia arriba para hacerla más larga, por ejemplo. Bloquéela, pero sólo después de haberla ajustado a la forma como le gusta.
Auto-Hide the Taskbar (Ocultar automáticamente la barra de tareas)	El seleccionar esta opción hace que la barra de tareas se oculte *automáticamente* cuando usted no está cerca. (Señale la barra para que regrese). Yo dejo esta opción sin marcar para mantener la barra de tareas siempre visible.
Keep the Taskbar on Top of Other Windows (Mantener la barra de tareas sobre otras ventanas)	Esta opción mantiene la barra de tareas siempre visible, cubriendo cualquier ventana que pudiera estar abajo en la pantalla. Yo dejo ésta con la marca.
Group Similar Taskbar Buttons (Agrupar botones similares de la barra de tareas)	Cuando usted abre bastantes ventanas y programas, Windows acomoda la multitud al agrupar ventanas similares bajo un botón: Todos los documentos abiertos en Microsoft Word se apilan en un botón de Microsoft Word, por ejemplo. Esta opción evita que la barra de tareas se llene demasiado, así que manténgala con la marca.
Show Quick Launch (Mostrar Inicio rápido)	Este ajuste muestra su barra de herramientas Quick Launch, esa colección de íconos útiles que se mantiene en su botón Start. (Cubro esa barra y otras barras más adelante en este capítulo).
Show Windows Previews (Thumbnails) (Mostrar vistas previas de ventanas (vistas en miniatura))	Esta opción le dice a la barra de tareas que muestre una imagen en miniatura de un programa siempre que deslice el puntero del mouse sobre el botón en la barra de tareas del programa. Mantenga esta opción encendida para que sea más fácil ubicar ventanas perdidas. (Esta opción permanece inaccesible a menos que su equipo aloje gráficos poderosos).

Siéntase libre de experimentar con la barra de tareas hasta que se vea bien para usted. No se arruinará. Después de ajustarla a como la desea, marque el cuadro Lock the Taskbar descrito en la Tabla 2-1.

Las locas barras de herramientas de la barra de tareas

Su barra de tareas no siempre será un amigo constante y estable: Microsoft le permite personalizarla aún más, muchas veces hasta el punto en donde es irreconocible. A algunas personas les gustan todos estos gadgets de la barra de tareas, con lo que esculpen botones y barras adicionales en sus barras de tareas. Otros accidentalmente encienden una barra de herramientas y no logran determinar cómo deshacerse de ella.

Para encender o apagar una barra de herramientas, haga clic con el botón secundario del mouse sobre un espacio en blanco de la barra de tareas (inclusive el reloj funcionará) y elija Toolbars del menú emergente. Un menú salta y ofrece las barras de herramientas descritas en la siguiente lista:

- **Address (Dirección):** Elija esta barra de herramientas y parte de su barra de tareas se convierte en un lugar para introducir sitios Web para visitar. Es práctica, pero también lo es Internet Explorer, que hace la misma cosa.

- **Windows Media Player:** Cuando se enciende, esta barra de herramientas en la Figura 2-10 se convierte en un útil botón para controlar su Windows Media Player minimizado.

- **Links (Vínculos):** Esta barra de herramientas agrega un acceso directo a sus sitios Web favoritos. Haga clic sobre ella para visitar cualquier sitio Web de la lista del menú Favorites de Internet Explorer.

- **Desktop (Escritorio):** Los técnicos que sienten que el menú Start es molesto agregan esta barra de herramientas para tener un acceso rápido a todos los recursos de su equipo. Le permite examinar entre sus archivos, ubicaciones de red y menús del Control Panel al deslizarse entre todos los menús.

- **Quick Launch (Inicio rápido):** La única barra de herramientas que Vista muestra cuando se instala por primera vez, ésta coloca una variedad de íconos útiles, como se mostró anteriormente en la Figura 2-6, junto a su botón Start: el ícono Shrink Everything from the Desktop, que se muestra en el margen, y el ícono Flip 3D, que le ayuda a buscar ventanas perdidas. (Agregue sus propios íconos a esta barra de herramientas al arrastrarlos y colocarlos).

- **New toolbar (Barra de herramientas nueva):** Haga clic aquí para elegir *cualquier* carpeta para agregar como barra de herramientas. Por ejemplo, elija su carpeta Documents para tener acceso rápido de exploración a todos sus archivos y carpetas.

Figura 2-10:
La barra de herramien-tas del Windows Media Player.

Las barras de herramientas caen en la categoría de "le encantan o las detesta". Algunas personas consideran que las barras de herramientas ahorran tiempo; otras piensan que consumen demasiados atributos como para que valgan la pena. Y algunas barras de herramientas, como el Tablet PC Input Panel, sólo funcionan cuando usted adjunta una costosa almohadilla sensible al tacto a su equipo. Siéntase libre de experimentar hasta que decida en cuál campo se encuentra usted.

Se supone que debe arrastrar las barras de herramientas con el mouse. Cuando la barra de tareas está desbloqueada, tome la barra de herramientas por el *asa*, una línea vertical junto al nombre de la misma. Arrastre el asa hacia la izquierda o derecha para cambiar el tamaño de la barra de herramientas.

Los dos lados de la barra de tareas

Como niños y niñas en un baile de la escuela, los dos grupos de íconos de la barra de tareas están en extremos opuestos. A la izquierda reside la barra de herramientas de Quick Launch; a la derecha, encontrará el Notification Area de la barra de tareas. ¿Cuál es la diferencia entre ellas?

La barra de herramientas Quick Launch es simplemente un grupo de accesos directos a programas que se usan con frecuencia. No son diferentes de los accesos directos que residen en sus carpetas o escritorio. No representan programas que se están ejecutando, son simples botones de comando que llaman a los programas a la acción.

El Notification Area, por el otro lado, representa programas que se están *ejecutando actualmente* y que no viven dentro de ventanas abiertas. Verá un ícono de Windows Defender, por ejemplo, mientras se ejecuta en un segundo plano, constantemente detectando spyware. Otro controla el sonido de Vista y otro más podría mostrar el estado de su conexión a Internet o su impresora. Es probable que vea uno para iTunes de Apple y otros programas de terceros.

¿A quién le importa? Bien, debido a que los íconos en el Notification Area representan programas que se están *ejecutando*, estos pueden atorar su equipo si esa área se llena demasiado. Si ve el ícono de un programa no utilizado en el Notification Area, acelere un poco su equipo al abrir el Control Panel y desinstalar ese programa. O bien, para cerrar rápida y temporalmente un programa del Notification Area, haga clic con el botón secundario del mouse sobre este ícono y elija Exit.

La Barra Lateral

Las personas que pueden comprar monitores enormes adoran la nueva sidebar (barra lateral) de Vista, esa tira llena de gadgets sobre la orilla derecha del escritorio. Las personas con monitores pequeños piensan que es una pérdida de espacio fastidiosa.

 Si su barra lateral no embellece su escritorio, déle vida: haga clic con el botón secundario del mouse sobre el ícono (como se muestra en el margen) en el Notification Area de la barra de tareas, esa área llena de íconos junto al reloj del escritorio, y elija Show Sidebar. La barra lateral cobra vida, como se muestra en la Figura 2-11.

Figura 2-11: La barra lateral muestra *Gadgets,* programas minúsculos que aparecen y desaparecen de su panel.

Para ver la colección integrada de *Gadgets* (programas minúsculos que aparecen y desaparecen de su panel) de Vista, haga clic en el pequeño signo cercano a la parte superior de la barra lateral. Una ventana emerge para ofrecer un calendario e indicador de bolsa de valores, entre otros. Haga clic en Get More Gadgets Online para visitar el paraíso de gadgets: Un sitio Web lleno de Gadgets, listos para utilizar.

- ✔ ¿Prefiere tener arriba su gadget de Sudoku? Arrástrelo hacia arriba. Hasta puede arrastrar Gadgets desde la barra lateral al escritorio, si tiene un monitor lo suficientemente gigante como para sacrificar el espacio.

- ✔ Para cambiar los ajustes de un Gadget (elegir qué fotos aparecen en su presentación de diapositivas, por ejemplo), señale el Gadget y haga clic en el pequeño ícono de llave inglesa que aparece. Para eliminar por completo el Gadget, haga clic en la pequeña X.

Cerrar Sesión en Windows

¡Ah! La cosa más placentera que hará con Windows Vista en todo el día podría ser, con bastante seguridad, dejar de usarlo. Y lo hace de la misma forma en que inició: con el botón Start, ese amable y pequeño ayudante que ha estado utilizando todo el tiempo. (Y si el menú de Start está oculto, mantenga presionado Ctrl y presione Esc para traerlo de atrás de los árboles). Lo que necesita es uno de los dos botones que descansan en la parte inferior del menú de Start:

- ✔ **Sleep/Power (Suspender/Apagar):** El modo de suspensión (al margen, arriba) es útil cuando no va a usar su equipo por varias horas, pero desea iniciar donde se quedó. Diseñada para usuarios impacientes, esta opción memoriza sus ventanas abiertas en el momento y luego apaga su equipo. Cuando enciende su equipo, sus programas y documentos abiertos aparecen en el escritorio donde los dejó. En los equipos portátiles, esta opción es un botón Power (al margen, abajo) que simplemente apaga su equipo.

- ✔ **Lock (Bloquear):** Pensada para viajes cortos al enfriador de agua, esta opción bloquea su equipo y coloca la imagen de su cuenta de usuario en la pantalla. Cuando regresa, escribe su contraseña y Vista instantáneamente muestra su escritorio, justo como lo dejó. Esta opción aparece en ambos equipos portátiles y de escritorio.

Windows Vista ofrece varias opciones diferentes a éstas para cerrar su sesión. Vea con atención la flecha a la derecha del botón Lock. Haga clic en la flecha para ver hasta siete opciones, las cuales se muestran en la Figura 2-12.

✔ **Switch User (Cambiar usuario):** Si otra persona sólo desea usar el equipo por unos minutos, elija Switch User. La pantalla Welcome aparece, pero Windows mantiene sus programas abiertos esperando en un segundo plano. Cuando regresa, todo está justo como lo dejó.

✔ **Log off (Cerrar sesión):** Escoja esta opción cuando haya terminado de trabajar en el equipo y otra persona quiere utilizarlo. Windows guarda su trabajo y sus ajustes y regresa a la pantalla Welcome, lista para el siguiente usuario.

✔ **Lock (Bloquear):** Por alguna razón, Microsoft vuelve a ofrecer la opción Lock, descrita arriba en la sección principal.

✔ **Restart (Reiniciar):** Sólo elija esta opción cuando Windows Vista tuvo algún problema: Varios programas se bloquearon o Windows parece estar actuando muy extraño. Windows Vista se apaga y vuelve a cargarse, con la esperanza de sentirse refrescado.

✔ **Sleep (Suspender):** Nueva para Vista, esta opción guarda una copia de su trabajo en la memoria de su equipo *y* la unidad de disco duro y luego queda inactivo en un estado de baja energía. Cuando vuelve a encender su equipo, Vista presenta su escritorio, programas y ventanas como si usted nunca se hubiera ido. (En un equipo portátil, Sleep guarda su trabajo sólo en la memoria; si la vida de la batería baja demasiado de forma amenazadora, Sleep envía el trabajo a la unidad de disco duro y apaga el equipo).

✔ **Hibernate (Hibernar):** Sólo en algunos equipos portátiles, esta opción guarda copia de su trabajo en su unidad de disco duro y luego apaga su equipo, un proceso que requiere más batería que el modo Sleep.

✔ **Shut Down (Apagar):** Elija esta opción cuando nadie más va a usar el equipo hasta la mañana siguiente. Windows Vista guarda todo y apaga el equipo.

Figura 2-12:
Haga clic en la flecha pequeña para ver más opciones para empacar y retirarse de su equipo.

Cuando usted le indica a Windows Vista que ya no quiere seguir, Vista busca en todas las ventanas abiertas para verificar que haya guardado todo su trabajo. Si encuentra trabajo que se le olvidó guardar, le avisa para que pueda hacer clic en el botón Accept y guardarlo ¡Qué suerte!

Usted no *tiene* que apagar Windows Vista. De hecho, algunas personas dejan su equipo encendido todo el tiempo, aduciendo que es mejor para la salud de su equipo. Otros dicen que es más saludable para sus equipos si los apagan todos los días. Hay todavía otros que dicen que el nuevo modo Sleep les da lo mejor de ambos mundos. Sin embargo, *todos* dicen que apagan su monitor cuando terminan de trabajar. Los monitores definitivamente disfrutan enfriarse cuando no están en uso.

No sólo presione el botón Off de su equipo para apagarlo. En cambio, asegúrese de apagar Windows Vista mediante una de sus opciones oficiales de apagado: Sleep, Hibernate o Shut Down. De lo contrario, Windows Vista no puede preparar adecuadamente a su equipo para el evento dramático, lo que ocasiona problemas futuros.

Capítulo 3

Mecánica Básica de Windows

....

En Este Capítulo

▶ Explicar las partes de una ventana

▶ Manipular botones, barras y cuadros

▶ Encontrar y utilizar menús

▶ Explicar los nuevos paneles de navegación y exploración

▶ Paginar a lo largo de un documento en una ventana

▶ Llenar formularios

▶ Mover ventanas y cambiar su tamaño

....

*E*ste capítulo es para estudiantes curiosos de anatomía de Windows. Ustedes saben quiénes son: los que ven todos los botones, bordes y globos regados por todo Windows Vista y se preguntan ¿qué pasaría si hiciera clic en esa cosita que está ahí?

Este más bien terrorífico capítulo lanza una ventana normal (su bastante utilizada carpeta Documents, para ser preciso) a la mesa de disección. He aislado cada parte para su etiquetado y explicación profunda. Encontrará la teoría detrás de cada una y los procedimientos requeridos para hacer que cada parte haga lo que usted le solicite.

Lo siguiente es una guía estándar, la cual identifica y explica los botones, cuadros, ventanas, barras, listas y otras curiosidades con las que podría encontrarse cuando está intentando que Windows Vista haga algo útil.

Siéntase en libertad de colocarse cualquier equipo protector que pueda tener, utilizar los márgenes para hacer anotaciones y entrar con fuerza al mundo de Windows.

Diseccionar una Ventana Típica

La Figura 3-1 coloca una ventana típica sobre la losa, con todas sus partes identificadas. Tal vez reconozca que la ventana es su carpeta Documents, ese tanque de almacenaje para la mayor parte de su trabajo.

Barra de herramientas (Toolbar)

Barra de direcciones (Address bar)

Barra de titulo (Title bar)   Cuadro Búsqueda (Search box)

Maximizar (Maximize)

Minimizar (Minimize) | Cerrar (Close)

Ayuda (Help)

Figura 3-1:
He aquí cómo los siempre exactos cerebritos de computación identifican las diferentes partes de una ventana.

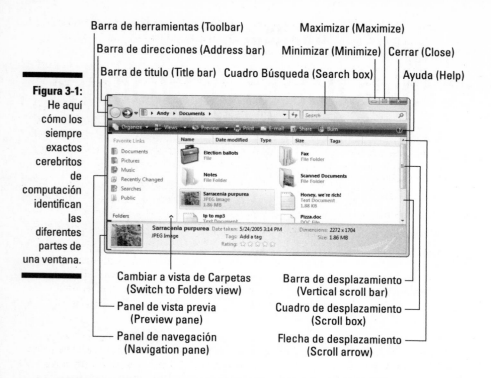

Cambiar a vista de Carpetas
(Switch to Folders view)

Panel de vista previa
(Preview pane)

Panel de navegación
(Navigation pane)

Barra de desplazamiento
(Vertical scroll bar)

Cuadro de desplazamiento
(Scroll box)

Flecha de desplazamiento
(Scroll arrow)

Estrategias para hacer clic, doble clic y clic con el botón secundario

Hacer clic o doble clic con su mouse controla casi todo en Windows, sin embargo, Microsoft parece estar atontado cuando define la diferencia entre las dos acciones. Microsoft indica que hay que hacer clic cuando *selecciona* algo y doble clic cuando *elige* algo. ¿Cómo así?

Usted *selecciona* algo cuando lo resalta. Por ejemplo, usted hace clic en un cuadro, una ventana o el nombre de un archivo para *seleccionarlo*. Ese clic generalmente *resalta* el elemento, preparándolo para acción futura.

En contraste, *elegir* algo es mucho más decisivo. Un doble clic autoritario sobre un archivo convence a Windows de abrirlo para usted inmediatamente.

Las jerarquías teóricas de Microsoft me aburren, por lo que casi siempre utilizo la tercera opción y *hago clic con el botón secundario* sobre las cosas. Haga clic con el botón secundario sobre casi todo para ver un menú que indica todo lo que puede hacer. Yo hago clic en la opción que me interesa y Windows hace lo que le pido.

¿La moraleja? *Si tiene duda, haga clic con el botón secundario.*

Igual como los boxeadores hacen caras distintas dependiendo de dónde les han dado el golpe, las ventanas se comportan de distinta forma dependiendo de dónde les hicieron clic. Las siguientes secciones describen las partes principales de la ventana de la carpeta Documents en la Figura 3-1, cómo hacer clic en ellas y cómo Windows reacciona como respuesta.

✔ Los veteranos de Windows XP recuerdan su carpeta My Documents, esa agrupación de todos sus archivos. Vista elimina la palabra My (Mis) para crear la carpeta Documents. (Sigue siendo el lugar donde debe guardar todos sus archivos). Otros trabajos de eliminación de "My" incluyen las carpetas Pictures (Imágenes) y Music (Música).

✔ Windows Vista está lleno de botones, bordes y cuadros de formas extrañas. No necesita recordar todos los nombres, aunque sería de ayuda para entender los instruidos menús de Help (Ayuda) de Windows. Cuando note una parte extraña de una ventana, sólo regrese a este capítulo, busque el nombre en la Figura 3-1 y lea su explicación.

✔ Puede tratar con la mayoría de cosas en Windows simplemente con hacer clic, doble clic o clic con en botón secundario del mouse, una decisión que se explica en la barra lateral cercana "Estrategias para hacer clic, doble clic y clic con el botón secundario". (Spoiler: *Si tiene duda, haga clic con el botón secundario*).

✔ Después de hacer clic en algunas ventanas unas cuantas veces, se da cuenta de lo fácil que es manejarlas. Lo difícil es encontrar los controles correctos la *primera* vez, como averiguar para qué sirven los botones del nuevo celular.

Jalar la barra de título de una ventana

Ubicada en la parte superior de casi todas las ventanas (vea ejemplos en la Figura 3-2), la barra de título (title bar) generalmente indica el nombre del programa y el archivo en el cual está trabajando. Por ejemplo, la Figura 3-2 muestra las barras de título de los programas WordPad (arriba) y Notepad (abajo) de Windows Vista. La barra de título de WordPad indica el nombre del archivo como Document porque usted todavía no ha tenido la oportunidad de guardar y dar nombre al archivo. (Podría estar llena de anotaciones que realizó a raíz de una enérgica conversación telefónica con Ed McMahon).

Figura 3-2:
Una barra
de título de
WordPad
(arriba) y
Notepad
(abajo).

Document - WordPad

Honey, we're rich! - Notepad

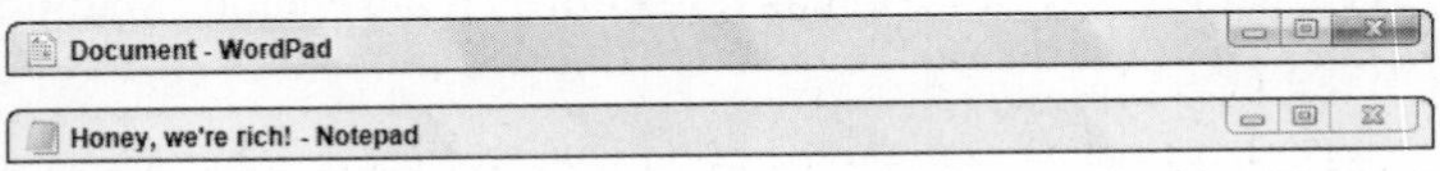

Arrastrar, colocar y ejecutar

Aunque el término *arrastrar y colocar* suena como salido de un episodio de *Los Soprano*, es en realidad un truco no violento del mouse que se utiliza en todo Windows. Arrastrar y colocar es una forma de mover algo, digamos un ícono en su escritorio, de un lugar a otro.

Para *arrastrar,* coloque el puntero del mouse sobre el ícono y *mantenga presionado* el botón izquierdo o derecho del mouse. (Yo prefiero el botón derecho). A medida que mueve el mouse a lo largo del escritorio, el puntero arrastra el ícono por la pantalla. Coloque el puntero/ícono donde lo desea y libere el botón del mouse. El ícono *cae,* sin sufrir daños.

El mantener presionado el botón *derecho* del mouse mientras arrastra y coloca hace que Windows Vista lance un pequeño y útil menú, el cual le pregunta si desea *copiar* o *mover* el ícono.

Departamento útil de sugerencias: ¿Empezó a arrastrar algo y en algún momento a mitad del camino se dio cuenta de que era el elemento equivocado? No libere el botón del mouse, en cambio, presione Esc para cancelar la acción. ¡Qué suerte! (Si estaba arrastrando con el botón derecho del mouse y ya lo soltó, todavía tiene otra salida: elegir Cancel del menú emergente).

Aunque poco educada, la mundana barra de título tiene poderes ocultos, los cuales describo en las siguientes sugerencias:

- ✔ Las barras de título sirven como práctica asa para mover las ventanas de un lado a otro en el escritorio. Señale la barra de título, mantenga presionado el botón del mouse y mueva el mouse: la ventana se moverá según usted mueva el mouse. ¿Ya encontró el lugar correcto? Suelte el botón del mouse y la ventana acampa en su nueva ubicación.

- ✔ Haga doble clic en la barra de título y la ventana salta para cubrir la pantalla entera. Vuelva a hacer doble clic y la ventana regresa a su tamaño original.

- ✔ En Windows XP, cada barra de título llevaba, eh, un título de lo que usted estaba viendo. Vista, sin embargo, deja los nombres de las carpetas *fuera* de sus barras de título, prefiriendo tener una franja vacía (consulte la Figura 3-1). Pero aunque muchas de las barras de título de Vista no tienen título, funcionan como barras de título normales: siéntase libre de arrastrarlas en su escritorio, igual a como lo hacía en Windows XP.

- ✔ El extremo derecho de la barra de título tiene tres botones cuadrados. De izquierda a derecha, le permiten minimizar, restaurar (o maximizar) o cerrar una ventana, temas que cubro en la sección "Manipular ventanas en el escritorio".

✔ En Windows XP, la ventana con la que está trabajando al momento siempre muestra una barra de título *resaltada* (es de color diferente a las barras de título de cualquier otra ventana abierta). En contraste, las barras de título de Vista, son prácticamente del mismo color. Para encontrar la ventana en la que está trabajando, busque un botón Cerrar de color rojo en la esquina superior derecha (Figura 3-2, superior). Eso lo distingue de la que *no* está trabajando (Figura 3-2, inferior). Con dar una mirada a la esquina de todas las barras de título en la pantalla, usted puede saber cuál ventana está abierta y a la espera de cualquier cosa que usted escriba.

Escribir en la barra de direcciones de una ventana

Directamente debajo de la barra de título de todas las carpetas vive la *Address Bar (Barra de direcciones),* la cual se muestra sobre la carpeta Documents (Documentos) en la Figura 3-3. Los veteranos de Internet experimentarán una sensación ya conocida: la barra de direcciones de Vista se levanta directamente de la parte superior de Internet Explorer y se pega sobre cada carpeta.

Figura 3-3:
Cada carpeta muestra una barra de direcciones, muy parecida a la de Internet Explorer.

| ◀ ▶ ▾ | 🗀 ▸ Andy ▸ Documents ▸ Stuff | ▾ | 🔍⁴⁷ Search | 🔍 |

Las tres partes principales de la barra de direcciones, descritas de izquierda a derecha en la siguiente lista, realizan tres tareas distintas:

✔ **Botones Backward y Forward:** Estas dos flechas llevan control a medida que usted hurga en las carpetas de su equipo. El botón Backward (atrás) controla retroactivamente las carpetas recién visitadas. El botón Forward (adelante) lo regresa. (Haga clic en la flecha minúscula a la derecha de la flecha Forward para ver una lista de los lugares ya visitados; haga clic sobre una entrada para ir directamente).

- ✔ **Address Bar (Barra de direcciones):** Al igual que la barra de direcciones de Internet Explorer indica la dirección de un sitio Web, la barra de direcciones de Vista muestra la dirección de su carpeta actual; su ubicación dentro de su equipo. Por ejemplo, la barra de direcciones que se muestra en la Figura 3-3 muestra tres palabras: *Andy, Documents* y *Stuff (Cosas)*. Esas palabras le dicen que usted está viendo dentro de la carpeta *Stuff* dentro de la carpeta *Documents* de la cuenta de usuario de *Andy*. Sí, las direcciones de carpetas son lo suficientemente complicadas como para justificar un capítulo entero: el Capítulo 4.

    Siéntase libre de escribir la dirección de un sitio Web, algo como www. andyrathbone.com, en la barra de direcciones de cualquier carpeta. Su carpeta citará a Internet Explorer, el cual abrirá en ese sitio en particular.

- ✔ **Search box (Cuadro Búsqueda):** En otro timo de Internet Explorer, todas las carpetas de Vista llevan un cuadro Search. Sin embargo, en lugar de buscar en Internet, inspecciona en el contenido de sus carpetas. Por ejemplo, escriba la palabra **zanahoria** en el cuadro Search de una carpeta: Vista inspecciona el contenido de esa carpeta y recupera todos los archivos que mencionen *zanahoria*.

    Para expandir su búsqueda a más carpetas, haga clic en la flecha a la par del ícono de lupa del cuadro Search. Un menú desplegable le permite dirigir su búsqueda a todo su equipo e inclusive Internet. En el Capítulo 6 cubro las nuevas características de búsqueda de Vista.

Hay otras áreas de la barra de direcciones merecen que se mencionen;

- ✔ En la barra de direcciones, ¿ya vio las flechitas entre las palabras Andy, Documents y Stuff? Las flechas ofrecen recorridos rápidos a otras carpetas. Haga clic en cualquier flecha, la que está a la derecha de la palabra Documents, por ejemplo. Un pequeño menú se despliega de la flecha, permitiéndole saltar a cualquier otra carpeta dentro de su carpeta Documents.

- ✔ Cuando envía una búsqueda a Internet, el cuadro Search normalmente dirige las entradas al proveedor de búsquedas *propio* de Microsoft. (Ese arreglo permite que Microsoft reciba comisiones de los anuncios). Para enviar la búsqueda a Google o cualquier otro motor de búsqueda, abra Internet Explorer, haga clic en la flecha junto a la lupa del cuadro Search y elija Find More Providers, una tarea que describo en detalle en el Capítulo 8.

Encontrar la barra de menús oculta de Vista

Windows Vista tiene más artículos de menú que un restaurante asiático. Para mantener la mente de todas las personas en comandos de equipo y no en ensaladas de algas, Windows oculta sus menús dentro de la *barra de menús (menue bar)* (ver la Figura 3-4).

De hecho, Vista incluso esconde la barra de menús de cada carpeta. Para regresarlas, presione Alt y aparecen. Para mantener las barras de menús fijas permanentemente, siga estos pasos:

1. **Haga clic en el botón Organize (que aparece al margen), luego elija Folder and Search Options del menú.**

   Aparece el cuadro de diálogo de Folder Options, abierto en la ficha General.

2. **En la sección Tasks, seleccione Use Windows Classic Folders.**

3. **Haga clic OK.**

Figura 3-4:
La barra de
menús.

File	Edit	View	Tools	Help

La barra de menús muestra un menú diferente para cada palabra. Para reveler las opciones secretas, haga clic sobre cualquier palabra; Edit (editar), por ejemplo. Se despliega un menú, como se muestra en la Figura 3-5, el cual presenta opciones relacionadas con editar un archivo.

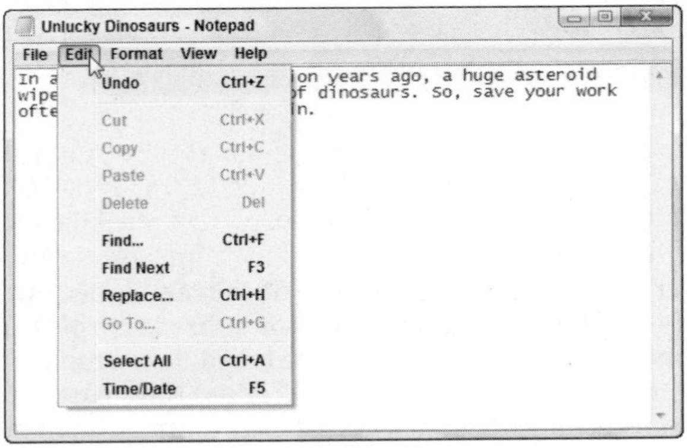

Figura 3-5:
Haga clic
sobre
cualquier
menú para
ver sus
comandos
asociados.

Al igual que a los restaurantes a veces se les acaban los especiales, una ventana a veces no puede ofrecer todos los artículos de su menú. Cualquier opción no disponible aparece *atenuada,* como las opciones Cut (Cortar), Copy (Copiar), Paste (Pegar), Delete (Eliminar) e Go To (Ir a) en la Figura 3-5.

Si accidentalmente hace clic en la palabra equivocada en una barra de menús obteniendo como resultado un menú que no deseaba, simplemente haga clic sobre la palabra que *realmente* deseaba. El condescendiente Windows guarda el menú equivocado y muestra su nueva elección.

Para salirse por completo de Menulandia, haga clic con el puntero del mouse sobre su trabajo dentro del *espacio de trabajo* de la ventana: el área donde se supone que debería estar trabajando.

Para la conveniencia de los amantes del teclado, Vista subraya una letra en cada elemento del menú. (Presione Alt para verlas). Las personas a las que no les agrada el mouse pueden presionar la tecla Alt seguida de una letra subrayada, la *F* en File, por ejemplo, para hacer que Windows muestre el menú File (Archivo). (Presionar Alt, luego F y luego X cierra una ventana).

Elegir el Botón Indicado para el Trabajo

Muchos veteranos de Windows XP con cariño recuerdan el *task pane (panel de tareas)* de sus carpetas, una útil tira en el lado izquierdo de una carpeta que mostraba prácticos botones para tareas comunes. Vista ya no tiene un panel de tareas. En cambio, esas tareas comunes están relegadas a una delgada tira de botones llamada el *toolbar (barra de herramientas)*. La barra de herramientas de la carpeta Computer, por ejemplo, aparece en la Figura 3-6.

Figura 3-6:
Barra de herramientas de la carpeta Computer.

Organize ▾   Views ▾   System properties   Uninstall or change a program   Map network drive   »   ⊙

No necesita saber mucho acerca de la barra de herramientas, porque Vista automáticamente coloca los botones correctos sobre la carpeta que los necesite. Abra su carpeta Music, por ejemplo, y la barra de herramientas rápidamente genera un botón Play All (Reproducir Todos) todo para tener un maratón de sesiones de música. Abra la carpeta Pictures (Imágenes) y la amigable barra de herramientas coloca el botón Slide Show) Presentación de diapositivas).

Si el significado de un botón no es inmediatamente obvio, desplace su mouse sobre él; un pequeño mensaje explica la razón de ser del mismo. En la siguiente lista aparecen mis propias traducciones para los botones más comunes:

✔ **Organize (Organizar):** Presente en la barra de herramientas de todas las carpetas, el botón Organize le permite cambiar el diseño de una carpeta al sujetar esas anchas franjas informativas sobre los bordes de la ventana. Puede apagar o encender el *Navigation Pane,* esa tira de accesos directos sobre el borde izquierdo, por ejemplo. También puede apagar el *Preview Pane,* esa tira en la parte inferior de todas las carpetas que muestra información acerca del archivo seleccionado.

✔ **Views (Vistas):** El segundo botón que reside encima de cada ventana de carpeta, el botón Views podría ser el más útil. Hace que la ventana muestre sus archivos en distintas formas. Continúe haciendo clic sobre él para ver los diferentes tamaños de ícono, deje de hacer clic cuando encuentre uno que se vea bien. Para saltar a una vista favorita, haga clic en la flecha adyacente al botón para ver una lista de todas las vistas disponibles. Elija Details, por ejemplo, para ver todo lo que desea saber acerca de un archivo: su tamaño, fecha de creación y otros pequeños detalles. (Las fotos se ven mejor cuando se muestran en la vista Íconos grandes o extra grandes).

¿Son los íconos de su carpeta demasiado grandes o pequeños? Mantenga presionada la tecla Ctrl y gire la rueda de su mouse. Gire en una dirección para agrandarlos y en la contraria para reducirlos.

✔ **Share (Compartir):** Haga clic aquí para compartir el archivo o archivos seleccionados con alguien más en otro equipo, siempre y cuando ya tengan una cuenta de usuario y contraseña en su equipo. No verá ni necesitará este botón hasta que establezca una red (lo cual describo en el Capítulo 14) para vincular este equipo a otros.

✔ **Burn (Grabar):** Haga clic aquí para copiar sus elementos seleccionados a un CD o DVD vacío. Si aún no ha hecho clic sobre nada en la carpeta, esto copia el contenido completo en su CD, una forma práctica de hacer copias de seguridad rápidas.

✔ **Help (Ayuda):** Haga clic sobre el pequeño ícono azul de signo de interrogación en la esquina superior derecha de cualquier carpeta para obtener ayuda acerca de cualquier cosa que esté viendo en el momento.

Accesos directos rápidos con el Navigation Pane de Windows Vista

Vea la mayoría de escritorios "verdaderos" y verá los elementos más utilizados colocados a un brazo de distancia: la bandeja de entrada, la engrapadora y probablemente unas cuantas migas de las meriendas de la sala de descanso. De forma parecida, Vista reúne los elementos más utilizados de su equipo y los coloca en el nuevo Navigation Pane (Panel de Navegación), como se muestra en la Figura 3-7.

Figura 3-7:
La mitad
superior
(derecha)
del
Navigation
Pane ofrece
accesos
directos a
carpetas
que visita
con frecuen-
cia; haga
clic sobre la
palabra
Folders para
ver sus
carpetas en
una vista
de árbol
ramificado
(izquierda).

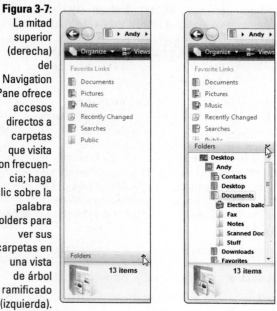

Presente sobre el borde izquierdo de todas las carpetas, el Navigation Pane tiene dos partes principales. La parte superior tiene una lista de palabras llamada la sección Favorite Links (Vínculos favoritos); debajo de ellos espera una puerta misteriosa llamada Folders (Carpetas). Esta es una descripción más detallada de ambas mitades del Navigation Pane:

✔ **Favorite Links (Vínculos favoritos):** Cosa que no debe confundirse con los vínculos favoritos de Internet Explorer (Capítulo 8), los vínculos favoritos en el Navigation Pane son palabras que sirven como accesos directos a los que se les puede hacer clic, para tener acceso a sus carpetas más visitadas *dentro* de su equipo.

• **Documents (Documentos):** Haga clic en este acceso directo para regresar directo a la madre de todas las carpetas, su carpeta Documents.

• **Recently changed (Recién cambiado):** Adivinó bien: al hacer clic en este acceso directo obtiene una lista de los archivos que han cambiado en los últimos 30 días. Están ordenados por fecha, con el archivo más reciente hasta arriba, haciendo que sea fácil ubicar su trabajo más reciente.

• **Pictures (Imágenes):** Este acceso directo abre su carpeta Pictures, la cual contiene todas sus fotos digitales.

- **Music (Música):** Así es, este acceso directo salta directamente hacia su carpeta Music, donde al hacer doble clic sobre una canción, la misma se escucha a través de los altavoces de su equipo.

- **Searches (Búsquedas):** Haga clic sobre este acceso directo para ver la colección de *Saved Searches* de Vista: temas que ha buscado en el pasado. Algunas búsquedas útiles ya residen ahí: cada correo electrónico que usted ha recibido en los últimos siete días, por ejemplo.

- **Public (Acceso público):** Coloque aquí un archivo para compartirlo con todas las personas que usan su equipo.

✔ **Folders (Carpetas):** La puerta escondida del Navigation Pane se esconde detrás de una única palabra llamada Folders. ¿Ve la palabra Folders en la parte de abajo del Navigation Pane? Haga clic en cualquier parte de esa barra de carpetas y el Navigation Pane muestra una vista en "árbol ramificado" de sus carpetas, lo cual cubro en el Capítulo 4. Es una forma fácil de saltar a cualquier carpeta o unidad de disco en su equipo.

Las siguientes sugerencias le permiten aprovechar al máximo el Navigation Pane:

✔ Siéntase libre de personalizar su Navigation Pane al arrastrar y colocar carpetas o accesos directos al mismo. Esa configuración los mantiene al alcance de cualquier carpeta con la que usted pudiera estar trabajando. Para eliminar un elemento, haga clic con el botón secundario del mouse y elija Remove Link.

✔ Si usted accidentalmente elimina algunos de los vínculos favoritos en su Navigation Pane, indíquele a Vista que repare el daño. Haga clic con el botón secundario del mouse dentro del Navigation Pane y elija Restore Default Favorite Links.

Trabajar con el Details Pane

El nuevo *Details Pane (Panel de Detalles)* de Vista, que aparece en la Figura 3-8, se mantiene como nube baja en la parte inferior de cada carpeta. Justo como lo implica el nombre del Details Pane, la pequeña franja enumera detalles misteriosos acerca del elemento que está viendo en el momento, un rasgo que les encanta a los técnicos.

Abra una carpeta, por ejemplo, y su Details Pane enumera sin protestar la cantidad de archivos dentro de esa carpeta. Inclusive dice si el archivo reside en su propio equipo o a través de una red.

Figura 3-8:
El Details
Pane
enumera
detalles
acerca de la
carpeta o
archivo
sobre el que
usted acaba
de hacer
clic.

La información verdadera llega cuando usted hace clic en un archivo. Por ejemplo, haga clic en un archivo de música y el Details Pane muestra una vista en miniatura de la portada del álbum, el título de la canción, artista, duración, tamaño e inclusive cualquier calificación que usted le haya otorgado en el Media Player de Vista. Haga clic en un archivo de foto para ver una vista previa en miniatura, la fecha en que presionó el disparador de su cámara y el tamaño de la foto.

✔ El Details Pane sabe más de lo que revela al principio. Debido a que su tamaño es ajustable, arrastre su borde superior un poquito. A medida que el Details Pane se hace más grande, empieza a revelar más información acerca de su archivo resaltado: el tamaño, fecha de creación, fecha en que se cambió por última vez y detalles similares. Un tirón rápido hacia arriba ofrece una vista rápida de la información; arrástrelo hacia abajo cuando haya terminado.

✔ Si piensa que el Details Pane consume demasiado espacio de pantalla, arrastre el borde superior un poco hacia abajo. O bien, apáguelo: haga clic en el botón Organize en la esquina del extremo izquierdo de la barra de herramientas, haga clic en Layout del menú desplegable y haga clic en Details Pane. (Revierta los pasos para hacer resurgir el Details Pane ausente).

✔ Al editar las propiedades de un archivo, siéntase en libertad de agregar una *etiqueta* (palabra clave que le permite reubicar más rápido ese archivo particular). (Cubro lo relacionado con etiquetas en el Capítulo 6).

Moverse dentro de una ventana con su barra de desplazamiento

La barra de desplazamiento, que parece el corte del pozo de un ascensor (véase Figura 3-9), descansa sobre el borde de todas las ventanas sobrecargadas. Dentro del pozo, un pequeño elevador (técnicamente, el *cuadro de desplazamiento*) sube y baja a medida que usted va de hoja en hoja en su trabajo. De hecho, al dar una mirada a la posición del elevador en el pozo, usted puede decir si está viendo la parte superior, intermedia o inferior del contenido de una ventana.

Figura 3-9:
Una barra
de
desplaza-
miento.

Puede ver cómo el cuadrito sube y baja cuando presiona la tecla PgUp o PgDn. (Sí, es fácil distraerse en Windows Vista). Pero desplazar el elevador con el mouse es más divertido. Al hacer clic en varios lugares de la barra de desplazamiento, puede moverse rápidamente en un documento. Esto es lo básico:

🖛 Al hacer clic en el espacio *sobre* el elevador, su vista se ubica una página hacia arriba, igual que si hubiera presionado la tecla PgUp. De forma parecida, al hacer clic *debajo* del elevador se traslada la vista una página hacia abajo. Mientras más grande sea su monitor, más información puede ver en cada página.

🖛 Para mover hacia arriba lo que ve línea por línea, haga clic en la pequeña flecha (la *flecha de desplazamiento*) en la parte superior de la barra de desplazamiento. De forma parecida, el hacer clic en la pequeña flecha en la parte inferior mueve su vista una línea hacia abajo con cada clic.

🖛 Ocasionalmente, las barras de desplazamiento aparecen en el borde inferior de una ventana. Prácticas para ver hojas de cálculo y otros documents anchos, las barras de desplazamiento le permiten mover su vista hacia los lados para ver los totales en la última columna de la hoja de cálculo.

🖛 ¿No hay cuadro de desplazamiento en la barra? Entonces está viendo todo lo que la ventana tiene para ofrecer.

🖛 Para moverse rápido, arrastre el cuadro de desplazamiento hacia arriba o hacia abajo en la barra. A medida que arrastra, verá pasar el contenido de la ventana. Cuando vea el punto que le interesa, suelte el botón del mouse para quedarse en esa posición.

🖛 ¿Tiene uno de esos mouse con una pequeña rueda metida en la espalda de la pobre criatura? Gire la rueda y la lista se mueve hacia arriba o hacia abajo, igual que si estuviera jugando con la barra de desplazamiento.

Bordes aburridos

Un *borde* es esa orilla delgada que rodea una ventana. Comparado con una barra, es realmente pequeño.

Para cambiar el tamaño de una ventana, arrastre el borde hacia adentro o hacia afuera. (Arrastrar por la esquina funciona mejor).

Algunas ventanas, por extraño que parezca, no tienen bordes. Atrapadas en el limbo, su tamaño no puede cambiarse; inclusive si son de tamaño extraño.

Salvo para arrastrarlos con el mouse, usted no utilizará mucho los bordes.

Llenar Fastidiosos Cuadros de Diálogo

Tarde o temprano, Windows Vista entrará en modalidad de oficinista poco amable, al obligarlo a llenar un fastidioso formulario antes de realizar su solicitud. Para manejar esta documentación computarizada, Windows Vista utiliza un *cuadro de diálogo*.

Un cuadro de diálogo es una ventana que muestra un pequeño formulario o lista de verificación para que llene. Estos formularios pueden tener muchas partes diferentes, todas las cuales describo en las siguientes secciones. No se preocupe por intentar recordar el nombre de todas las partes. Es mucho más importante recordar cómo funcionan.

Presionar el botón de comando correcto

Los botones de comando son probablemente la parte más sencilla de entender de un formulario; ¡Microsoft los etiquetó! Generalmente, los botones de comando requieren escribir en la memoria después de llenar un formulario. Dependiendo del botón de comando en el que haga clic, Windows se ocupa de procesar su solicitud (raro) o le envía otro formulario (lo más probable).

Aunque Vista eliminó la mayoría de formularios, la Tabla 3-1 identifica los botones de comando que seguirán apareciéndole.

Tabla 3-1	**Botones de Comando Comunes en Windows Vista**
Botón de Comando	*Descripción*
OK	Un clic en el botón OK (Aceptar) dice, "He terminado el formulario y estoy listo para seguir". Windows Vista lee lo que usted ha escrito y procesa su solicitud.
Cancel	Si de alguna forma no hizo bien las cosas al llenar un formulario, haga clic en el botón Cancel (Cancelar). Windows se lleva el formulario, y todo regresa a la normalidad. ¡Qué suerte! (***Sugerencia:*** La pequeña X roja en la esquina superior de una ventana también hace desaparecer las ventanas fastidiosas).
Next	Haga clic en Next (Siguiente) para pasar a la siguiente pregunta. (¿Cambió de parecer sobre la última pregunta? Regrese con hacer clic en la flecha Back cerca de la parte superior izquierda de la ventana).
Browse...	Si le aparece un botón con puntos (...) después de la palabra, dése ánimos a usted mismo. El hacer clic en ese botón lleva *otro* formulario a la pantalla. Desde ahí, debe elegir más ajustes, opciones o adornos.
Default	Cuando cambia un ajuste que arruina las cosas, haga clic en el botón Default (Ajustes predeterminados) o Restore Defaults (Restaurar ajustes predeterminados) con todas sus ganas. Eso le devuelve la apariencia de Vista recién instalado.

✔ El botón OK generalmente tiene un borde ligeramente más oscuro que los otros, es decir que está *resaltado*. El sólo presionar Enter automáticamente elige el botón resaltado del formulario, ahorrándole la molestia de hacer clic. (Por lo general hago clic, sólo para asegurarme).

✔ Si hizo clic con el botón equivocado, pero no *ha levantado su dedo del botón del mouse*, ¡deténgase! Los botones de comando no entran en efecto hasta que usted levanta el dedo del botón del mouse. Mantenga presionado el mouse, pero aleje el puntero del botón equivocado. Aléjese de forma segura y luego levante su dedo.

✔ ¿Se topó con un cuadro que tiene una opción confusa? Haga clic en el signo de interrogación en la esquina superior derecha del cuadro (se verá como el que aparece en el margen). Luego haga clic en el botón de comando confuso para ver una corta explicación de la función que tiene ese botón. A veces simplemente reposar el puntero del mouse sobre el botón confuso hace que Windows se apiade y envíe un subtítulo para explicar el tema.

Elegir entre botones de opción

Algunas veces, Windows Vista se pone terco y lo fuerza a elegir una sóla opción. Por ejemplo, puede jugar algunos juegos en el nivel de principiante o intermedio. No puede jugar en *ambos*, así que Windows Vista no le deja elegir ambas opciones.

Windows Vista maneja esta opción con un *botón de opción*. Cuando elige una opción, el puntito salta a ella. Elija la otra opción y el puntito salta a la nueva opción. Usted encuentra botones de opción en varios cuadros de diálogo, como el que aparece en la Figura 3-10.

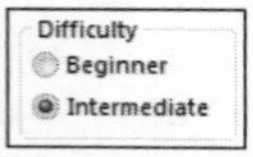

Figura 3-10:
Elija una
opción.

Difficulty
- Beginner
- Intermediate

Si *sí se puede* elegir más de una opción, Windows Vista no le presentará botones de opción. En cambio, ofrece las más liberales *casillas de verificación*, las cuales describo en la sección "Casillas de verificación", más adelante en este capítulo.

Algunos programas se refieren a los botones de opción como *botones de radio*, en honor a aquellos botones en los radios de carros viejos que se presionan para cambiar de estación a estación, una estación a la vez.

Escribir en los cuadros de texto

Un *cuadro de texto* funciona como un examen de llenar los espacios en blanco en la clase de historia. Puede escribir lo que quiera en un cuadro de texto; palabras, números, contraseñas o epítetos. Por ejemplo, la Figura 3-11 muestra un cuadro de diálogo que emerge cuando usted desea buscar palabras o caracteres en algunos programas. El cuadro de texto es donde escribe las palabras que desea buscar.

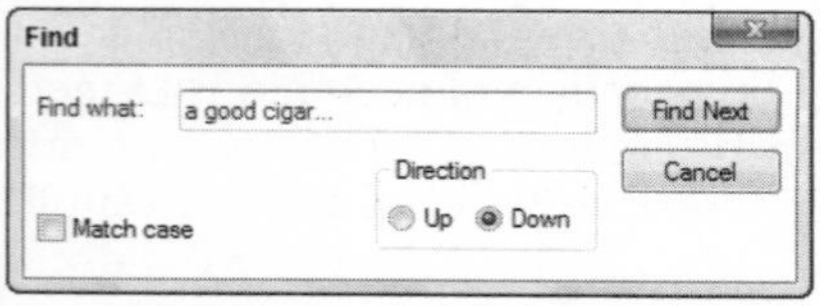

Figura 3-11:
Este cuadro
de diálogo
contiene un
cuadro de
texto.

Find

Find what: a good cigar...   Find Next

Direction   Cancel

Match case   Up Down

✔ Cuando un cuadro de texto está *activo* (es decir, listo para que usted empiece a escribir dentro de él), la información dentro del cuadro actual está resaltada o hay un cursor parpadeando dentro.

✔ Si el cuadro de texto *no* está resaltado o *no hay* un cursor parpadeando dentro del mismo, el cuadro no está listo para que usted empiece a escribir. Para anunciar su presencia, haga clic dentro del cuadro antes de escribir.

✔ Si necesita usar un cuadro de texto que ya contiene palabras, elimine cualquier texto que no desee antes de empezar a escribir información nueva. (O bien, puede hacer doble clic sobre la información anterior para resaltarla; de esa forma, el texto entrante reemplaza automáticamente el texto viejo).

✔ Sí, los cuadros de texto tienen demasiadas reglas.

Escoger opciones de cuadros de listas

Algunos cuadros no le dejan escribir *nada* dentro de ellos. Simplemente muestran listas de cosas, permitiéndole escoger los elementos que desee. Los cuadros con listas se llaman, apropiadamente, *cuadros de listas.* Por ejemplo, algunos procesadores de texto muestran un cuadro de listas si usted está tan inspirado como para querer cambiar la *fuente*; el estilo de las letras (ver Figura 3-12).

Figura 3-12:
Elija una
fuente del
cuadro de
listas.

Font:
Comic Sans MS
O Cambria
O Cambria Math
O Candara
O Comic Sans MS
O Consolas
O Constantia
O Corbel

✔ ¿Puede notar cómo la fuente Comic Sans MS está resaltada en la Figura 3-12? Es el elemento actualmente seleccionado en el cuadro de listas. Presione Enter (o haga clic en OK) y su programa empieza a utilizar esa fuente cuando usted comienza a escribir.

✔ ¿Ve la barra de desplazamiento sobre el lado del cuadro de lista? Funciona igual que funciona en cualquier otro lugar: haga clic en las flechitas de desplazamiento (o presione la flecha hacia arriba o abajo) para mover la lista hacia arriba o hacia abajo y podrá ver cualquier nombre que no quepa dentro del cuadro.

✔ Algunos cuadros de listas tienen un cuadro de texto sobre ellos. Cuando usted hace clic en un nombre en el cuadro de listas, ese nombre salta al cuadro de texto. Seguro, usted mismo podría escribir el nombre en el cuadro de texto, pero no sería tan divertido.

✔ Cuando se le presenta una infinidad de nombres en un cuadro de listas o carpeta, escriba la primera letra del nombre que está buscando. Windows Vista inmediatamente salta hacia abajo en la lista hacia el primer nombre que inicia con esa letra.

Cuadros de listas desplegables

Los cuadros de listas son prácticos, pero ocupan demasiado espacio. Por lo tanto, Windows Vista a veces esconde cuadros de lista, igual que esconde menús desplegables. Cuando usted hace clic en el lugar correcto, el cuadro de listas aparece, listo para que lo examine.

Cuando uno simplemente no es suficiente

Debido a que Windows Vista sólo puede mostrar un fondo en su escritorio a la vez, usted sólo puede elegir un archivo del cuadro de listas de fondos disponibles. Otros cuadros de listas, como los de Windows Explorer, le permiten elegir un motón de nombres simultáneamente. Así:

✔ Para seleccionar más de un elemento, mantenga presionada la tecla Ctrl y haga clic sobre cada elemento que le interese. Los elementos seleccionados quedan resaltados.

✔ Para seleccionar un grupo de elementos adyacentes de un cuadro de lista, haga clic en el primer elemento que le interese. Luego mantenga presionada la tecla Shift y haga clic sobre el último elemento que desee. Windows Vista inmediatamente resalta el primer elemento, el último elemento y todos los elementos entre sí. ¿Astuto, verdad? (Para eliminar algún elemento no deseado de en medio, mantenga presionado Ctrl y haga clic sobre el elemento; Windows elimina lo resaltado y deja el resto de elementos resaltados).

✔ Por último, cuando capta grupos de elementos, intente el truco del "lazo": Señale un área de la pantalla junto a un elemento mientras mantiene presionado el botón del mouse, mueva el mouse hasta que haya dibujado un lazo alrededor de todos los elementos. Después de haber resaltado los elementos que desee, suelte el botón del mouse y permanecen resaltados.

Entonces, ¿cuál es el lugar correcto? Es ese botón con una flecha que apunta hacia abajo, igual que la que se muestra junto al cuadro a la par de la opción Alignment en la Figura 3-13. (El puntero del mouse la está señalando).

Figura 3-13:
Haga clic en la flecha junto al cuadro Alignment para que un cuadro de lista muestre las alineaciones disponibles.

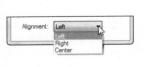

La Figura 3-14 muestra el cuadro de listas desplegable después de que se le ha hecho clic con el mouse. Para hacer su elección, haga clic en la opción que desea de la lista desplegable.

Figura 3-14:
Un cuadro de lista se despliega para mostrar las alineaciones disponibles.

✔ Para moverse rápido en un cuadro de listas desplegable largo, presione la primera letra del elemento que está buscando. El primer elemento que inicie con esa letra aparece resaltado inmediatamente. Usted puede presionar la tecla de flecha hacia arriba o hacia abajo para ver palabras o frases en los alrededores.

✔ Otra forma de moverse rápido en un cuadro de listas desplegable es hacer clic en la barra de desplazamiento a la derecha. (En una parte anterior en este capítulo cubro las barras de desplazamiento, por si necesita un recordatorio).

✔ En un cuadro de listas desplegable sólo puede elegir *un* elemento.

Casillas de verificación

A veces puede elegir varias opciones en un cuadro de diálogo simplemente con hacer clic en los cuadritos a la par de los nombres. Por ejemplo, las casillas de verificación en la Figura 3-15 le permiten elegir y seleccionar opciones en el juego FreeCell.

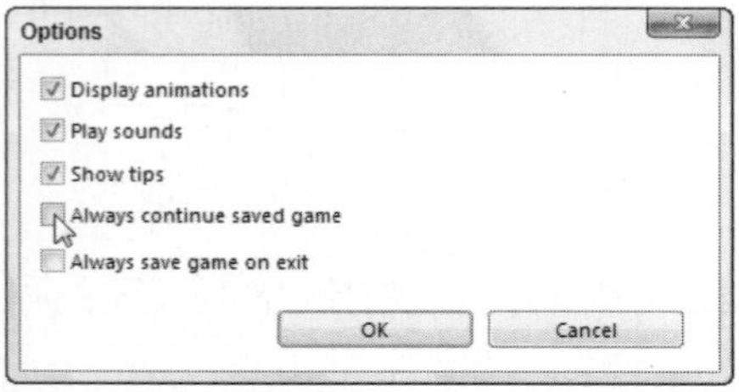

Figura 3-15:
Haga clic para marcar un cuadro.

El hacer clic en una casilla vacía elige esa opción. Si la casilla ya tiene una marca de verificación, un clic apaga esa opción, eliminando la marca.

Puede hacer clic a la par de cuantas casillas de verificación desee. Los botones de opción (aquellos botones parecidos, pero redondos) le restringen a una opción del grupo.

Controles deslizantes

Los adinerados programadores de Microsoft, impresionados por las lámparas con brazo flexible e interruptores de luz deslizantes en sus lujosas casas nuevas, utilizan controles deslizantes en Windows Vista. Estos interruptores de luz virtuales son fáciles de usar y no se desgastan tan rápido como los verdaderos.

Algunas palancas se deslizan hacia la izquierda y derecha; otras hacia arriba y hacia abajo. Ninguna se mueve en diagonal, por ahora. Para deslizar un control en Windows Vista (para ajustar el nivel de volumen, por ejemplo) sólo arrastre y coloque la palanca deslizante, como la que se muestra en la Figura 3-16.

Deslizar funciona así: Señale la palanca con el mouse y, mientras mantiene presionado el botón del mouse, mueva el mouse en la dirección que quiere mover la palanca. Mientras mueve el mouse, la palanca se mueve también. Cuando haya movido la palanca a un punto cómodo, suelte el botón del mouse y Windows Vista deja la palanca en su nueva posición.

Figura 3-16:
Palanca
deslizante.

Manipular Ventanas en el Escritorio

Como mal repartidor en una mesa de póquer, Windows Vista lanza las ventanas en su escritorio en una forma aparentemente al azar. Los programas se cubren unos a otros o a veces cuelgan en el escritorio. Esta sección le enseña cómo juntar todas sus ventanas en una torre ordenada, colocando su ventana favorita hasta arriba. Si lo prefiere, colóquelas como una mano de póquer. Como bono adicional, puede cambiarlas al tamaño que desee, automáticamente.

Mover una ventana hasta arriba de la torre

Windows Vista dice que la ventana encima de la torre que recibe toda la atención se llama la ventana *activa*. No voy a discutir. La ventana activa es también la que recibe cualquier pulsación de tecla que a usted o a su gato se les ocurra escribir.

Puede mover una ventana hasta arriba de la torre para que esté activa, en una de dos formas:

- A veces puede reconocer una pequeña parte de la ventana que le interesa. De ser así, tiene suerte. Mueva el puntero del mouse hasta que se desplace sobre cualquier parte de la ventana deseada y haga clic con el botón del mouse. Windows Vista inmediatamente activa la ventana sobre la que se hizo clic.

- En la barra de tareas, haga clic en el botón de la ventana que desea. El Capítulo 2 explica con más detalle lo que la barra de tareas puede hacer.

Repita el proceso cuando sea necesario para llevar otras ventanas al frente. (Y si desea colocar dos ventanas en la pantalla al mismo tiempo, lea la sección "Colocar dos ventanas una al lado de la otra", más adelante en este capítulo).

Mover una ventana de aquí para allá

A veces desea mover una ventana a un lugar distinto en el escritorio. Tal vez parte de la ventana se sale de la pantalla y usted la quiere centrada. O tal vez quiere que una ventana esté más cerca de otra.

En cualquier caso, usted puede mover una ventana al arrastrar y colocar su *barra de título*, esa barra gruesa en la parte superior. (Si no está seguro cómo funciona el arrastrar y colocar, consulte "Arrastrar, colocar y ejecutar", antes en este capítulo). Cuando *coloca* la ventana en el lugar que desea, la ventana no sólo permanece donde usted la arrastró y colocó, sino también se queda por encima de las demás.

Hacer que una ventana cubra toda la pantalla

Tarde o temprano, se aburrirá de toda la complicación de varias ventanas. ¿Por qué no puede poner una ventana inmensa en la pantalla? Bueno, sí puede.

Para hacer que una ventana se vuelva lo más grande posible, haga doble clic en su *barra de título,* esa barra hasta arriba sobre el borde superior de la ventana. La ventana salta para cubrir toda la pantalla, cubriendo también todas las otras ventanas.

Para regresar la ventana agrandada a su tamaño anterior, vuelva a hacer doble clic en la barra de título. La ventana rápidamente se reduce a su tamaño anterior y usted puede ver las cosas ocultas detrás de ella.

> ✔ Si moralmente usted se opone a hacer doble clic en la barra de título de una ventana para expandirla, puede hacer clic en el botón Maximize. Como se muestra en el margen, es el botón de en medio de los tres botones en la esquina superior derecha de todas las ventanas.

> ✔ Cuando una ventana se maximiza para cubrir toda la pantalla, el botón Maximize se convierte en botón Restore, como se muestra al margen. Haga clic en el botón Restore y la ventana regresa a su tamaño más pequeño.

Cerrar una ventana

Cuando haya terminado de trabajar en una ventana, ciérrela: haga clic en la pequeña X en la esquina superior derecha. Zas: está de vuelta en un escritorio vacío.

Los trucos de Alt+Tab y tecla ⊞+Tab

A veces su escritorio está tan lleno de ventanas, que usted pierde la pista de una ventana en particular. Para ver una por una todas las ventanas abiertas, mantenga presionada la tecla Alt mientras presiona Tab: una ventana pequeña aparece en el centro de la pantalla, enumerando por nombre todas las ventanas abiertas. Siga manteniendo presionado Alt y presione Tab hasta que vea el nombre de la ventana que está buscando. ¿La encontró? Libere ambas teclas y Windows lleva al frente la ventana que aparece en ese momento en la lista.

Cuando se ejecuta en equipos con gráficos potentes (en el Capítulo 1 explico los requisitos), Vista puede mostrar una vista tridimensional de las ventanas: Mantenga presionada la tecla ⊞ (la tecla con el logotipo de Windows) y presione Tab para ver las gráficas que se muestran en la Figura 1-4 del Capítulo 1.

Si intenta cerrar su ventana antes de terminar su trabajo, ya sea un juego de Solitario o un informe para el jefe, Windows le pregunta con cautela si desea guardar su trabajo. Acepte el ofrecimiento al hacer clic en Yes, y de ser necesario, elija un nombre para que pueda encontrar el trabajo cuando lo busque después.

Hacer una ventana más pequeña o más grande

Como grandes perros perezosos, las ventanas tienden a desplomarse una encima de la otra. Para espaciar más uniformemente sus ventanas, puede ajustar su tamaño al *arrastrar y colocar* sus bordes hacia afuera o hacia adentro. Esto funciona así:

1. **Señale cualquier esquina con la flecha del mouse. Cuando la flecha cambie a una flecha de dos puntas, que señala en dos direcciones, puede mantener presionado el botón del mouse y arrastrar la esquina hacia adentro o afuera para cambiar el tamaño de la ventana.**

2. **Cuando termine de jalar y la ventana se vea del tamaño adecuado, libere el botón del mouse.**

Como dice el maestro de yoga, la ventana asume la nueva posición.

Colocar dos ventanas una a la par de la otra

Mientras más tiempo utilice Windows, es más probable que le interese ver dos ventanas una a la par de la otra. Por ejemplo, puede que desee copiar y pegar texto de un documento a otro. Con pasar unas cuantas horas con el mouse, usted puede arrastrar y colocar las esquinas de las ventanas hasta que estén en yuxtaposición perfecta.

O bien, puede simplemente hacer clic con el botón secundario sobre una parte en blanco de la barra de tareas (inclusive el reloj funcionará) y elegir Show Windows Side by Side para colocar las ventanas una a la par de la otra, como pilares. Elija Show Windows Stacked para alinearlas en filas horizontales. (Si tiene más de tres ventanas abiertas, Show Windows Stacked las coloca en mosaico en su pantalla, práctico para ver sólo un pedacito de cada una).

 Si tiene más de dos ventanas abiertas, minimice las que *no* desea en el mosaico. Luego utilice el comando Show Windows Side by Side para alinear las dos ventanas restantes.

Hacer que las ventanas abran siempre al mismo tamaño

A veces una ventana se abre como un cuadrado pequeño; otras veces se abre para cubrir toda la pantalla. Pero raras veces las ventanas se abren al tamaño exacto que usted desea. Eso es, hasta que usted descubra este truco: cuando ajusta *manualmente* el tamaño y ubicación de una ventana, Windows memoriza ese tamaño y siempre vuelve a abrir la ventana a ese tamaño. Siga estos tres pasos para ver cómo funciona:

1. **Abra su ventana.**

   La ventana se abre a su tamaño usual no deseado.

2. **Arrastre las esquinas de la ventana hasta que tenga el tamaño y esté en el lugar exacto que usted desea. Suelte el mouse para colocar la esquina en su nueva ubicación.**

   Asegúrese de ajustar *manualmente* el tamaño de la ventana al arrastrar sus esquinas o bordes con el mouse. Simplemente hacer clic en el botón Maximize no funcionará.

3. **Cierre inmediatamente la ventana.**

   Windows memoriza el tamaño y la ubicación de una ventana cuando se cerró por última vez. Cuando vuelve a abrir esa ventana, debería abrirse al mismo tamaño en que la dejó la última vez. Pero los cambios que realice, aplican sólo para el programa en el que los hizo. Por ejemplo, los cambios realizados a la ventana de Internet Explorer sólo se recordarán para *Internet Explorer,* no para otros programas que abra.

La mayoría de ventanas siguen estas reglas de tamaño, pero unas pocas rebeldes de otros programas podrían no hacer caso. Siéntase en libertad de quejarse con el fabricante.

Capítulo 4

Inspeccionar Archivos, Carpetas, Disquetes y CD

*E*l programa Computer (Equipo) es donde la gente despierta del sueño de computación fácil de utilizar de Windows, sujetándose a su almohada llenos de terror. Estas personas compraron un equipo para simplificar su trabajo a fin de descartar ese espantoso gabinete de archivo con gavetas que rechinan.

Pero haga clic en el pequeño ícono Computer desde el menú Start (Inicio), empiece a hurgar dentro de su nuevo equipo y ese antiguo gabinete de archivo vuelve a aparecer. Las carpetas, con aún más carpetas dentro de éstas, todavía gobiernan el mundo. Y a menos que se aferre a la metáfora de la carpeta de Windows, no podrá encontrar su información con mucha facilidad.

Este capítulo explica cómo utilizar el programa de archivos de Vista, denominado *Computer.* (Windows XP denominaba el programa My Computer). A lo largo del camino, usted absorbe una dosis suficientemente grande de administración de archivos de Windows como para realizar su trabajo. Es posible que Windows traiga de regreso su temido gabinete de archivo, pero por lo menos las gavetas no rechinan y los archivos nunca se caen detrás del gabinete.

Examinar en los Gabinetes de Archivo de Su Equipo

Para mantener sus programas y archivos arreglados ordenadamente, Windows puso en orden la conveniente metáfora del gabinete de archivos con íconos iluminados y ventilados de Windows. Puede ver sus nuevos gabinetes de archivos computarizados en el programa Computer del menú Start. Computer muestra todas las áreas de almacenamiento dentro de su equipo, permitiéndole copiar, mover, cambiar nombre o eliminar sus archivos antes de que lleguen los investigadores.

Para ver los gabinetes de archivo de su propio Computer—denominados *unidades de disco* o *discos,* en terminología de computación—haga clic en el menú Start y en la palabra Computer. A pesar de que la ventana Computer de su equipo se verá un poco diferente de la que se muestra en la Figura 4-1, ésta tiene las mismas secciones básicas, cada una descrita en la siguiente lista.

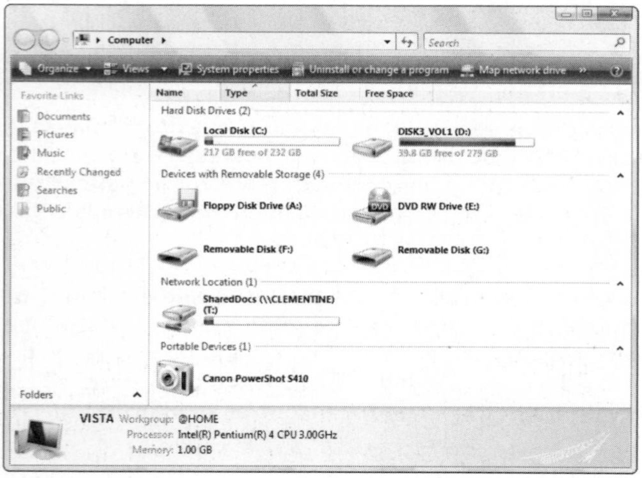

Figura 4-1:
La ventana Computer muestra las áreas de almacenamiento de su equipo, las cuales puede abrir para ver sus archivos.

Windows puede mostrar su ventana Computer de muchas maneras. Para hacer que su ventana Computer se vea más como la de la Figura 4-1, haga clic en la pequeña flecha que se encuentra a la derecha del botón Views de la barra de menú (que aparece en el margen). Después elija Tiles del menú que salta. Finalmente, haga clic con el botón secundario en una parte vacía de la ventana Computer, elija Group By y seleccione Type.

Éstas son las secciones básicas de la ventana Computer:

- ✔ **Navigation Pane (Panel Navegación):** Esa franja a lo largo del lado izquierdo de la mayoría de ventanas, el útil Navigation Pane enumera accesos directos a carpetas que contienen sus más valiosas pertenencias computarizadas: sus carpetas Documents, Pictures y Music. (También incluye algunos elementos convenientes, que se explican en el Capítulo 3).

- ✔ **Hard Disk Drives (Unidades de disco duro):** Como se muestra en la Figura 4-1, esta área enumera las *unidades de disco duro*—sus mayores áreas de almacenamiento. Cada equipo tiene por lo menos una unidad de disco duro y este equipo tiene dos. Es posible que también vea una unidad de *memoria USB* aquí—esas pequeñas barritas que se conectan en la unidad de USB para proporcionar almacenamiento portátil. Hacer doble clic en un ícono de una unidad de disco duro muestra sus archivos y carpetas, pero rara vez encontrará información muy útil. En lugar de examinar su disco duro, abra su menú Start para buscar e iniciar programas.

- ✔ ¿Observa la unidad de disco duro que lleva el pequeño ícono de Windows (que se muestra en el margen)? Eso significa que Windows reside en esa unidad de disco.

- ✔ **Devices with Removable Storage (Dispositivos con almacenamiento extraíble):** Esta área muestra gadgets de almacenamiento desmontables conectados a su equipo. Aquí se encuentran algunos de los más comunes:

- ✔ **Floppy Drive (Unidad de disquete):** Una especie en extinción, estas unidades de disco aún aparecen en algunos equipos más antiguos. Pero debido a que estos discos de 20 años de antigüedad son demasiados pequeños para guardar muchos archivos, la mayoría de personas ahora almacenan archivos en CD o DVD en su lugar.

- ✔ **CD and DVD drives (Unidades de disco de CD y DVD):** Como se observa en la Figura 4-1, Vista coloca una breve descripción después del ícono de cada unidad de disco para indicar si solamente puede *leer* discos o también puede *escribir* en discos. Por ejemplo, una grabadora de DVD (se muestra en el margen) tiene la etiqueta *DVD-RW,* lo que significa que puede *L*eer y *E*scribir (*R* y *W*, por las iniciales en inglés) en DVD, así como en CD. Una unidad de disco que puede grabar CD pero no DVD tiene la etiqueta *CD-RW.*

La escritura de información en un CD o DVD se denomina *grabar.*

- ✔ **Memory card reader (Lector de tarjeta de memoria):** Los lectores de tarjetas de memoria agregan una pequeña ranura a su equipo para insertar tarjetas de memoria desde su cámara, reproductor de MP3 o algún gadget similar. Sus íconos, que se muestran en el margen, se ven como una ranura vacía aún después de insertar la tarjeta para ver sus archivos.

✔ **MP3 Players (Reproductores de MP3):** A pesar de que Vista muestra un bonito ícono como éste para pocos reproductores de MP3, ofrece un ícono de memoria genérica o de unidad de disco duro para el ultra popular iPod. (Cubriremos los reproductores de MP3 en el Capítulo 15.)

✔ **Cameras (Cámaras):** Las cámaras digitales usualmente aparecen como íconos en la ventana Computer. Asegúrese de encender la cámara y configurarla en el modo para View Photos en lugar de Take Photos. Para extraer las imágenes de la cámara, haga doble clic en el ícono de cámara. Después de que Vista le explica en detalle el proceso de extracción de imágenes (Capítulo 16), también coloca las fotos en su carpeta Pictures.

✔ **Network Location (Ubicación de la red):** Este ícono en el margen, que solamente lo ven las personas que han enlazado grupos de equipos a una *red* (consulte el Capítulo 14), representa una carpeta que se encuentra en otro equipo.

Si conecta una videograbadora digital, teléfono celular u otro accesorio en su equipo, la ventana Computer tendrá un nuevo ícono que representa su accesorio. Haga doble clic en el nuevo ícono para ver el contenido de su gadget; haga clic con el botón secundario en el ícono para ver lo que Vista le permite hacer con ese accesorio. ¿No hay ningún ícono? Entonces debe instalar un *controlador* para su gadget, un recorrido que se explica en detalle en el Capítulo 12.

Al hacer clic en casi cualquier ícono en Computer y el Preview Pane a lo largo de la parte inferior de la pantalla, muestra automáticamente la información sobre dicho objeto, que abarca desde su tamaño o la fecha que se creó; por ejemplo, o para cuánto espacio tiene capacidad una carpeta o unidad de disco. Para ver aún más información, amplíe el Prewiew Pane al arrastrar su borde superior hacia arriba. Mientras más espacio le proporcione al panel, más información muestra en una distribución en porciones.

Obtener la Información Definitiva de las Carpetas

Este tema es terriblemente aburrido, pero si no lo lee, estará tan perdido como sus archivos.

Una *carpeta* es un área de almacenamiento en una unidad de disco, justo como una carpeta real en un gabinete de archivos. Windows Vista divide las unidades de disco de su equipo en muchas carpetas para separar sus diferentes proyectos. Por ejemplo, almacena toda su música en su carpeta Music y sus imágenes en su carpeta Pictures. Esto permite que usted y sus programas las encuentren fácilmente.

Cualquier tipo de unidad de disco puede tener carpetas, pero las unidades de disco duro son las que más necesitan las carpetas, debido a que contienen *miles* de archivos. Al dividir una unidad de disco duro en pequeños compartimientos de carpetas, puede ver con más facilidad en dónde se encuentra todo.

El programa Computer de Windows le permite examinar diferentes carpetas e inspeccionar los archivos que se encuentran dentro de cada una. Para ver las carpetas que Vista creó para que *usted* juegue, haga clic en su nombre de cuenta de usuario en la parte superior del menú Start, que se cubre en el Capítulo 2. Aparecen las siguientes carpetas, que se muestran en la Figura 4-2:

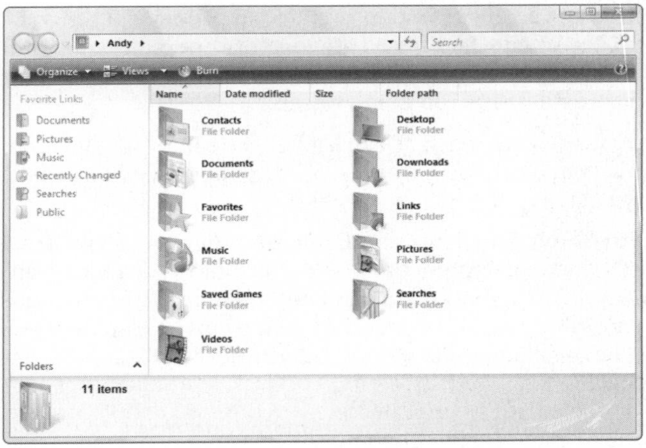

Figura 4-2:
Vista le proporciona a cada persona estas mismas carpetas, pero mantiene las carpetas de cada persona separadas.

✔ **Username (El nombre de su cuenta):** Hacer clic en su nombre de cuenta de usuario en la parte superior del menú Start abre su carpeta User Account, que se muestra en la Figura 4-2. Al ser su base de operaciones, esta carpeta guarda todos los archivos que usted crea, todos ordenados en varias carpetas importantes.

En Windows XP, su carpeta My Documents incluía todo en su cuenta de usuario, inclusive sus carpetas My Music y My Pictures. En Vista; sin embargo, su carpeta User Account la que usted ve al hacer clic en su nombre en el menú Start contiene ahora todas sus carpetas, inclusive sus carpetas Documents (Documentos), Music (Música) y Pictures (Imágenes) y estas nuevas:

✔ **Contacts (Contactos):** ¿Ha enviado un correo electrónico a alguien por medio del programa de Mail (Correo) integrado de Vista? (Cubriremos Mail en el Capítulo 9.) Vista coloca automáticamente el nombre de dicha persona en la carpeta Contacts, incluido en una pequeña tarjeta de presentación que se abre al hacer doble clic. Haga clic con el botón secundario en un nombre de contacto, elija Action y seleccione send E-mail para abrir un correo electrónico que ya tenía una dirección previa, listo para su mensaje. Hacer clic con el botón secundario a menudo es la manera más rápida de enviar un correo electrónico mientras *recuerda,* a diferencia de abrir Mail y después perderse entre la gran cantidad de información en su bandeja de entrada.

✔ **Desktop (Escritorio):** Éste es un secreto: Vista considera su escritorio como una gran carpeta y todo lo que coloca en su escritorio realmente reside dentro de esta carpeta. Debido a que su escritorio constituye un objetivo de mayores dimensiones para señalar y hacer clic, probablemente no utilizará mucho esta carpeta.

✔ **Documents (Documentos):** *Por favor*, guarde todo su trabajo dentro de esta carpeta, por varios motivos. Al guardar todo en un lugar, puede encontrar sus archivos con más facilidad. Además, es algo que solamente *usted* puede encontrar; ninguna otra persona que utilice el Computerpodrá hurgar en sus archivos. Cree tantas nuevas carpetas dentro de esta ubicación como desee.

✔ **Downloads (Descargas):** ¿Descargó algo de Internet? Internet Explorer acumula la mayoría de archivos descargados en esta carpeta, lo que hace más fácil que nunca encontrarlos.

✔ **Favorites (Favoritos):** Internet Explorer le permite guardar sus sitios Web favoritos como justamente *Favorites.* Eso los coloca todos en el menú Favorites del programa para un acceso fácil mediante un clic. Dichos sitios favoritos también aparecen en esta carpeta, en donde al hacer doble clic en el ícono del sitio se inicia Internet Explorer y lleva el sitio a su pantalla.

✔ **Links (Vínculos):** Esta carpeta enumera todos los lugares incluidos en el Navigation Pane de Vista, el cual aparece a lo largo del lado izquierdo de la mayoría de carpetas. Arrastrar y soltar íconos aquí también los agrega a su Navigation Pane.

✔ **Music (Música):** Cuando copia música de CD en su equipo con Media Player, las canciones terminan aquí, almacenadas en una carpeta con el nombre del título del CD.

✔ **Pictures (Imágenes):** Almacene todas sus imágenes aquí, ya sea fotografías de una cámara digital, imágenes de un escáner o imágenes pirateadas de un sitio Web. Cubierta en el Capítulo 16, la carpeta Pictures muestra miniaturas de sus fotografías y le permite extraer imágenes de una cámara conectada, crear presentaciones de diapositivas y entretenerse con más de Foto Fun.

✔ **Saved Games (Juegos guardados):** ¿Alguna vez guardó un juego de Ajedrez, FreeCell o cualquier otro de los muchos juegos de Vista? Dichos juegos guardados se encuentran aquí, esperando que su jefe salga. También puede ubicar juegos guardados de otros fabricantes de juegos.

✔ **Searches (Búsquedas):** Cualquier búsqueda que guarde aparece aquí. (También puede encontrar sus búsquedas guardadas al hacer clic en la palabra Search en el Navigation Pane). Cubriremos las búsquedas y cómo guardarlas en el Capítulo 6.

✔ **Videos (Videos):** Los videos descargados de videograbadoras y de Internet deben permanecer aquí. Es el primer lugar en donde algunos programas de video como Vista Movie Maker (Capítulo 16) los buscan.

Tenga presente estos datos de la carpeta al cambiar de sitio los archivos en Vista:

✔ Puede ignorar las carpetas y dejar caer todos sus archivos en el escritorio de Windows Vista. Pero eso sería como tirar todo al asiento trasero de un vehículo y registrar todo para encontrar su caja de pañuelos de papel un mes después. Las cosas organizadas son más fáciles de encontrar.

✔ Si está ansioso por crear una carpeta o dos (lo cual es bastante fácil), busque más adelante en este capítulo la sección "Crear una nueva carpeta".

✔ Las carpetas del Computer utilizan una *metáfora de árbol*, ya que se dividen a partir de una carpeta principal (una unidad de disco) en carpetas más pequeñas (consulte la Figura 4-3) hasta más carpetas que se encuentran dentro de dichas carpetas.

✔ Las carpetas utilizadas se denominarán *directorios* y *subdirectorios*. Pero algunas personas se estaban acostumbrando a esto, así que la industria cambió al término *carpetas*.

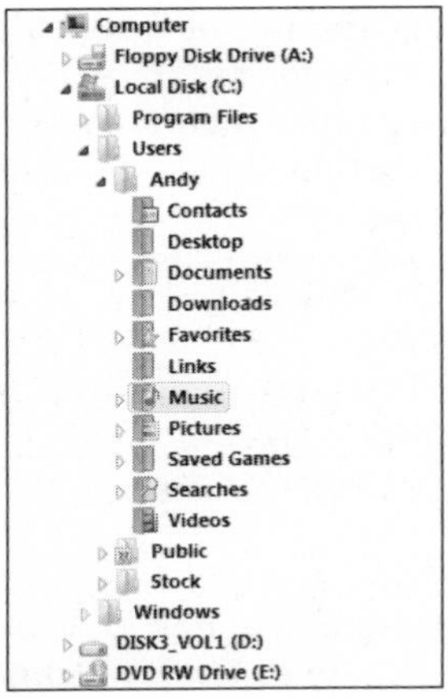

Figura 4-3: Las carpetas de Windows utilizan una estructura con forma de árbol con carpetas que se dividen en carpetas más pequeñas.

```
▲ 💻 Computer
  ▷ 💾 Floppy Disk Drive (A:)
  ▲ 💽 Local Disk (C:)
    ▷ 📁 Program Files
    ▲ 📁 Users
      ▲ 📁 Andy
          📇 Contacts
          🖥 Desktop
        ▷ 📁 Documents
          📁 Downloads
        ▷ 📁 Favorites
          📁 Links
        ▷ 📁 Music
        ▷ 📁 Pictures
        ▷ 📁 Saved Games
        ▷ 📁 Searches
          📁 Videos
      ▷ 📁 Public
      ▷ 📁 Stock
    ▷ 📁 Windows
  ▷ 💿 DISK3_VOL1 (D:)
  ▷ 💿 DVD RW Drive (E:)
```

Inspeccionar Dentro de Sus Unidades de Disco y Carpetas

Conocer todo sobre el tema de carpetas no solamente impresiona a los emplea-dos de la tienda de equipo, sino que también le ayuda a encontrar las carpetas que desea. (Consulte la sección anterior para obtener la información sobre qué carpeta contiene qué). Colóquese su casco protector para explorar entre las unidades de disco y carpetas de su equipo utilice esta sección como guía.

Ver los archivos en una unidad de disco

Al igual que todo lo demás en Windows Vista, las unidades de disco están representadas por botones o íconos. El Computer también muestra informa-ción almacenada en otras áreas, como reproductores de MP3, cámaras digi-tales o escáneres. (Expliqué estos íconos en la sección "Examinar en los gabinetes de archivos de su equipo", que aparece antes en este capítulo.)

Abrir estos íconos usualmente le permite obtener acceso a su contenido y mover los archivos hacia delante y hacia atrás, al igual que con cualquier otra carpeta en Windows Vista.

Cuando hace doble clic en un ícono en Computer, Vista adivina lo que desea hacer con ese ícono y toma acción. Haga doble clic en una unidad de disco duro, por ejemplo, y Vista inmediatamente abre la unidad para mostrarle las carpetas reunidas adentro.

Por el contrario, haga clic en la unidad de CD después de insertar un CD de música y Vista no lo abrirá siempre para mostrar los archivos. En cambio, usualmente carga el Media Player y empieza a reproducir la música. Para cam-biar la suposición de Vista de cómo Vista trata una unidad de disco CD, DVD o USB insertado, haga clic con el botón secundario en el ícono del elemento insertado y abra AutoPlay. Vista enumera todo lo que puede hacer con esa unidad de disco y le pide que trace el curso.

Ajustar las configuraciones de AutoPlay es particularmente útil para las memorias USB. Si su memoria contiene algunas canciones, Vista desea pre-sentar en pantalla el Media Center para reproducirlas, retrasando su acceso a los demás archivos de su memoria.

✔ Cuando tiene duda acerca de lo que puede hacer con un ícono en Computer, haga clic con el botón secundario en éste. Windows Vista pre-senta un menú de todas las cosas que puede hacer con ese objeto. (Puede elegir Open, por ejemplo, para ver los archivos en un CD que Vista desea reproducir en el Media Player).

¿Qué es todo esto sobre las rutas de acceso?

Una *ruta de acceso* es simplemente la dirección del archivo, similar a la suya. Cuando le envían correo a su casa, por ejemplo, una carta viaja a su país, estado, ciudad, calle y finalmente, con suerte, a su número de apartamento o casa. Una ruta de acceso del equipo hace lo mismo. Empieza con la letra de la unidad de disco y termina con el nombre del archivo. En medio de esto, la ruta de acceso incluye todas las carpetas por las que el equipo debe pasar para llegar al archivo.

Por ejemplo, observe la carpeta Music en la Figura 4-3. Para que Windows Vista encuentre un archivo almacenado aquí, empieza desde la unidad de disco duro C: del equipo, pasa a través de la carpeta users y después pasa a través de la carpeta Andy. Desde aquí, llega a la carpeta Music de la carpeta Andy.

Respire profundo. Exhale lentamente. Ahora asimile la desagradable gramática del equipo: En una ruta de acceso, una letra de la unidad de disco se denomina **C:** La letra de la unidad de disco y dos puntos forman la primera parte de la ruta de acceso. Todas las demás carpetas están dentro de la gran carpeta C: Así que están

incluidas después de la parte C:. Windows separa estas carpetas guardadas con algo denominado *barra diagonal inversa* o \ El nombre del archivo — *Ríos de Babilonia,* por ejemplo —va de último.

Únalo todo y obtendrá `C:\Users\Andy\Music\Ríos de Babilonia`. Esa es la ruta de acceso oficial de su equipo hacia el archivo Ríos de Babilonia en la carpeta Music de Andy.

Este tema puede ser complicado, así que aquí va de nuevo: La letra de la unidad de disco va primero, seguida de dos puntos y una barra diagonal inversa. Después, los nombres de todas las carpetas que llevan al archivo, separadas por barras diagonales inversas. Por último va el nombre del archivo en sí.

Windows Vista automáticamente une la ruta de acceso por usted al hacer clic en las carpetas. Afortunadamente. Pero cada vez que hace clic en el botón Browse para buscar un archivo, está navegando a través de carpetas y atravesándose a lo largo de la ruta de acceso que lleva al archivo.

- Si hace clic en un ícono de un CD, DVD o unidad de disquete cuando no hay ningún disco en la unidad de disco, Windows Vista le detiene, sugiriendo cortésmente que inserte un disco antes de continuar.

- ¿Localizó un ícono debajo del encabezado Network Location? Esa es una pequeña puerta de entrada para dar un vistazo a otros equipos vinculados a su Computersi los hay. Encontrará más información sobre redes en el Capítulo 14.

Ver lo que hay dentro de las carpetas

Debido a que las carpetas son realmente pequeños compartimientos de almacenamiento, Windows Vista utiliza una imagen de una pequeña carpeta para representar un lugar para almacenar archivos.

Para ver lo que hay dentro de una carpeta, ya sea en Computer o en el escritorio de Vista, solamente haga doble clic en la imagen de esa carpeta. Una nueva ventana emerge, mostrando el contenido de la carpeta. ¿Localizó otra carpeta dentro de esa carpeta? Haga doble clic en ella para ver lo que hay dentro. Siga haciendo clic hasta que encuentre lo que desea o llegue al final.

 ¿Llegó al final? Si por equivocación terminó en la carpeta incorrecta, regrese en su camino como si estuviera examinando la Web. Haga clic en la flecha Back en la esquina izquierda superior de la ventana. (Es la misma flecha que aparece en el margen). Eso cierra la carpeta incorrecta y le muestra la carpeta de la que acaba de salir. Si continúa haciendo clic en la flecha Back, terminará justo donde empezó.

La barra de direcciones proporciona otra manera rápida de saltar a diferentes lugares en su Computer. A medida que se mueve de carpeta a carpeta, la barra de direcciones — ese pequeño cuadro lleno de palabras en la parte superior de la carpeta — da seguimiento constante a su recorrido. Por ejemplo, la Figura 4-4 muestra la barra de direcciones mientras examina una carpeta en su carpeta Music. ¿Observa las pequeñas flechas entre cada palabra, como entre Andy y Music?

Figura 4-4:
Las pequeñas flechas entre los nombres de las carpetas proporcio-nan lugares para saltar a otras carpetas.

> ▶ Computer ▶ Local Disk (C:) ▶ Users ▶ Andy ▶ Music ▶   ▾ | ✦

Esas pequeñas flechas proporcionan rápidos accesos directos a otras carpetas y ventanas. Intente hacer clic en cualquiera de las flechas; aparecen menús, que enumeran los lugares a los que puede saltar desde ese punto. Por ejemplo, haga clic en la flecha después de Computer, que se muestra en la Figura 4-5, para saltar rápidamente a su unidad de disco CD.

Figura 4-5:
Aquí, un clic en la pequeña flecha después de Computer le permite saltar a cualquier lugar que aparece en la carpeta Computer.

Aquí se enumeran más sugerencias para encontrar el camino haciadentro y fuera de las carpetas:

- Algunas veces, una carpeta contiene demasiados archivos o carpetas para encajar en la ventana. Para ver más archivos, haga clic en las barras de desplazamiento de esa ventana. ¿Qué es una barra de desplazamiento? Es el momento de sacar rápidamente su guía de campo, Capítulo 3.

- Mientras investiga profundamente en las carpetas, la flecha Forward le proporciona otra manera rápida de saltar inmediatamente a cualquier carpeta hacia la que se abrió camino: haga clic en la pequeña flecha que apunta hacia abajo (que se muestra en el margen) junto a la flecha Forward en la esquina izquierda superior de la ventana. Un menú se despliega, el cual incluye las carpetas hacia las cuáles se abrió camino en su recorrido. Haga clic en cualquier nombre para saltar rápidamente a esa carpeta.

- ¿No puede encontrar un archivo o carpeta determinados? En lugar de registrar sin rumbo a través de las carpetas, revise el comando Search del botón Start, el cuál describí en el Capítulo 6. Windows puede encontrar automáticamente sus archivos o carpetas extraviados.

- Cuando se enfrenta con una larga lista de archivos ordenados alfabéticamente, haga clic en cualquier parte de la lista. Después escriba rápidamente la primera letra o dos primeras letras del nombre del archivo. Windows inmediatamente salta hacia arriba o hacia abajo de la lista hacia el primer nombre que empieza con esas letras.

Crear una Nueva Carpeta

Para guardar nueva información en un gabinete de archivos, usted toma una carpeta de papel manila, escribe un nombre en la parte superior y empieza a llenarlo de información. Para guardar nueva información en Windows Vista —un nuevo lote de cartas al departamento de facturación del hospital, por ejemplo— crea una nueva carpeta, piense un nombre para la nueva carpeta y empiece a llenarla de archivos.

Para crear una nueva carpeta rápidamente, haga clic en Organize de los botones de la barra de herramientas de la carpeta y elija New Folder cuando se despliegue el nuevo menú. Si no localiza una barra de herramientas, he aquí un método rápido e infalible:

1. **Haga clic con el botón secundario adentro de su carpeta y elija New.**

   El omnipotente clic con el botón secundario muestra un menú a un lado.

2. **Seleccione Folder.**

   Elija Folder, como se muestra en la Figura 4-6, y aparece una nueva carpeta en la carpeta, esperando a que escriba un nuevo nombre.

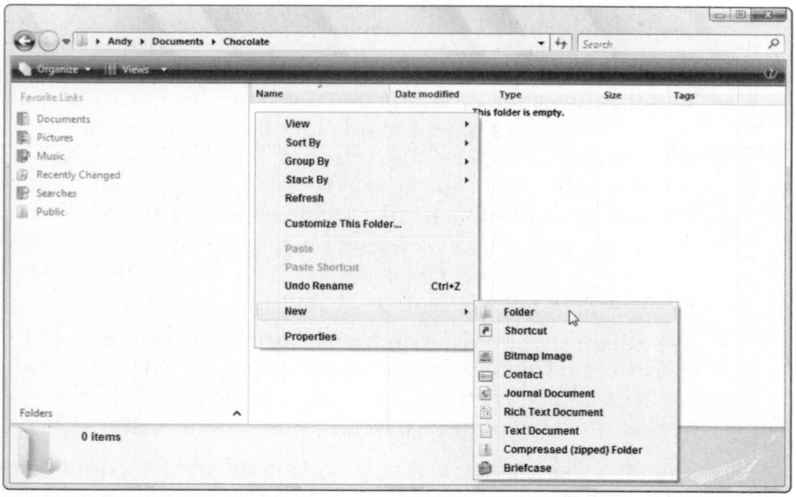

Figura 4-6: Haga clic con el botón secundario en donde quiere que aparezca una nueva carpeta, elija New y seleccione Folder en el menú.

3. **Escriba un nuevo nombre para la carpeta.**

   Una carpeta recién creada porta el aburrido nombre de New Folder (Nueva Carpeta). Cuando empiece a escribir, Windows Vista rápidamente borra el nombre anterior y coloca su nuevo nombre. ¿Terminó? Guarde el nuevo nombre al presionar Enter o hacer clic en alguna parte lejos del nombre que acaba de escribir.

   Si se confunde al escribir el nombre y desea intentar de nuevo, haga clic con el botón secundario en la carpeta, elija Rename (Cambiar nombre) y empiece de nuevo.

   - Ciertos símbolos están prohibidos en los nombres de carpetas (y archivos). La barra lateral "Usar nombres de archivos y nombres de carpetas legales" describe los detalles, pero nunca tendrá problemas al utilizar simples y sencillas letras y números para los nombres.

   - Los observadores astutos se dieron cuenta que en la Figura 4-6, Windows ofrece crear muchas más cosas que solamente una carpeta al hacer clic en el botón New. Haga clic con el botón secundario dentro de una carpeta en cualquier momento que desee crear un nuevo acceso directo u otros elementos comunes.

   - Los observadores confundidos podrían indicar que su menú al hacer clic con el botón secundario se ve diferente al de la Figura 4-6. No hay nada malo; los programas instalados a menudo agregan sus propios elementos a la lista del botón secundario, lo que hace que la lista se vea diferente en distintos equipos.

Usar nombres de archivos y nombres de carpetas legales

Windows es bastante exigente sobre cómo puede nombrar y no puede nombrar un archivo o carpeta. Si se queda con la forma anticuada y simple de números y letras, está bien. Pero no intente incluir alguno de los siguientes caracteres allí:

```
: / \ * | < > ? "
```

Si intenta utilizar alguno de esos caracteres, Windows Vista devuelve un mensaje de error a la pantalla y tendrá que intentar de nuevo. A continuación se encuentran algunos nombres de archivos ilegales:

```
1/2 de mi tarea
TRABAJO:2
UNO<DOS
Él no es un "Caballero"
```

Estos nombres son legales:

```
La mitad de mi trabajo de fin
   de semestre
TRABAJO=2
Dos es mayor que uno
Un #@$%) canalla
```

Cambiar Nombre de un Archivo o Carpeta

¿Cansado del nombre de un archivo o carpeta? Entonces, cámbielo. Solamente haga clic con el botón secundario en el ícono que le molesta y elija Rename del menú que emerge.

Windows resalta el nombre anterior del archivo, el cual desaparece cuando empieza a escribir el nuevo. Presione Enter o haga clic en el escritorio cuando termine y eso es suficiente.

O bien, puede hacer clic en el nombre del archivo o carpeta para seleccionarlo, espere un segundo y haga clic en el nombre del archivo otra vez para cambiarlo. Algunas personas hacen clic en el nombre y presionan F2; Windows automáticamente le permite cambiar el nombre del archivo o carpeta.

- ✔ Cuando cambia el nombre de un archivo, solamente ese nombre cambia. El contenido aún es el mismo, tiene el mismo tamaño y aún está en el mismo lugar.

- ✔ Para cambiar el nombre de grupos grandes de archivos simultáneamente, selecciónelos todos, haga clic con el botón secundario en el primero y elija Rename. Escriba el nuevo nombre y presione Enter; Windows Vista cambia el nombre de ese archivo. Sin embargo, también cambia el nombre de sus *otros* archivos *seleccionados* al nuevo nombre, agregando un nombre de la siguiente manera: cat, cat(2), cat(3), cat(4) y así sucesivamente.

- ✔ Cambiar nombre a algunas carpetas crea confusión en Windows, especialmente si esas carpetas contienen programas. Y, por favor, no cambie el nombre de estas carpetas: Documents, Pictures o Music.

- ✔ Windows no le permitirá cambiar el nombre de un archivo o carpeta, si uno de sus programas lo está utilizando actualmente. Algunas veces cerrar el programa repara el problema, si sabe cuál está atascado en ese archivo o carpeta. Una solución segura es reiniciar su equipo para liberar los atascos del programa e intentar cambiar el nombre de nuevo.

Seleccionar Grupos de Archivos o Carpetas

A pesar de que seleccionar un archivo, carpeta u otro objeto puede parecer particularmente aburrido, esto abre completamente las puertas para acciones adicionales: eliminar, cambiar nombre, mover, copiar y hacer otras cosas que se discutirán en el resto de este capítulo.

Para seleccionar un solo elemento, solamente haga clic en éste. Para seleccionar varios archivos y carpetas, sostenga la tecla Ctrl cuando haga clic en los nombres o íconos. Cada nombre o ícono permanece resaltado cuando hace clic en el siguiente.

Para recopilar varios archivos o carpetas que se encuentran juntos en una lista, haga clic en el primero. Después sostenga presionada la tecla Shift mientras hace clic en el último. Esos dos elementos están resaltados, junto con cada archivo y carpeta que se encuentra entre estos.

Windows Vista le permite *enlazar* archivos y carpetas también. Apunte levemente sobre el primer archivo o carpeta que desea; después, mientras sostiene presionado el botón del mouse, apunte hacia el último archivo o carpeta. El mouse crea un lazo de color para rodear sus archivos. Suelte el botón del mouse y el lazo desaparece, dejando todos los archivos rodeados resaltados.

✔ Puede arrastrar y dejar caer montones de archivos de la misma manera que arrastra un solo archivo.

✔ También puede cortar o copiar y pegar simultáneamente estos montones en nuevas ubicaciones al utilizar cualquiera de los métodos descritos en la sección "Copiar o mover archivos y carpetas", más adelante en este capítulo.

✔ Puede eliminar estos montones de elementos, también, con una presión de la tecla Delete.

✔ Para seleccionar rápidamente todos los archivos en una carpeta, elija Select All (Seleccionar todos) del menú Edit (Editar) de la carpeta. (¿No hay menú? Entonces presione Ctrl+A). He aquí otro truco ingenioso: para dejar solamente algunos archivos, presione Ctrl+A y, mientras aún mantiene presionado Ctrl, haga clic en los que no desea.

Deshacerse de un Archivo o Carpeta

Tarde o temprano, deseará eliminar un archivo que ya no es importante — las selecciones de la lotería de ayer, por ejemplo, o una fotografía digital particularmente vergonzosa. Para eliminar un archivo o carpeta, haga clic con el botón secundario en su nombre. Después elija Delete (Eliminar) del menú emergente. Este truco sorprendentemente sencillo funciona para archivos, carpetas, accesos directos y casi todo lo demás en Windows.

Para eliminar cuando tiene prisa, haga clic en el objeto que le molesta y presione la tecla Delete. Arrastrar y colocar un archivo o carpeta en la Papelera de Reciclaje tiene el mismo efecto.

No se moleste en leer este tema técnico oculto

No es el único que crea archivos en su equipo. Los programas a menudo almacenan su propia información en un archivo de datos. Es posible que necesiten almacenar información acerca de la manera en que el equipo está configurado, por ejemplo. Para evitar que las personas confundan los archivos con basura y los eliminen, Windows los oculta.

Sin embargo, puede ver los nombres de estos archivos y carpetas ocultos; si desea jugar al curioso:

1. **Abra cualquier carpeta, haga clic en el botón Organize y elija Folder and Search Options.**

   Aparece el cuadro de diálogo Folder Options.

2. **Seleccione la ficha View a lo largo de la parte superior del cuadro de diálogo, encuentre la línea Hidden Files and Folders en la sección Advanced Settings y haga clic en el botón Show Hidden Files and Folders.**

3. **Haga clic en el botón OK.**

Los archivos que estaban ocultos aparecen junto a los otros nombres de archivos. No obstante, asegúrese de no borrarlos: Los programas que los crearon se obstruirán, dañándolos posiblemente o a Windows en sí. De hecho, haga clic en el botón Restore Defaults de la ficha View para ocultar todo de nuevo y haga clic en Apply para regresar la configuración a lo normal.

La opción Delete elimina carpetas completas, inclusive cualquier archivo o carpeta incluida dentro de esas carpetas. Asegúrese de seleccionar la carpeta correcta antes de elegir Delete.

✔ Después de elegir Delete, Windows le lanza un cuadro de frente, para preguntarle si está *seguro*. Si está seguro, haga clic en Yes. Si está cansado de las preguntas cautelosas de Windows, haga clic con el botón secundario en la Papelera de Reciclaje, elija Properties y elimine la marca de verificación junto a Display Delete Conformation Dialog. Windows ahora elimina cualquier elemento resaltado cada vez que usted —o un movimiento inadvertido de la manga de su camisa— presione la tecla Delete.

✔ Tenga cuidado adicional de saber lo que está haciendo al delete cualquier archivo que contenga imágenes de pequeños engranajes en su ícono. Estos archivos son usualmente archivos ocultos delicados y el equipo desea que los deje en paz. (Aparte de eso, no tienen nada particularmente emocionante, a pesar de los engranajes dirigidos a una acción).

Freecell

✔ Los íconos con pequeñas flechas en la esquina (como el que se encuentra en el margen) son *accesos directos* —botones de comando que simplemente cargan archivos. (Cubriremos Accesos directos en el Capítulo 5). Delete accesos directos solamente elimina un *botón* que carga un archivo o programa. El archivo o programa en sí permanece intacto y aún se encuentra dentro de su equipo.

✔ Tan pronto como descubra cómo delete archivos, diríjase al Capítulo 2, el cual explica varias maneras de *cancelar* la eliminación de los mismos. (*Clave para el desesperado:* Abra la Papelera de Reciclaje, haga clic con el botón secundario en el nombre de su archivo y elija Restore).

Copiar o Mover Archivos y Carpetas

Para copiar o mover archivos a diferentes carpetas en su unidad de disco duro, algunas veces es más fácil utilizar su mouse para *arrastrarlos* hasta allí. Por ejemplo, aquí explicamos cómo mover un archivo a una carpeta diferente en su escritorio. En este caso, estoy moviendo el archivo Traveler de la carpeta House a la carpeta Morocco.

1. **Dirija el puntero del mouse al archivo o carpeta que desea mover.**

   En este caso, apunte al archivo Traveler.

2. **Mientras sostiene presionado el botón secundario del mouse, muévalo hasta que apunte a la carpeta de destino.**

   Como puede ver en la Figura 4-7, el archivo Traveler está siendo arrastrado desde la carpeta House a la carpeta Morocco. (Describo cómo hacer que las ventanas se encuentren ordenadamente una junto a la otra en el Capítulo 3).

Figura 4-7: Para mover un archivo o carpeta de una ventana a otra, arrástrelo allí.

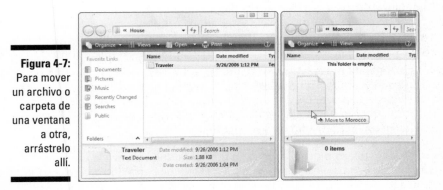

Mover el mouse arrastra el archivo junto con éste y Vista le explica que está moviendo el archivo, según se muestra en la Figura 4-7 (Asegúrese de mantener presionado el botón secundario del mouse todo el tiempo).

Siempre arrastre los íconos mientras sostiene presionado el botón *secundario* del mouse. Windows Vista entonces es lo suficientemente amable para proporcionarle un menú de opciones cuando coloca el ícono y puede elegir entre copiar, mover o crear un acceso directo. Si mantiene presionado el botón *principal* del mouse, Windows Vista algunas veces no sabe si desea copiar o mover.

3. **Suelte el botón del mouse y elija Copy Here, Move Here o Create Shortcut Here desde el menú emergente.**

Mover un archivo o carpeta al arrastrarlo es bastante fácil, realmente. La parte difícil es colocar el archivo y su destino en la pantalla, especialmente cuando la carpeta está escondida en lo profundo de su equipo.

Cuando arrastrar y colocar lleva mucho trabajo, Windows ofrece algunas otras maneras de copiar o mover archivos. Dependiendo del diseño actual de su pantalla, algunas de las siguientes herramientas en la pantalla podrían funcionar con más facilidad.

✔ **Menús del botón secundario del mouse:** Haga clic con el botón secundario en un archivo o carpeta y elija Cut o Copy, dependiendo de si desea moverlo o copiarlo. Después haga clic con el botón secundario en su carpeta destino y elija Paste. Es simple; siempre funciona y no fue necesario que colocara el elemento y su destino en la pantalla simultáneamente.

✔ **Comandos de la barra de menú:** Haga clic en su archivo y presione Alt para revelar los menús ocultos de la carpeta. Haga clic en Edit desde el menú y elija Copy to Folder (Copiar a la carpeta) o Move to Folder (Mover a la carpeta). Aparece una nueva ventana, enumerando todas las unidades de disco de su equipo. Haga clic en la unidad de disco y en las carpetas para llegar a la carpeta destino y Windows lleva a cabo el comando de copiar o mover. Aunque un poco molesto, este método funciona si conoce la ubicación exacta de la carpeta destino.

✔ **Vista Carpeta del Navigation Pane:** Descrita en la sección Navigation Pane del Capítulo 3, el botón Folder muestra una lista de sus carpetas a lo largo de la parte inferior del Navigation Pane. Esto le permite arrastrar un archivo o una carpeta adentro del Navigation Pane, evitándole la molestia de abrir una carpeta destino.

Después de instalar un programa en su equipo, nunca mueva la carpeta de ese programa. Los programas se acuñan a sí mismos en Windows. Mover el programa lo podría dividir y lo tendría que volver a instalar. No obstante, siéntase en libertad de mover el acceso directo del programa, si tiene alguno.

Ver Más Información Acerca de los Archivos y Carpetas

Cada vez que crea un archivo o carpeta, Windows Vista escribe un conjunto de información oculta secreta sobre el mismo. La fecha en que lo creó, su tamaño y cosas aún más triviales. Algunas veces aún le permite agregar su propia información secreta. Letras y revisiones de sus archivos y carpetas de música o imágenes en miniatura para cualquiera de sus carpetas.

ASPECTOS TÉCNICOS

Dar un vistazo a las opciones secretas de un archivo

Windows Vista proporciona a cada archivo opciones especiales denominadas *atributos.* El equipo detecta la manera en que esas opciones están configuradas antes de hacer algo con el archivo. Para ver los atributos de un archivo, haga clic con el botón secundario en el archivo y elija Properties. Aquí está lo que probablemente encontrará en la parte inferior de la ventana:

✔ **Read Only (Sólo lectura):** Elegir este atributo permite que el archivo se lea, pero que no se pueda eliminar ni cambiar de ninguna manera.

✔ **Hidden (Oculto):** Configurar este atributo hace que el archivo esté invisible durante las operaciones normales.

Al hacer clic en el botón Advanced, Windows Vista presenta más opciones:

✔ **File Is Ready For Archiving (El archivo está listo para archivo):** Algunos programas de copia de seguridad buscan aquí para verificar si han hecho una copia de seguridad de ese archivo. Cuando se ha realizado la copia de seguridad, este atributo cambia para reflejar su nuevo estado.

✔ **Index This File For Faster Searching (Indexe este archivo para una búsqueda más rápida):** Normalmente establecida en

On (Encendido), esta configuración le indica a Windows que deje que su Indexing Service (Servicio de indexación) tome nota del archivo y su contenido para realizar una búsqueda más rápida.

✔ **Compress Contents to Save Disk Space (Comprimir los contenidos para ahorrar espacio en disco):** Disponible en la mayoría de equipos modernos, esta configuración deja que Windows Vista comprima el archivo para ahorrar espacio. No obstante, tenga cuidado, ya que algunas veces ocasiona que los archivos se carguen más lentamente.

✔ **Encrypt Contents to Secure Data (Cifrar el contenido para proteger los datos):** Esta opción proporciona una manera mucho más complicada de proteger su archivo por medio de una contraseña. Ignórela.

La casilla Properties hace más fácil —tal vez demasiado fácil— cambiar estos atributos. En la mayoría de los casos, debe dejarlos en paz. Solamente los mencioné para que pueda saber lo que quieren decir los genios de la computación cuando les dicen a las personas malhumoradas, "Cielos, alguien debe haber configurado sus atributos incorrectamente cuando se levantó esta mañana".

Puede ignorar de manera segura la mayoría de información. En otros casos, la modificación de esa información es la única manera de resolver un problema.

Para ver cómo Windows Vista está denominando sus archivos y carpetas a sus espaldas, haga clic con el botón secundario en el elemento y elija Properties desde el menú emergente. Elegir Properties en una canción de Jimi Hendrix, por ejemplo, muestra una gran cantidad de detalles, como se muestra en la Figura 4-8. A continuación se explica lo que cada ficha significa:

- **General (General):** Esta primera ficha (que aparece a la izquierda de la Figura 4-8) muestra el *tipo* de archivo (un archivo MP3 de la canción "Hey Joe"), su *tamaño* (3.27 MB), el programa que lo *abre* (en este caso Windows Media Player) y la *ubicación* del archivo.

  ¿El programa incorrecto abre su archivo? Haga clic con el botón secundario en el archivo, elija Properties y haga clic en el botón Change en la ficha General. Una vez ahí, puede elegir su programa preferido de una lista.

- **Security (Seguridad):** En esta ficha, usted controla los *permisos:* quién puede tener acceso al archivo y lo que pueden hacer con él —detalles que solamente pueden ser un inconveniente cuando Vista no le permite a su amigo (o aún a usted) abrir el archivo. Si surge este problema, copie la carpeta a su carpeta Public (Pública), la cual cubriremos en el Capítulo 14. Esa carpeta proporciona un refugio en el que todos pueden tener acceso al archivo.

- **Details (Detalles):** Haciendo honor a su nombre, esta ficha revela detalles minuciosos sobre un archivo. En las fotografías digitales, por ejemplo, esta pantalla indica datos EXIF (formato de archivo de imágenes intercambiables, por sus siglas en inglés) el modelo de la cámara, tope F, apertura, longitud focal y otros elementos que a los fotógrafos les fascinan. En las canciones, esta ficha muestra la *etiqueta ID3* de la canción (*Id*entificación de MP*3*): el artista, título del álbum, año, número de pista, género, duración y otra información similar. (Cubriremos las etiquetas ID3 en el Capítulo 15.)

- **Previous Versions (Versiones anteriores):** Como coleccionista obsesivo, Vista constantemente guarda versiones anteriores de sus archivos. ¿Hizo algunos cambios terribles a su hoja de cálculo de hoy? Respire profundo, diríjase aquí y obtenga la copia de *ayer* de la hoja de cálculo. La característica de versiones anteriores de Vista trabaja en secuencia con el fiable System Restore (Restaurar sistema) de Windows XP. Cubriré ambas salvavidas en el Capítulo 17.

Figura 4-8:
Una
página de
Properties
del archivo
muestra
cuál
programa
lo abre
automática-
mente, el
tamaño del
archivo y
otros
detalles.

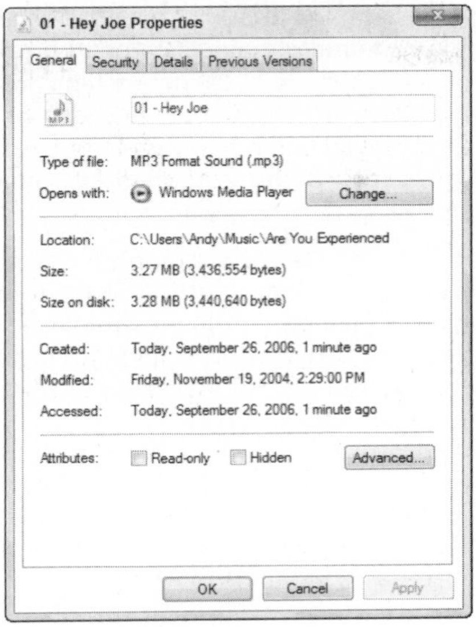

Normalmente, todos estos detalles permanecen ocultos a menos que usted haga clic con el botón secundario en un archivo y elija Properties. Pero una carpeta puede mostrar los detalles de *todos* sus archivos simultáneamente, útil para búsquedas rápidas. Para elegir cuáles detalles aparecen —el conteo de palabras en sus documentos de Microsoft Word, por ejemplo— haga clic con el botón secundario en cualquier palabra enumerada en la parte superior de una columna, como se muestra en la Figura 4-9. (Haga clic en More, en la parte inferior de la lista, para ver docenas más de detalles, inclusive el conteo de palabras).

✔ Para cambiar la manera en que una carpeta muestra sus archivos, haga clic en la flecha en el botón Views en la barra de herramientas (que se muestra en el margen). Aparece un menú, enumerando las siete maneras en que una carpeta puede mostrar sus archivos: Extra Large Icons, Large Icons, Medium Icons, Small Icons, List Details y Tiles. Pruébelos todos para ver qué vista prefiere. (Vista recuerda qué vistas prefirió para diferentes carpetas).

✔ Si no puede recordar lo que hacen los botones de la barra de herramientas de una carpeta, coloque el puntero de su mouse sobre un botón. Windows Vista muestra un cuadro útil que resume la misión del botón.

✔ A pesar de que algo de la información adicional de archivos es útil, también puede consumir mucho espacio, limitando el número de archivos que puede ver en la ventana. Visualizar solamente el nombre del archivo a menudo es una mejor idea. Después, si desea ver más información sobre el archivo o carpeta, intente la siguiente sugerencia.

✔ Las carpetas usualmente muestran los archivos ordenados alfabéticamente. Para ordenarlos de otra manera, haga clic con el botón secundario en un lugar desocupado dentro de la carpeta y elija Sort By. Un
menú emergente le permite elegir ordenar los elementos por tamaño,
nombre, tipo y otros detalles. Haga clic en More en la parte inferior de la
lista del menú emergente para sorprenderse con las 250 maneras en que
puede ordenar los archivos.

✔ Cuando le pase la emoción del menú Sort By, intente hacer clic en las
palabras que se encuentran en la parte superior de cada columna ordenada. Haga clic en Size, por ejemplo, para colocar rápidamente los
archivos más grandes en la parte superior de la lista. En lugar de eso,
haga clic en Date Modified para ordenar rápidamente por la fecha de su
último cambio.

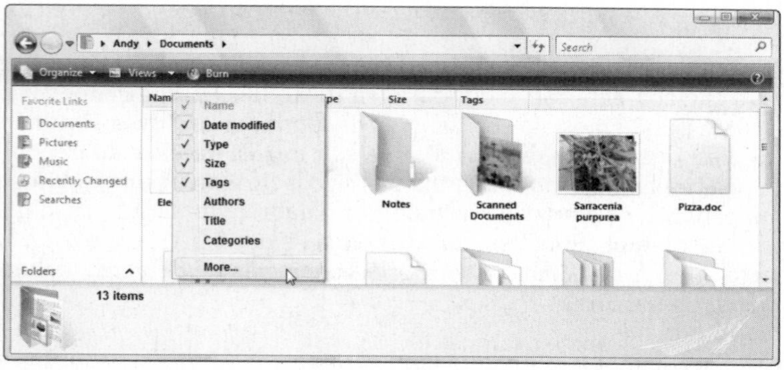

Figura 4-9:
Haga clic
con el botón
secundario
en cualquier
palabra a lo
largo de la
parte
superior de
la columna;
una ventana
le permite
seleccionar
los detalles
de cuál
archivo
debe
mostrar en
la carpeta.

Escribir en CD y DVD

La mayoría de equipos en la actualidad pueden escribir información en un CD
y DVD por medio de un método sin llamas conocido como *quemar o grabar*.
Para ver si está atrapado con una unidad de disco antigua que no puede
grabar los discos, retire cualquier disco de la unidad de disco; después abra
Computer desde el menú Start y observe el ícono de la unidad de disco de
CD o DVD. Desea ver las letras *RW* en el nombre del ícono de la unidad de
disco.

Si la unidad indica DVD/CD-RW, como el del margen, quiere decir que puede reproducir *y* escribir en CD, así como reproducir pero *no* escribir en DVD. (Explicaré como reproducir DVD en el Capítulo 15).

Si su unidad de disco indica DVD-RW, como el del margen, ha dado en el blanco: Su unidad de disco puede leer y escribir en los CD y DVD.

Vista es la primera versión de Windows que sabe escribir en DVD, algo que Windows XP no podría hacer sin la ayuda de un programa de terceros.

Si su equipo tiene dos grabadoras de CD o DVD, indique a Vista qué unidad desea que maneje la tarea de grabar: Haga clic con el botón secundario en la unidad de disco, elija Properties y haga clic en la ficha Recording. Después, elija su unidad de disco favorita en la casilla superior.

Comprar la clase correcta de CD y DVD vacíos para grabar

Las tiendas venden dos tipos de CD. CD-R (abreviación para CD-Recordable [CD-Grabable]) y CD-RW (abreviación para CD-ReWritable [CD-Regrabable]). Aquí está la diferencia:

- **CD-R:** La mayoría de personas compran discos CD-R debido a que son muy baratos y funcionan bien para guardar música o archivos. Puede grabar en ellos hasta que se llenan; después ya no puede grabar más. Pero eso no es ningún problema, ya que la mayoría de personas no desean borrar sus CD y volver a empezar. Ellos desean acumular sus CD grabados como archivos de seguridad.

- **CD-RW:** Los técnicos algunas veces compran discos CD-RW para hacer copias de seguridad temporales de datos. Puede grabar información en estos, igual que en los CD-R. Pero cuando un disco CD-RW se llena, lo puede borrar y empezar de nuevo —algo que no es posible con un CD-R. Sin embargo, los CD-RW son más caros, así que la mayoría de personas se queda con los más baratos y más rápidos CD-R.

Los DVD vienen en formatos R y RW, al igual que los CD, así que la regla de la R y RW aplica para estos, también. Más allá de eso, es caos: Los fabricantes han batallado acerca de cuál formato de almacenamiento utilizar, confundiendo las cosas para todos. Para comprar el DVD en blanco adecuado, revise su grabadora de DVD para ver qué formatos utiliza: DVD-R, DVD-RW, DVD+R, DVD+RW o DVD-RAM. (La mayoría de grabadoras de DVD nuevas son compatibles con *los* cuatro primeros formatos, lo que hace mucho más fácil su elección).

- La velocidad "x" del disco se refiere a la velocidad a la que puede aceptar información. Su unidad de disco puede grabar información en un CD 40x cinco veces más rápido que en un CD 8x. Compre CD con una clasificación tan rápida como su grabadora la pueda admitir.

- A menudo encontrará los listados de velocidad y formato de su grabadora de CD o DVD impresos directamente en la superficie de la unidad de disco. Si la información no está allí, revise el comprobante de su equipo. Si aún no tiene idea, compre discos razonablemente rápidos. Las grabadoras lentas aún pueden escribir en discos rápidos, pero no tan rápido como las grabadoras más rápidas.

- Los CD en blanco son baratos; pida prestado uno al hijo de su vecino para ver si funciona en su unidad de disco. Si funciona bien, compre algunos del mismo tipo. Los DVD en blanco, al contrario, son más caros. La mayoría de lo hijos de sus vecinos no le darán uno. Pregunte en la tienda si los puede devolver en caso de que su unidad de disco de DVD no los acepte.

- A pesar de que Windows Vista puede manejar simples tareas de grabación de CD, es extraordinariamente complicado para *copiar* CD de música. La mayoría de personas se dan por vencidos rápidamente y compran software para grabar CD de terceros de Roxio o Nero. Explicaré la manera en que Windows Vista crea CD de música en el Capítulo 15.

- Actualmente es ilegal hacer duplicados de DVD de películas en los Estados Unidos —aún realizar una copia de seguridad en caso de que sus hijos rayen su nuevo DVD de Disney. Vista ciertamente no lo puede hacer, pero algunos programas en sitios Web de otros países pueden. (No me pregunte donde obtenerlos, ya que no lo sé).

Copiar archivos de o a un CD o DVD

Los CD y DVD eran alguna vez elogiados por la facultad de simplicidad: Simplemente se deslizaban en su reproductor de CD o reproductor de DVD. Pero tan pronto como esos discos se graduaron para los equipos, los problemas se intensificaron. Cuando crea un CD o DVD, debe indicar a su equipos *qué* está copiando y *en dónde* pretende reproducirlo: ¿Música para un reproductor de CD? ¿Películas para un reproductor de DVD? ¿O simplemente archivos para su equipo? Si elige la respuesta incorrecta, el disco no funcionará.

A continuación encontrará unas reglas para la creación de discos:

- **Music (Música):** Para crear un CD que reproduzca música en su reproductor de CD o estéreo de su vehículo, pase al Capítulo 15. Debe poner en marcha el programa Media Player de Vista.

✔ **Movies and Photo Slide Shows (Películas y presentaciones de con-tenido de fotografías):** Para crear un DVD con películas o presenta-ciones de contenido que se reproducen en un reproductor de DVD, pase al Capítulo 16. Desea el nuevo programa DVD Maker de Vista.

Pero si solamente desea copiar *archivos* a un CD o DVD, tal vez para guardar como copia de seguridad o regalar a un amigo, quédese conmigo.

Siga estos pasos para grabar archivos en un CD o DVD en blanco. (Si está gra-bando archivos en un CD o DVD en el que ya grabó antes, pase al Paso 4).

Nota: Si su equipo tiene un programa para grabar CD de terceros, es posible que ese programa se haga cargo automáticamente tan pronto como inserte el disco, obviando estos pasos completamente. Si más bien desea que Vista o un programa diferente grabe el disco, cierre el programa de terceros. Después haga clic con el botón secundario en el ícono de la unidad de disco y elija Open AutoPlay. Aquí, usted puede indicarle a Vista cómo debe reaccionar con un disco en blanco insertado.

1. **Inserte el disco en blanco en su grabadora de discos y elija Burn Files to Disc (Grabar archivos en el Disco).**

   Vista reacciona un poco diferente dependiendo de si insertó un CD o un DVD, como se muestra en la Figura 4-10.

Figura 4-10: Insertar un CD en blanco (izquierda) o DVD (derecha) mostrará uno de los siguientes cuadros: elija Burn Files to Disc para copiar archivos en el disco.

CD: Vista ofrece dos opciones:

- **Burn an Audio CD (Grabar un CD de audio):** Elegir esta opción hace que el Media Player cree un CD de audio que reproduzca la música en la mayoría de reproductores de CD. (Describiré cómo realizar esta tarea en el Capítulo 15).

- **Burn Files to Disc (Grabar archivos en disco):** Elija esta opción para copiar archivos en el CD.

DVD: Vista ofrece tres opciones:

- **Burn a DVD Data Disc (Grabar un disco de datos en DVD):** Elegir esta opción abre el Media Player (Capítulo 15), permitiéndole seleccionar archivos de música de su biblioteca y copiarlos en un DVD como copia de seguridad. (Si su reproductor de DVD es compatible con archivos MP3 o WMA, es *posible* que pueda reproducir la música).

- **Burn Files to Disc (Grabar archivos en un disco):** Elija esta opción para copiar archivos en el DVD.

- **Burn DVD Video Disc (Grabar un disco de video en DVD):** Elegir esta opción inicia el programa DVD Maker de Vista para crear una película o presentación de contenido de fotografías, tareas que cubriremos en el Capítulo 16.

2. **Ingrese un nombre para el disco y haga clic en Next.**

   Después de insertar el disco y elegir Burn Files to Disc en el Paso 1, Vista muestra un cuadro de diálogo Burn a Disc y le pide crear un título para el disco.

   Desafortunadamente, Vista limita el título de su CD o DVD a 16 caracteres. En lugar de escribir **Día de campo familiar en la cima Orizaba en el 2006**, limítese a los hechos: **Orizaba, 2006**. O solamente haga clic en Next para utilizar el nombre predeterminado de Vista para el disco: La fecha actual.

   Los amigos curiosos verán la opción Show Formatting Options en el cuadro Burn a Disc. Si usted se rinde ante el deseo de hacer clic, verá que Vista ofrece dos opciones para guardar información en su disco: Live File System o Mastered. Quédese con el Live File System, excepto en dos condiciones: utiliza discos CD-RW o DVD-RW o está preocupado por la compatibilidad con equipos de modelos anteriores y equipos Apple. En estas condiciones, elija Mastered en lugar del formato usual de Vista Live File System Format.

   Provisto con el nombre del disco, Vista prepara el disco para los archivos entrantes, dejándolo con la ventana vacía del disco en la pantalla, en espera de los archivos entrantes.

3. **Indique a Vista qué archivos debe grabar en el disco.**

Ahora que su disco está listo para aceptar los archivos, indique a Vista qué información debe enviar. Puede hacer esto de cualquiera de las diferentes maneras:

- Haga clic con el botón secundario en el elemento que desea copiar, ya sea un archivo independiente, carpeta o archivos y carpetas seleccionados. Cuando aparezca el menú emergente, elija Send To y seleccione su grabadora de discos del menú.

- Arrastre y coloque los archivos o carpetas en la ventana abierta de la grabadora de discos o en la parte superior del ícono de la grabadora en Computer.

- Elija el botón Burn de la barra de herramientas de cualquier carpeta en su carpeta Music. Este botón copia toda la música de esa carpeta (o los archivos de música que seleccionó) en el disco como *archivos,* legibles para algunos aparatos estéreo para la casa y vehículos más recientes que pueden leer archivos WMA o MP3.

- Elija el botón Burn de la barra de herramientas de cualquier carpeta en su carpeta Pictures. Esto copia todas las imágenes de esa carpeta (o las imágenes que resaltó) en el disco como copia de seguridad o para regalar a otras personas.

- Elija el botón Burn de la barra de herramientas de cualquier carpeta en su carpeta Documents. Esto copia todos los archivos de esa carpeta en el disco.

- Indíquele a su programa actual que guarde la información en el disco en lugar de en su unidad de disco duro.

Independientemente del método que elija, Vista obedientemente examina la información y la copia en el disco que insertó en el primer paso.

4. **Cierre su sesión para grabar discos al expulsar el disco.**

Cuando termine de copiar archivos en el disco, indique a Vista que terminó al cerrar la ventana Computer: Haga doble clic en la pequeña X roja en la esquina superior derecha de la ventana.

A continuación, presione el botón Eject de la unidad de disco (o haga clic con el botón secundario en el ícono de la unidad de disco en Computer y elija Eject) y Vista cierra la sesión, agregando un toque de acabado al disco que le permite que otros equipos lo lean.

Puede seguir grabando más y más archivos en el mismo disco hasta que Windows se queje de que el disco está lleno. Entonces debe cerrar su disco actual, lo que se explica en el Paso 4, insertar otro disco en blanco y empezar de nuevo con el Paso 1.

Duplicar un CD o DVD

Windows Vista no tiene un comando para duplicar un CD o DVD. Ni siquiera puede hacer una copia de un CD de música. (Por eso es que muchas personas compran programas para grabar CD).

Pero puede copiar todos los archivos de un CD o DVD en un disco en blanco con este proceso de dos pasos:

1. **Copie los archivos y carpetas del CD o DVD en una carpeta en su equipo.**

2. **Copie esos mismos archivos y carpetas de nuevo en un CD o DVD en blanco.**

Eso le facilita un CD o DVD duplicado, útil cuando necesita una segunda copia de un disco de copia de seguridad esencial.

Puede probar este proceso en un CD de música o película en DVD, pero no funciona. (Yo ya intenté). Solamente funciona para duplicar un disco que contiene programas o archivos de datos.

Si intenta copiar un gran lote de archivos en un disco —más de los que caben— Windows Vista se queja inmediatamente. Copie menos archivos a la vez, tal vez al dividirlos en dos discos.

La mayoría de programas le permiten guardar archivos directamente en un disco. Elija Save del menú File y seleccione su grabadora de CD. Coloque un disco (de preferencia, uno que no esté lleno) en su unidad de disco para empezar el proceso.

Trabajar con Disquetes y Tarjetas de Memoria

Los propietarios de cámaras digitales eventualmente se relacionan con *tarjetas de memoria,* esos pequeños cuadrados de plástico que reemplazaron a aquellos incómodos rollos de película. Vista puede leer fotografías digitales directamente desde la cámara, una vez encuentre su cable y lo conecte a su equipo. Pero Vista también puede obtener fotografías directamente de la tarjeta de memoria, un método apreciado por aquellas personas que han extraviado los cables especiales de su cámara.

El secreto es un *lector de tarjetas de memoria:* un pequeño cuadro lleno de ranuras que permanece conectado a su equipo. Deslice su tarjeta de memoria en la ranura y su equipo puede leer los archivos de la tarjeta, al igual que lee los archivos de cualquier otra carpeta.

La mayoría de tiendas de equipo electrónico y suministros de oficina venden lectores de tarjetas de memoria que aceptan los más populares formatos de tarjetas de memoria: Compact Flash, SecureDigital, Mini-Secure Digital, Memory Sticks y otros.

La belleza de los lectores de tarjetas radica en que no hay nada nuevo que aprender: Windows Vista trata su tarjeta insertada o disquete justo como una carpeta normal. Inserte su tarjeta y aparece una carpeta en su pantalla para mostrar las fotografías de su cámara digital. Las mismas reglas de "arrastrar y colocar" y "cortar y pegar" cubiertas anteriormente en este capítulo aún aplican, permitiéndole mover las imágenes u otros archivos fuera de la tarjeta y hacia una carpeta en su carpeta Pictures.

✔ Primero, la advertencia: Formatear una tarjeta o disco borra toda la información. Nunca formatee una tarjeta o disco a menos que no le importe la información que contenga actualmente.

✔ Ahora, el procedimiento: Si Windows se queja de que una tarjeta o un disquete recién insertado no está formateado, haga clic con el botón secundario en su unidad de disco y elija Format. (Este problema sucede con más frecuencia con tarjetas o disquetes dañados). Algunas veces formatear también ayuda a un gadget a utilizar una tarjeta diseñada para un gadget diferente —es posible que su cámara digital utilice la tarjeta de su reproductor de MP3, por ejemplo.

✔ Las unidades de disquete, aquellas lectoras de discos del pasado, aún aparecen en algunos equipos antiguo. Funcionan igual que tarjetas de memoria o CD. Inserte un disquete en la unidad de disquete y haga doble clic en el ícono de la unidad de disquete en Computer para empezar a jugar con sus archivos.

✔ Presione la tecla F5 cada vez que ingrese a un disquete diferente y desee ver los archivos que están almacenados en el mismo. Windows Vista actualiza entonces la pantalla para mostrar los archivos del *nuevo* disco, no los archivos del primero. (Solamente tiene que realizar este paso al trabajar con disquetes).

Parte II
Trabajar con Programas y Archivos

The 5th Wave   Por Rich Tennant

EL SÚPER USUARIO DWAYNE GRENTZ
SE PREPARA ANTES DE PONER A FUNCIONAR
WINDOWS VISTA

En esta parte . . .

La primera parte del libro explica cómo manipular Vista al pinchar y punzar sus partes sensibles con el mouse.

Esta parte del libro finalmente le permite hacer algo del trabajo. Por ejemplo, aquí es donde puede averiguar cómo ejecutar programas, abrir archivos existentes, crear y guardar sus propios archivos e imprimir su trabajo cuando haya terminado. Detalles esenciales sobre Windows: Copiar información de una ventana o programa y pegarla en otra.

Además, cuando alguno de sus archivos se pierde (esto es inevitable), el Capítulo 6 le explica cómo desencadenar las nuevas funciones de búsqueda robótica de Windows, para rastrearlos y traerlos a su alcance.

Capítulo 5

Jugar con Programas y Documentos

*E*n Windows, los *programas* son sus herramientas: Estos le permiten sumar números, ordenar palabras y lanzar naves espaciales. Los *documentos,* en cambio, son el resultado de lo que crea con los programas: formularios de impuestos, sinceras disculpas y altas puntuaciones.

Este capítulo empieza con la base para abrir programas, crear accesos directos y cortar y pegar información entre documentos. En el camino, proporciona algunos trucos —cómo agregar símbolos como © a sus documentos, por ejemplo. Finalmente, termina con un recorrido por los programas gratuitos de Windows Vista, mostrando cómo escribir una carta, crear una agenda o tomar notas que puede hacer más interesantes con caracteres y símbolos especiales.

Iniciar un Programa

Hacer clic en el botón Start presenta el menú Start, la almohadilla de lanzamiento para sus programas. El menú Start es peculiarmente intuitivo. Por ejemplo, si detecta que ha hecho muchos DVD, el menú Start automáticamente mueve el ícono del programa DVD Maker de Windows a su página frontal para un fácil acceso, como se muestra en la Figura 5-1.

¿No ve su programa favorito en la página frontal del menú Start? Haga clic en All Programs (Todos los programas) cerca de la parte inferior del menú Start. El menú Start cubre sus íconos mostrados previamente con una lista de programas aún *más grande* y carpetas llenas de categorías. ¿Aún no ve su programa? Haga clic en algunas de las carpetas para revelar aún *más* programas incluidos adentro.

Figura 5-1:
Haga clic en el botón Start y después haga clic en el programa que desea abrir.

Cuando ubique su programa, haga clic en el nombre. El programa se abre en el escritorio, listo para trabajar.

Si su programa no parece encontrarse en el menú Start, Windows Vista ofrece muchas otras maneras para abrir un programa, inclusive las siguientes:

- ✔ Abra la carpeta Documents desde el menú Start y haga doble clic en el archivo en el que desea trabajar. El programa correcto se abre automáticamente, con ese archivo cargado.

- ✔ Haga doble clic en un *acceso directo (shortcut)* al programa. Los accesos directos, que a menudo se encuentran en su escritorio, son útiles botones de comando desechables para iniciar archivos y carpetas. (Explicaré más acerca de los accesos directos en la sección "Tomar el camino fácil con un acceso directo" de este capítulo.)

- ✔ Si ve el ícono del programa en la barra de herramientas Quick Launch de Windows —una pequeña y útil franja de íconos que reside junto al botón Start— haga clic en él. El programa entra en acción. (Cubrimos la barra de herramientas de Quick Launch, inclusive cómo agregarla y quitarla, en el Capítulo 2.)

✔ Haga clic con el botón secundario en su escritorio, elija New y seleccione el tipo de documento que desea crear. Windows Vista carga el programa correcto para la tarea.

✔ Escriba el nombre del programa en el cuadro Search (Búsqueda) en la parte inferior del menú de Start y presione Enter.

Windows ofrece otras maneras para abrir un programa, pero estos métodos usualmente realizan el trabajo. Cubrimos el menú de Start con más detalle en el Capítulo 2.

En su página frontal, el menú de Start coloca *accesos directos* —botones de comando— para sus programas más utilizados. Esos accesos directos cambian constantemente para indicar los programas que utiliza más. ¿No desea que su jefe se entere que juega FreeCell? Haga clic con el botón secundario en el ícono FreeCell y elija Remove from This List (Quitar de esta lista). El acceso directo desaparece, pero el ícono "verdadero" de FreeCell, permanece en el lugar normal en la carpeta Games (Juegos) del menú de Start (en la carpeta All Programs).

Abrir un Documento

Al igual que Tupperware, Windows Vista es un gran admirador de la estandarización. Todos los programas de Windows cargan sus documentos —a menudo denominados *archivos*— exactamente de la misma manera:

1. **Haga clic en la palabra File en la *barra de menú* de cualquier programa, esa fila de palabras formales a lo largo de la parte superior del programa.**

   ¿No hay barra de menú? Presione Alt para verla.

2. **Cuando el menú File se despliega, haga clic en Open (Abrir).**

   Windows le deja la sensación de una experiencia ya vivida con el cuadro Open, que se muestra en la Figura 5-2: Se ve (y funciona) justo como su carpeta Documents, que cubrimos en el Capítulo 4.

   Sin embargo, hay una gran diferencia: En este momento, su carpeta muestra solamente archivos que su programa sabe cómo abrir; éste filtra todos los demás.

3. **¿Puede ver la lista de documentos dentro del cuadro de diálogo Open en la Figura 5-2? Apunte hacia su documento deseado, haga clic en el mouse y haga clic en el botón Open.**

   El programa abre el archivo y lo muestra en la pantalla.

Abrir un archivo funciona de esta manera en *cualquier* programa de Windows, ya sea escrito por Microsoft, sus socios corporativos o el adolescente al final de la calle.

✔ Para acelerar las cosas, haga doble clic en el nombre de un archivo deseado; con eso se abre inmediatamente, cerrando automáticamente el cuadro Open.

✔ Si su archivo no está enumerado por nombre, empiece a buscar al hacer clic en los botones que se muestran a lo largo del lado izquierdo de la Figura 5-2. Haga clic en la carpeta Documents, por ejemplo, para ver los archivos almacenados en esa carpeta. Haga clic en Recently Changed (Cambiados recientemente) para ver los archivos que ha guardado recientemente; si ve uno que desea, tómelo de la lista al hacer doble clic.

✔ Los frágiles humanos almacenan cosas en el garaje, pero los equipos almacenan sus archivos en compartimientos etiquetados de manera ordenada denominados *carpetas.* (Haga doble clic en una carpeta para ver lo que está guardado adentro). Si examinar en las carpetas le ocasiona problemas, la sección de carpetas del Capítulo 4 ofrece un recordatorio.

✔ Cada vez que abre un archivo y lo cambia, aún al presionar accidentalmente la barra espaciadora, Windows Vista asume que ha cambiado el archivo para mejorarlo. Si intenta cerrar un archivo, Windows Vista le pregunta cautelosamente si desea guardar sus cambios. Si cambió el archivo con ingenio magistral, haga clic en Yes. Si hizo un desastre o abrió el archivo incorrecto, haga clic en No o Cancel.

✔ ¿Está confundido acerca de cualquier ícono o comando a lo largo de la parte superior o lado izquierdo del cuadro Open? Descanse el puntero de su mouse sobre los íconos y un pequeño cuadro anuncia sus ocupaciones.

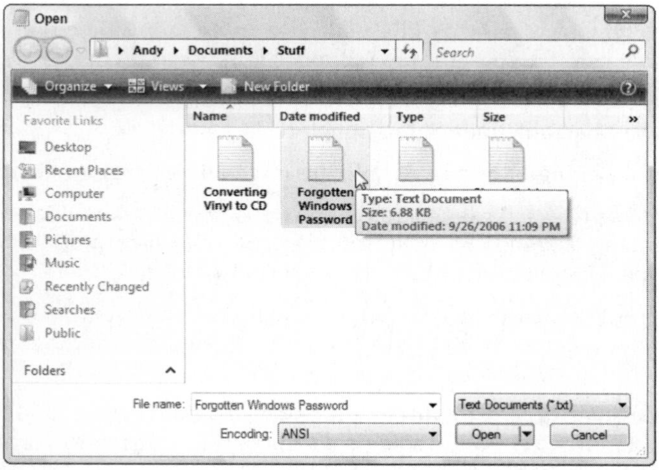

Figura 5-2: Haga doble clic en el nombre de archivo que desea abrir.

Cuando los programadores pelean por los tipos de archivo

Cuando no pelean por la comida rápida, los programadores pelean por los formatos —maneras para insertar información en un archivo. Para arreglar las guerras de formatos, algunos programas tienen una característica especial que le permite abrir archivos almacenados en varios tipos diferentes de formatos.

Por ejemplo, observe el cuadro de listas desplegable en la esquina derecha inferior de la Figura 5-2. Actualmente indica formato de Documentos de texto (*.txt), el formato utilizado por Notepad. De esa manera, el cuadro Open muestra solamente archivos almacenados en Notepad. Para ver archivos almacenados en *otros* formatos, haga clic en ese cuadro y elija un formato diferente. El cuadro Open actualiza rápidamente su lista para mostrar archivos de ese nuevo formato, en su lugar.

Y, ¿cómo puede ver una lista de todos los archivos de su carpeta en ese menú, independientemente de su contenido? Elija All Files del cuadro de listas desplegable. Verá todos sus archivos, pero su programa probablemente no podrá abrirlos todos y se trabará si lo intenta.

Notepad enumera fotografías digitales en su menú All Files, por ejemplo. Pero si intenta abrir una fotografía, Notepad obedientemente muestra la fotografía como símbolos de codificación desconocidos. (Si alguna vez abre una fotografía por error en un programa y *no* ve la fotografía, no intente guardar lo que abrió. Si el programa es como Notepad, lo arruinará. Simplemente retroceda y salga inmediatamente para encontrar un programa que cumpla con su solicitud).

Guardar un Documento

Guardar (Save) significa enviar el trabajo que acaba de crear a un disco o unidad de disco duro para protegerlo. A menos que guarde específicamente su trabajo, su equipo cree que sólo estaba jugueteando durante las últimas cuatro horas. Debe indicar específicamente al equipo que guarde su trabajo para que éste lo guarde de manera segura.

Gracias a los latigazos de Microsoft, el mismo comando Save aparece en todos los programas de Windows Vista, independientemente de qué programador los escribió. Haga clic en File desde el menú superior, elija Save y guarde su documento en su carpeta Documents o en su escritorio para una fácil recuperación más adelante.

¿Cuál es la diferencia entre Save y Save As?

¿Cómo? ¿Guardar como qué? ¿Un compuesto químico? No, el comando Save As (Guardar como) solamente le proporciona una oportunidad para guardar su trabajo con un nombre diferente y en una ubicación diferente.

Suponga que abre el archivo *Oda a Tina* en su carpeta Documents y cambia unas cuantas oraciones. Desea guardar sus nuevos cambios, pero tampoco desea perder las palabras originales. Guarde *ambas* versiones al seleccionar *Save As* y escribir el nuevo nombre, *Posibles adiciones a las Odas para Tina*.

Cuando guarda algo la *primera* vez, los comandos Save y Save As son idénticos: Ambos le obligan a elegir un nuevo nombre y ubicación para su trabajo.

Si está guardando algo por primera vez, Windows Vista le pide que piense en un nombre para su documento. Escriba algo descriptivo utilizando sólo letras, números y espacios entre las palabras. (Si intenta utilizar uno de los caracteres ilegales que describo en el Capítulo 4, la Policía de Windows interviene, solicitando de manera educada que utilice un nombre diferente).

✔ Elija nombres de archivos descriptivos para su trabajo. Windows Vista le proporciona 255 caracteres con los que puede trabajar, así que un archivo con el nombre *Informe de junio sobre las ventas de rodillos* es más fácil de ubicar que uno denominado *Cosas*.

✔ Puede guardar los archivos en cualquier carpeta, CD o aún en una tarjeta de memoria. Pero los archivos son más fáciles de encontrar en el camino cuando permanecen en la carpeta Documents. (Siéntase en libertad de guardar una *segunda* copia en su CD como copia de seguridad).

✔ La mayoría de programas pueden guardar archivos directamente en un CD. Elija Save del menú File y elija su grabadora de CD. Coloque un disco (de preferencia, uno que no esté lleno) en su unidad de disco para grabar CD a fin de empezar el proceso.

✔ Si está trabajando en algo importante (y la mayoría de cosas lo son), elija el comando Save del programa cada pocos minutos. O bien, utilice el acceso directo del teclado Ctrl+S (mientras sostiene presionada la tecla Ctrl, presione la tecla S). Los programas le obligan a elegir un nombre y ubicación para un archivo cuando lo guarda por *primera vez;* las veces subsiguientes que lo guarda son más rápidas.

Elegir Qué Programa Abre un Archivo

La mayor parte del tiempo, Windows Vista sabe automáticamente cuál programa debe abrir qué archivo. Haga doble clic en cualquier archivo y Windows le indica el programa correcto para ingresar y permitirle ver su contenido. Pero cuando Windows Vista se confunde, el problema recae en *su* regazo.

Las siguientes dos secciones explican qué hacer cuando el programa incorrecto abre su archivo o, lo que es peor, *ningún* programa ofrece llevar a cabo el trabajo.

Si alguien dice algo sobre "asociaciones de archivos", siéntase en libertad de examinar la barra lateral técnica, lo cuál explica ese espantoso tema.

El extraño mundo de las asociaciones de archivos

Cada programa de Windows coloca un código secreto conocido como *extensión de archivo* en el nombre de cada archivo que crea. La extensión del archivo funciona como una marca de ganado: Cuando hace doble clic en el archivo, Windows Vista observa la extensión y automáticamente hace un llamado al programa correcto para abrir el archivo. Notepad, por ejemplo, clava la extensión de tres letras .txt en cada archivo que crea. De este modo, la extensión .txt se asocia con Notepad.

Windows Vista normalmente no muestra estas extensiones, aislando a los usuarios de los mecanismos internos de Windows por razones de seguridad. Si alguien cambia accidentalmente o elimina una extensión, Windows no sabrá cómo abrir ese archivo.

Si tiene curiosidad de saber cómo se ve una extensión, dé un vistazo al seguir los siguientes pasos:

1. **Haga clic en el botón Organize desde adentro de cualquier carpeta y elija Folder and Search Options desde el menú desplegable.**

Aparece el cuadro de diálogo Folder Options.

2. **Haga clic en la ficha View y después haga clic en la casilla Hide Extensions for Known File Types, a fin de eliminar la marca de verificación.**

3. **Haga clic en el botón OK.**

Todos los archivos revelan sus extensiones.

Observe que si abre dos archivos diferentes con la misma extensión, estos archivos se abren en el mismo programa. Ahora que ya dio un vistazo, oculte las extensiones de nuevo al repetir los pasos, pero colocando una marca de verificación de nuevo en la casilla Hide Extensions for Known File Types.

¿La moraleja? *Nunca* cambie la extensión de un archivo a menos que sepa exactamente lo que está haciendo; Windows Vista olvidará qué programa utilizar para abrir el archivo, con lo que lo dejará sosteniendo una bolsa vacía.

¡El programa incorrecto carga mi archivo!

Hacer doble clic en un documento usualmente convoca el programa correcto, usualmente el mismo programa que utilizó para crear ese documento. Pero algunas veces el programa incorrecto sigue apareciendo, secuestrando uno de sus documentos. (Diferentes marcas de reproductores multimedia pelean constantemente por el derecho de reproducir su música o videos, por ejemplo).

Cuando el programa incorrecto empieza repentinamente a abrir su documento, aquí encontrará cómo hacer que el programa *correcto* lo abra en su lugar:

1. **Haga clic con el botón secundario en su archivo problemático y seleccione Open With desde el menú desplegable.**

   Como se muestra en la Figura 5-3, Windows nombra algunos programas que ha utilizado para abrir ese archivo en el pasado.

   ¿No ve la opción Open With en el menú? A continuación, elija Open. Vista salta directamente a la ventana Open With que se muestra en la Figura 5-4, descrita en la siguiente sección.

2. **Haga clic en Choose Default Program (Elegir programa predeterminado) y seleccione el programa con el que desea abrir el archivo.**

   La ventana Open With, que se muestra en la Figura 5-4, enumera muchos programas más. Si ve su programa favorito, *podría* hacer doble clic en éste para abrir su archivo inmediatamente. Pero eso no evitará que el mismo problema vuelva a ocurrir. El *siguiente* paso afronta ese reto.

   Si Windows no enumera su programa favorito en ninguna parte de su lista, tiene que buscarlo. Elija Choose Default Programs, haga clic en el botón Browse y navegue a la carpeta que contiene el programa que desea. (***Sugerencia:*** Levante el puntero de su mouse sobre las carpetas para ver algunos de los archivos y programas que se encuentran adentro).

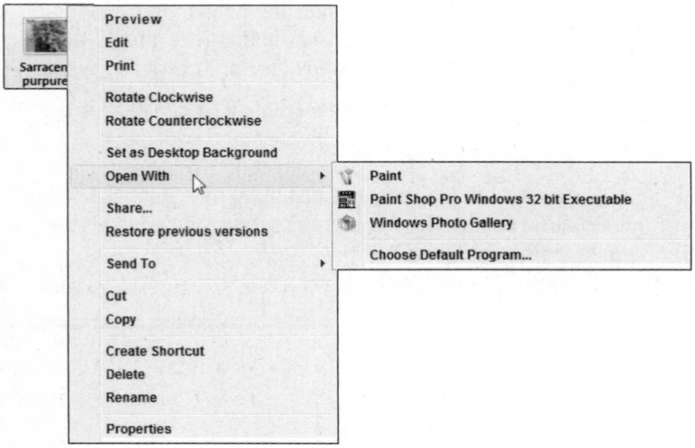

Figura 5-3:
Haga clic en el programa con el que desea abrir el archivo.

Preview
Edit
Print
Rotate Clockwise
Rotate Counterclockwise
Set as Desktop Background
Open With ►
Share...
Restore previous versions
Send To ►
Cut
Copy
Create Shortcut
Delete
Rename
Properties

Paint
Paint Shop Pro Windows 32 bit Executable
Windows Photo Gallery
Choose Default Program...

Sarracen purpure

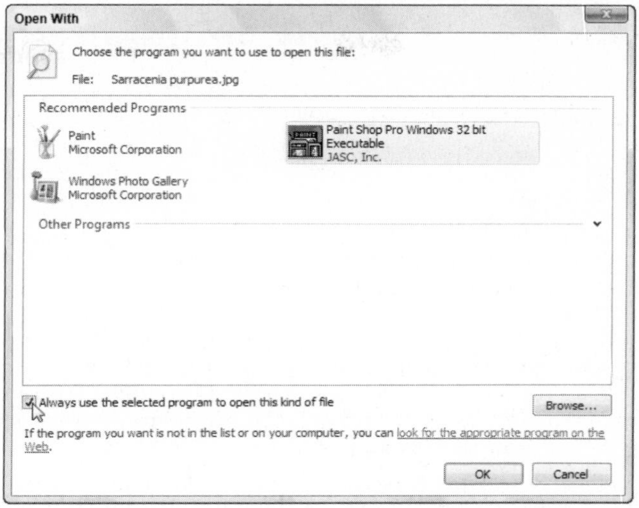

Open With

Choose the program you want to use to open this file:

File: Sarracenia purpurea.jpg

Recommended Programs

Paint
Microsoft Corporation

Paint Shop Pro Windows 32 bit
Executable
JASC, Inc.

Windows Photo Gallery
Microsoft Corporation

Other Programs

☑ Always use the selected program to open this kind of file   Browse...

If the program you want is not in the list or on your computer, you can look for the appropriate program on the Web.

OK   Cancel

Figura 5-4:
Elija el
programa
que desea y
haga clic en
el cuadro en
la parte
inferior.

3. **Haga clic en la casilla de verificación Always Use the Selected Program to Open This Kind of File y haga clic en OK.**

   Esa casilla hace que Windows regrese al estado de prioridad para su programa seleccionado. Por ejemplo, elegir Paint Shop Pro (y marcar la casilla Always) le indica a Windows que debe convocar a Paint Shop Pro cada vez que haga doble clic en ese tipo de archivo.

   ✔ Algunas veces deseará alternar entre dos programas cuando trabaja en el mismo documento. Para hacer esto, haga clic con el botón secundario en el documento, elija Open With y seleccione el programa que necesita en ese momento.

   ✔ Algunas veces no puede lograr que su programa favorito abra un archivo en particular debido a que simplemente no sabe cómo. Por ejemplo, Windows Media Player usualmente reproduce videos, *salvo* cuando están guardados en QuickTime, un formato utilizado por la competencia de Microsoft. Su única solución es instalar QuickTime (`www.apple.com/quicktime`) y utilizarlo para abrir ese video en particular.

   ✔ ¿No puede encontrar *ningún* programa para abrir su archivo? Entonces está preparado para la siguiente sección.

¡Ningún programa abre mi archivo!

Es frustrante cuando varios programas se pelean por abrir su archivo. Pero es aún peor cuando *ningún programa intenta realizar la tarea.* Hacer doble clic en su archivo simplemente hace un llamado al mensaje de error criptográfico que se muestra en la Figura 5-5.

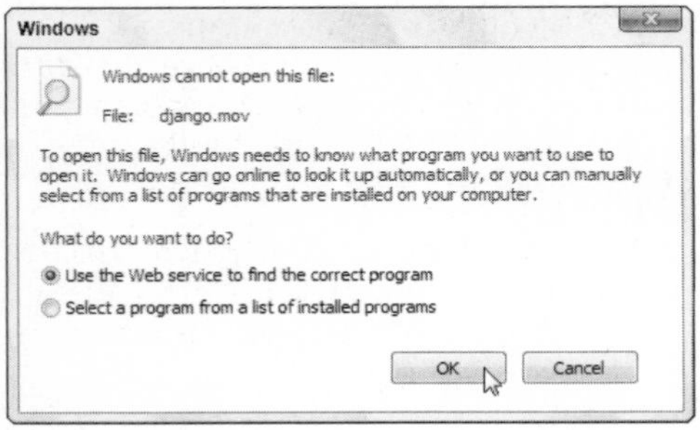

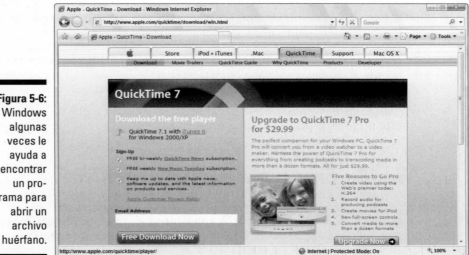

Figura 5-5:
Algunas
veces
Windows se
rehúsa a
abrir un
archivo.

Si ya conoce el programa que necesita para abrir su archivo, elija la segunda opción: Select a Program from a List of Installed Programs. Eso hace un llamado a la ventana familiar de la Figura 5-4, permitiéndole elegir su programa y hacer clic en OK para abrir el archivo.

Pero si no tiene idea de qué programa debe abrir su archivo misterioso, elija Use the Web Service to Find the Correct Program y haga clic en OK. Windows sale disparado a Internet en búsqueda del programa correcto. Si tiene suerte, Internet Explorer muestra un sitio Web de Microsoft. Allí, Microsoft identifica su archivo, describe su contenido y sugiere un sitio Web para descargar un programa que puede hacerlo. Visite el sitio Web que Microsoft sugiere, descargue e instale el programa (después de realizar un escaneo con un programa de revisión de virus descrito en el Capítulo 10) y habrá solucionado el problema.

Algunas veces, Microsoft lo dirige directamente al sitio Web, que se muestra en la Figura 5-6 en donde puede descargar un programa que abra el archivo.

Figura 5-6:
Windows
algunas
veces le
ayuda a
encontrar
un pro-
grama para
abrir un
archivo
huérfano.

✔ En la Figura 5-6, Microsoft identificó un archivo de *video* de *QuickTime*. (El rival de Microsoft, Apple, creó ese formato para guardar películas, pero Windows Media Placer no lo abrirá). Afortunadamente, Microsoft le envía al sitio Web de QuickTime de Apple, en donde puede descargar e instalar el programa Movie Viewer de QuickTime de Apple.

✔ Cuando visita un sitio Web para descargar un programa sugerido, como reproductores de películas QuickTime y RealPlayer, a menudo encuentra *dos* versiones: Gratuito y profesional (costoso). La versión gratuita a menudo funciona bien, así que pruébela primero.

✔ Si no puede encontrar *ningún* programa que le permita abrir su archivo, simplemente está atrapado. Se debe comunicar con la persona que le dio ese archivo y preguntarle qué programa necesita para abrirlo. Entonces, desafortunadamente, es posible que tenga que comprar ese programa.

Tomar el Camino Fácil con un Acceso Directo

Algunos elementos están enraizados *muy* profundamente dentro de su equipo. Si está cansado de vagar a través del bosque para encontrar su programa, carpeta, unidad de disco, documento favorito o aún un sitio Web, cree un *acceso directo* —un botón de comando de ícono que le lleva directamente al objeto que desea.

Freecell

Debido a que un acceso directo es simplemente un botón de comando que inicia algo más, puede mover, eliminar y copiar accesos directos sin dañar el original. Son seguros, convenientes y fáciles de crear. Y son fáciles de diferenciar del original ya que tienen una pequeña flecha incrustada en la esquina izquierda inferior, como el acceso directo a FreeCell que se muestra en el margen.

Siga estas instrucciones para crear accesos directos a estos populares accesorios de Windows:

✔ **Carpetas o Documentos:** Haga clic con el botón secundario en la carpeta o documento, elija Send To y seleccione la opción Desktop (Create Shortcut). Cuando el acceso directo aparece en su escritorio, arrástrelo y colóquelo en una esquina conveniente.

✔ **Sitios Web:** ¿Puede ver el pequeño ícono frente a la dirección del sitio Web en la barra de direcciones del explorador? Arrastre y coloque ese pequeño ícono en su escritorio —o en cualquier otro lugar. (Ayuda arrastrar uno de los bordes de la ventana de Internet Explorer hacia adentro para poder ver parte de su escritorio). También puede agregar sitios Web a la práctica lista Favorites de Internet Explorer, que describo en el Capítulo 8.

✔ **Cualquier cosa en su menú de Start:** Haga clic con el botón secundario en el ícono del menú Start y elija Copy. Entonces haga clic con el botón secundario en donde desea que el acceso directo aparezca y elija Paste Shortcut.

✔ **Casi todo:** Arrastre y coloque el objeto en un nuevo lugar mientras mantiene presionado el botón secundario del mouse. Cuando suelte el botón del mouse, elija Create Shortcuts Here y aparece el acceso directo.

✔ **Control Panel (Panel de control):** ¿Encontró una configuración particularmente útil en el cuadro de cambios incorporado del Control Panel de Windows Vista? Arrastre el útil ícono a su escritorio, el Navigation Pane a lo largo del lado de la carpeta o en cualquier punto conveniente. El ícono se convierte en un acceso directo para obtener acceso fácil.

✔ **Unidades de disco:** Abra Computer desde el menú Start, haga clic con el botón secundario en la unidad de disco que desea y elija Create Shortcut. Windows coloca inmediatamente un acceso directo a esa unidad de disco en su escritorio.

Aquí encontrará algunas sugerencias más para los accesos directos:

✔ Para grabar CD rápidamente, coloque un acceso directo para su grabadora de CD en su escritorio. Grabar archivos en CD se vuelve tan simple como arrastrar y colocar los archivos en el nuevo acceso directo de la grabadora de CD. (Inserte un disco en blanco en la bandeja de la grabadora de CD, confirme las configuraciones y empiece a grabar).

✔ Siéntase en libertad de mover los accesos directos de un lugar a otro, pero *no* mueva los elementos que éstos inician. Si lo hace, el acceso directo no podrá encontrar el elemento, ocasionando que Windows entre en pánico, buscando (usualmente sin resultados) los elementos movidos.

✔ ¿Desea ver qué programa iniciará con un acceso directo? Haga clic con el botón secundario en el acceso directo y haga clic en Open File Location (si está disponible). El acceso directo rápidamente le lleva a su líder.

La Guía Absolutamente Esencial para Cortar, Copiar y Pegar

Windows Vista tomó una sugerencia de los novatos e hizo de *cortar y pegar* una parte integral de la vida. Puede *cortar* o *copiar* electrónicamente y después *pegar* casi todo en algún otro lugar con pocas molestias y aún menos confusión.

Los programas de Windows están diseñados para trabajar juntos y compartir información, haciendo muy fácil colocar un mapa escaneado en sus volantes de invitación a una fiesta. Puede mover archivos al cortarlos o copiarlos de un lugar y pegarlos en otro. Y puede cortar y pegar fácilmente párrafos en diferentes ubicaciones dentro de un programa.

La belleza de Windows Vista es que, con todas esas ventanas en la pantalla al mismo tiempo, puede tomar fácilmente pequeños trozos de cualquiera de ellas y pegar todas las partes en una ventana completamente nueva.

 No pase por alto copiar y pegar para las pequeñas cosas. Copiar un nombre y dirección de su programa Contacts es mucho más rápido que escribirlo en su carta a mano. O bien, cuando alguien le envía por correo una dirección Web, cópiela y péguela directamente en la barra de direcciones de Internet Explorer. También es fácil copiar la mayoría de elementos que se muestran en los sitios Web (a pesar de la desilusión de muchos fotógrafos profesionales).

La rápida y maliciosa guía para cortar y pegar

En cumplimiento con el Departamento No Me Aburra con los Detalles, aquí presentamos una guía rápida para los tres pasos básicos utilizados para cortar, copiar y pegar:

1. **Seleccione el elemento a cortar o copiar: unas pocas palabras, un archivo, una dirección Web o cualquier otro elemento.**

2. **Haga clic con el botón secundario en su selección y elija Cut o Copy del menú, dependiendo de sus necesidades.**

   Utilice *Cut (Cortar)* cuando desee *mover* algo. Utilice *Copy (Copiar)* cuando desee duplicar algo, dejando el original intacto.

   Acceso directo del teclado: Mantenga presionado Ctrl y presione X para cortar o C para copiar.

3. **Haga clic con el botón secundario en el destino del elemento y elija Paste.**

   Pude hacer clic con el botón secundario dentro de un documento, carpeta o casi cualquier otro lugar.

   Acceso directo del teclado: Mantenga presionado Ctrl y presione V para pegar.

Las siguientes tres secciones explican cada uno de estos tres pasos en más detalle.

Seleccionar letras individuales, palabras, párrafos y más

Al tratar con palabras en Windows Vista, estos accesos directos le ayudan a seleccionar información rápidamente.

✔ Para seleccionar una *letra o carácter* individual, haga clic frente al carácter. Después, mientras mantiene presionada la tecla Shift presione su tecla →. Siga manteniendo presionadas estas dos teclas para seguir seleccionando el texto en una línea.

✔ Para seleccionar una *palabra* única, apunte hacia ella con el mouse y haga doble clic. La palabra cambia de color, lo que significa que está resaltada. (En la mayoría de procesadores, puede mantener presionado el botón en su segundo clic y después al mover el mouse alrededor; puede resaltar rápidamente texto adicional, palabra por palabra).

✔ Para seleccionar una sola línea de texto, haga clic junto a ésta en el margen izquierdo. Siga presionando el botón del mouse y muévalo hacia arriba o hacia abajo para resaltar texto adicional línea por línea. Puede seguir seleccionando líneas adicionales al mantener presionada la tecla Shift, la tecla ↓ o la tecla ↑.

✔ Para seleccionar un *párrafo*, haga doble clic junto a éste en el margen izquierdo. Siga presionando el botón del mouse en el segundo clic y muévalo para resaltar texto adicional, párrafo por párrafo.

✔ Para seleccionar un *documento* completo, mantenga presionado Ctrl y presione A. (O elija Select All del menú Edit).

Seleccionar cosas para cortar o pegar

Antes de poder mover piezas de información a nuevos lugares, debe indicar a Windows Vista exactamente lo que desea tomar. La manera más fácil de indicar esto es *seleccionar* la información con un mouse. En la mayoría de los casos, seleccionar incluye un rápido truco con el mouse, el cual resalta lo que haya seleccionado.

✔ **Para seleccionar texto en un documento, sitio Web u hoja de cálculo:** Coloque la flecha o cursor del mouse en el start de la información que desea y mantenga presionado el botón del mouse. Después mueva el mouse al final de la información y suelte el botón. ¡Eso es! Eso selecciona todo lo que se encuentra entre el punto donde hizo clic y el punto en el que soltó, como se muestra en la Figura 5-7.

Tenga cuidado después de resaltar mucho texto. Si accidentalmente presiona la letra *k,* por ejemplo, el programa reemplaza su texto seleccionado con la letra *k.* Para revertir esa calamidad, elija Undo (Deshacer) desde el menú Edit del programa (o presione Ctrl+Z, que es el acceso directo del teclado para Undo).

Figura 5-7:
Windows
resalta el
texto selec-
cionado,
cambiando
su color
para una
mejor
visibilidad.

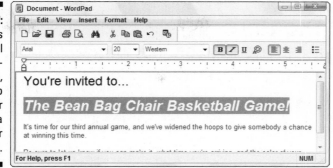

> ✓ **Para seleccionar cualquier archivo o carpeta:** Simplemente haga clic en un archivo o carpeta para seleccionarlo. Para seleccionar *varios* elementos, intente estos trucos:
>
> - **Si todos los archivos están en una fila:** Haga clic en el primer elemento del conjunto, mantenga presionada la tecla Shift y después seleccione el último elemento. Windows resalta el primero y último elemento, así como todo lo que se encuentra entre ellos.
>
> - **Si los archivos *no* están en una fila:** Mantenga presionada la tecla Ctrl mientras hace clic en cada archivo o carpeta que desea seleccionar.

Ahora que seleccionó el elemento, la siguiente sección explica cómo cortarlo o copiarlo.

> ✓ Después de seleccionar algo, córtelo o cópielo *inmediatamente*. Si usted distraídamente hace clic en el mouse en otro lugar, su texto o archivo resaltado regresa a su aburrido origen y usted debe empezar de nuevo.
>
> ✓ Para borrar cualquier elemento seleccionado, ya sea un archivo, párrafo o imagen, presione la tecla Delete.

Cortar o copiar sus elementos seleccionados

Después de seleccionar alguna información (la cual describo en la sección previa en caso que acabe de llegar), está listo para jugar con ésta. Puede cortarla o copiarla. (O simplemente presione Delete para eliminarla).

Esto se repite. Después de seleccionar algo, haga clic con el botón secundario en eso. Cuando el menú emerge, elija Cut o Copy, dependiendo de su necesidad, como se muestra en la Figura 5-8. Después haga clic con el botón secundario en su destino y elija Paste.

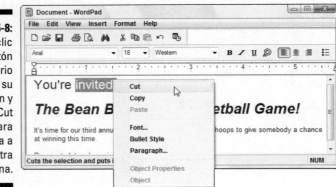

Figura 5-8: Haga clic con el botón secundario en su selección y elija Cut para moverla a otra ventana.

Las opciones Cut y Copy varían drásticamente. ¿Cómo sabe cuál elegir?

- ✔ **Elija Cut para mover información.** *Cut* elimina la información seleccionada de la pantalla, pero no ha perdido nada: Windows almacena la información cortada en un depósito de almacenamiento oculto de Windows Vista denominado *Clipboard,* esperando que usted la pegue.

  Siéntase en libertad de cortar y pegar archivos completos en diferentes carpetas. Cuando corta un archivo de una carpeta, el ícono se atenúa hasta que usted lo pega. (Hacer que el ícono desaparezca sería demasiado aterrador). ¿Cambió de manera de pensar a medio cortar? Presione Esc para cancelar el corte y el ícono regresa a lo normal.

- ✔ **Elija Copy para hacer una copia de la información.** Comparado con cortar, *copy* información es un poco decepcionante. Mientras que cortar retira el elemento de la vista, copiar el elemento seleccionado lo deja en la ventana, aparentemente intacto. La información copiada también va al Clipboard hasta que usted la pegue.

Para copiar una imagen de su escritorio completo de Windows Vista (la *pantalla completa*) en el Clipboard, presione la tecla Print Screen (Imprimir pantalla), la que algunas veces está etiquetada como PrtScrn o algo parecido. (Y no; la tecla Print Screen no envía nada a su impresora). Puede entonces pegar la imagen en el programa Paint de Windows Vista e imprimir desde allí.

Pegar información en otro lugar

Después de cortar o copiar información al Clipboard de Windows Vista, ésta está listo para viajar. Puede *pegar* esa información en casi cualquier otro lugar.

Deshacer lo que acaba de hacer

Windows Vista ofrece muchísimas maneras diferentes de hacer lo mismo. Aquí hay cuatro maneras de obtener acceso a la opción Undo (Deshacer), la cual revierte el derramamiento de su leche.

✔ Mantenga presionada la tecla Ctrl y presione la tecla Z. El último error que cometió se revierte, librándolo de pasar más vergüenza. (Presionar el botón Undo de un programa, si es que puede encontrarlo, hace lo mismo).

✔ Mantenga presionada la tecla Alt y presione la tecla Backspace. Vista regresa y recupera lo que borró.

✔ Haga clic en Edit y después en Undo desde el menú que se abate. El último comando que realizó se deshace, librándolo de más daño.

✔ Presione y libere la tecla Alt, presione la letra E (de Edit) y después presione la letra U (de Undo). Su último desacierto se deshace, revirtiendo cualquier castigo doloroso.

No se moleste por aprender los cuatro métodos. Por ejemplo, si puede recordar la combinación de la tecla Ctrl+Z, puede olvidarse de los demás. Lo que es mejor, solamente escriba Ctrl+Z en la cubierta del libro. (La gente de mercadeo de la editorial no me dejará ponerlo allí ni mi imagen, pero eso es otra historia).

Pegar es relativamente simple:

1. **Abra la ventana destino y mueva el puntero del mouse o cursor al punto en el que desea que aparezca la información.**

2. **Haga clic con el botón secundario en el mouse y elija Paste desde el menú emergente.**

   ¡Listo! El elemento que acaba de cortar o copiar salta inmediatamente a su nuevo punto.

O bien, si desea pegar un archivo en el escritorio, haga clic con el botón secundario en el escritorio y elija Paste. El archivo cortado o copiado aparece en donde hizo clic con el botón secundario.

✔ El comando Paste inserta una *copia* de la información que se encuentra en el Clipboard. La información se queda en el Clipboard para que pueda seguir pegando lo mismo en otros lugares, si lo desea.

✔ Algunos programas tienen barras de herramientas a lo largo de la parte superior, ofreciendo acceso con un clic a Cut, Copy y Paste, como se muestra en la Figura 5-9.

Copiar (Copy)

Cortar (Cut)   Pegar (Paste)

Figura 5-9:
Botones
Cut, Copy
y Paste.

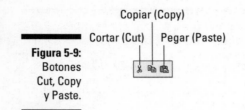

¡Programas Gratuitos de Windows Vista!

Windows Vista, la versión más lujosa de Windows hasta el momento, viene con montones de programas gratuitos como Media Player y Mail. Estas aplicaciones gratuitas hacen felices a los clientes y hacen que la Comisión Europea Anticomercio sacuda sus largas batas negras.

Cubriré los programas gratuitos más grandes en otros capítulos. (Media Player, por ejemplo, se explica en el Capítulo 15; el Email se encuentra en el Capítulo 9). Este capítulo simplemente se enfoca en los programas gratuitos más útiles de Windows Vista: su procesador de textos WordPad, el programa para organización del Calendar y el Character Map.

Escribir cartas con WordPad

WordPad no está muy lejos de ser tan lujoso como algunos de los procesadores de textos más caros en el mercado. No puede crear tablas o múltiples columnas, como las de los periódicos o boletines, ni puede hacer sus informes a espacio doble. Asimismo, olvídese de verificar la ortografía.

WordPad es maravilloso para cartas rápidas, informes sencillos y otras cosas básicas. Puede cambiar los tipos de letra, también. Y debido a que todos los usuarios de Windows tienen WordPad en sus equipos, la mayoría de propietarios de equipo pueden leer cualquier cosa que cree en WordPad.

Para dar un vistazo a WordPad, elija All Programs del menú Start, elija Accessories y haga clic en WordPad.

Si acaba de cambiar su máquina de escribir por Windows, recuerde esto: En una máquina de escribir eléctrica, tiene que presionar la tecla Return al final de cada línea o empezará a escribir en el borde del papel. Los equipos evitan esto. Automáticamente despliegan una línea y continúan la oración. (Los Reformistas técnicos denominan este fenómeno *ajuste automático de línea*).

✔ Para cambiar los tipos de letra en WordPad, seleccione las palabras que desea cambiar (o seleccione el documento completo al elegir Select All desde el menú Edit). Después elija Font en el menú Format. Haga clic en el nombre del tipo de letra que desea, el cuadro Sample ofrece una vista previa. Haga clic en el botón OK y WordPad muestra sus cambios.

✔ Introduzca rápidamente el día, fecha u hora en su documento al elegir Date y Time desde el menú Insertar. Elija el estilo de la fecha u hora que desea y WordPad la insertará en su documento.

Guardar las citas con Calendario

Vista entrega un nuevo programa que no encuentra en Windows XP: Calendario de Windows. Justo como suena, el Calendar (Calendario) de Windows es un programa completo para programación que reemplaza las notas adhesivas escritas precipitadamente sobre el refrigerador. Póngalo en práctica al hacer clic en el menú Start, elegir All Programs y seleccionar Windows Calendar.

Como se muestra en la Figura 5-10, Calendario presenta un calendario mensual al lado izquierdo, las citas del día en el centro y los detalles de la cita resaltada a la derecha.

Para agregar una cita, haga clic en un día en el calendario, haga clic en la hora de la cita, escriba una descripción y empiece a guardar los detalles adicionales a la derecha.

La belleza de Calendario es la manera en que le permite compartir citas por correo electrónico o publicarlas en un sitio Web en donde amigos y familiares pueden subscribirse automáticamente a éstas, lo que significa que Calendario las descargará y mostrará automáticamente.

La desventaja de Calendario es que ya no tiene excusa para llegar tarde.

✔ Para una rápida manera de agregar fechas de días festivos, eventos deportivos, presentaciones en TV, fases de la luna y elementos similares, visite iCalShare (www.icalshare.com). El sitio Web permite que las personas publiquen y compartan calendarios.

✔ El Calendario de Windows le permite compartir calendarios con las personas que utilizan el programa Outlook de Microsoft, el programa iCal de Apple y el calendario en línea de Google (www.google.com/calendar). Algo realmente desalentador, podrá compartir su calendario de trabajo, también; pregunte al especialista técnico de la red de su oficina.

✔ Para compartir su propio calendario con sus amigos, haga clic en el nombre del calendario desde la sección Calendar que se muestra en la Figura 5-10. Después elija Send Via Email desde el menú Share. Calendario enviará por correo electrónico su calendario a su amigo, en donde aparecerá en el programa calendario de su amigo.

✔ Calendario le permite asignar diferentes colores a los calendarios de sus amigos para que pueda indicar cuál cita pertenece a qué persona. Para quitar las citas de alguien de su calendario, haga clic en el nombre de su calendario y presione Delete: Todas sus citas desaparecen.

Agregar una cita (Add an appointment)

Eliminar cita seleccionada (Delete selected appointment)

Ver citas de hoy (View today's appointments)

Cambiar a vista de semana o mes (Change to week or month view)

Agregar una tarea (Add a task)

Suscribirse a otros calendarios (Subscribe to other calendars)

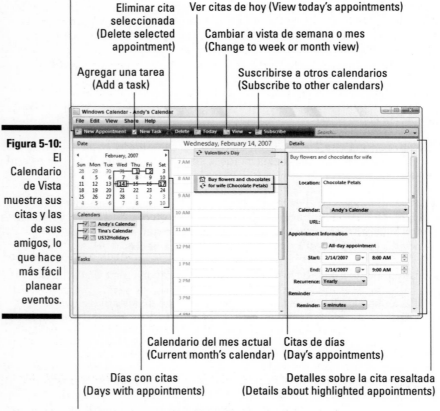

Figura 5-10: El Calendario de Vista muestra sus citas y las de sus amigos, lo que hace más fácil planear eventos.

Calendario del mes actual (Current month's calendar)

Citas de días (Day's appointments)

Días con citas (Days with appointments)

Detalles sobre la cita resaltada (Details about highlighted appointments)

Calendarios comparditos (Shared calendars)

Encontrar símbolos como © con Character Map (un mapa de caracteres)

Character Map le permite insertar símbolos comunes y caracteres extraños en su documento actual, proporcionando a sus documentos un *toque de gracia* adicional. El pequeño y útil programa muestra un cuadro como el que se muestra en la Figura 5-11 enumerando cada carácter y símbolo disponible.

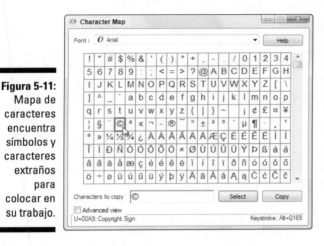

Figura 5-11: Mapa de caracteres encuentra símbolos y caracteres extraños para colocar en su trabajo.

Por ejemplo, siga estos pasos para insertar el carácter de derechos de copia —©— en algún lugar de su trabajo:

1. **Haga clic en el menú Start, elija All Programs, seleccione Accessories, elija System Tools y seleccione Character Map.**

   Asegúrese de que su tipo de letra —el nombre del estilo de sus letras— aparezca en el cuadro Font.

   Si la fuente que utiliza en su documento no aparece, haga clic en la flecha hacia abajo del cuadro Font y después desplácese hacia abajo y haga clic en su fuente cuando aparezca en la lista desplegable.

2. **Examine el cuadro Character Map hasta que vea el símbolo que busca; entonces estampe ese carácter con un doble clic.**

   El símbolo aparece en el cuadro Characters to Copy.

3. **Haga clic con el botón secundario en el documento en el que desea que aparezca el símbolo y elija Paste.**

El símbolo aparece convenientemente con la misma fuente que su documento.

- Si utiliza muy seguido palabras extranjeras, coloque un acceso directo a Character Map en su escritorio, listo para una rápida consulta. Haga clic con el botón secundario en Character Map del menú Start y elija Copy. Haga clic con el botón secundario en su escritorio y elija Paste Shortcut. *¡Qué conveniencia!*

- ¿Se ha dado cuenta que constantemente escribe el mismo carácter o símbolo extraño? Entonces memorice su secuencia de teclas, los pequeños números que se muestran en la esquina derecha inferior de Character Map. ¿Puede ver cómo la Figura 5-11 indica keystroke (pulsación de teclas) Alt+0169? Ese es el acceso directo para el símbolo de derechos de copia. Para pegar © en cualquier documento en cualquier momento, mantenga presionado Alt y escriba **0169** por medio del teclado numérico de su teclado. El símbolo de derechos de copia aparece mientras libera la tecla Alt. (Asegúrese de que su tecla Num Lock esté encendida).

- La Tabla 5-1 enumera las teclas de acceso directo para algunos símbolos utilizados comúnmente.

Tabla 5-1	Códigos Prácticos para Caracteres Prácticos
Para Insertar Éste...	*. . . Presione Esto*
©	Alt+0169
®	Alt+0174
° (como en 75°)	Alt+0176
™	Alt+0153
£	Alt+0163
¢	Alt+0162

Capítulo 6

Extraviado Brevemente, pero Encontrado Rápidamente

Tarde o temprano, Windows Vista le produce esa sensación de rascarse la cabeza. "Caramba", dirá, mientras tira ligeramente del cordón de su mouse, "eso estaba *justo aquí* hace un segundo. ¿A dónde se fue?" Cuando Windows Vista empieza a jugar a las escondidas con su información, este capítulo le indica en dónde buscar y cómo hacer que deje de jugar juegos absurdos.

Encontrar Ventanas Extraviadas en el Escritorio

Windows Vista trabaja más como soporte de notas de púas que un escritorio real. Cada vez que abre una nueva ventana, tira otro pedazo de información a la púa. La ventana en la parte superior es fácil de ver, pero ¿cómo llega a las ventanas que se encuentran detrás de ésta? Si puede ver cualquier parte del borde o esquina de una ventana sepultada, un clic en un lugar correcto la sujetará y la llevará a la parte superior.

 Cuando su ventana está completamente sepultada, observe la barra de tareas del escritorio, esa franja a lo largo del borde inferior de su monitor. (Si la barra de tareas no está, recupérela con una pulsación de la tecla Windows, que se muestra en el margen). Haga clic en el nombre de la ventana faltante en la barra de tareas para sacarla a la parte superior. (Consulte el Capítulo 2 para obtener los detalles de la barra de tareas).

¿Aún no está? Intente la elegante nueva vista Flip 3D de Vista al mantener presionada la tecla Windows y presionar Tab. Como se muestra en la Figura 6-1, Vista hace un movimiento de magia con sus ventanas, permitiéndole verlas suspendidas en el aire. Mientras mantiene presionada la tecla Windows, siga presionando Tab (o moviendo la rueda de desplazamiento de su mouse) hasta que su ventana extraviada aparezca en la parte delantera del grupo. Suelte la tecla Windows para colocar esa ventana en la parte superior de su escritorio.

Si su equipo antiguo no es compatible con Vista 3D de Vista (o si la tarjeta de gráficos de su equipo más reciente no está en un buen nivel), mantenga presionado Alt y presione Tab para el sustituto de dos dimensiones que funciona igual o tal vez mejor. Mientras mantiene presionado Alt, siga presionando Tab hasta que Vista resalte su ventana; suelte Alt para colocar su ventana recién encontrada en la parte superior de su escritorio.

Si está convencido de que una ventana está abierta pero aún no la puede encontrar, extienda todas sus ventanas de un lado a otro de su escritorio: Haga clic con el botón secundario en la barra de tareas a lo largo de la parte inferior del escritorio y elija Show Windows Side by Side del menú. Es un último recurso, pero es posible que vea su ventana extraviada en la alineación.

Figura 6-1: Mantenga presionada la tecla Windows y presione Tab varias veces para cambiar entre las ventanas; suelte la tecla Windows para colocar la ventana superior en el escritorio.

Localizar un Programa, Correo Electrónico, Canción, Documento u Otro Archivo Extraviado

Encontrar información en Internet rara vez toma más de pocos minutos, aunque busque a través de millones de equipos en todo el mundo. Pero intente encontrar un documento en su propio equipo y le tomará días; si es que aparece.

Cuando el cuadro Seach no da ningún resultado

Tarde o temprano, su confiable cuadro Search no encontrará oro. Cuando se enfrenta a una lista vacía, estas sugerencias le pueden ayudar a extraer ese preciado objeto de las vetas de riquezas ocultas en su equipo.

✔ **Revise si hay errores tipográficos.** Windows Vista no puede entender que "ricebir" significa que usted realmente desea encontrar "recibir". Un error tipográfico aniquilará la búsqueda, siempre.

✔ **Intente la gran búsqueda.** El cuadro Search del menú Start ofrece simplicidad y velocidad. Si no encuentra los bienes; sin embargo, cambie al comando Search del menú Start. Da como resultado una nueva ventana de búsqueda llena con tantas opciones que es lenta e incómoda. Cubierto en la sección "Comandar la Gran Búsqueda de Vista", vale la pena intentar el uso de la ventana Search en una emergencia.

✔ **Agregar ubicaciones en el índice de Vista.** Windows Vista normalmente encuentra todo lo que hay en su carpeta de cuenta User, que incluye sus carpetas Documents, Pictures y Music, así como su correo electrónico y sitios Web descargados. Pero si guarda archivos en otro lado, tal vez en un disco duro externo o una diminuta unidad de memoria introducida en el puerto USB de su equipo, Vista no los encontrará a menos que usted le indique esto, una tarea cubierta en la sección "Ajustar las Búsquedas de Vista" de este capítulo.

✔ **Reestructurar el índice.** Las personas constantemente mueven archivos dentro y fuera de sus equipos. El índice de Vista intenta seguirles la pista, pero eventualmente, el índice podría perder el rastro de qué es qué. Para volver a empezar, indique a Vista que reestructure el índice, otra tarea cubierta en al sección "Ajustar las Búsquedas de Vista con Precisión" de este capítulo. A pesar de que Vista reestructura el índice en segundo plano mientras usted trabaja, el proceso toma varias horas. Para obtener mejores resultados, reestructure su índice en la noche y deje que su equipo trabaje toda la noche.

Para solucionar el problema de la búsqueda, Vista tomó una sugerencia de los motores de búsqueda de Internet como Google y creó un índice para los archivos principales de su equipo. Para encontrar su archivo extraviado, abra el menú Start y haga clic en el cuadro Search a lo largo de la parte inferior del menú Start.

Empiece a escribir las primeras letras de una palabra, nombre o frase que aparezca en alguna parte dentro del archivo que busca. Tan pronto como empiece a escribir, el menú Start de Vista empieza a enumerar coincidencias. Con cada letra que escribe, Vista reduce la lista. Después de que escriba suficientes letras, su documento sale por sí solo a la parte superior de la lista, listo para abrirlo con un doble clic.

Por ejemplo, escribir las primeras letras de **Thelonious** en el cuadro Search del menú Start que se muestra en la Figura 6-2 mostró cada canción de Thelonious Monk que se encontraba en mi equipo.

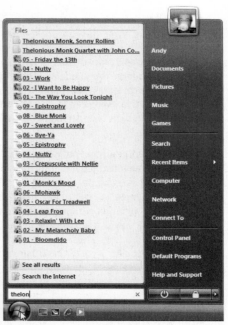

Figura 6-2: Escriba unas cuantas palabras de su documento, correo electrónico o archivo de música y Vista localiza los archivos, colocando las coincidencias más parecidas en la parte superior.

Cuando vea su archivo, haga clic en su nombre en el menú Start para abrirlo. O bien, haga clic con el botón secundario en su nombre y elija Open File Location del menú emergente para ver la carpeta en la que su archivo se ha estado escondiendo.

- El índice de Vista incluye cada archivo en sus carpetas Documents, Pictures, Music y Videos, lo que hace más importante que nunca guardar sus archivos en esas carpetas. (Vista no le permite buscar a través de archivos en cuentas de *otras* personas que podrían utilizar su equipo).

- El índice también incluye cualquier archivo esparcido en su escritorio, archivos recién eliminados que se encuentran en su Papelera de Reciclaje, personas que ingresó como contactos y todo su correo electrónico en Windows Mail. (Vista también indexa cualquier archivo que comparta en su carpeta Public, la carpeta a la que otros equipos pueden obtener acceso desde una red).

- Si busca una palabra común y Vista muestra demasiados archivos, limite su búsqueda al escribir una frase corta: **Thelonious Monk tocaba Noche de martes**. Mientras más letras de una frase escriba, son mejores las posibilidades de identificar un archivo determinado.

- Al buscar archivos, empiece a escribir la *primera* letra de una palabra o frase: **t** por Thelonious, por ejemplo. Si escribe **onious**, Vista no encontrará Thelonious, a pesar de que Thelonious contiene ese grupo de letras.

- El cuadro Search ignora las letras mayúsculas. Éste considera **Abeja** y **abeja** como el mismo insecto.

- Si Vista encuentra más coincidencias de las que puede incluir en el pequeño menú Start, que se muestra en la Figura 6-2, haga clic en las palabras See All Results directamente sobre el cuadro Search. Eso muestra la característica Advanced Search que cubriré más adelante en la sección "Comandar la gran búsqueda de Vista" de este capítulo.

- ¿Desea dirigir su búsqueda a Internet en lugar de su equipo? Después de escribir su palabra o frase, haga clic en las palabras Search the Internet, que se muestran directamente sobre el cuadro Search en la Figura 6-2. Vista envía su búsqueda al motor de búsqueda que eligió en Internet Explorer. (El Capítulo 8 explica cómo asignar su motor de búsqueda preferido a Internet Explorer).

Encontrar un Archivo Extraviado en una Carpeta

El cuadro Search del menú Start examina el índice completo de Vista, asegurándose de buscar en todas partes. Pero eso es algo innecesario cuando busca dentro de una sola carpeta, buscando aleatoriamente un archivo extraviado. Para solucionar el problema del "océano de nombres de archivos en una carpeta", Vista colocó un cuadro Search en la esquina derecha superior de cada carpeta. Ese cuadro Search limita su búsqueda a archivos dentro de esa carpeta *en particular*.

Para encontrar un archivo extraviado dentro de una carpeta específica, haga clic dentro del cuadro Search de esa carpeta y empiece a escribir una palabra o frase corta de su archivo extraviado. A medida que empieza a escribir letras y palabras, Vista empieza al filtrar archivos que no contienen esa palabra o frase. Continúa reduciendo los candidatos hasta que la carpeta muestra solamente pocos archivos, incluyendo, con algo de suerte, su archivo fugitivo.

Cuando un cuadro Search de una carpeta localiza demasiadas posibles coincidencias, llame a otros ayudantes: Los encabezados sobre cada columna. (Para obtener mejores resultados, elija Details del botón Views de la carpeta, el cual alinea los nombres de sus archivos en una columna, como se muestra en la Figura 6-3). La primera columna, Name, enumera el nombre de cada archivo; las columnas adyacentes enumeran detalles específicos sobre cada archivo.

¿Puede ver los encabezados de las columnas, como Name, Date Modified y Type, en la parte superior de cada columna? Haga clic en cualquiera de esos encabezados para clasificar sus archivos de acuerdo con ese término. Aquí encontrará cómo clasificar algunos de los encabezados de columnas en su carpeta Documents:

- **Name (Nombre).** ¿Conoce la primera letra del nombre de su archivo? Entonces haga clic aquí para clasificar sus archivos alfabéticamente. Luego, puede sacar su archivo de la lista. Haga clic de nuevo en Name para invertir el orden de clasificación.

- **Date Modified (Fecha de modificación).** Cuando recuerda la fecha aproximada en que cambió por última vez un documento, haga clic en el encabezado Date Modified. Eso coloca sus archivos más recientes en la parte superior de la lista, lo que hace más fácil ubicarlos. (Hacer clic de nuevo en Date Modified invierte el orden, una manera útil de descartar archivos antiguos que posiblemente ya no necesita).

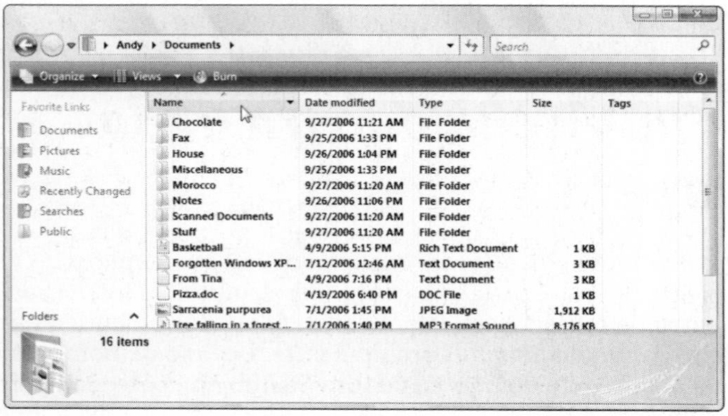

Figura 6-3: Ver archivos en la vista Details le permite clasificar sus archivos por nombre, lo que hace más fácil encontrarlos.

✔ **Type (Tipo).** Este encabezado clasifica archivos de acuerdo con su contenido: Todas sus fotografías se agrupan juntas, por ejemplo, al igual que sus documentos de Word. Es una manera útil de encontrar algunas fotografías perdidas que nadaban en un océano de archivos de texto.

✔ **Author (Autores).** Microsoft Word y algunos otros programas insertan su nombre en su trabajo. Un clic en esta etiqueta clasifica alfabéticamente los archivos de acuerdo con los nombres de los creadores.

✔ **Tags (Etiquetas).** Vista a menudo le permite asignar etiquetas a sus documentos, una tarea que describo más adelante en este capítulo. Agregar las etiquetas "Fotografías de queso mohoso" a esa picante sesión de fotografías, le permite recuperar dichas imágenes al escribir sus etiquetas o clasificar los archivos de la carpeta de acuerdo con sus etiquetas.

Ya sea que esté viendo sus archivos como miniaturas, íconos o nombres de archivos, los encabezados de columnas siempre proporcionan una útil manera de clasificar sus archivos rápidamente.

Clasificación profunda

La vista Details de una carpeta (que se muestra en la Figura 6-3) ordena sus archivos en una sola columna, con montones de columnas de detalles fluyendo hacia la derecha. Puede clasificar el contenido de una carpeta al hacer clic en la palabra que se encuentra en la parte superior de cualquier columna: Name, Date Modified, Author, etc. Pero las características de clasificación de Vista son más profundas, como observará al hacer clic en la pequeña flecha que apunta hacia abajo que aparece a la derecha del nombre de cada columna.

Haga clic en la pequeña flecha al lado de "Date Modified" por ejemplo, y se despliega un calendario. Haga clic en una fecha y la carpeta muestra rápidamente los archivos modificados en esa fecha en particular, filtrando el resto. Debajo del calendario, hay casillas de verificación que también le permiten ver archivos creados Today, Yesterday, Last Week, Earlier This Month, Earlier This Year, or simply "A Long Time Ago."

De la misma manera, haga clic en la flecha junto al encabezado de la columna Authors y el menú desplegable enumera los autores de cada documento incluido en la carpeta. Haga clic en las casillas de verificación junto a los nombres de autores que desea ver y Vista inmediatamente filtra los archivos creados por otras personas, dejando solamente las coincidencias.

Estos filtros ocultos pueden ser peligrosos, sin embargo, debido a que fácilmente puede olvidar que los activó. Si ve una marca de verificación junto a cualquier encabezado de columna, ha dejado un filtro activado y la carpeta está ocultando algunos de sus archivos. Para desactivar el filtro y ver *todos* los archivos de esa carpeta, haga clic en la marca de verificación junto al encabezado de la columna y examine el menú desplegable. Haga clic en cualquier casilla marcada en ese menú desplegable; eso elimina las marcas de verificación y retira el filtro.

Las carpetas usualmente muestran aproximadamente cinco columnas de detalles, pero puede agregar más columnas. De hecho, puede clasificar archivos de acuerdo con el conteo de palabras, longitud de la canción, tamaño de la fotografía, fecha de creación y docenas de otros detalles. Para ver una lista de columnas de detalles disponibles, haga clic con el botón secundario en una etiqueta existente a lo largo de la parte superior de la columna. Cuando aparece el menú desplegable, seleccione More para ver el cuadro de diálogo Choose Details. Haga clic para colocar marcas de verificación junto a las nuevas columnas de detalles que desea ver y después haga clic en OK.

Clasificar, Agrupar y Apilar Archivos

Clasificar sus carpetas de acuerdo con su nombre, fecha o tipo, descritos en la sección anterior, proporciona suficiente organización para la mayoría de personas. Para complacer a los meticulosos, Vista también le permite organizar sus archivos de otras dos maneras: *agrupar* (grouping) y *apilar* (stacking). ¿Cuál es la diferencia?

Apilar funciona de manera muy similar a organizar documentos sueltos en pilas en el escritorio de su oficina. Los puede apilar de acuerdo a la fecha en que los creó, por ejemplo, *lanzando* el trabajo de hoy a una gran pila y el trabajo de la semana pasada en otra. O es posible que desee poner todas sus facturas sin pagar en una pila y los estados de cuenta del banco en otra.

Vista hace algo parecido si elige apilar sus archivos de acuerdo a la Date Modified, que se muestran en la Figura 6-4, ya que lanza su trabajo actual en una pila y el trabajo del mes pasado a otra. O bien, apile sus archivos de acuerdo al Type para separar sus hojas de cálculo de sus cartas.

La función Grouping de Vista también agrupa elementos parecidos. Pero en lugar de apilar los archivos en pilas altas, Vista los extiende a lo largo, manteniendo los elementos relacionados uno junto al otro. Agrupar los elementos de acuerdo a la fecha de modificación, que se muestra en la Figura 6-5, agrupa sus archivos de acuerdo a la fecha, pero coloca una etiqueta a cada grupo: Last Week, Earlier This Month, Earlier This Year, y otros.

Para apilar o agrupar sus archivos, haga clic con el botón secundario en un punto en blanco dentro de la carpeta y elija Stack By o Group By en el menú emergente. Asegúrese de hacer clic en una parte *en blanco* dentro de la carpeta, lo cual puede ser difícil en una carpeta llena. Para "deshacer una pila" o "deshacer un grupo", siga los mismos pasos, pero elija None en el menú Stack By o Group By.

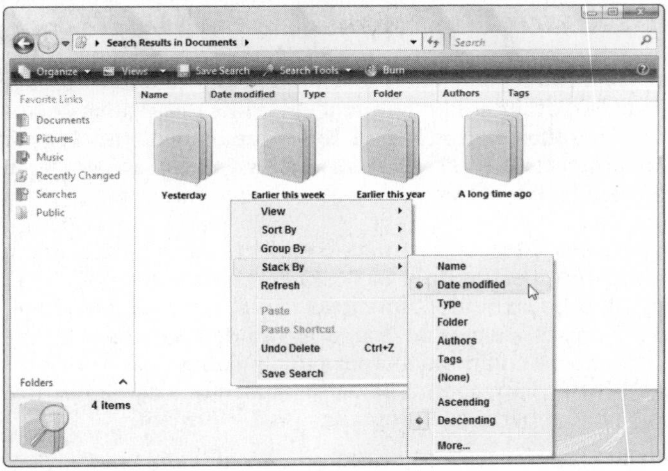

Figura 6-4:
Haga clic
con el botón
secundario
en una parte
en blanco
de una
carpeta y
elija Stack
By para
organizar
su trabajo
en pilas
clasificadas
ordenada-
mente.

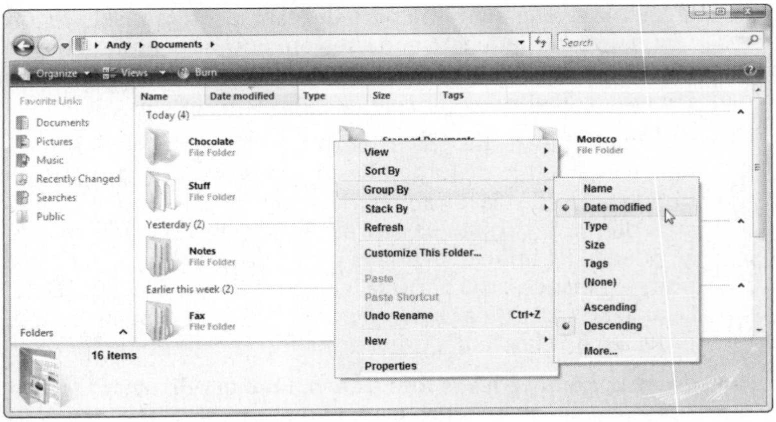

Figura 6-5:
Haga clic
con el botón
secundario
en una parte
en blanco de
una carpeta
y elija Group
By para
organizar su
trabajo en
grupos de
archivos
similares.

También puede apilar y agrupar por al presionar Alt, hacer clic en el menú
View y seleccionar Group By o Stack By.

No hay un momento correcto o incorrecto para elegir Sort, Group o Stack.
Usted decide de acuerdo con su preferencia y los archivos con los que está
trabajando en ese momento. Considere a Vista una persona que baraja las
cartas, capaz de apilar rápidamente todas sus fotografías de vacaciones en
Costa Rica en una pila. Para ver sus fotografías, haga clic en la pila.

Encontrar Fotografías Extraviadas

Windows Vista cataloga sus correos electrónicos hasta la última palabra, pero no puede distinguir la diferencia entre sus fotografías de Yosemite y su sesión de fotografías en Dog Beach. En lo que respecta a fotografías, el trabajo de identificación queda en sus manos y estas cuatro sugerencias hacen la tarea lo más fácil posible:

- ✔ **Etiquete sus fotografías.** Cuando conecta su cámara a su equipo, como se describe en el Capítulo 16, Vista amablemente ofrece copiar sus fotografías en su equipo. Mientras copia, Vista también le pide "Tag these pictures". Esa es su gran oportunidad para escribir una *etiqueta*, un término de computación para una palabra descriptiva o frase corta. Las etiquetas le proporcionan a Vista algo que catalogar, lo que hace más fácil recuperar las fotografías posteriormente.

- ✔ **Guarde sesiones de fotografías en carpetas separadas.** El programa de importación de fotografías de Vista, cubierto en el Capítulo 16, crea automáticamente en cada sesión una nueva carpeta para guardar, nombrada de acuerdo a la fecha actual y la etiqueta que elija. Pero si utiliza algún programa diferente para descargar fotografías, asegúrese de crear una nueva carpeta para cada sesión. Entonces nombre la carpeta con una corta descripción de su sesión: Cena de sushi, Hervir papas o Cacería de trufas.

- ✔ **Clasifique por fecha.** ¿Se tropezó con una gran carpeta que es un inmenso revoltijo de fotografías digitales? Aquí le proporcionamos un rápido truco de clasificación: Haga clic varias veces en View en el menú superior de la carpeta hasta que las fotografías cambien a miniaturas que se puedan identificar. Después haga clic con el botón secundrio en una parte en blanco de la carpeta, elija Sort By y seleccione Date Modified o Date Taken. Clasificar las fotografías por fecha usualmente las alinea en el orden en que las tomó, transformando el caos en organización.

- ✔ **Cambie nombre a sus fotografías.** En lugar de dejar las fotografías de sus vacaciones en Belice con el nombre DSCM1045, DSCM1046 y así sucesivamente, escriba nombres significativos: Seleccione todos los archivos en su carpeta al mantener presionado Ctrl y presionar A. Después haga clic con el botón secundrio en la primera imagen, elija Rename y escriba **Belice.** Windows las nombra como Belice, Belice (2), Belice (3) y así sucesivamente.

Seguir esas cuatro simples reglas ayuda a evitar que su colección de fotografías se vuelva un revoltijo de archivos.

Asegúrese de hacer una copia de seguridad de sus fotografías digitales en una unidad de disco portátil, CD, DVD u otro método de copias de seguridad que describo en el Capítulo 12. Si no tiene copia de seguridad, perderá su historia familiar cuando la unidad de disco duro de su equipo falle eventualmente.

Encontrar Otros Equipos en una Red

Una *red* es simplemente un grupo de equipos conectados que pueden compartir cosas, como su conexión a Internet, archivos o una impresora. La mayoría de personas utilizan una red cada día sin saberlo: Cada vez que revisa su correo electrónico, su equipo se conecta a otro equipo para obtener sus mensajes en espera.

La mayoría del tiempo, no necesita preocuparse de los otros equipos que se encuentran en su red. Pero cuando desea encontrar un equipo conectado, tal vez para obtener los archivos del equipo de su sala familiar, Vista estará encantado de ayudar.

Para encontrar un equipo en su red, elija Network en el menú Start. Vista enumera cada equipo que está conectado a su propio equipo. Para examinar archivos en cualquiera de esos equipos, solamente haga doble clic en su nombre, como se muestra en la Figura 6-6.

Figura 6-6:
Para encontrar equipos conectados a su equipo a través de una red, haga clic en el menú Start y elija Network.

Explicaré cómo crear su propia red en el Capítulo 14.

Encontrar Información en Internet

Cuando Vista encuentra un tope mientras busca información dentro de su equipo, indíquele que a cambio busque en Internet. A pesar de que puede abrir Internet Explorer, pude ahorrarse un paso al utilizar el cuadro Search del menú Start. Haga clic en el cuadro Search, escriba sus palabras y haga clic en Search the Internet sobre el cuadro Search.

Vista envía su solicitud al motor de búsqueda utilizado normalmente por el cuadro Search de Internet Explorer, cubierto en el Capítulo 8.

Guardar Sus Búsquedas

Cuando se encuentre buscando repetidamente la misma información, ahórrese tiempo al *guardar* su búsqueda. Una vez guardada su búsqueda, Vista la mantiene presente, agregando automáticamente cada elemento recién creado que se ajuste a su búsqueda.

Haga clic en el nombre guardado de la búsqueda y ésta se abre como cualquier otra carpeta, pero con el contenido de su búsqueda aún dentro. Como ejemplo, haga clic en la palabra Search, que se encuentra en el Navigation Pane de cada carpeta. Adentro, Vista muestra algunas búsquedas guardadas que le permiten encontrar archivos que ha cambiado recientemente.

Para guardar cualquier búsqueda, tal vez alguna que hizo desde el cuadro Search del menú Start, haga clic en el botón Save Search (que se muestra en el margen) a lo largo de la parte superior de la ventana Search. Escriba un nombre para su búsqueda guardada y haga clic en Save.

Su búsqueda guardada se une a aquellas que ya se encuentran en el área Searches del Navigation Pane. ¿Cansado de ver una Search anterior en la lista? Haga clic derecho en su nombre y elija Delete. (Eso elimina solamente la búsqueda, no los archivos enumerados dentro).

Comandar la Gran Búsqueda de Vista

El cuadro Search del menú Start funciona notablemente bien para la mayoría de las búsquedas. Es simple y casi siempre entrega los elementos rápidamente. De esta manera, ¿cómo varía el *cuadro* Search del menú Start del *comando* Search adjunto a la columna derecha?

Bien, el comando Search funciona mejor cuando el cuadro Search le proporciona demasiados resultados de búsqueda. Por ejemplo, una búsqueda de "helado" en su equipo podría dar como resultado recetas, fotografías, sitios Web, correos electrónicos y millones de otras coincidencias.

Para reducir esos resultados, haga clic en el comando Search del menú Start para abrir la carpeta Search. La carpeta Search presenta un cuadro Search estándar en la esquina superior derecha, así como una franja de pequeños botones a lo largo de la parte superior: All, Email, Document, Picture, Music, y Otros. Cada botón funciona como un filtro, permitiéndole reducir el alcance de su búsqueda.

Escriba su búsqueda en el cuadro Search (**helado**, por ejemplo) para ver cada archivo que mencione "helado". Después haga clic en los botones superiores para reducir sus resultados. Haga clic en el botón Email, por ejemplo, para depurar cada archivo, menos su correo electrónico en el que se menciona "helado". O bien, haga clic en Picture para ver imágenes que ha etiquetado con la palabra "helado".

El comando Search de Vista es innecesario, a menos que trate con grandes cantidades de información. Pero cuando está atascado con una unidad de disco duro llena de información similar, el comando Search podría ser la herramienta que necesita para empezar a buscar en ésta.

Ajustar las Búsquedas de Vista con Precisión

La característica Search de Vista tiene dos secretos vergonzosos. Primero, Vista no indexa *cada* archivo en su equipo. A pesar de que eso mantiene sus búsquedas rápidas, también significa que es posible que no pueda recuperar un archivo en particular.

Segundo, el índice de Vista se deteriora con el tiempo, al igual que un automóvil oxidado. Esta sección explica cómo resolver ambos problemas.

Agregar ubicaciones en el índice de Vista

Vista cataloga los archivos que considera que usted necesita: todo lo que hay en sus carpetas Documents, Pictures y Music, su correo electrónico, sus Contacts y más. Pero muchas personas almacenan importantes archivos en otros lados, fuera del alcance del índice. Tal vez conectó una unidad de disco duro externa a su equipo. O tal vez guardó algunos archivos importantes en un equipo en red en la otra habitación.

Siga estos pasos para agregar esas ubicaciones al campo de acción usual del índice. (Debe contar con una cuenta Administrador, la cual describo en el Capítulo 13, para agregar diferentes carpetas al índice).

1. **Abra el menú Start y elija Control Panel.**

   El Control Panel, el conjunto de símbolos y opciones de Vista descritos en el Capítulo 11, aparece en una ventana.

2. **Abra la ventana Indexing Options.**

   En algunos equipos, es posible que tenga que hacer clic primero en el ícono System and Maintenance. Aparece la ventana Indexing Options, enumerando el número de archivos indexados y las carpetas que cataloga.

3. **Haga clic en el botón Modify.**

   Aparece la ventana Indexed Locations, que se muestra en la Figura 6-7, permitiéndole escoger y elegir qué áreas de su disco duro se deben catalogar.

   Nota: Solamente los administradores pueden ver o cambiar las ubicaciones indexadas. Si posee una cuenta de menor rango, debe hacer clic en el botón Show All Locations e ingresar una contraseña de titular de cuenta administrador para ver las ubicaciones que se muestran en la parte superior de la Figura 6-7.

4. **Seleccione las áreas que desea indexar y haga clic en OK.**

   Vista denomina las unidades de disco duro externas y memorias como "discos extraíbles". De esta manera, para que Vista catalogue una carpeta en particular en su unidad de disco F, haga clic en la pequeña flecha que apunta hacia abajo junto al nombre de la unidad de disco F, que se muestra en la Figura 6-7. Los nombres de la carpeta caen debajo del nombre de la unidad de disco.

   Para agregar una única carpeta al índice, haga clic en la casilla junto a su nombre. Para agregar el contenido completo de la unidad de disco, haga clic en la casilla junto al nombre de la unidad de disco.

   Cuando usted hace clic en OK, Vista agrega esa ubicación al índice, un proceso que podría tomar desde minutos hasta horas, dependiendo del número de archivos.

Reestructurar el índice

Cuando la característica Search de Vista disminuye la velocidad considerablemente o no parece encontrar los archivos que usted *sabe* se encuentran en la pila, trate de que Vista reestructure el índice desde el principio.

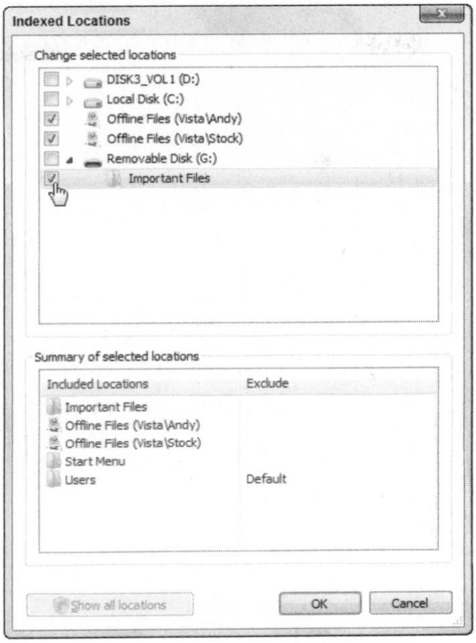

Figura 6-7:
Haga clic
para
colocar una
marca de
verificación
junto a las
áreas que
desea
agregar al
índice.

Vista es lo suficientemente amable para volver a crear su índice en segundo plano mientras usted sigue trabajando, pero para evitar disminuir la velocidad de su equipo durante varias horas, considere enviar el comando reestructurar durante la noche. De esa manera, Vista puede trabajar arduamente mientras usted duerme, asegurándose de que usted tenga un índice completo la siguiente mañana.

Siga estos pasos para reestructurar su índice:

1. **Abra el menú Start y haga clic en Control Panel.**

   El Control Panel aparece en una ventana.

2. **Abra el ícono Indexing Options.**

   ¿No lo puede ver? Haga clic en el ícono System and Maintenance para revelar el ícono Indexing Options.

3. **Haga clic en el botón Advanced y después haga clic en el botón Rebuild.**

   Vista le advierte, al igual que yo, que reestructurar el índice toma *mucho* tiempo.

4. **Haga clic en OK.**

   Vista empieza a indexar desde el principio, esperando hasta que esté listo con el nuevo índice para eliminar el anterior.

Capítulo 7

Imprimir Su Trabajo

*O*casionalmente, deseará convertir lo que los vertiginosos electrones de su equipo generan en algo más duradero: un pedazo de papel.

Este capítulo asume esa tarea al explicarle todo lo que necesita saber acerca de la función de impresión. En el mismo, descubrirá cómo hacer que ese fastidioso documento se ajuste a una hoja de papel sin que se salga de los márgenes. También abarca el punto de la misteriosa *cola de impresión,* un área de la que se conoce muy poco y que le permite cancelar documentos que se enviaron por error a la impresora —antes de que se gaste todo su papel. Además, cuando esté listo para engalanar su trabajo con algunas fuentes nuevas, descubra cómo instalarlas y verlas en pantalla, aún antes de imprimirlas.

Imprimir Su Obra Maestra

Windows Vista transfiere el trabajo realizado a la impresora en cualquiera de las varias formas distintas disponibles. Lo más probable es que utilice estos métodos con más frecuencia:

- ✔ Elija Print desde el menú File de su programa.

- ✔ Haga clic con el botón secundario del mouse sobre el ícono de su documento y seleccione Print.

- ✔ Haga clic en el botón Print de la barra de herramientas del programa.

- ✔ Arrastre y coloque el ícono del documento sobre el ícono de su impresora.

Si aparece un cuadro de diálogo, haga clic en el botón OK; Windows Vista comienza de inmediato a enviar sus páginas a la impresora. Tómese más o menos un minuto para reabastecerse de café. Si la impresora está encendida (y todavía tiene papel y tinta), Windows se encarga de todo de manera automática. Si su taza de café todavía está llena, siga trabajando o juegue FreeCell. Windows imprime su trabajo en un segundo plano.

Si las páginas impresas no tienen muy buena apariencia —quizá la información no se ajusta correctamente al tamaño del papel o si luce pálida— entonces es necesario que cambie o inspeccione la configuración de la impresora o quizá deba cambiar la calidad del papel, como se describe en las siguientes secciones.

✔ Si se topa con una página particularmente útil en el sistema de Help (Ayuda) de Windows, haga clic con el botón secundario del mouse dentro del tema o página y seleccione Print. (O bien, haga clic en el ícono Print de la página, si hay uno). Windows le imprime una copia para que la fije con cinta adhesiva en la pared o la guarde en este libro.

✔ Para tener un acceso fácil y rápido a su impresora, haga clic con el botón secundario del mouse sobre el ícono de su impresora y seleccione Create Shortcut. Haga clic en Yes para confirmar y Windows Vista coloca en su escritorio un acceso directo a su impresora. Para imprimir cosas, simplemente arrastre y coloque los íconos de los documentos sobre el nuevo acceso directo de su impresora. (Puede encontrar el ícono de su impresora al abrir el Control Panel desde el menú Start y elegir Printer en el área de Hardware and Sound).

✔ Para imprimir rápidamente un grupo de documentos, seleccione *todos* sus íconos. Luego, haga clic con el botón secundario del mouse sobre los íconos seleccionados y elija Print. Windows Vista los transfiere rápidamente a la impresora, de donde aparecen en papel, uno tras otro.

✔ ¿Aún no tiene instalada una impresora? Trasládese al Capítulo 11, en donde explico cómo conectar una y hacer que Windows Vista la acepte.

Ajustar su trabajo a la página

En teoría, Windows *siempre* muestra su trabajo como si estuviera impreso en papel. El departamento de mercadeo de Microsoft se refiere a lo anterior como *Lo que se ve es lo que se imprime,* traducción al español del eslogan *What You See Is What You Get,* caído en desgracia para siempre con el horrendo acrónimo WYSIWYG y su enredada pronunciación: "wizzy-wig" (en español, peluca de genio). Si lo que ve en la pantalla *no es* lo que desea ver en el papel, un recorrido por el cuadro de diálogo Page Setup (Configurar página), que aparece en la Figura 7-1, usualmente aclara el panorama.

Page Setup, que se encuentra en el menú File de casi todos los programas, ofrece diversas maneras de hacer fluir su trabajo a través de una página impresa (y, en consecuencia, en su pantalla). Los cuadros de diálogo Page Setup difieren entre programas y modelos de impresoras, pero la lista que aparece a continuación describe las opciones que encontrará con más frecuencia y los ajustes que usualmente funcionan mejor.

Figura 7-1:
Elija Page Setup desde el menú File de un programa para ajustar la forma en que su trabajo se acomoda en una hoja de papel.

✔ **Size (Tamaño):** Le indica a su programa cuál es el tamaño de papel que está utilizando actualmente. Deje definida esta opción en Letter para imprimir en hojas de papel estándar de 8.5 x 11 pulgadas. Cambie este valor si está utilizando papel tamaño oficio (8.5 x 14), sobres u otros tamaños de papel. (La barra lateral cercana, "Imprimir sobres sin problemas", contiene más información acerca de la impresión de sobres).

✔ **Source (Origen):** Elija Automatically Select o Sheet Feeder, a menos que esté utilizando una impresora sofisticada que acepte papel de más de una bandeja. Las personas que tengan disponibles dos o más bandejas de impresora pueden seleccionar la bandeja que contenga el tamaño correcto de papel. Algunas impresoras ofrecen Manual Paper Feed, con lo que hacen esperar a la impresora hasta que usted desliza el papel hoja por hoja.

✔ **Header/Footer (Encabezado/Pie de página):** Escriba códigos secretos en estos cuadros para personalizar lo que la impresora coloca a lo largo de la parte superior e inferior de sus páginas: números de página, títulos y fechas, por ejemplo, así como el espacio entre ellos. Por ejemplo, ¿ve las letras *&u&b&p* en el cuadro Footer de la Figura 7-1? Eso significa imprimir la dirección de la página Web a lo largo de la parte inferior izquierda y la fecha actual a lo largo de la parte inferior derecha. (La sugerencia que aparece a continuación explica cómo ubicar y descifrar los códigos secretos de su programa en particular).

Lamentablemente, no todos los programas utilizan los mismos códigos secretos para sus encabezados y pies de página. Si localiza un pequeño signo de interrogación en la esquina superior derecha del cuadro de diálogo Page Setup, haga clic en él; luego, haga clic dentro del cuadro del Header o Footer para obtener pistas. ¿No hay tal signo de interrogación? Entonces presione F1 y busque **page setup** en el menú Help del programa.

- **Orientation (Orientación):** Deje definida esta opción en Portrait para imprimir páginas normales que se leen verticalmente como una carta. Elija Landscape únicamente cuando desee imprimir a lo largo, una excelente forma de imprimir hojas de cálculo de muchas columnas. (Si elige Landscape, la impresora imprime automáticamente la página de esa forma; no es necesario que deslice el papel a lo ancho en la impresora).

- **Margins (Márgenes):** Siéntase en libertad de reducir los márgenes para que se ajuste todo a una sola hoja de papel. También es posible que necesite cambiarlos por requerimientos de tareas escolares.

- **Printer (Impresora):** Si tiene más de una impresora instalada en su equipo o red, haga clic en este botón para elegir la impresora en donde imprimirá su trabajo. Haga clic aquí para cambiar también la configuración de la impresora, un asunto que se discute en la próxima sección.

Dar un vistazo a su página impresa *antes* de que llegue al papel

Para muchos, imprimir es un acto de fe que implica correr el riesgo: Usted elije Print del menú y cierra sus ojos mientras se imprime el trabajo. Si la suerte lo favorece, la página sale bien. Pero si recae en usted el maleficio, habrá desperdiciado otra hoja de papel.

La opción Print Preview, que se encuentra en el menú File de casi todos los programas, le pronostica el futuro de su impresión *antes* de que las palabras se conviertan en papel. Print Preview compara su trabajo actual con la configuración de página de su programa y, a continuación, muestra una imagen detallada de la página impresa. Esta vista preliminar facilita localizar márgenes descentrados, oraciones mutiladas y otras fallas de impresión.

Distintos programas utilizan pantallas Print Preview ligeramente diferentes y algunas ayudan a tener un mejor panorama que otras. Pero la pantalla Print Preview de casi cualquier programa le indica si se ajustará todo correctamente en una página.

Si la vista preliminar luce bien, elija Print en la parte superior de la ventana para enviar el trabajo a la impresora. No obstante, si hay algo que parezca inadecuado, haga clic en Close para volver a su trabajo y hacer los cambios necesarios.

Imprimir sobres sin problemas

Aunque hacer clic en la palabra Envelopes (Sobres) en el área de Page Setup de un programa es relativamente fácil, imprimir direcciones en el lugar correcto del sobre es francamente difícil. Algunos modelos de impresoras le piden insertar sobres al revés, en tanto que otros prefieren lo contrario. Su mejor opción es realizar varias pruebas, al colocar el sobre en la bandeja de su impresora de diferentes maneras hasta que finalmente encuentre la fórmula mágica. (O bien, puede extraer el manual de su impresora, si todavía lo conserva, y buscar en las ilustraciones sobre "inserción correcta de sobres").

Después de que haya descubierto el método correcto para su impresora, fije con cinta adhesiva un sobre impreso con éxito arriba de su impresora y agregue una flecha que indique la forma correcta de insertarlo.

Cuando eventualmente se dé por vencido con la impresión de sobres, intente utilizar las etiquetas de direcciones Avery. Compre el tamaño que prefiera de etiquetas Avery y, a continuación, descargue el Avery Wizard del sitio Web (www.avery.com/us/software/index.jsp). Compatible con Microsoft Word, el asistente coloca pequeños cuadros en su pantalla que coinciden de forma precisa con el tamaño de sus etiquetas Avery particulares. Escriba con el teclado las direcciones en los pequeños cuadros, inserte la hoja de etiquetas en su impresora y Word se encarga de imprimir todo en los pequeños adhesivos. Ni siquiera tiene que humedecerlos con la lengua.

O bien, haga lo que yo hice: Compre un pequeño sello de hule con su dirección de remitente. Es mucho más fácil que los adhesivos o las impresoras.

Cuando haya terminado de ajustar la configuración, haga clic en el botón OK para guardar sus cambios. (Haga clic en el botón Print Preview, si aparece, para comprobar que todo luzca bien).

Para encontrar el cuadro Page Setup en algunos programas (incluyendo Internet Explorer), haga clic en la flechita contigua al ícono Printer del programa y elija Page Setup desde el menú que se despliega.

Ajustar la configuración de su impresora

Cuando elija Print desde el menú File de un programa, Windows le ofrece una última oportunidad de arreglar su página impresa. El cuadro de diálogo Print, que se muestra en la Figura 7-2, le permite dirigir su trabajo hacia cualquier impresora instalada en su equipo o red. Mientras esté allí, puede ajustar la configuración de la impresora, elegir la calidad de su papel y seleccionar las páginas que desea imprimir.

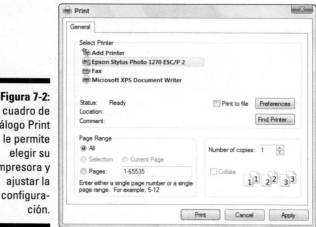

Figura 7-2:
El cuadro de diálogo Print le permite elegir su impresora y ajustar la configuración.

Es probable que encuentre estos ajustes en el cuadro de diálogo:

- **Select Printer (Seleccionar impresora):** Ignore esta opción si tiene únicamente una impresora porque Windows la elije automáticamente. Si su equipo tiene acceso a más de una impresora, haga clic en la que debe recibir el trabajo.

  La impresora que puede ver y que se identifica como Microsoft XPS Document Writer (Escritor de documentos Microsoft XPS) envía su trabajo a un archivo especialmente formateado, usualmente a imprimirse o distribuirse profesionalmente. Lo más probable es que nunca la use.

- **Page Range (Intervalo de páginas):** Seleccione All (Todo) para imprimir todo su documento. Para imprimir sólo unas páginas, seleccione el botón con la opción Pages e ingrese los números de las páginas que desee imprimir. Por ejemplo, escriba **1-4**, **6** para dejar fuera la página 5 de un documento de 6 páginas. Si ha resaltado un párrafo, elija Selection para imprimir ese párrafo en particular, una excelente manera de imprimir la parte importante de una página Web y dejar fuera el resto.

- **Number of Copies (Número de copias):** La mayoría de personas deja esto definido en 1 copia, a menos que cada uno de los presentes en la sala de junta directiva desee su propia copia. Sólo puede elegir Collate (Intercalar) si su impresora ofrece esa opción. (La mayoría no la tiene, por lo que tendrá que hacerlo usted mismo).

- **Preferences (Preferencias):** Haga clic en este botón para ver un cuadro de diálogo como el de la Figura 7-3, en donde puede elegir opciones específicas a su propio modelo de impresora. El cuadro de diálogo Preferences por lo regular le permite seleccionar los distintos grados de papel, elegir entre impresión a color o blanco y negro, definir la calidad de la impresión y realizar correcciones de último minuto al diseño de la página.

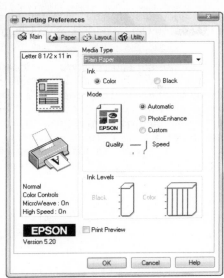

Figura 7-3:
El cuadro de diálogo Printing Preferences le permite modificar la configuración específica de su impresora, incluyendo el tipo de papel y la calidad de la impresión.

Cancelar un trabajo de impresión

¿Se acaba de dar cuenta de que envió el documento equivocado de 26 páginas a la impresora? Entra en pánico y busca el interruptor de la impresora para apagarla. Lamentablemente, la mayoría de impresoras reanudan automáticamente los trabajos de impresión en el punto donde se quedaron cuando las vuelve a encender.

Para eliminar su equivocación de la memoria de su impresora, haga doble clic en el ícono de su impresora (el que a veces se sitúa cerca del reloj de la barra de tareas) para desplegar la *cola de impresión* (print queue), que se muestra en la Figura 7-4. Haga clic con el botón secundario del mouse en el documento que envió por error y elija Cancel para finalizar el trabajo. Cuando vuelva a encender su impresora, no seguirá imprimiendo el mismo documento ingrato.

✔ Si no puede encontrar el ícono de su impresora, intente seleccionando Control Panel del menú Start y seleccione el ícono Impresoras.

✔ La cola de impresión, también conocida como el administrador de trabajos de impresión, enumera cada documento que espera pacientemente llegar a su impresora. Siéntase en confianza de modificar el orden de impresión de los mismos al arrastrarlos y colocarlos en la parte superior o inferior de la lista. (Sin embargo, no puede mover nada delante del documento que se está imprimiendo en ese momento).

✔ Si su impresora se queda sin papel durante un trabajo y se detiene testarudamente, agregue más papel. Entonces, para hacer que las cosas vuelvan a fluir, abra la cola de impresión, haga clic con el botón secundario del mouse en su documento y elija Restart. (Algunas impresoras le permiten oprimir el botón Online para comenzar a imprimir nuevamente).

✔ Puede enviar elementos a la impresora aun cuando se encuentre trabajando en un Café con su equipo portátil. Cuando conecta el equipo portátil a la impresora de su oficina, la cola de impresión nota la presencia sus archivos y comienza a enviarlos. (Tenga cuidado: Cuando estén en la cola de impresión, los documentos se formatean de acuerdo al modelo específico de impresora. Si posteriormente conecta su equipo portátil en un modelo *diferente* de impresora, los documentos que esperan en la cola de impresión no se imprimirán correctamente).

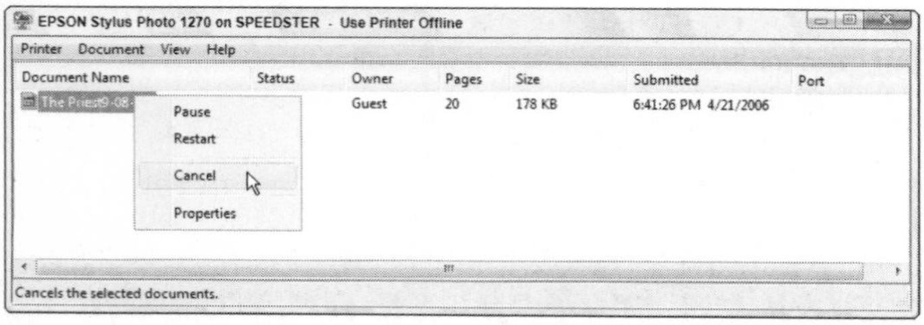

Figura 7-4:
Utilice la cola de impresión para cancelar un trabajo de impresión.

Imprimir una página Web

Aunque las páginas Web llenas de información lucen extremadamente tentadoras, la *impresión* de dichas páginas Web rara vez resulta satisfactoria, porque lucen tan mal en el papel. Cuando se envían a la impresora, las páginas Web a menudo se salen del lado derecho de la página, consumen cantidades exorbitantes de páginas adicionales o son demasiado pequeñas para leer.

Para empeorar el panorama, todos esos coloridos anuncios de publicidad pueden vaciar los cartuchos de tinta a color de su impresora rápidamente. Sólo hay cuatro cosas que sirven para imprimir exitosamente páginas Web y yo las clasifico en el orden de su éxito:

✔ **Utilice la opción Print que viene integrada en la página Web.** Algunos sitios Web, pero no todos, ofrecen una opción con un diminuto menú llamado Print This Page, Text Version, Printer-Friendly Version o algo parecido. Dicha opción le indica al sitio Web que se deshaga de su basura y reformatee la página, de modo que se acomode en una hoja de papel. Esta opción constituye la forma más confiable de imprimir una página Web.

✔ **Elija Print Preview del menú File o Print de su explorador.** Después de 15 años, algunos diseñadores de páginas Web se percataron de que las personas deseaban imprimir sus páginas, así que modificaron la configuración, con lo que hicieron que sus páginas se reformatearan *automáticamente* cuando se imprimieran. Posiblemente al ir explorando se haya topado con uno de estos sitios.

✔ **Copie la parte que desee y péguela en WordPad.** Intente seleccionar el texto deseado desde la página Web, copiarlo y pegarlo en WordPad u otro procesador de textos. Elimine cualquier sobrante indeseable, ajuste los márgenes e imprima la parte que desea. El Capítulo 5 explica cómo seleccionar, copiar y pegar.

✔ **Copie toda la página y péguela en un procesador de textos.** Aunque esto implica mucho trabajo, es una opción. Elija Select All del menú Edit de Internet Explorer. Luego elija Copy (que también se está en el menú Edit) o presione Ctrl+C. A continuación, abra Microsoft Word u otro procesador de textos con funciones completas y péguela en un documento nuevo. Al extraer las partes no deseadas, a veces puede terminar con algo que puede imprimirse.

Estas sugerencias también pueden serle útiles para trasladar una página Web desde una pantalla al papel:

✔ La única forma garantizada de imprimir una página Web es si el diseñador de la misma fue lo suficientemente considerado para dejar integrada una opción de impresión. Si localiza una opción E-mail, pero no una opción Print, envíese la página por correo electrónico a su propia dirección. Probablemente tenga más éxito imprimiéndola como mensaje de correo electrónico.

✔ Para imprimir sólo unos cuantos párrafos de una página Web, utilice el mouse para seleccionar la parte que le interesa. (En el Capítulo 5 cubro lo relacionado con seleccionar). Elija Print del menú File de Internet Explorer para abrir el cuadro de diálogo Print, que aparece en la Figura 7-2, y luego haga clic en la palabra Selection del cuadro Page Range.

✔ Si una tabla o fotografía de una página Web insiste en desvanecerse en el borde derecho del papel, intente imprimir la página en modo Landscape en lugar de Portrait. Consulte la sección "Ajustar su trabajo a la página", que se mencionó en los párrafos anteriores de este capítulo, para conocer detalles sobre el modo Landscape.

Instalar nuevas fuentes

Las fuentes (fonts) cambian la apariencia de las letras, al agregar un *estado de ánimo* diferente a su documento. Windows Vista viene con varias docenas diferentes de fuentes y puede verlas todas con facilidad.

Para ver todas las fuentes que tiene actualmente instaladas, abra el Control Panel desde el menú Start, haga clic en Classic View y doble clic en el ícono Fonts (Fuentes) (que se muestran en el margen). Windows Vista enumera todas sus fuentes por nombre. Haga doble clic en cualquier fuente —en el ícono de fuente Impact, por ejemplo— y Windows Vista muestra cómo luce esa fuente en la página impresa, como aparece en la Figura 7-5. (Haga clic en el botón Print para enviar una muestra a su impresora).

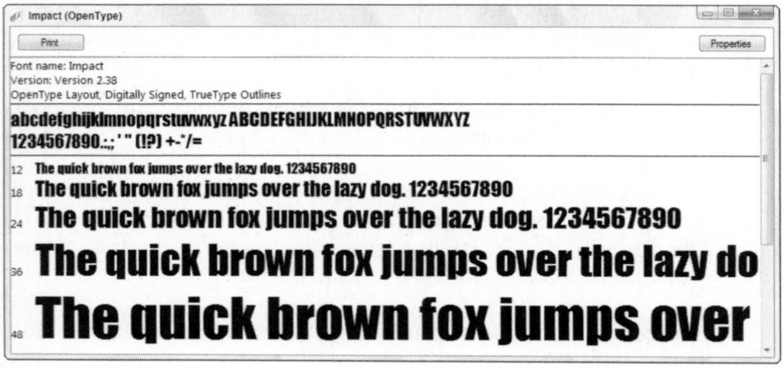

Figura 7-5: Haga doble clic en cualquier nombre de fuente pare ver cómo luciría en el papel.

Imprimir su libreta de direcciones

Aunque realizar copias de seguridad de Windows Mail es importante, es absolutamente útil imprimir una lista de sus contactos —o al menos imprimir información de contacto de las personas que con quienes se estará reuniendo ese día. Esta es la manera de convertir un pedazo de papel en una libreta de direcciones personalizada al instante.

1. **Abra su carpeta Contacts y seleccione a las personas cuya información va a imprimir.**

   Haga clic en su nombre de usuario sobre la esquina superior derecha del menú Start y, a continuación, abra su carpeta Contacts. Presione Ctrl+A para resaltar *todos* sus contactos o sostenga Ctrl y haga clic en los nombres que desee imprimir.

2. **Haga clic en el botón Print de la carpeta, seleccione su impresora, si fuera necesario, y elija su Print Style.**

   La sección Print Style ofrece tres formas de imprimir su hoja de contactos:

   ✓ **Memo (Memorando):** Imprima *todo* sobre el contacto.

   ✓ **Business Card (Tarjeta de presentación):** Imprima elementos estándar como tarjetas de presentación para cada persona, incluyendo el nombre, teléfono, dirección, compañía y dirección de correo electrónico.

   ✓ **Phone List (Lista de teléfonos):** Imprima el nombre y los números de teléfono (celular, fax, casa, trabajo) de cada contacto.

3. **Haga clic en Print.**

Windows Mail imprime una lista impecablemente formateada de acuerdo con sus especificaciones. Si nunca ha impreso sus contactos con anterioridad, intente cada una de las tres opciones de impresión para ver su aspecto. Vale las tres hojas de papel.

Si no está satisfecho con su selección de fuentes actual, puede comprar o descargar nuevas e instalarlas en su equipo. La mayoría de fuentes que se venden en tiendas vienen con programas de instalación que le ahorran los fastidiosos detalles del instalador de fuentes de Windows Vista. Pero si su nueva fuente no vino con un paquete de instalación, he aquí cómo instalarla:

1. **Coloque su nueva fuente en su carpeta Documents.**

   Muchas fuentes descargadas llegan dentro de una carpeta *zipped (comprimida),* también conocida como carpeta *en zip.* (Las carpetas comprimidas tienen una pequeña cremallera en su ícono, que se muestra en el margen). Si su fuente llega de esta manera, haga clic en su ícono con el botón secundario del mouse, elija Extract All y deje que el asistente extraiga su contenido hacia una carpeta dentro de su carpeta Documents.

   Si va a instalar muchas fuentes, cree una nueva carpeta con el nombre Fonts dentro de su carpeta Documents y úsela como un destino donde colocar carpetas con fuentes recientemente extraídas.

2. **Haga clic con el botón secundario del mouse para descargar la fuente y elija Install.**

   El ícono de la fuente descargada aparece como uno de los dos que se muestran en el margen. Cuando elige Install, Vista agrega la fuente al área Fonts de su Control Panel, en donde queda disponible para todos sus programas.

✔ Para eliminar cualquier fuente no deseada, haga clic con el botón secundario del mouse en el área Fonts del Control Panel y elija Delete.

Por favor no elimine ninguna fuente que venga instalada con Windows Vista. Sólo elimine fuentes que *usted haya* instalado. Al borrar algunas de las fuentes integradas de Windows Vista se eliminarán letras de sus menús, con lo que Windows Vista se hace aún *más* difícil de usar.

✔ Si no puede resistirse a descargar fuentes de manera gratuita desde Internet, recuerde que Windows Vista puede manejar fuentes TrueType, OpenType y PostScript. Y si *realmente* profundiza en el tema de las fuentes, deseará adquirir un programa administrador de fuentes que se vende en la mayoría de tiendas de suministros para oficina. Finalmente, siempre analice las fuentes que descarga con su comprobador de virus.

Solucionar problemas con su impresora

Si no puede imprimir su documento, ¿está *seguro* de que la impresora está encendida, conectada al tomacorriente de pared, abastecida de papel y conectada firmemente a su equipo mediante un cable?

Si es así, entonces intente conectar la impresora en tomacorrientes distintos, encendiéndola y verificando si se prende la luz de encendido. Si la luz permanece apagada, probablemente se habrá arruinado la fuente de alimentación de su impresora.

Las impresoras son casi siempre más económicas de reemplazar que de reparar. Pero si se ha encariñado con su impresora, pase por un presupuesto a un taller de reparación antes de desecharla.

Si la luz de encendido de la impresora destella con brillantez, compruebe lo siguiente antes de darse por vencido:

✔ Asegúrese de que no se haya atascado una hoja de papel dentro de alguna parte de la impresora. (Un tirón firme por lo regular extrae una hoja atascada; algunas veces, el abrir y cerrar la cubierta hace que las cosas vuelvan a funcionar)

✔ ¿Todavía tiene tinta su impresora de inyección en los cartuchos? ¿Tiene tóner su impresora láser? Intente imprimir una página de prueba: Haga clic en el menú Start, abra el Control Panel y elija Printers. Haga clic con el botón secundario del mouse en el ícono de su impresora, elija Properties y haga clic en el botón Print Test Page para ver si el equipo y la impresora se pueden comunicar entre sí.

✔ Intente actualizar el *controlador* (driver) de la impresora, el pequeño programa que la ayuda a comunicarse con Windows Vista. Visite el sitio Web del fabricante de la impresora, descargue el controlador más reciente para su modelo particular de impresora y ejecute su programa de instalación.

Finalmente, le presentamos un par de sugerencias para ayudarle a proteger su impresora y cartuchos:

✔ Apague su impresora cuando no la esté usando. Las impresoras de inyección de tinta, en particular, deben apagarse cuando no estén en uso. El calor tiende a secar los cartuchos, con lo que se acorta su vida útil.

✔ No desconecte su impresora de inyección de tinta para apagarla. Use siempre el conmutador de encendido/apagado. El conmutador le garantiza que los cartuchos se deslicen de regreso a sus posiciones originales, con lo que evita que se sequen u obstruyan.

Elegir el papel correcto para su impresora

Si ha recorrido los pasillos de una tienda de suministros de oficina recientemente, habrá notado una confusa gama de opciones de papel. Algunas veces, el empaque del papel detalla su aplicación: papel de óptima calidad (Premium) para impresora de inyección de tinta, por ejemplo, para memorandos de alta calidad. Esta es una lista de los tipos de papel que se deben tener a la disposición para distintos trabajos. Antes de imprimir, asegúrese de hacer clic en el área Preferences de la impresora para seleccionar el grado de papel que está utilizando para dicho trabajo.

✔ **Desecho:** Mantenga a su alrededor algún papel barato o de residuos para probar la impresora, imprimir bocetos rápidos, dejar notas a los cónyuges e imprimir otros trabajos de manera rápida. Los trabajos de impresión echados a perder funcionan de manera excelente para este propósito; simplemente utilice el otro lado del papel. (Asegúrese de insertar el papel en la orientación correcta).

✔ **Calidad para cartas:** Si lleva las palabras Premium o Bright White, este papel funciona bien para cartas, memorandos y otros documentos diseñados para mostrarlos a otras personas.

✔ **Fotografías:** Puede imprimir fotografías en cualquier tipo de papel, pero lucen bien sólo sobre papel especial para fotografías —el cual es caro. Deslice el papel cuidadosamente en la bandeja de su impresora, de modo que la fotografía se imprima del lado lustroso y brillante. Algunos papeles para fotografía utilizan una pequeña hoja de cartón debajo, lo que ayuda a deslizar el papel uniformemente por la impresora.

✔ **Etiquetas:** Nunca me han enviado una camiseta promocional, pero sigo diciendo que el programa Avery Wizard (`www.avery.com`) facilita la impresión de etiquetas y tarjetas Avery. El asistente trabaja conjuntamente con Microsoft Word para acoplarse perfectamente con etiquetas de direcciones, postales, tarjetas de presentación, etiquetas de CD y muchos otros artículos preformateados de Avery.

✔ **Transparencias:** Para lograr presentaciones contundentes de PowerPoint, compre hojas especiales de plástico transparente diseñadas para utilizarlas con su tipo de impresora.

Antes de gastar su dinero, asegúrese de que su papel esté diseñado específicamente para su tipo de impresora, sea ésta láser o de inyección de tinta. Las impresoras láser calientan las páginas y algunos tipos de papel no soportan el calor.

Parte III
Lograr Hacer Cosas en la Internet

The 5th Wave — Por Rich Tennant

Querido, ¿recuerdas la fiesta en la piscina al verano pasado cuando les mostraste a todos cómo bailar el limbo sólo con un sombrero y una toalla de cocina? Bien, pues mira cuál es el video del día de MSN.

En esta parte . . .

La Internet solía ser limpia, silenciosa y útil, tal como una nueva biblioteca. Podía encontrar información detallada sobre casi todo, leer los periódicos y revistas de todo el mundo, escuchar música en la sección de medios e incluso, hojear silenciosamente los catálogos de tarjetas.

Hoy en día, esta maravillosa biblioteca global ha sido bombardeada por personas ruidosas, quienes lanzan anuncios en frente de lo que usted está tratando de leer. Algunos ni siquiera le permitirán acercarse a ese libro que abrió inadvertidamente, el libro sigue abriéndose en la página incorrecta. Los rateros y ladrones acechan los pasillos.

Esta parte del libro le ayuda a que la Internet regrese a ser la biblioteca silenciosa y útil que solía ser. Le muestra cómo detener los anuncios emergentes, secuestradores del explorador y spyware. Le explica cómo enviar y recibir correos electrónicos para que pueda mantenerse en contacto con amigos.

Finalmente, le muestra cómo permanecer seguro al utilizar la nueva User Account Protection de Windows Vista, servidor de seguridad, centro de seguridad, administrador de cookies y otros trucos para ayudarle a recuperar la Internet que le agrada.

Capítulo 8

Navegar en la Web

Algunas personas consideran que una conexión a Internet es opcional, pero Windows Vista prefiere que sea obligatoria, muchas gracias. Aún cuando se está instalando, Windows Vista comienza a tener comunicación con Internet, ansioso de cualquier sugerencia de conexión. Después de anunciar su ingreso a Internet, por ejemplo, Windows Vista amablemente coloca el reloj de su equipo en la hora correcta. Algunos motivos son menos genuinos: Windows Vista verifica con Microsoft para comprobar que no está instalando una copia pirateada.

Este capítulo explica cómo conectarse a Internet, visitar sitios Web y buscar todo el material útil en línea. Para enterarse de formas de desechar el material inapropiado, asegúrese de visitar el Capítulo 10 para instruirse rápidamente en computación segura. La Internet está lleno de malos vecinos y ese capítulo explica cómo evitar virus, spyware, piratas cibernéticos y otros parásitos de Internet.

Sin embargo, una vez que su equipo esté utilizando casco y rodilleras apropiados, súbase a Internet y disfrute el viaje.

¿Qué es Internet?

Actualmente, la mayoría de las personas dan por sentado la Internet, tanto como una línea telefónica. En lugar de maravillarse ante el engranaje interno de la Internet, se han ido acostumbrando a este nuevo concepto llamado *ciberespacio* y su saludable inventario de atracciones:

✔ **Biblioteca:** La Internet está repleto de material educativo: libros clásicos, actualizaciones de noticias cada hora, diccionarios en idiomas extranjeros, enciclopedias especializadas y más. Visite RefDesk (`www.refdesk.com`) para obtener una lista detallada de algunos de los mejores materiales de referencia gratuitos de la Internet.

✔ **Almacen:** Aunque la Internet parecía una novedad hace diez años, en la actualidad la Internet gira alrededor del terreno lucrativo. Puede comprar casi todo lo disponible en tiendas (y algunas cosas que *no* se venden en tiendas) en la Internet y enviarlas a su rancho. Amazon (`www.amazon.com`) hasta le permite escuchar fragmentos de canciones y leer revistas antes de cargar ese CD de John Coltrane en su tarjeta de crédito.

✔ **Comunicador:** Algunas personas tratan a la Internet como un servicio postal privado para enviar mensajes a amigos, compañeros de trabajo y hasta a extraños alrededor del mundo. Lamentablemente, los comerciantes no deseados hacen lo mismo, al llenar las bandejas de entrada de todo el mundo cada vez con más exasperantes charlatanerías no solicitadas, conocidas como *spam*. (En el Capítulo 9, cubro Windows Mail, el programa de correo electrónico de Vista).

✔ **Derrochador de tiempo:** Cuando se está sentado en una sala de espera, todos, en un gesto natural, se estiran para alcanzar la mesa de revistas. También la Internet ofrece un sinnúmero de formas de desperdiciar el tiempo. Saltar de un sitio Web a otro se parece mucho a pasar las páginas de una revista, pero cada hojeada a menudo revela una revista completamente diferente, aunque misteriosamente relacionada, que está repleta de información fascinante. O al menos así lo parece al momento.

✔ **Entretenimiento:** La Internet le trae no sólo la exhibición de una película en su casa, sino también sus avances, listas de elencos, repasos y chismes de farándula. Si está cansado de las películas de la semana, explore para encontrar juegos en línea, investigue destinos exóticos para viajar o busque las estadísticas de deportes.

En pocas palabras, la Internet es una biblioteca internacional de 24 horas que está equipada con algo para cada quien.

✔ Tal como un navegante de los canales de la televisión cambia de canal en canal, un navegante de la Web se mueve de página en página, extrayendo muestras de vastas y esotéricas pilas de información.

✔ Casi todos los gobiernos, menos el de China, adoran la Internet. En los Estados Unidos, el FBI comparte fotografías de sus diez criminales más buscados (`www.fbi.gov`) y el Servicio de Rentas Internas (`www.irs.ustreas.gov`) les permite a los usuarios de Internet realizar copias de sus formularios de impuestos las 24 horas del día. ¿No está de acuerdo con una remisión de estacionamiento? El sitio Web de su ciudad probablemente le proporciona el número correcto más rápido que la guía telefónica.

✔ Las universidades y científicos también adoran la red, porque pueden presentar formularios para subvenciones más rápido que nunca. ¿Preocupado por la sustancia viscosa que se coagula en las ranuras de sus bromeliáceas? El afamado sitio botánico de Internet (`www.botany.net`) les permite a los investigadores estudiar cualquier cosa desde las acacias australianas hasta zoosporas.

✔ Casi todas las compañías de computación respaldan sus productos en Internet. Los visitantes pueden intercambiar mensajes con técnicos y otros usuarios acerca de sus penas más recientes en computación. Es posible que pueda descargar una solución o descubrir la mágica secuencia de movimientos de teclas que resuelven un problema.

¿Qué Es un ISP y Por Qué Necesito Uno?

Todos necesitan cuatro cosas para conectarse a Internet: un equipo de cómputo, software explorador de la Web, un módem y un proveedor de servicios de Internet (ISP, por sus siglas en inglés).

Ya cuenta con el equipo y Vista viene con un explorador Web conocido como Internet Explorer. La mayoría de los equipos incluyen un módem integrado. (Si el suyo no lo tiene, se dará cuenta cuando se decida a intentar configurar su ISP, como lo describo en la siguiente sección).

Eso significa que la mayoría de las personas sólo necesitan buscar un ISP. Aunque las señales de televisión vienen flotando gratuitamente a través del aire hasta su aparato de TV, debe pagar a un ISP por el privilegio de navegar en la Web. Específicamente, usted paga al ISP por una contraseña y nombre de cuenta. Cuando el módem de su equipo se conecte con los equipos de su ISP, Internet Explorer ingresa automáticamente su contraseña y nombre de cuenta y usted está listo para navegar en la Web.

¿No sabe qué ISP elegir? En primer lugar, diferentes ISP atienden distintas áreas. Pregúnteles a sus amigos, vecinos o bibliotecarios locales cómo se conectan y si recomiendan su ISP. Llame a diversos ISP para que le preparen una cotización con las tarifas y luego compárelas. La mayoría cobra por mes; si no está satisfecho, siempre puede cambiar de proveedor.

✔ Aunque algunos ISP cobran por cada minuto que esté conectado, la mayoría cobra una tarifa mensual nivelada de entre $15 y $50 por servicio ilimitado. Asegúrese de conocer su tarifa antes de saltar abordo; de lo contrario, podría sorprenderse a fin de mes.

- ✔ La mayoría de ISP gratuitos desaparecieron del negocio cuando la base cayó fuera del mercado de Internet. Al momento de este escrito, todavía puede encontrar acceso limitado gratuito a Internet desde Juno (www.juno.com) y NetZero (www.netzero.com), pero tiene que ir abriéndose paso entre los anuncios para ver la pantalla.

- ✔ Los ISP le permiten conectarse a Internet en una variedad de formas. Los ISP más lentos utilizan un módem de acceso telefónico y una línea telefónica ordinaria. Son más rápidas las conexiones *de banda ancha*: DSL o líneas especiales ISDN proporcionadas por algunas compañías telefónicas y hasta los más rápidos módems de cable, suministrados por su compañía de cable. Cuando se encuentra en busca de ISP de alta velocidad, su ubicación geográfica usualmente determina sus opciones, desafortunadamente.

- ✔ Algunos ISP les permiten a sus clientes que poseen conocimientos técnicos que creen sus *propias* páginas Web para que otros miembros de Internet las visiten. Muéstrele al mundo fotografías de sus hijos y gatos, comparta sus recetas favoritas, discuta sobre sus ceras favoritas para automóviles o intercambie sugerencias sobre cómo elaborar anzuelos con forma de insectos o trajes de graduación.

Configurar Internet Explorer por Primera Vez

Windows Vista busca constantemente una conexión a Internet que funcione en su equipo. Si encuentra una, ya sea por medio de una red o un lugar inalámbrico, está usted por arrancar: Vista comunica la noticia a lo largo de Internet Explorer y su equipo puede conectarse a Internet de inmediato. Si Vista no puede encontrar Internet —aunque esto ocurre con frecuencia con los módems de acceso telefónico— el trabajo es su responsabilidad.

Para guiarlo sin problemas por el torbellino de configurar una conexión a Internet, Vista le pasa un cuestionario, donde le pregunta acerca de los detalles. Después de un poco de interrogación, Vista le ayuda a conectar su equipo a su ISP, de modo que pueda navegar en la Web como el mejor de ellos.

¿Está configurando una red alámbrica o inalámbrica? Vista debe encontrar automáticamente la conexión a Internet de la red y compartirla con todos los equipos de su red. Si no es así, consulte el Capítulo 14 para obtener detalles sobre la solución de problemas.

Para transferir la configuración de su cuenta existente de Internet a o desde otro equipo, utilice el programa Easy Transfer de Windows Vista, tema que cubro en el Capítulo 19. El programa copia la configuración de Internet de un equipo a otro, lo que le ahorra la molestia de seguir estos pasos.

Esto es lo que necesita para empezar:

- ✔ **Su nombre de usuario, contraseña y número de acceso telefónico.** Si aún no tiene un ISP, el asistente encuentra uno, así que tome lápiz y papel. (Sin embargo, las sugerencias de ISP que hace el asistente son un poco onerosas).

- ✔ **Un módem conectado.** La mayoría de equipos nuevos viene con un módem alojado en su interior. Para ver si hay uno en su equipo, revise los receptáculos para conectores telefónicos en la parte trasera de su equipo, cerca de donde cuelgan todos los demás cables. Luego conecte un cable telefónico estándar entre el receptáculo (en el receptáculo para equipo lee *Line*, no *Phone*) y el receptáculo para conector telefónico en su pared.

Siempre que su conexión a Internet le ocasione problemas de conexión, diríjase aquí y ejecute los pasos siguientes. El asistente le da un recorrido por su configuración actual, lo que le permite realizar cambios. Llame al asistente al seguir los pasos siguientes:

1. Haga clic en el botón Start y elija Connect To.

El botón Connect To busca una lista con todas las formas que conoce actualmente su equipo para conectarse a Internet. Pero cuando Vista no puede encontrar una forma para que su equipo se conecte, surge una lista vacía.

En su lugar, Vista puede quejarse de que no puede encontrar ninguna red inalámbrica en el rango de su equipo. Si es así, ignore su queja y trasládese al Paso 2.

Si Vista en realidad encuentra una red *inalámbrica*, por casualidad, tiene usted suerte. Puede saltar abordo de la señal al hacer doble clic en el nombre de la red. (Cubro lo relacionado a redes inalámbricas en el Capítulo 14).

2. Elija Set Up a Connection or Network.

Explore las letras pequeñas de la ventana para ver esta opción. Cuando se hace clic en ella, según el modelo y la configuración de su equipo, Vista puede mostrar cualquiera de —o todas— las opciones siguientes:

- • **Connect to the Internet (Conectarse a Internet):** Vista realiza todavía otro valioso esfuerzo para detectar una señal de Internet. Los usuarios de banda ancha deben hacer clic aquí, por ejemplo, para permitirle a Vista encontrar y automáticamente configurar su conexión a Internet.

- • **Set Up a Wireless Router or Access Point (Configurar un router inalámbrico o punto de acceso):** Diríjase aquí para configurar una conexión inalámbrica privada de Internet para su hogar u oficina, una tarea que cubro en el Capítulo 14.

- **Manually Connect to a Wireless Network (Conectarse manualmente a una red inalámbrica):** Si una red inalámbrica le exige un nombre y una contraseña, colóquese aquí para ingresarlos. Usted hace clic aquí la mayoría de veces cuando se conecta a redes inalámbricas pagadas en aeropuertos o cafeterías.

- **Set Up a Wireless Ad Hoc (Computer-to-Computer) Network (Configurar una red inalámbrica ad hoc (de equipo a equipo)):** Rara vez utilizada, esta opción le permite conectar dos o más equipos para intercambiar archivos y otra información.

- **Set Up a Dial-Up Connection (Configurar una conexión de acceso telefónico):** Ésta le notifica a Vista qué debe hacer con esa línea telefónica que ha conectado en el receptáculo para conector telefónico de su equipo.

- **Connect to a Workplace (Conectarse a un lugar de trabajo):** Este ajuste le permite conectarse de forma segura a su oficina, si la red de la misma admite este sofisticado tipo de conexión. Necesitará los ajustes e instrucciones del departamento de computación de su oficina.

- **Connect to a Bluetooth Personal Area Network (PAN) (Conectarse a una Red de área personal Bluetooth (PAN, por sus siglas en inglés)):** Si su equipo tiene Bluetooth (una forma de conexión inalámbrica de corto alcance que reemplaza al cable) haga clic aquí para configurar la conexión. Sitúese aquí para conectarse con teléfonos celulares Bluetooth, por ejemplo.

3. **Elija Set Up a Dial-Up Connection (Configurar una conexión de acceso telefónico).**

   Debido a que no ha elegido conexión inalámbrica o banda ancha, el acceso telefónico es su única opción de conexión a Internet. Para acelerar el proceso, Vista le pasa un cuestionario, que se ve en la Figura 8-1, listo para que ingrese la información de su ISP de acceso telefónico.

4. **Escriba la información de su ISP de acceso telefónico.**

   Es aquí donde usted ingresa sus tres datos, todos igualmente importantes: el número de acceso telefónico de su ISP, su nombre de usuario y su contraseña, según se describe en la siguiente lista.

   - **Dial-up Phone Number (Número de acceso telefónico):** Escriba el número telefónico que le proporcionó su ISP, con todo y código de área.

   - **User-Name (Nombre de usuario):** No necesariamente se refiere a su propio nombre, sino al nombre de usuario que le asignó su ISP cuando le otorgó la cuenta. (Muchas veces es la primera parte de su dirección de correo electrónico).

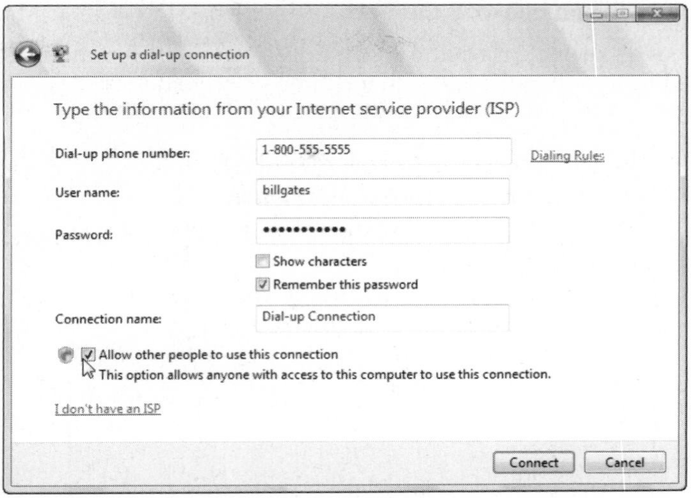

Figura 8-1:
Escriba el
número de
acceso
telefónico
de su ISP, su
nombre de
usuario y su
contraseña.

> Set up a dial-up connection
>
> Type the information from your Internet service provider (ISP)
>
> Dial-up phone number: 1-800-555-5555   Dialing Rules
>
> User name: billgates
>
> Password: ••••••••••
>
> ☐ Show characters
> ☑ Remember this password
>
> Connection name: Dial-up Connection
>
> ☑ Allow other people to use this connection
> This option allows anyone with access to this computer to use this connection.
>
> I don't have an ISP
>
> Connect   Cancel

- **Password (Contraseña):** Escriba aquí su contraseña. Para comprobar que esté ingresando correctamente su contraseña, marque el cuadro Show Characters. Luego desmarque la casilla cuando haya ingresado la contraseña sin errores de escritura.

  Asegúrese de marcar Remember This Password (Recordar esta contraseña). Eso evitará que vuelva a ingresar su nombre y contraseña cada vez que desee conectarse a Internet mediante acceso telefónico. (*No* marque esa casilla, si no desea que su compañero de habitación u otras personas puedan marcar con su conexión).

- **Connection Name (Nombre de la conexión):** Vista simplemente le asigna a su conexión el nombre Dial-Up Connection (Conexión de acceso telefónico). Cámbielo a un nombre más descriptivo, si maneja cuentas con acceso telefónico de varios ISP.

- **Allow Other People to Use This Connection (Permitir que otras personas usen esta conexión):** Marque esta opción para permitirles a las personas que tengan otras cuentas de usuario en su equipo que se conecten con esta conexión.

Al hacer clic en las palabras I Don't Have an ISP aparece una ventana en donde puede registrarse con el ISP propio de Microsoft o con uno de los asociados de Microsoft.

Haga clic en las palabras Dialing Rules, a la par del número telefónico. Ahí, puede ingresar detalles claves como su país, código de área y si necesita marcar un número para tener acceso a una línea al exterior. Windows le recuerda esta información, al asegurarse de marcar un 1, si está usted marcando fuera de su código de área, por ejemplo. Las personas que poseen equipos portátiles deben visitar Dialing Rules para cada ciudad que visiten.

5. Haga clic en el botón Connect.

Si tiene suerte, su equipo se conecta a Internet (pero no ofrece ninguna indicación de que se haya conectado). Cargue Internet Explorer desde el menú Start y verifique si le permite visitar sitios Web.

Si aún así Internet Explorer no puede visitar Internet, trasládese al Paso 6.

6. Haga clic en el menú Start y elija Connect To.

Su conexión de acceso telefónico recién creada estará esperando, como se muestra en la Figura 8-2.

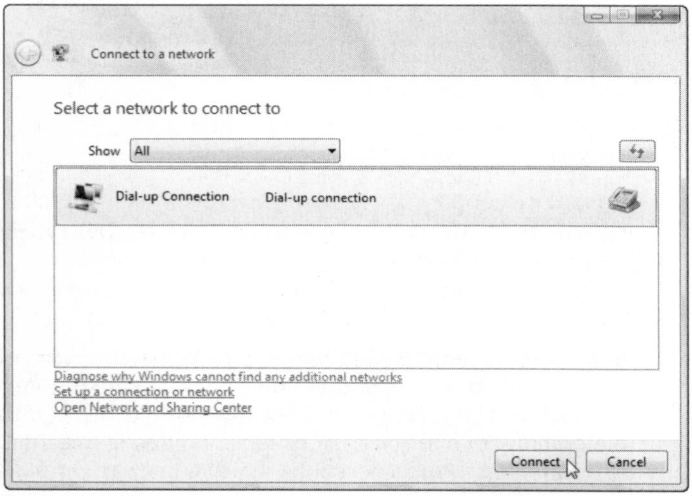

Figura 8-2: Haga clic en su listado de acceso telefónico recién creado y haga clic en Connect para marcar a Internet.

7. Haga clic en la conexión de Internet con acceso telefónico y luego en Connect.

Vista lanza una pantalla más ante sus ojos, lo que se muestra en la Figura 8-3. Esto le da la oportunidad de escribir su contraseña, por ejemplo, si no marcó Remember This Password en el Paso 4. También ahí es donde puede modificar la configuración de su conexión, lo que es práctico para cambios temporales de número telefónico, por ejemplo.

8. Haga clic en Dial para tener acceso telefónico a Internet y conectarse con su ISP.

Ha finalizado. Windows Vista lo lanza automáticamente a la acción, utiliza su configuración para llamar a su proveedor de Internet y le notifica cuando esté conectado.

Figura 8-3:
Cambie el número telefónico, si es necesario, y luego haga clic en Dial para tener acceso telefónico a Internet.

Llegó el momento de cargar Internet Explorer desde el menú Start y comenzar a explorar. Sin embargo, en el futuro simplemente cargue Internet Explorer cuando desee explorar. Su equipo marca automáticamente a Internet por medio de conexiones que haya creado aquí.

¡Pero deseo ver algunos elementos emergentes!

Con versiones anteriores de Internet Explorer no había manera de detener los anuncios emergentes para que no explotaran por toda su pantalla. Internet Explorer le ofrece ahora un bloqueador de anuncios emergentes que detiene el 90 por ciento de los mismos. Para comprobar que esté activado, elija Pop-up Blocker del menú Tools de Internet Explorer y asegúrese de que no aparezca ninguna marca de verificación en la casilla Turn Off Pop-up Blocker.

Si *desea* ver elementos emergentes en ciertos sitios, ese mismo menú le permite elegir Pop-up Blocker Settings. Agregue la dirección del sitio Web, e Internet Explorer permite elementos emergentes de ese sitio.

Si un sitio trata de enviar un anuncio o mensaje emergente, Internet Explorer coloca un cintillo a lo largo de su borde superior donde se lee A pop-up was blocked. To see this pop-up or additional options, click here. Haga clic en el cintillo para hacer cualquiera de estas tres cosas: permitir temporalmente que aparezca el elemento emergente, permitir siempre elementos emergentes de ese sitio en particular o cambiar la configuración del bloqueador de elementos emergentes.

Finalmente, para que el cintillo informativo deje de hacer ese odioso ruido de burbuja cuando detiene un elemento emergente, elija Pop-up Blocker desde el menú Tools de Internet Explorer, elija Pop-up Blocker Settings y elimine la marca de verificación de la casilla Play a Sound When a Pop-up Is Blocked.

Siempre complementado con sus propios productos, Microsoft lo traslada a una de sus propias páginas Web (Windows Live) y con esto está listo para explorar. ¿Necesita trasladarse a un lugar para una prueba rápida? Conéctese a www.andyrathbone.com y vea lo que sucede.

No se preocupe por molestar a su ISP para que le preste asistencia. Los mejores ISP vienen con líneas de apoyo técnico. Un miembro del personal de apoyo puede hablar con usted a lo largo del proceso de instalación.

Internet Explorer no se desconecta automáticamente cuando termina de explorar. Para lograr que su equipo desconecte el acceso telefónico cuando cierra Internet Explorer, elija Internet Options del menú Tools y haga clic en la ficha Connections. Haga clic en el botón Settings y luego en el botón Advanced. Finalmente, coloque una marca de verificación para las palabras Disconnect When Connection May No Longer Be Needed y haga clic en OK.

Navegar la Web con Microsoft Internet Explorer

Su explorador de Web es su tabla de surf en Internet —su transporte entre los miles de sitios Web de Internet. Internet Explorer viene gratis con Windows Vista, así que muchas personas lo utilizan por conveniencia. Otras personas prefieren exploradores publicados por otras compañías de software, tal como Firefox de Mozilla (www.getfirefox.com).

En pocas palabras, no está obligado a permanecer con Internet Explorer. Siéntase en libertad de intentar con otros exploradores, ya que todos hacen casi lo mismo: llevarlo de un sitio Web a otro.

Desplazarse de una página Web a otra

Todos los exploradores funcionan básicamente de la misma manera. Cada página Web viene con una dirección específica, tal como las casas. Internet Explorer le permite desplazarse entre las páginas de tres formas distintas:

- ✔ Al señalar y hacer clic en un botón o vínculo que lo transfiere automáticamente a otra página

- ✔ Al escribir una secuencia complicada de palabras codificadas (la dirección Web) en el Address Box del explorador Web y presionar Intro

- ✔ Al hacer clic en los botones de navegación en la barra de herramientas del explorador, que usualmente se encuentra en la parte superior de la pantalla

Hacer clic en vínculos

La primera forma es la más fácil. Busque *vínculos* —palabras resaltadas o imágenes en una página— y haga clic en ellos. ¿Observa cómo el puntero del mouse se convirtió en una mano (como se muestra en el margen), a medida que apuntaba la palabra Books *(Libros)* en la Figura 8-4? Haga clic en la palabra para ver más información sobre mis libros. Muchas palabras en esta página también constituyen vínculos; el puntero del mouse se convierte en una mano cuando se aproxima a ella y las palabras aparecen subrayadas. Haga clic en cualquier palabra que contenga un vínculo para observar las páginas que tengan que ver con el asunto particular de dicho vínculo.

Figura 8-4:
Cuando el puntero del mouse tome forma de mano, haga clic en la palabra o imagen subrayada o resaltada para ver más información sobre ese elemento.

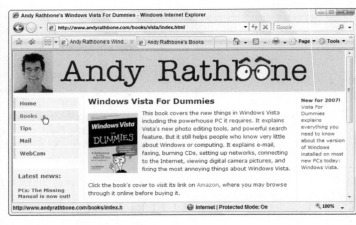

Los diseñadores de páginas Web se han puesto muy creativos en estos días y sin el puntero con forma de manita, con frecuencia es difícil indicar en dónde señalar y hacer clic. Algunos botones parecen botones convencionales de elevador; otros parecen borrosos dados o pequeños vegetales. Pero cuando hace clic en un botón, el explorador lo lleva a la página que se relaciona con dicho botón. El hacer clic en el borroso dado, puede hacer que aparezca una hoja con probabilidades de apuestas de casinos locales, por ejemplo, y los vegetales pueden convocar información sobre el mercado agrícola local.

Escribir direcciones Web en el Address Box

El segundo método es el más difícil. Si un amigo le da una servilleta con la dirección de una novedosa página Web escrita en ella, es necesario que usted mismo escriba la dirección del sitio Web en el Address Box de su explorador. Todo estará bien, siempre que no cometa algún error en la escritura. ¿Ve la dirección Web que corresponde a mi sitio Web ubicada en la parte superior de la Figura 8-4? Escribí `www.andyrathbone.com` en el Address Box. Cuando presioné Enter, Internet Explorer me trasladó a mi página Web. (No es necesario escribir la parte `http://`, gracias a Dios).

Utilizar la barra de herramientas de Internet Explorer

Finalmente, puede maniobrar a través de Internet al hacer clic en varios botones en la barra de herramientas de Internet Explorer, ubicada en la parte superior de la pantalla. La Tabla 8-1 ofrece una referencia práctica de los principales botones de navegación.

Desplace el puntero de su mouse sobre un confuso botón de Internet Explorer para ver qué propósito tiene en la vida.

Tabla 8-1	Navegar con los Botones de Internet Explorer	
Este Botón...	*Se Llama Así...*	*y Realiza lo Siguiente...*
←	Back (Atrás)	¿Apuntó e hizo clic usted mismo hacia un sitio sin salida? Haga clic en el botón Back para trasladarse a la última página Web que visitó. Si hace clic en el botón Back suficientes veces, regresa a su página principal, en donde comenzó.
→	Forward (Adelante)	Después de hacer clic en el botón Back, también puede hacerlo en Forward para volver a visitar una página.
☆	Favorites Center (Centro de favoritos)	El hacer clic en el botón Favorites a lo largo de la parte superior revela el Favorites Center, una lista de vínculos que lo conducen a sus sitios Web favoritos.
✚	Add to Favorites (Agregar a Favoritos)	Haga clic en este signo más de color amarillo para agregar la página Web que está viendo actualmente a su lista Favorites.
🏠 ▼	Home (Página principal)	Si se atasca explorando en Internet, haga clic en el botón Home en la parte superior para regresar a un territorio que le sea familiar.

Este Botón. . .	Se Llama Así. . .	y Realiza lo Siguiente. . .
	RSS Feed (Fuente RSS)	Cuando se enciende este botón anaranjado, usted sabe que el sitio ofrece Real Simple Syndication, una forma rápida de leer los encabezados del sitio sin visitarlos realmente.
	Print (Imprimir)	Haga clic aquí para imprimir el sitio Web mientras lo está viendo. (Haga clic en la pequeña flecha a su derecha para tener acceso a opciones de impresión, incluida una vista preliminar).
Page ▼	Page (Página)	Estas opciones se relacionan con la página actual: Agrandar el tamaño de su texto, por ejemplo, o guardarla como archivo.
Tools ▼	Tools (Herramientas)	Este botón abre un menú lleno de adaptaciones a Internet Explorer, lo que le permite realizar ajustes al bloqueador de elementos emergentes y el filtro contra suplantación de identidad (phishing) entre otros.

Hacer que Internet Explorer se abra en su sitio favorito

Su explorador Web muestra automáticamente un sitio Web cuando se conecta inicialmente. Ese sitio Web se conoce como su *home page (página principal)* y usted puede indicarle a Internet Explorer que utilice cualquier sitio que desee como su página principal al seguir estos pasos:

1. **Visite su sitio Web favorito.**

   Elija cualquier página Web que desee. Yo uso Google News (news. google.com) de modo que Internet Explorer siempre se abre con los encabezados actualizados cada hora.

2. **Elija la flechita a la derecha del ícono Home y seleccione Add or Change Home Page.**

   El nuevo Internet Explorer, consciente de la seguridad, le pregunta si desea usar esa página Web como su única página principal.

3. **Haga clic en Use This Webpage As Your Only Home Page y luego haga clic en Yes.**

   Cuando haga clic en Yes, como se aprecia en la Figura 8-5, Internet Explorer se abre siempre en la página que está viendo en ese momento.

   El hacer clic en No, lo hacer permanecer en su página principal actual, que inicia como el sitio Windows Live de Microsoft.

Figura 8-5:
Haga clic en Use This Webpage As Your Only Home Page e Internet Explorer siempre se abrirá en esa página.

Después de que Internet Explorer le recuerda elegir su página principal, puede movilizarse alrededor de Internet, al buscar temas en Google (`www.google.com`) u otro motor de búsqueda, o sencillamente con señalar y hacer clic en diferentes vínculos.

- ✔ Una página principal de un sitio Web es su "portada", tal como la portada de una revista. Siempre que salte a un sitio Web, usualmente salta a la página principal del sitio y comienza a explorar desde ahí.

- ✔ Si su página principal es secuestrada de repente hasta un sitio diferente y estas instrucciones no arreglan el problema, entonces probablemente la han secuestrado fuerzas del mal. Lea la sección acerca de spyware en el Capítulo 10.

- ✔ Internet Explorer le permite elegir varias páginas como páginas principales, al cargar cada una de ellas de forma simultánea y colocar una ficha en la parte superior de cada página para alternar entre ellas. Para agregar páginas principales a su colección, elija Add This Webpage to Your Home Page Tabs en el Paso 3 de la lista anterior (Figura 8-5).

Vuelva a visitar lugares favoritos

Tarde o temprano, se detendrá por una página Web indescriptiblemente encantadora. Para asegurarse de que pueda volver a encontrarla en una ocasión posterior, agréguela a la lista incorporada de páginas favoritas de Internet Explorer, al seguir estos pasos:

1. **Haga clic en el ícono Add to Favorites (que se muestra en el margen) en la barra de herramientas de Internet Explorer.**

   Se despliega un pequeño menú.

2. **Haga clic en Add to Favorites desde el menú desplegable y en el botón Add.**

   Aparece un cuadro, en donde se le ofrece asignarle un nombre a la página Web por su título, las palabras que aparecen en la ficha en la parte superior de la página. Siéntase en libertad de abreviar el título, de modo que se ajuste mejor en el estrecho menú Favorites.

   Cuando esté satisfecho con el nombre, haga clic en el botón Add para agregar la página a su lista Favorites.

Siempre que desee regresar a esa página, haga clic en el botón Favorites de Internet Explorer. Cuando el menú Favorites se despliegue, haga clic en el nombre de su sitio favorito.

A las personas tipo bibliotecarios les gusta organizar su menú de vínculos favoritos: Haga clic con el botón secundario del mouse en el botón Add Favorites y elija Organize Favorites. Eso les permite crear carpetas para almacenar vínculos similares y relacionados con grupos en carpetas individuales.

El historial secreto de sus visitas a la Web de Internet Explorer

Internet Explorer lleva un registro de cada sitio Web que visita. Aunque la lista History de Internet Explorer proporciona un registro útil de sus actividades en el equipo, es el sueño de un espía.

Para conservar fichas de lo que Internet Explorer está grabando, haga clic en su botón Favorites y en el ícono History en el menú desplegable. Internet Explorer detalla cada sitio Web que ha visitado en los últimos 20 días. Siéntase en libertad de ordenar las entradas al hacer clic en la pequeña flecha ubicada a la derecha de la palabra History. Puede ordenarlas por fecha, alfabéticamente, por las más visitadas o por el orden en que ha estado visitando en un día en

particular, una forma útil de regresar a ese sitio que encontró interesante esa mañana.

Para eliminar una entrada del historial, haga clic con el botón secundario del mouse y elija Delete del menú. Para eliminar toda la lista, salga del área Favorites. Entonces elija Internet Options desde el menú Tools de Internet Explorer y haga clic en el botón Delete en la sección Browsing History. Aparece un menú que le permite eliminar su History y otros elementos.

Para apagar el History, haga clic en el botón Settings en lugar del botón Delete. Luego, en la sección History, cambie la opción Days To Keep Pages in History a 0.

¿No ve sus favoritos en el menú desplegable cuando hace clic en el botón Favorites? Haga clic en la palabra Favorites en la parte superior del menú para conectarse a ellos. (Es posible que esté viendo el History, cubierto en la barra lateral, o las fuentes RSS, que detallan el encabezado de un sitio).

Buscar información en Internet

Tal como encontrar un libro en una biblioteca sin un catálogo de tarjetas es casi imposible, encontrar un sitio Web en Internet sin un buen índice también es casi imposible. Por suerte, Internet Explorer le permite tener acceso a un índice, conocido como motor de búsqueda, a través del cuadro Search en la esquina superior derecha.

Escriba unas cuantas palabras en el cuadro Search acerca de lo que está buscando (**orquídeas exóticas**, por ejemplo) y presione Enter. Internet Explorer despacha su búsqueda a Windows Live, el propio motor de búsqueda de Microsoft. Puede cambiar ese motor de búsqueda a Google (www.google.com) o cualquier otro motor de búsqueda que desee.

De hecho, puede agregar una variedad de motores de búsqueda, por ejemplo, dirigir la mayoría de sus búsquedas a Google, pero enviar búsquedas de libros y CD a Amazon. Siga estos pasos para personalizar el cuadro Search de Internet Explorer a su gusto:

1. **Haga clic en la flecha hacia abajo en el borde derecho del cuadro Search.**

   Aparece un menú desplegable.

2. **Elija Find More Providers.**

   Internet Explorer visita el sitio Web de Microsoft y enumera algunos motores de búsqueda populares.

3. **Haga clic en su motor de búsqueda favorito y elija Add Provider desde la ventana emergente.**

   Cuando la ventana emerge y pregunta si desea agregar ese motor de búsqueda, haga clic en Add Provider.

   Si desea que sus búsquedas de todo se dirijan a un solo motor de búsqueda (Google, por ejemplo) haga también clic en el cuadro Make This My Default Search Provider. Eso le indica a Internet Explorer que envíe automáticamente todas sus búsquedas a ese proveedor.

4. **Siéntase en libertad de agregar también cualquier otro motor de búsqueda que desee.**

   Elija otros motores de búsqueda que desee agregar. Todos aparecerán en el menú desplegable del cuadro Search, que se aprecia en la Figura 8-6.

Figura 8-6:
Para dirigir las búsquedas a diferentes lugares, haga clic en la flecha ubicada a la derecha del cuadro Search y elija un motor de búsqueda para recibir la búsqueda.

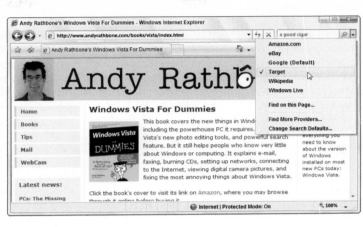

✔ Puede cambiar su motor de búsqueda predeterminado en cualquier momento al elegir Change Search Defaults desde la parte inferior del menú desplegable en la Figura 8-6. Aparece una ventana, que detalla todos sus motores de búsqueda; haga clic en su favorito e Internet Explorer le envía ahí todas sus búsquedas.

✔ Si Google encuentra sitios Web en idiomas extranjeros, a menudo los traduce a su propio idioma para su comodidad.

✔ Algunas veces Google muestra un sitio Web que se ha actualizado y que ya no indica lo que usted estaba buscando. Si esto sucede, haga clic en la palabra en Cached, en lugar del nombre del sitio. Con esto aparece una instantánea de la pantalla del sitio Web como lucía cuando contenía lo que está buscando.

✔ Haga clic en botón I'm Feeling Lucky de Google y éste muestra el sitio que con mayor probabilidad contiene lo que está buscando. Esta opción funciona mejor cuando busca información común.

¡La Página Web Indica que Necesita un Complemento Extraño!

Los programadores de equipos abandonaron sus aburridos y anticuados televisores y se centraron en sus nuevos y emocionantes equipos para el entretenimiento. Actualmente, están intentando convertir sus equipos en televisores. Están usando técnicas sofisticadas de programación conocidas como Java, Flash, RealPlayer, QuickTime y otros productos para agregar animación y otras películas a Internet.

Los programadores también están agregando pequeñas dosis de software denominado plug-ins *(complementos)* que aumentan la capacidad de su equipo de mostrar estos atractivos elementos —así como anuncios en movimiento a lo largo de la parte superior de su pantalla. Usted sabrá cuándo necesita un complemento cuando el sitio Web despliegue frente a sus ojos un aviso amenazador, como se muestra en la Figura 8-7.

Figura 8-7:
Un sitio pide instalar software.

Internet Explorer Add-on Installer - Security Warning

Do you want to install this software?

Name: Adobe Flash Player 9
Publisher: Adobe Systems Incorporated

☒ More options   Install   Don't Install

While files from the Internet can be useful, this file type can potentially harm your computer. Only install software from publishers you trust. What's the risk?

¿Cuál es el problema? Si su equipo le indica que necesita un complemento o su versión más reciente, haga clic en el botón que lo lleva a su área de descargas —*pero sólo si es confiable.* Aunque a menudo es muy difícil diferenciar los programas buenos de los malvados, en el Capítulo 10 explico cómo juzgar la confiabilidad de un complemento. Los siguientes complementos son tanto gratuitos como seguros:

✔ **QuickTime (`www.apple.com/quicktime`):** La versión gratuita de QuickTime reproduce muchos formatos de video que Microsoft Media Player no puede manejar, incluyendo aquellos necesarios para ver la mayoría de avances de películas.

✔ **RealPlayer (`www.real.com`):** Aunque encuentro ofensivo este software, algunas veces es la única forma de observar o ver algunas cosas en Internet. Asegúrese de descargar la versión *gratuita*, sin importar qué tanto los muchachos de Real intentan ocultarla detrás de la versión pagada de este sitio Web.

✔ **Adobe Flash/Shockwave (`www.adobe.com`):** Aunque esta descarga gratuita reproduce la mayoría de anuncios sofisticados en movimiento en sitios Web, también le permite ver caricaturas y animaciones divertidas.

✔ **Adobe Acrobat Reader (`www.adobe.com`):** Acrobat Reader, otra aplicación gratuita, le permite ver documentos como si estuvieran impresos en papel. (Sin embargo, algunas veces no le permite copiar partes de los mismos ni leerlos con su procesador de textos).

Tenga cuidado con los sitios que intentan escurrirse con otros programas cuando descarga el complemento. Por ejemplo, Adobe Flash Player algunas veces intenta filtrarse en una copia de la barra de herramientas de Yahoo! junto con el complemento. Examine las casillas de verificación cuidadosamente y cancele cualquiera de ellas que no desee, necesite o confíe antes de hacer clic en el botón Install o Download. Si es demasiado tarde, en la sección "Eliminar complementos innecesarios" de este capítulo describo cómo eliminar complementos.

Guardar Información Desde Internet

La Internet coloca una biblioteca con servicio completo dentro de su casa, sin tener que hacer largas filas para salir. Y tal como cada biblioteca cuenta con una fotocopiadora, Internet Explorer proporciona varias formas para que guarde piezas interesantes de información para su uso personal. (Verifique las leyes de derechos de autor de su país para enterarse de especificaciones).

Las siguientes secciones explican cómo copiar algo de Internet a su equipo, ya sea que se trate de una página Web entera, una sola fotografía, un sonido, una película o un programa.

En el Capítulo 7 Explico cómo imprimir una página Web (o la información que contiene).

Guardar una página Web

¿Anda en busca de una práctica tabla de conversión de Fahrenheit/ Centígrados? ¿Necesita ese cuadro de identificación de sushi para la cena? ¿Desea guardar el itinerario del viaje del mes próximo a Rusia? Cuando encuentra una página Web con información indispensable, algunas veces no puede resistirse a guardar una copia en su equipo para verla, revisarla o hasta imprimirla en otra ocasión.

Cuando guarda una página Web, está guardando la página como *existe en ese momento* en su pantalla. Para ver cualquier cambio posterior, debe volver a visitar el sitio.

Es fácil guardar la página Web que está viendo:

1. **Elija Save As del menú Page de Internet Explorer.**

   Cuando aparece el cuadro Save Webpage, Internet Explorer ingresa el nombre de la página Web en el cuadro File Name, como se muestra en la Figura 8-8, y llena automáticamente el cuadro Encoding.

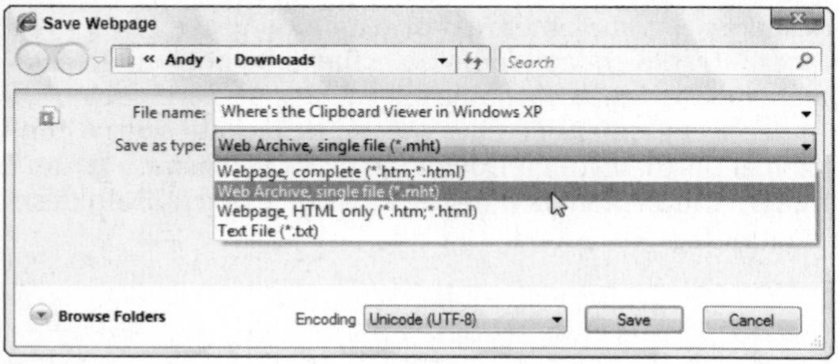

Figura 8-8:
Internet
Explorer
ofrece
cuatro
formatos
diferentes
para
guardar una
página Web.

Figura 8-8:
Internet
Explorer
ofrece
cuatro
formatos
diferentes
para
guardar una
página Web.

2. **Use la lista desplegable Browse Folders para elegir en dónde desea guardar el archivo.**

   Por lo regular, Internet Explorer guarda la página Web en su carpeta Downloads, accesibles con un solo clic en su nombre de usuario sobre de la esquina derecha del menú Start. Para guardar la página Web en una carpeta diferente, tal vez Documents, haga clic en la lista desplegable Browse Folders.

3. **Elija la forma en que desea guardar la página en el cuadro Save As Type.**

   Internet Explorer le ofrece *cuatro* diferentes formas de guardar la página Web:

   - **Webpage, Complete (Página Web, Completa) (*.htm;*.html):** Rápida, práctica, pero un poco incómoda, esta opción le indica a Internet Explorer que divida la página Web en dos partes: una carpeta que contiene las imágenes y los gráficos de la página y un vínculo contiguo que le indica al equipo que muestre el contenido de la carpeta.

   - **Web Archive, Single File (Archivo Web, un solo archivo) (*.mht):** Una opción mucho más ordenada, esta selección también guarda una copia exacta de la página Web. No obstante, todo está empacado de manera nítida en un solo archivo que lleva el nombre de la página Web. Desafortunadamente, sólo Internet Explorer puede abrir este tipo de archivo, con lo que deja afuera a las personas que usan otros programas para explorar la Web.

   - **Webpage, HTML Only (Página Web, sólo HTML) (*.htm;*.html):** Esta opción guarda el texto y el diseño de la página, pero extrae las imágenes. Es útil para quitar imágenes y anuncios de tablas, cuadros y otros trozos de texto formateados.

   - **Text File (Archivo de texto) (*.txt):** Esta opción extrae todo el texto de la página y lo deposita en un archivo de Notepad (Bloc de notas), sin preocuparse mucho por conservar el formato. Es práctico para guardar listas sencillas, pero no mucho más.

Guardar un sonido o una película que ha reproducido

Algunos sitios Web absolutamente crueles no le permiten guardar películas o sonidos que acaba de reproducir en el Media Player. Pero los sitios amistosos le permiten elegir Save Media As desde el menú Media Player's File para guardar el espectáculo en su unidad de disco duro. (Presione Alt para ver el menú oculto File). Pero si esa opción está atenuada o el Media Player no llena automáticamente el formato, no se le permite guardar lo que acaba de ver o escuchar.

Este truco no funciona con todos los medios (especialmente con estaciones de radio por Internet) y no siempre funciona en diferentes reproductores multimedia como QuickTime o RealPlayer. Pero siempre vale la pena intentar.

4. **Haga clic en el botón Save cuando haya finalizado.**

Para volver a visitar la página Web que guardó, abra su carpeta Downloads y haga clic en el archivo guardado. Internet Explorer vuelve a la vida y muestra la página.

Guardar texto

Para guardar sólo un poco del texto, seleccione el texto que desea extraer, haga clic en él con el botón secundario del mouse y elija Copy. Abra su procesador de textos y pegue el texto en un nuevo documento y guárdelo en su carpeta Documents con un nombre descriptivo.

Para guardar *todo* el texto de un sitio Web, es más fácil guardar toda la página Web, según se describe en la sección anterior.

Guardar una imagen

A medida que explora las páginas Web y detecta una imagen que es buena para conservar, guárdela en su equipo: Haga clic con el botón secundario del mouse sobre la imagen y en el menú terriblemente saturado busque las palabras Save Picture As (Guardar imagen como), que se muestra en la Figura 8-9.

Aparece la ventana Save Picture, que le permite elegir un nuevo nombre de archivo para la imagen o quedarse con el nombre del archivo que utiliza la página Web. Haga clic en Save y aparece su imagen pirateada en su carpeta Pictures.

El menú del botón secundario del mouse que aparece en la Figura 8-9 también ofrece otras opciones prácticas, lo que le permite optar por imprimir o enviar la imagen por correo electrónico o hasta dejarla como fondo de su escritorio.

Figura 8-9:
Haga clic con el botón secundario del mouse y elija Save Picture As del menú desplegable.

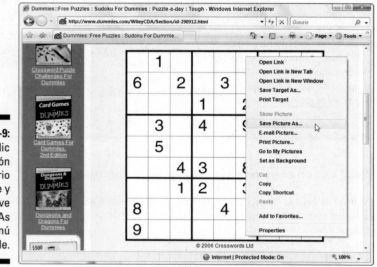

¿Recuerda la imagen pequeña con su nombre en la pantalla Welcome de Windows Vista? Siéntase en libertad de utilizar cualquier imagen desde Internet. Haga clic con el botón secundario del mouse en la nueva imagen y guárdela en su carpeta Pictures. Luego utilice el Control Panel (consulte el Capítulo 11) para transformar esa imagen en la imagen de su nueva cuenta de usuario.

Descargar un programa o archivo

Algunas veces, descargar es tan fácil como hacer clic en el botón Click to Download Now (Hacer clic para descargar ahora) de un sitio Web. El sitio Web pregunta dónde se va a guardar su archivo y usted elige su carpeta Documents o Downloads para una fácil recuperación. El archivo llega en unos segundos (si tiene un módem de cable) o unos cuantos minutos a horas (si tiene un módem de acceso telefónico).

Pero algunas veces, la descarga requiere unos cuantos pasos adicionales:

1. **Haga clic con el botón secundario del mouse en el vínculo que apunta al archivo deseado y elija Save Target As.**

   Por ejemplo, para descargar la novela de ciencia ficción de Cory Doctorow, *Someone Comes to Town, Someone Leaves Town* (Alguien llega a la ciudad, alguien deja la ciudad), desde su sitio Web, haga clic con el botón secundario del mouse en su vínculo (las palabras "plain text file" en este caso). Luego escoja Save Target As del menú emergente, similar al menú que se muestra anteriormente en la Figura 8-9.

   Cuando intenta descargar un *programa,* Windows le pregunta si desea Save the File o Run It from Its Current Location. Elija Save the File.

2. **Navegue hasta su carpeta Downloads, si fuera necesario, y haga clic en el botón Save.**

   Vista ofrece normalmente guardar el archivo en su carpeta Downloads, lo que le ahorra la molestia de navegar a él. (Puede ver Downloads en la lista de la barra de direcciones de la carpeta en la Figura 8-10). Pero si prefiere descargarlo en una carpeta diferente, navegue hasta dicha carpeta y haga clic en el botón Save.

Figura 8-10:
Navegue hacia su carpeta Downloads y haga clic en el botón Save.

Windows Vista comienza a copiar el archivo desde el sitio Web hasta su unidad de disco duro. Windows Vista le indica cuando haya finalizado la descarga y puede hacer clic en el botón Open Folder para abrir su carpeta Downloads y ver su archivo descargado.

✔ Antes de ejecutar cualquier programa, protector de pantalla, temas u otros elementos descargados, asegúrese de analizarlos con su programa antivirus. Windows Vista no trae uno integrado, con lo que le deja a usted la elección de comprar uno.

✔ Muchos programas descargados vienen empaquetados en una carpeta ordenada con una cremallera sobre ella, lo que se conoce como un *archivo en Zip*. Windows Vista los trata como carpetas normales; sólo haga doble clic en ellos para abrirlos. (Los archivos están, de hecho, comprimidos dentro de dicha carpeta para ahorrar tiempo de descarga, si es que le interesa la ingeniería implicada).

¡No Funciona!

Si hay algo que no funciona, no se sienta mal. La Internet ha estado en la industria por algún tiempo, pero toda esta cuestión de la Web es relativamente nueva y complicada. No se supone que funcione sin dificultades todavía, y no es algo que usted pueda descifrar de la noche a la mañana. Esta sección explora algunos problemas comunes y posibles soluciones.

La persona que tiene la cuenta Administrator —generalmente el propietario del equipo— es el único que está autorizado para realizar algunos de los cambios que leerá en esta sección. Si emerge un mensaje cruel, con un dedo índice ondeando y murmurando restricciones del Administrator, está usted bloqueado. Es mejor que busque al propietario del equipo para continuar.

He aquí algunas sugerencias generales que posiblemente desee intentar antes de explorar las siguientes secciones:

✔ Cuando un sitio Web le da problemas, intente vaciar la papelera de Internet Explorer. Elija Internet Options desde su menú Tools y haga clic en el botón Delete. Busque la sección Temporary Internet Files y haga clic en el botón Delete. Juegue con sus dedos hasta que termine, luego haga clic en el botón Close, vuelva a visitar el sitio problemático e inténtelo de nuevo.

✔ Si la configuración de su conexión parece torcida, intente configurar de nuevo su conexión a Internet. Descritos en la sección "Configurar Internet Explorer por Primera Vez" de este capítulo, los pasos lo guían por su configuración actual, con lo que le permiten realizar cambios en cuestiones que parezcan sospechosas.

✔ Si de ningún modo se puede conectar a Internet, su mejor expectativa es llamar al número de soporte técnico de su ISP y pedir ayuda. (Asegúrese de llamar a su proveedor de servicio de Internet, no a Microsoft).

✔ Si una página no parece mostrarse correctamente, busque el cintillo de advertencia de Internet Explorer a lo largo de la parte superior de la página. Haga clic en el cintillo e indíquele a Internet Explorer que *no* bloquee lo que está intentando bloquear.

Eliminar Complementos Innecesarios

Muchos sitios Web instalan pequeños programas dentro de Internet Explorer para ayudarle a navegar la Web o jugar con algunos sitios Web. No todos esos pequeños programas tienen buenos modales. Para ayudarle a retirar las sanguijuelas, Internet Explorer le permite ver una lista de todos los pequeños programas recientemente instalados, llamados add-ons *(complementos)*.

Para ver lo que está aferrado a su copia de Internet Explorer, haga clic en el botón Tools del programa y elija Manage Add-ons. Luego seleccione Enable or Disable Add-ons. (No haga clic en Find More Add-ons, ya que esto solamente lo lleva al centro de compras en línea de Microsoft).

Aparece la ventana Manage Add-ons de Internet Explorer, que se muestra en la Figura 8-11, lo que le permite ver los complementos cargados actualmente, los complementos que actualmente se ejecutan sin su permiso y los complementos que se han ejecutado en el pasado.

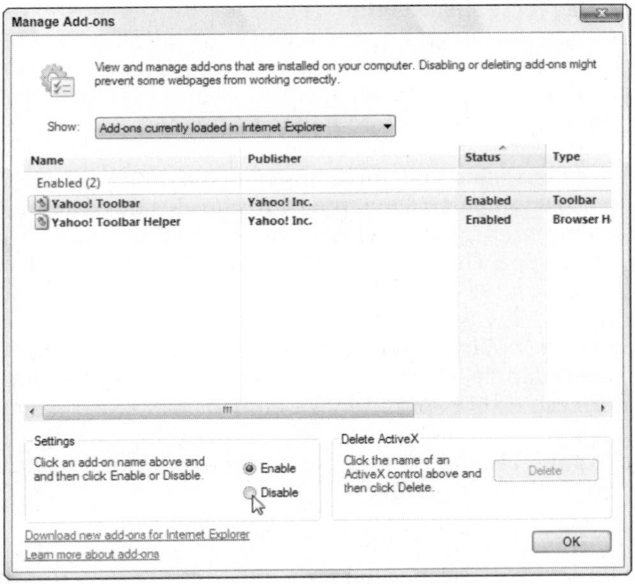

Figura 8-11: Haga clic en un complemento sospechoso y elija Disable en el área Settings.

La mayoría de complementos enumerados en la ventana Manage Add-ons son buenos. (Los de Microsoft son generalmente inofensivos). Pero si detecta un complemento que no reconoce o piensa que está causando problemas, busque su nombre en Google (www.google.com) para ver lo que se dice sobre él. Si descubre alguno que parezca malo, haga clic en su nombre y en el botón Disable.

Si deshabilitar el complemento impide que algo funcione correctamente, vuelva a la pantalla, haga clic en el nombre del complemento y en el botón Enable.

El manejo de complementos se vuelve un juego de prueba y error, pero es una forma práctica de deshabilitar un complemento sinvergüenza instalado por un malvado sitio Web.

Las Páginas no Todas Se Ajustan a mi Pantalla

Algunas personas (con buen sentido de la vista) pueden costear enormes monitores que compactan grandes cantidades de información en la pantalla. Otras personas tienen monitores más pequeños que simplemente no disponen del espacio para mostrar todo. Así que, ¿cómo un sitio Web ajusta su forma para que todo quepa en la pantalla? No puede.

Algunos lo intentan al ajustarse directamente en monitores más pequeños, pero dejando espacio blanco a lo largo de los bordes de monitores más grandes. Otros intentan adivinar el tamaño del monitor y ajustan las dimensiones para que quepa. Otros simplemente se salen del borde derecho de su pantalla.

La mejor manera de controlarlo es experimentar con su *resolución de pantalla*— la cantidad de información que puede mostrar su pantalla. Aunque describo el proceso en el Capítulo 11, he aquí los pasos a groso modo:

1. **Haga clic con el botón secundario del mouse en una parte vacía de su escritorio y elija Personalize.**

2. **Haga clic en el ícono Display Settings.**

3. **Deslice la barra de Resolution para ajustar su Screen Resolution.**

   Al deslizar la barra a la *derecha* se compacta más información en la pantalla, pero todo se hace más pequeño. Al deslizar a la *izquierda* se hace todo más grande, pero algunas veces se dejan partes que se salen del borde.

Aunque el ajuste de resolución de 800 x 600 píxeles funciona bien para el promedio de monitores pequeños, muchos sitios empacan ahora su información en una resolución de 1024 x 768 píxeles.

¡Internet Explorer Ahora Cubre Toda mi Pantalla!

Internet Explorer vive normalmente de manera segura dentro de su propia ventana llena de menús. Pero ocasionalmente se engrandece para llenar toda la pantalla, recortando nítidamente tanto sus menús como la barra de tareas del escritorio. El modo de pantalla completa luce excelente para películas, pero la escasez de menús no le deja forma de cambiarse a un programa diferente.

Para salir del modo de pantalla completa, presione F11. Eso alterna el modo de pantalla completa, al volver a colocar sus menús al alcance. Presione de nuevo F11 para ver la película.

 Presionar la tecla Windows regresa el menú Start y la barra de tareas, práctico para ejecutar un programa rápido y luego regresar a Internet Explorer.

Capítulo 9

Enviar y Recibir Correo Electrónico

*I*nternet Explorer convierte la Internet en una revista multimedia, pero Windows Mail lo convierte en su oficina de correos personalizada, en donde nunca necesitará andar tras una estampilla. Windows Mail, una aplicación gratuita de Windows Vista, le permite enviar cartas y archivos a cualquier persona en el mundo que tenga una cuenta de correo electrónico. (Y casi todo el mundo lo tiene en estos días).

Windows Mail, una tremenda ganga como aplicación gratuita, ordena su correo entrante de manera automática y lo almacena en la carpeta correcta, organiza varias cuentas de correo electrónico simultáneamente y también agrega algo de seguridad a su correo electrónico.

Si ha utilizado Outlook Express, el programa de correo electrónico que viene incluido con Windows XP, se sentirá justamente como en casa con Windows Mail. Ambos programas son básicamente lo mismo, con menús casi idénticos. Windows Mail puede importar todas sus cuentas, contactos y correo electrónico existentes de Outlook Express. Si actualiza a Windows Vista su equipo con Windows XP, Windows Mail es hasta lo suficientemente inteligente para importar su información de manera automática.

Usar Windows Mail

La pantalla Windows Mail, que se muestra en la Figura 9-1, divide su correo electrónico en dos columnas: El lado de las carpetas, a lo largo del lado izquierdo, guarda y ordena su correo electrónico de manera automática. La pantalla de trabajo, en el lado derecho, le permite ver y ocuparse de su correo electrónico.

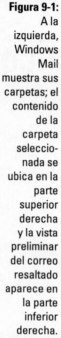

Figura 9-1:
A la izquierda, Windows Mail muestra sus carpetas; el contenido de la carpeta selecciona-nada se ubica en la parte superior derecha y la vista preliminar del correo resaltado aparece en la parte inferior derecha.

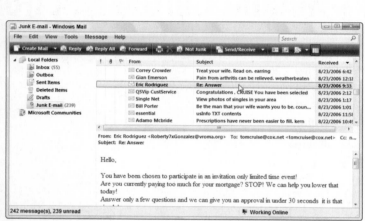

Las carpetas en Windows Mail funcionan en gran parte como las tradicionales bandejas de entrada y salida para ordenar memorandos. Haga clic en el nombre de cualquier carpeta para dar un vistazo dentro, y encontrará una agradable sorpresa. A diferencia de su oficina, Windows Mail ordena automáticamente su información en las siguientes carpetas:

✔ **Inbox (Bandeja de entrada):** Cuando se conecta a Internet, Windows Mail captura cualquier correo electrónico en espera y lo coloca en su carpeta Inbox. En equipos con una conexión a la Internet de banda ancha, Windows Mail revisa si hay correo nuevo cada 30 minutos, o cada vez que hace clic en el botón Send/Receive en la barra de herramientas.

Reduzca su tiempo de espera de 30 minutos al elegir Options desde el menú Tools, hacer clic en la ficha General y cambiar el número de minutos en el cuadro Check for New Messages Every X Minutes.

✔ **Outbox (Bandeja de salida):** Cuando envía o contesta un mensaje, Windows Mail inmediatamente intenta conectarse a la Internet y lo envía. Si ya está conectado, Windows Mail lo despacha de inmediato a su destinatario.

¿Qué exactamente necesito para enviar y recibir correo electrónico?

Para enviar correo electrónico a un amigo o enemigo con Windows Mail, necesita tres cosas:

✔ **Una cuenta de correo electrónico:** La sección siguiente describe cómo configurar Windows Mail para que funcione con su cuenta de correo electrónico. La mayoría de ISP (proveedores de servicio de Internet, tema que cubro en el Capítulo 8) le proporciona una dirección gratuita de correo electrónico junto con su acceso a Internet.

✔ **La dirección de correo electrónico de su amigo o enemigo:** Localice las direcciones de correo electrónico de sus amigos sencillamente con preguntárselas. Una dirección consiste de un *nombre de usuario* (que es semejante ocasionalmente al nombre real del usuario), seguido por el signo @, y luego por el nombre del ISP de su amigo. La dirección de correo electrónico de un usuario de America Online que tenga el nombre de usuario Luis9435 sería `luis 9435@aol.com`. (A diferencia de su oficina de correos local, el correo electrónico no tolera errores de escritura. La precisión es indispensable).

✔ **Su mensaje:** Aquí es donde comienza finalmente la diversión: escribir su carta. Después de escribir la dirección de correo electrónico de la persona y su mensaje, haga clic en el botón Send (Enviar). Windows Mail transfiere su mensaje a la dirección correcta.

Encontrará direcciones de correo electrónico de las personas en tarjetas de presentación, sitios Web y hasta en direcciones del remitente: Siempre que conteste un mensaje de correo electrónico, Windows Mail agrega automáticamente la dirección de correo electrónico de dicha persona a su lista de contactos.

Si escribe mal una parte de la dirección de correo electrónico, su mensaje enviado rebota a su propia bandeja de entrada con un confuso mensaje *undeliverable* adjunto. Revise la escritura de la dirección e intente de nuevo. Si vuelve a rebotar, humíllese: Levante el teléfono y pregúntele a la persona si usted tiene la dirección correcta.

✔ **Sent Items (Elementos enviados):** *Cada* mensaje de correo electrónico que ha enviado permanece aquí, con lo que deja un registro permanente. (Para desechar los mensajes particularmente embarazosos, haga clic con el botón secundario del mouse sobre ellos y elija Delete).

✔ **Deleted Items (Elementos eliminados):** La carpeta Deleted Items sirve como Papelera de Reciclaje de Windows Mail, lo que le permite recuperar mensajes eliminados involuntariamente. Para eliminar algo permanentemente desde la carpeta Deleted Items, haga clic con el botón secundario del mouse sobre el elemento y elija Delete desde el menú desplegable.

Para evitar que el correo eliminado desordene su carpeta Deleted Items, elija Options del menú Tools, haga clic en la ficha Advanced y luego en el botón Maintenance. Desde aquí, seleccione la casilla Empty Messages from the 'Deleted Items' Folder on Exit.

✔ **Drafts (Borradores):** Cuando se encuentra a medias en la redacción de un mensaje de correo electrónico y desea terminarlo más tarde, elija Save desde el menú File de su correo electrónico. La carta se desplaza a su carpeta Drafts hasta que esté listo para retomarla.

✔ **Junk E-mail (Correo electrónico no deseado):** Windows Mail percibe correo no deseado potencial y descarga los elementos sospechosos a esta carpeta.

Para ver el contenido de cualquier carpeta, haga clic sobre ella. El contenido de dicha carpeta se desplaza hacia la parte derecha superior. Haga clic en cualquier mensaje de correo electrónico y su contenido aparecerá en el Preview Pane ubicado abajo.

¿Desea transferir todos sus mensajes de correo electrónico desde su equipo anterior a uno nuevo? Lo explico en el Capítulo 19.

Crear su Cuenta de Correo Electrónico

Con el fin de enviar o recibir correo electrónico en Windows Mail, debe tener estas tres cosas, todas disponibles a través de su ISP: su nombre de usuario, su contraseña y una conexión a la Internet que funcione. (Ya habrá hecho uso de estos tres elementos, si crea exitosamente su cuenta de Internet, según se describe en el Capítulo 8).

La mayoría de personas crea más de una cuenta de correo electrónico, así como la cuenta gratuita de su ISP. Si se encuentra creando su cuenta de correo electrónico número 1 ó 40, siga estos seis pasos:

1. **Cree su cuenta de Internet y abra Windows Mail.**

   Es necesario que cree *primero* su cuenta de Internet, según se describe en el Capítulo 8; de lo contrario, su correo electrónico no dispondrá de ninguna forma de llegar a la Internet.

   Para poner en marcha Windows Mail por primera vez, abra el menú Start y haga clic en el ícono Windows Mail (se muestra en el margen). Si no ve este ícono, elija All Programs y luego haga clic en Windows Mail. Windows Mail salta a la pantalla, listo para configurarse para enviar y recibir su correo electrónico, como se muestra en la Figura 9-2.

   Si la pantalla de la Figura 9-2 no aparece automáticamente, abra Windows Mail y elija Accounts del menú Tools. Haga clic en el botón Add, elija E-mail Account y haga clic en Next para obtener la ventana de la Figura 9-2, lista para agregar una cuenta de correo electrónico.

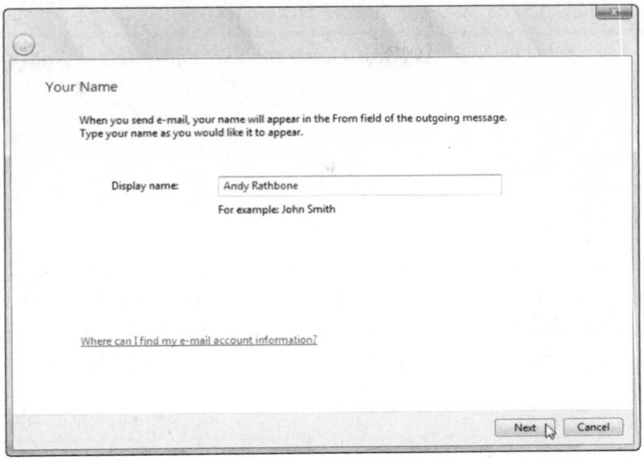

Figura 9-2:
Cuando se
carga por
primera vez,
Windows
Mail ofrece
crear su
cuenta de
correo
electrónico.

2. **Escriba su nombre y haga clic en Next.**

   Este nombre aparece en el cuadro From, de todo su correo electrónico, así que la mayoría de personas simplemente escribe su propio nombre, como se muestra en la Figura 9-2. Nombres como *Dragón asesino* pueden regresar para perseguirle.

3. **Escriba su dirección de correo electrónico y haga clic en Next.**

   Su dirección de correo electrónico es su nombre de usuario, el signo @ y su ISP, toda información que su ISP debe proporcionarle. Por ejemplo, si su nombre de usuario es *luis4265* y su nombre de ISP es *charternet. com,* entonces escriba **luis4265@charternet.com** en el cuadro E-mail Address.

4. **Elija su tipo de servidor y los nombres de sus servidores de correo entrante y saliente y haga clic en Next.**

   En este punto, es necesario que sepa el *tipo* de cuenta de correo electrónico que utiliza el servicio. Es una palabra rara como POP3 o IMAP. (Si utiliza HTTP, Windows Mail no puede trabajar con eso, lo que deja afuera a usuarios de Hotmail). La mayoría de ISP le envía estos útiles datos sobre configuración e instrucciones por medio de la oficina de correos. Si los extravió, visite el sitio Web del ISP o llame a los encargados de soporte técnico de su ISP y pídales el *nombre* y *tipo* de servidor de correo. La Tabla 9-1 detalla la información requerida por algunos servicios comunes de correo electrónico.

   Gmail de Google, AOL y Yahoo! le solicitarán que haga clic en el cuadro marcado como Outgoing Server Requires Authentication en esta página.

Tabla 9-1   Configuración de Correo Electrónico para ISP Populares

Servicio	Tipo de Correo Electrónico	Servidor de Correo Entrante	Servidor de Correo Saliente
Gmail de Google (Consulte la barra lateral relacionada para conocer la configuración adicional que necesita la cuenta de Gmail).	POP3	pop.gmail. com	smtp.gmail. com
America Online (AOL) (Consulte la barra lateral relacionada para conocer la configuración adicional que necesita la cuenta de AOL).	IMAP	imap.aol. com	smtp.aol. com
Yahoo! (Solamente las cuentas de correo electrónico pagadas de Yahoo! pueden recibir correo a través de Windows Mail).	POP3	pop.mail.yahoo	smtp.mail.yahoo

5. **Escriba su nombre de cuenta y contraseña y haga clic en Next.**

   Para su nombre de cuenta, escriba la parte de su dirección de correo electrónico que va antes del signo @. Luego escriba la contraseña de dicha cuenta. Marque el cuadro Remember Password para buscar su correo electrónico automáticamente en un segundo plano.

   Marque el cuadro Secure Password Authentication *sólo* si el proveedor de Internet lo solicita. (Yahoo! lo hace, por ejemplo).

6. **Haga clic en Finish.**

   Eso es todo. Windows Mail debería buscar de inmediato cualquier correo electrónico en espera y permitirle que comience a enviar correo electrónico.

✔ Si no funciona la configuración o no parece correcta, es fácil de cambiar. Elija Accounts desde el menú Tools y haga doble clic en el nombre de la cuenta que necesita modificarse. Esos pasos también le permiten cambiar la forma en que Windows Mail detalla su nombre de cuenta, quizá al cambiar el parsimonioso *pop.mail.yahoo* para el simple y anticuado *Yahoo,* por ejemplo.

Terminar de configurar su cuenta de AOL en Windows Mail

Aún después de finalizar con los Pasos 1 a 6 para configurar su cuenta de AOL en Windows Mail, su cuenta no funcionará correctamente hasta que realice lo siguiente:

1. **Elija Accounts del menú Tools de Windows Mail para ver su cuenta (o cuentas) de correo electrónico.**

2. **Seleccione la cuenta de AOL que creó, elija Properties y haga clic en la ficha Servers.**

3. **Haga clic en el cuadro My Server Requires Authentication y haga clic en Apply.**

4. **Haga clic en la ficha Advanced.**

5. **En el cuadro Outgoing Mail (SMTP), cambie el número a 587 y haga clic en Apply.**

6. **Haga clic en la ficha IMAP y una segunda vez para eliminar la marca de la casilla de verificación Store Special Folders on IMAP Server.**

7. **Haga clic en Apply, luego en OK y por último en Close.**

Si un mensaje le pide descargar carpetas del servidor de correo, haga clic en Yes.

✔ Si su ISP le permite registrarse en cuentas de correo adicionales para miembros de la familia, siéntase en libertad de crear una segunda cuenta de correo electrónico "desechable" para usted. Utilice esa dirección de correo electrónico cuando se registre para ofertas en línea o llene formularios temporales. Cuando esa cuenta se inunde de correo electrónico no deseado, simplemente elimínela y cree una nueva.

✔ Asegúrese de hacer de su cuenta favorita de correo electrónico su cuenta default *(predeterminada)*, la que se detalla como dirección de remitente en todos los mensajes de correo que envíe. Para definir su cuenta predeterminada, elija Accounts del menú Tools, haga clic en la cuenta que más utiliza y en el botón Set as Default.

✔ Haga una copia de seguridad de esta configuración para evitar la molestia de tener que volver a completarla de nuevo: Elija Tools, seleccione Accounts y haga clic en el nombre de su cuenta. Entonces haga clic en el botón Export para guardar la información de su cuenta como IAF (Archivo de cuenta de Internet), un formato que funciona con la mayoría de los demás programas de correo electrónico. Para importar esa configuración de nuevo al correo electrónico, o hacia el programa de correo electrónico de su equipo portátil, elija Tools, seleccione Accounts y elija Import.

Terminar de configurar su cuenta de Gmail en Windows Mail

Después de crear su cuenta de Gmail, es necesario que lleve a cabo unos cuantos pasos adicionales antes de que funcione con Windows Mail:

1. **Elija Accounts del menú Tools de Windows Mail para ver su cuenta (o cuentas) de correo electrónico.**

2. **Seleccione la cuenta de Gmail que creó, elija Properties y haga clic en la ficha Servers.**

3. **Haga clic en el cuadro My Server Requires Authentication y haga clic en Apply.**

4. **Haga clic en la ficha Advanced.**

5. **Marque la casilla de verificación contigua a This Server Requires a Secure Connection (SSL) under Outgoing Mail (SMTP).**

   El puerto Incoming Mail cambia a 995.

6. **Escriba 465 en el campo Outgoing Mail (SMTP).**

7. **Haga clic en Apply, luego en OK y por último en Close.**

Redactar y Enviar un Mensaje de Correo Electrónico

¿Está listo para enviar su primer correo electrónico? Después de que haya configurado Windows Mail con su cuenta de correo electrónico, siga estos pasos para redactar su carta y depositarla en el buzón de correo electrónico, al enviarla a través del espacio virtual al equipo del destinatario:

1. **Abra Windows Mail y haga clic en el ícono Create Mail desde el menú del programa.**

   Si no ve un ícono Create Mail en la parte superior (luce como el del margen), haga clic en el menú File, seleccione New y elija Mail Message.

   Aparece la ventana New Message, como se muestra en la Figura 9-3.

   Si ha creado más de una cuenta, como se describe en la sección anterior, Windows Mail automáticamente dirige el correo con su cuenta *predeterminada;* generalmente la primera cuenta de correo electrónico que haya creado en Windows Mail. Para enviar su mensaje desde una de las demás cuentas de correo electrónico, en caso de poseer una, haga clic en la flecha descendente en el cuadro From, el cuadro que está detallando actualmente su dirección de correo electrónico, y seleccione la otra cuenta.

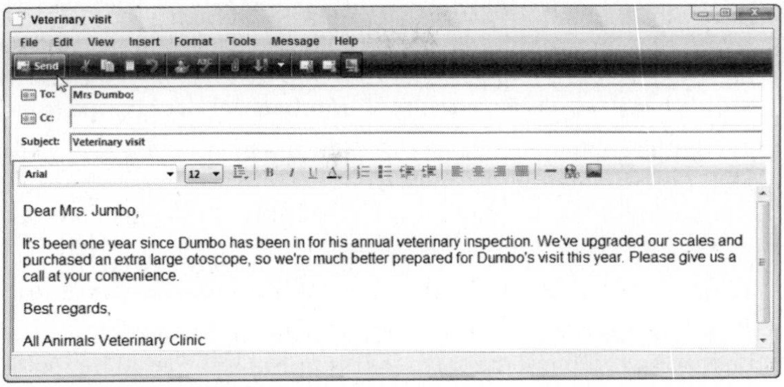

Figura 9-3:
Haga clic en
el botón
Create Mail
y aparece
una ventana
para que
redacte y
envíe correo
electrónico.

Para enviar un mensaje breve de correo electrónico a alguien que figura en su carpeta Contacts, haga clic con el botón secundario del mouse en su nombre, elija Action y seleccione Send E-mail. Windows Mail abre un mensaje de correo electrónico que ya se haya dirigido a dicha persona, con lo que le ahorra un paso.

2. **Escriba la dirección de correo electrónico de su amigo en el cuadro To.**

Escriba la dirección de correo electrónico del destinatario en el cuadro To. O bien, haga clic en el botón To contiguo a donde escribe la dirección: Aparece una ventana, donde se enumeran los nombres de las personas en su carpeta Contacts. Haga clic en el nombre de su amigo, luego en el botón To y por último en OK.

¿Va a enviar o reenviar un mensaje a varias personas? Conserve la privacidad de las personas con hacer clic en el botón Bcc (que aparece en el margen) en lugar del botón To. Con eso también se les transmite el mismo mensaje, pero se ocultan mutuamente sus direcciones de correo electrónico, con lo que conservan su privacidad. (Si su botón Bcc está oculto, descúbralo al hacer clic en el menú View del correo electrónico y elegir All Headers).

Para permitir que *todos* vean entre sí sus direcciones de correo electrónico, seleccione sus nombres y haga clic en el botón Cc que se muestra en el margen. (A menos que los destinatarios se conozcan entre sí, esto se considera una desconsideración hacia las reglas de cortesía).

3. **Llene el cuadro Subject.**

Aunque es opcional, la línea Subject les permite a sus amigos saber por qué los está fastidiando. Eso les facilita a sus amigos clasificar sus mensajes de correo electrónico.

4. **Escriba su mensaje en el cuadro grande ubicado en la parte inferior de la ventana.**

Escriba todo lo que desee y el tiempo que quiera. Existe muy poco límite respecto del tamaño de un archivo de texto.

5. **Para adjuntar un archivo a su mensaje, arrastre y coloque el archivo sobre el mensaje o haga clic en el ícono de clip ubicado arriba del mensaje, o bien, haga clic en el ícono de clip, navegue hasta el archivo y haga doble clic en el nombre del archivo para adjuntarlo.**

   Sin embargo, la mayoría de ISP se intimida al enviar archivos mayores de 5MB aproximadamente, lo que deja afuera a la mayoría de archivos MP3 y algunas fotografías digitales. En el Capítulo 16 explico una forma fácil de enviar casi cualquier fotografía.

6. **Haga clic en el botón Send en la esquina superior izquierda del cuadro.**

   ¡Zas! Windows Mail marca al número de su módem, si fuera necesario, y despacha rápidamente su mensaje por la Internet al buzón de correo de su amigo. Según la velocidad de la conexión a la Internet, el correo llega a cualquier lugar en un plazo de 15 segundos a unos días, con promedio de unos pocos minutos.

   ¿No ve ningún botón Send? Entonces haga clic en File en la ventana New Message y elija Send Message.

   ✔ A algunas personas les gusta la fila de botones a lo largo de la parte superior de Windows Mail, como se muestra en la Figura 9-3. Si le faltan esos botones y los desea de regreso, haga clic con el botón secundario del mouse en una parte vacía del menú Windows Mail —una pulgada a la derecha de la palabra Help funcionará. Elija Toolbar y aparecerán los botones. Para deshacerse de ellos y quedarse con los menús, haga clic con el botón secundario del mouse en el mismo lugar y elija de nuevo Toolbar para desactivarlos.

   ✔ Si los botones son muy pequeños, agrándelos: Haga clic con el botón secundario del mouse en cualquier parte de la barra de herramientas, elija Customize y luego Large Icons del menú desplegable Icon Options. Haga clic en Close y se duplicará el tamaño de sus íconos.

   ✔ ¿Es malo para la ortografía? Entonces antes de enviar el mensaje, haga clic en el botón Spelling (que se muestra en el margen) de los íconos ubicados a lo largo de la parte superior. O bien, elija Spelling del menú Tools. También puede oprimir la tecla F7. O tome un diccionario de la librera. (Oprimir F7 le resulta más rápido).

Leer un Mensaje de Correo Electrónico Recibido

Si mantiene funcionando Windows Mail mientras esté conectado a la Internet, se enterará cuando lleguen cartas nuevas. A su equipo le da una especie de hipo para anunciar la llegada. También detectará un ícono de sobre diminuto en la esquina inferior izquierda de su escritorio, contiguo al reloj.

Para verificar cualquier mensaje nuevo cuando no tenga en funcionamiento Windows Mail, cargue el programa desde el menú Start. Cuando se cargue, haga clic en el botón Send/Receive (o haga clic en el menú Tools, elija Send and Receive y luego elija Send and Receive All). Windows Mail se conecta a Internet, envía cualquier mensaje saliente que tenga pendiente y captura cualquier mensaje entrante para colocarlo en su Inbox.

Siga estos pasos para leer las cartas en su Inbox y, responda o archive los mensajes en una de las tantas carpetas del programa:

1. **Abra Windows Mail y vea su bandeja de entrada.**

   Dependiendo de cómo esté configurado Windows Mail, puede realizar este paso de diferentes formas. Si ve una pantalla emergente que anuncia que tiene correo sin leer en su bandeja de entrada, haga clic en las palabras Unread Mail para comenzar a leer. O bien, si ve carpetas a lo largo del lado izquierdo de Windows Mail, haga clic en la palabra Inbox.

   De cualquier forma, Windows Mail le muestra los mensajes en su bandeja de entrada, y se ven algo como la Figura 9-4. Cada asunto se detalla, uno por uno, con el más reciente ubicado en la parte superior.

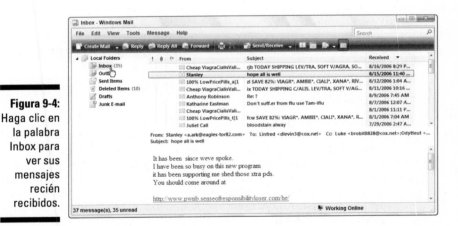

Figura 9-4: Haga clic en la palabra Inbox para ver sus mensajes recién recibidos.

¿Desea que sus mensajes más recientes de correo electrónico aparezcan en la *parte inferior* de la lista? Entonces haga clic en la palabra Received en la parte superior de la columna Received. Windows Mail vuelve a ordenar todo, pero ahora coloca su mensaje más reciente en la parte inferior. (También puede ordenar el correo por asunto o por nombre del remitente, al hacer clic igualmente en los encabezados de columna Subject o From).

2. **Haga clic en el asunto de cualquier mensaje para leerlo.**

Haga clic en cualquier mensaje y Windows Mail desplaza el contenido de dicho mensaje hacia la parte inferior de la pantalla, según se muestra en la Figura 9-5, listo para que lo lea. O bien, para ver el mensaje completo en su propia ventana, haga doble clic en él.

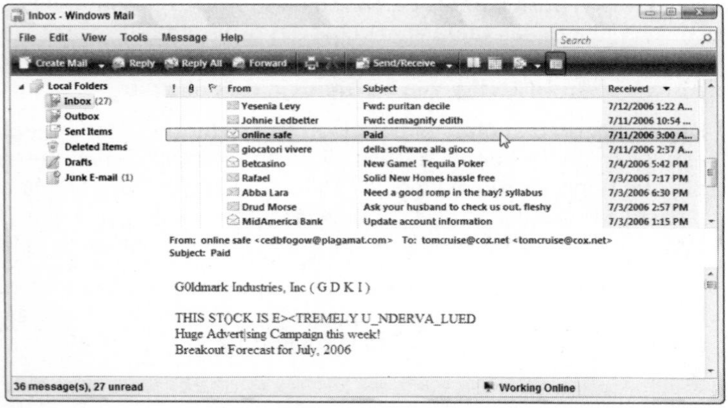

Figura 9-5:
Haga clic en la línea de asunto del mensaje para ver el contenido del mensaje.

3. **Desde aquí, Windows Mail le permite varias opciones, cada una descrita en la lista siguiente:**

- **Puede no hacer nada.** El mensaje simplemente acampa en su carpeta Inbox hasta que lo elimina.

- **Puede responder al mensaje.** Haga clic en el botón Reply en la parte superior de Windows Mail (o elija Reply to Sender desde el menú Message) y aparece una nueva ventana, lista para que escriba su respuesta. La ventana es igual a la que aparece cuando redacta inicialmente un mensaje, pero con una diferencia práctica: Esta ventana va previamente dirigida con el nombre del destinatario y el asunto del mensaje. Asimismo, el mensaje original aparece usualmente en la parte inferior de su respuesta para servirle de referencia.

- **Puede archivar el mensaje.** Haga clic con el botón secundario del mouse sobre el mensaje y elija ya sea Move to Folder o Copy to Folder y luego seleccione la carpeta deseada desde el menú y haga clic en OK. O bien, simplemente arrastre y coloque el mensaje a la carpeta deseada en el extremo izquierdo de su pantalla. (¿No ve ahí las carpetas? Haga clic en el botón Folder List, que aparece en el margen).

- **Puede imprimir el mensaje.** Haga clic en el botón Print en la parte superior del menú y Windows Mail despacha su mensaje hacia la impresora para realizar una copia en papel.

- **Puede eliminar el mensaje.** Haga clic en el botón Delete para transferir el mensaje a su carpeta Deleted Items. Sus mensajes eliminados se estacionan dentro de la carpeta hasta que haga doble clic con el botón secundario del mouse en la carpeta Deleted Items y elija Empty 'Deleted Items' Folder. Para una eliminación automática, elija Tools, seleccione Options, haga clic en la ficha Advanced, luego en Maintenance y elija Empty Messages from the Deleted Items folder on Exit.

Estas sugerencias le ayudan a aprovechar al máximo lo que Windows Mail puede hacer:

- Windows Mail puede ser confuso cuando usted arrastra y coloca un mensaje: A medida que arrastra el mensaje sobre algunas de las carpetas, el ícono de pequeño sobre se convierte en un círculo con una diagonal atravesándolo. No se preocupe. Ese círculo amenazador desaparece cuando el mouse descansa sobre una carpeta que esté apta para aceptar un mensaje.

- Para organizar sus mensajes entrantes, haga clic con el botón secundario del mouse en su Inbox y elija New Folder para crear otra carpeta adentro. Cree todas las carpetas necesarias para ordenar por categorías sus ofertas de correo no deseado.

- Los correos electrónicos de algunas personas contienen no sólo palabras, sino un archivo, lo que en la jerga de computación se conoce como un archivo *adjunto* (attachment). Los datos adjuntos causan suficientes problemas como para justificar su propia sección, la cual aparece a continuación.

- Si alguna vez recibe un correo electrónico de un banco, eBay u otro sitio Web relacionado con dinero, piénselo dos veces antes de abrirlo. Una industria criminal conocida como *suplantación de identidad o phishing* envía mensajes de correo electrónico que tratan de engañarlo para que ingrese su nombre y contraseña. Eso le proporciona al malvado estafador la información que desea de usted, con lo que rápidamente roba su dinero. Windows Mail le envía una advertencia cuando detecta correos electrónicos que intentan suplantar su identidad; en el Capítulo 10 escribo más acerca de esta práctica.

- Cuando vea una pequeña X roja y no una imagen o fotografía en su correo electrónico, eso significa que Windows Mail la está bloqueando. Para ver la imagen, haga clic en el mensaje azul que Windows Mail coloca en la parte superior de ese correo electrónico. Para evitar que Windows Mail bloquee imágenes, elija Options desde el menú Tools, haga clic en la ficha Security y elimine la marca de la casilla de verificación Block Images and Other External Content in HTML E-Mail.

Enviar y Recibir un Archivo Adjunto

Como una pequeña fotografía que se desliza dentro del sobre de una nota de agradecimiento, un *adjunto* es un archivo que se anexa a un mensaje de correo electrónico.

Windows Mail le permite enviar archivos en cualquiera de varias maneras. Inicie con redactar un nuevo mensaje, como se describe en párrafos anteriores de este capítulo. Pero antes de hacer clic en el botón Send, arrastre y coloque su archivo dentro del mensaje. Windows Mail captura el archivo y muestra el nombre en la nueva línea "Attach" debajo de la línea de asunto del correo, que se muestra en la Figura 9-6.

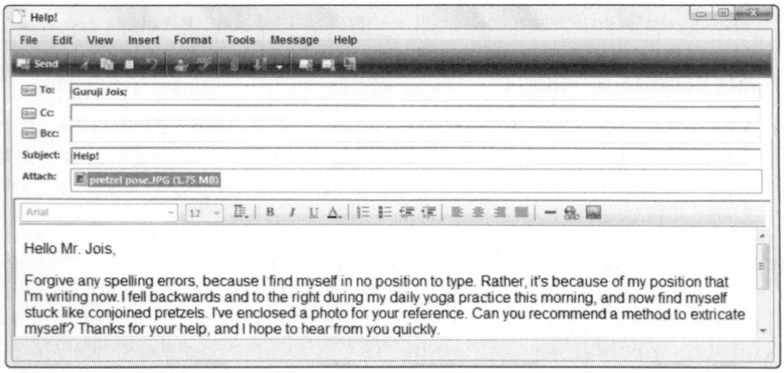

Figura 9-6:
Los datos
adjuntos
aparecen
detallados
en la línea
Attach de
un correo
electrónico.

También puede hacer clic en un archivo con el botón secundario del mouse, elegir Send To desde el menú emergente y seleccionar Mail Recipient. Windows Mail abre un nuevo mensaje de correo electrónico por usted con el archivo adjunto, en espera de que elija un destinatario.

¿Agregó un archivo que desea eliminar? Haga clic en el nombre del mismo con el botón secundario del mouse y elija Remove.

Puede enviar por correo electrónico casi cualquier archivo, con el tamaño como única excepción: Los correos electrónicos mayores que 5MB tienden a quedarse pegados en las tuberías de Internet más bien que volar hacia sus destinatarios. Para verificar el tamaño de un archivo, haga clic en el nombre o ícono del mismo con el botón secundario del mouse y elija Properties: El tamaño del archivo aparece entre las letras pequeñas de la ficha General.

Debido a que los archivos digitales con frecuencia sobrepasan el límite de 5MB, especialmente cuando intenta adjuntar más de uno, Windows Mail ayuda a achicar las fotografías, un proceso que cubro en el Capítulo 16. Las fotografías se adaptan muy bien a la pantalla de su destinatario, pero consumen mucho menos espacio de archivo.

El correo electrónico facilita enviar archivos a amigos alrededor del mundo. Son tan fáciles de leer, de hecho, que los creadores de virus captaron rápidamente la tendencia, y crearon virus que se difunden al enviar una copia de sí mismos a todas las personas que figuran en la libreta de direcciones del destinatario.

Lo anterior me lleva a las siguientes advertencias:

✔ Si un amigo le envía un archivo adjunto de forma inesperada, *no lo abra*. Envíele un mensaje de correo electrónico a su amigo y pregúntele si *realmente* lo envió. Dicho adjunto puede enviarlo un virus sin que su amigo siquiera se entere. Para estar seguro, arrastre los adjuntos recibidos a su escritorio y analícelos con su programa antivirus antes de abrirlos. No los abra directamente desde el correo electrónico en sí.

✔ Para evitar abrir un virus, Windows Mail se rehúsa a dejarlo abrir casi *cualquier* archivo adjunto. Si Windows Mail no lo deja abrir un archivo que usted está esperando de un amigo, desactive esa protección: Elija Options desde el menú Tools, haga clic en la ficha Security y elimine la marca de la casilla de verificación Do Not Allow Attachments to Be Saved or Opened That Could Potentially Be a Virus.

Encontrar Correo Perdido

Eventualmente, un correo electrónico importante desparecerá en una pila de carpetas y nombres de archivos. Vista le ofrece tres formas de recuperarlo.

Si sabe en qué carpeta está estacionado, haga clic en el nombre de esa carpeta. Luego haga clic en el cuadro Search de Windows Mail en la esquina superior derecha. Escriba el nombre del destinatario o quizá unas cuantas palabras del correo electrónico y presione Enter.

¿No sabe cuál es la carpeta? Intente con el cuadro Search del menú Start. El cuadro Search del menú Start, que cubro en el Capítulo 6, constantemente crea un índice de su correo electrónico y el cuadro Search del menú Start funciona como un mini explorador Google para encontrarlo.

Pero cuando los cuadros Search lo decepcionan, intente la búsqueda integrada de Windows Mail. Con ella puede buscar meticulosamente a través de todas sus carpetas cuando sigue estos pasos:

1. **Elija Find del menú Edit y seleccione Message.**

2. **En el cuadro de diálogo Find Message que aparece, como se muestra en la Figura 9-7, busque mensajes que contengan ciertos elementos.**

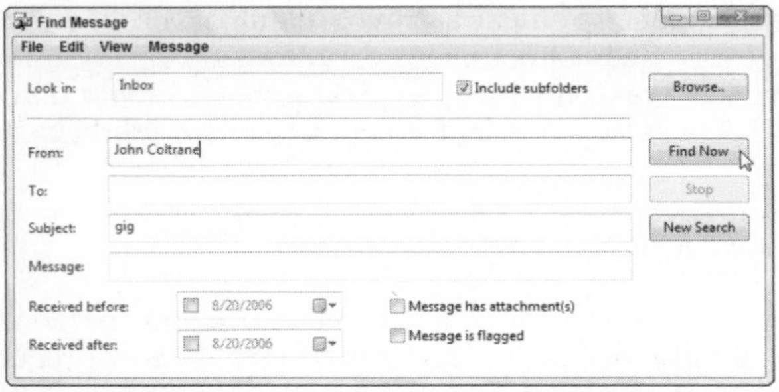

Figura 9-7:
Busque
mensajes
de John
Coltrane
que
mencionen
"gig".

Estas son sus opciones:

- **Look In (Buscar en):** Normalmente, la Search explora únicamente en su Inbox. Para buscar en *todas* sus carpetas de correo, haga clic en Browse para elegir las Local Folders, luego en OK y a continuación coloque una marca de verificación en Include Subfolders. Entonces la Search examina en todas las carpetas: su Inbox, Outbox, Sent Items, Deleted Items, Drafts y hasta en su carpeta Junk E-mail. O bien, para limitar la búsqueda a una sola carpeta, haga clic en Browse y luego en el nombre de dicha carpeta.

- **From (De):** ¿Está buscando un correo de una persona en especial? Escriba el nombre de esa persona para ver cada mensaje que la persona le ha enviado.

- **To (Para):** Para ver mensajes que ha enviado a una persona en particular, escriba el nombre de esa persona.

- **Subject (Asunto):** Escriba una palabra que haya aparecido en la línea de asunto de un correo electrónico para ubicarlo.

- **Message (Mensaje):** Escriba cualquier palabra que usted *sepa* que aparece en el mensaje.

- **Received before/after (Recibido antes/después):** Estos dos cuadros lo dejan aislar su búsqueda hasta un determinado día o grupo de días.

- **Message has Attachment(s) (El mensaje tiene datos adjuntos):** Para recuperar cualquiera o todos los mensajes con adjuntos, haga clic en este cuadro.

- **Message is Flagged (El mensaje está marcado):** Para recuperar todos y cada uno de los mensajes que ha *marcado* para captar su atención más adelante —una opción disponible en el menú Message de un mensaje— haga clic en este cuadro.

Por lo general, si llena uno de los cuadros encuentra su mensaje. Intente ingresar sólo unas letras de la dirección de correo electrónico de una persona o una sola palabra que aparezca en el mensaje. Si una búsqueda da como resultado demasiados elementos, continúe agregando más y más términos de búsqueda para limitar el número de coincidencias.

3. **Haga clic en Find Now cuando haya terminado de llenar los cuadros.**

   Vista analiza sus carpetas, y ofrece una lista de todos los correos electrónicos que se adapten a su búsqueda.

Administrar sus Contactos

Tal como todo escritorio necesita un organizador de tarjetas, Windows Mail necesita una libreta de direcciones para almacenar la información de contacto de todas las personas. Vista se deshace del arcaico programa Address Book de Windows XP a favor de una carpeta Contacts (aparece en la Figura 9-8).

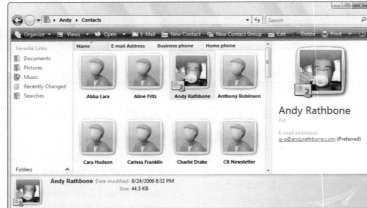

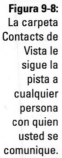

Figura 9-8: La carpeta Contacts de Vista le sigue la pista a cualquier persona con quien usted se comunique.

Para ver su carpeta Contacts, abra el menú Start, haga clic en su nombre de usuario en la esquina superior derecha y abra la carpeta Contacts. O bien, desde adentro de Windows Mail, haga clic en el botón Contacts en la barra de herramientas.

Puede armar su lista de contactos de diversas maneras:

✔ **Deje que Windows Mail lo haga automáticamente.** Cuando responda a un correo electrónico, Windows Mail lanza el nombre de esa persona y su dirección de correo electrónico a su carpeta Contacts. Si Windows Mail en algún momento deja de hacerlo, arréglelo: Elija Options del menú Tools, haga clic en la ficha Send y marque la casilla de verificación Automatically Put People I Reply to in my Contacts List.

✔ **Importar una Address Book existente.** Para importar un archivo Address Book desde otro equipo, abra su carpeta de contactos y elija Import desde la barra de herramientas. (Este paso presupone que usted ya ha utilizado el comando Export de su Address Book para crear un archivo que pueda importar en cualquiera de estos formatos: CSV, LDIF, vCard o, si es desde Outlook Express, Windows Address Book File).

✔ **Add Contacts Manually.** Cuando alguien le entregue una tarjeta de presentación, debe ingresar la información a mano. Desde adentro de Windows Mail, elija New desde el menú File y luego Contact. Simplemente, agregue el nombre de la persona y la dirección de correo electrónico, o, cree un registro detallado al llenar todos los cuadros de cada ficha. Haga clic en OK cuando haya terminado.

Estas otras tareas resultan prácticas cuando se da cuenta de que observa detenidamente su carpeta Contacts:

✔ Para enviar un mensaje breve a alguien que figura en su carpeta Contacts, haga clic con el botón secundario del mouse en el nombre de esa persona, elija Action y seleccione Send E-mail. Vista proporciona una práctica ventana de New Message con dirección electrónica ya colocada, lista para que usted escriba su mensaje y haga clic en Send.

Conservar a Windows Mail protegido, pero práctico

Windows Mail activa automáticamente muchas medidas de seguridad. Para ver qué conmutadores de seguridad ha activado (y apagarlos si le molestan), elija Options desde el menú Tools de Windows Mail y haga clic en la ficha Security. Luego, examine estas tres secciones, haciendo cambios según sea necesario:

Virus Protection (Protección contra virus): Aunque algunas de estas medidas lo protegen contra virus, lo hacen al filtrar casi *todos* los datos adjuntos. Este es el informe detallado:

✔ **Internet Explorer Security Zone (Zona de seguridad de Internet Explorer):** Ignore esta área. Pero si deliberadamente fijó zonas de seguridad *restringidas* en Internet Explorer, como se explica en el Capítulo 10, trasládese ahí para obtener más información.

✔ **Warn Me When Other Applications Try to Send Mail as Me (Advertirme cuando otras aplicaciones tratan de enviar correo con mi nombre):** Deje esta opción activada,

porque es una forma inofensiva de evitar que se difundan gusanos y virus.

✔ **Do Not Allow Attachments to Be Saved or Opened That Could Potentially Be a Virus (No permitir guardar o abrir los adjuntos que potencialmente podrían contener un virus):** Debido a que casi *cualquier* archivo puede contener un virus en estos días, este valor impide de manera efectiva que abra la mayoría de los adjuntos. Desmarque esta casilla para abrir de nuevo sus adjuntos.

Download Images (Descargar imágenes): Windows Mail oculta cualquier imagen que esté dentro de su correo electrónico. Puede verlas al hacer clic en la pequeña franja azul encima del mensaje, o bien, puede eliminar esta marca de verificación para evitar este inconveniente.

Secure Mail (Proteger correo): Esta área es mucho demasiado complicada como para preocuparse. Ignórela.

✔ En el Capítulo 7 explico cómo convertir su carpeta Contacts en una práctica libreta de direcciones impresa.

✔ Para realizar una copia de seguridad de su carpeta Contacts, únicamente copie la carpeta entera a un CD. Para realizar una copia de seguridad de sólo unos cuantos contactos, selecciónelos, elija Export desde la toolbar de la carpeta Contacts y expórtelos ya sea como CSV (Comma Separated Values) o como vCards (carpeta de archivos .vcf).

✔ También puede copiar contactos a la lista Contacts de su iPod. Después de que haya conectado su iPod, exporte la lista de personas esenciales de su carpeta Contacts en formato vCards, según se describe en la viñeta anterior. Cuando Vista le pide seleccionar la carpeta para exportar en VCF, elija la carpeta Contacts en su iPod. (Vista reconoce a su iPod como una unidad de disco duro).

Reducir su Correo no Deseado

Lamentablemente, no se puede deshacer completamente del correo no deseado. Créalo o no, algunas personas todavía compran artículos a través de los spammers, con lo que hacen que los correos electrónicos no deseados sean lo suficientemente rentables para que los spammers continúen. Mire con recelo a sus vecinos que le cuenten que han comprado mercadería de un spammer.

Por suerte, Vista se ha puesto un poco inteligente en cuanto se trata de reconocer correo no deseado. De hecho, cuando Windows Mail detecta un correo electrónico que parece sospechosamente correo no deseado, le envía un mensaje, como se ve en la Figura 9-9, y deposita al sospechoso en su carpeta Junk E-mail.

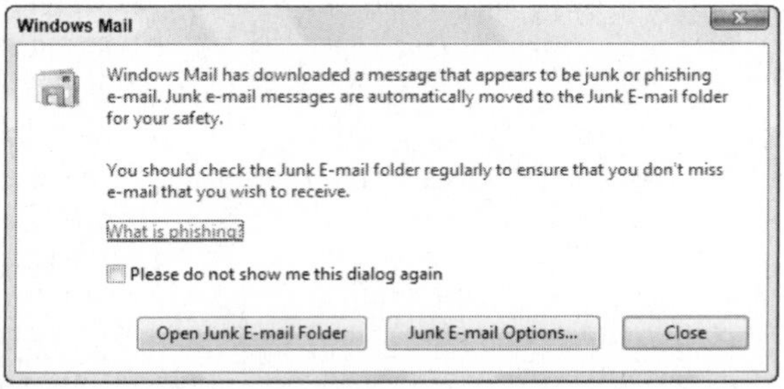

Figura 9-9: El filtro de correo no deseado de Windows Mail mueve automáticamente el correo no deseado a su carpeta Junk E-mail.

Windows Mail

Windows Mail has downloaded a message that appears to be junk or phishing e-mail. Junk e-mail messages are automatically moved to the Junk E-mail folder for your safety.

You should check the Junk E-mail folder regularly to ensure that you don't miss e-mail that you wish to receive.

What is phishing?

☐ Please do not show me this dialog again

[Open Junk E-mail Folder] [Junk E-mail Options...] [Close]

Si usted detecta un correo en la carpeta Junk E-mail que *no* sea indeseable, haga clic en el mensaje de correo bueno y luego en el botón Not Junk en la barra de herramientas. Windows Mail rápidamente despacha de regreso ese mensaje de correo a su bandeja de entrada.

Pero aunque no puede detener el correo no deseado por completo, puede depurar mucho de él si sigue estas reglas:

- ✔ Proporcione su dirección de correo electrónico únicamente a sus amigos cercanos, parientes y contactos confiables de negocios. No la proporcione a extraños ni la publique en sitios Web.

- ✔ Cree una segunda cuenta de correo electrónico *desechable* para utilizarla cuando se suscriba para recibir ofertas en línea, al llenar formularios en línea o entablar cualquier correspondencia de corto plazo. Como lo describo en la sección "Crear su cuenta de correo electrónico", de este capítulo, elimine esa dirección una vez se inunde de correo no deseado y cree una nueva.

- ✔ Nunca publique su dirección real de correo electrónico en ningún foro de charlas, grupo de correo u otra área pública de conversación por Internet. Y nunca responda a un spammer, aún si es para hacer clic en el vínculo para cancelar la suscripción. Eso simplemente lo agrega a la lista de direcciones de correo electrónico confirmadas del spammer.

- ✔ Consulte lo que le ofrece el filtro antispam integrado de su ISP. Los filtros funcionan tan bien que muchos spammers intentan actualmente evadir los filtros al utilizar palabras sin sentido. Si en realidad lo hacen así, la falta de sentido en el asunto le da la idea de que se trata de correo electrónico no deseado.

- ✔ Aunque Windows Mail ofrece en su menú Tools algunas reglas simples para filtrar, los spammers se las ingenian para engañarlas desde hace mucho tiempo. Ya no son prácticas para filtrar correo electrónico no deseado, pero funcionan bien para dirigir el correo electrónico de ciertas personas a determinadas carpetas.

Capítulo 10

Computación Segura

D e la misma manera en que conduce un automóvil, el trabajar con Windows es razonablemente seguro, siempre y cuando se mantenga alejado de los vecindarios incorrectos, obedezca las señales de tráfico y no conduzca con sus pies mientras saca la cabeza por el quemacocos.

Pero en el mundo de Windows e Internet, no hay una manera sencilla de reconocer un mal vecindario, localizar las señales de tráfico o incluso distinguir entre sus pies, el volante y el quemacocos. Las cosas que parecieran completamente inocentes —el correo electrónico de un amigo o un programa en Internet— podrían ser un virus o una broma que reordene de manera sigilosa todo lo que se encuentra en su tablero o cause un accidente.

Este capítulo le ayuda a reconocer las calles malas en los vecindarios virtuales de Windows y le explica los pasos que puede tomar para protegerse a sí mismo del peligro y reducir cualquier daño.

Comprender Esos Molestos Mensajes de Permisos

Después de 20 años del desarrollo de Windows, Vista continúa siendo aún muy ingenuo. Por ejemplo, cuando ejecuta un programa para cambiar las configuraciones en su equipo, Vista no le puede indicar si *usted está* cargando el programa o un *virus* está cargándolo en un intento de arruinar su equipo.

Desactivar los permisos

La desactivación de las fastidiosas pantallas de permiso de Vista deja su equipo mucho más vulnerable a las fuerzas oscuras de la computación. Pero si se encuentra a sí mismo rechinando dientes más que trabajando, los portadores de cuentas de Administrator pueden desactivar las pantallas de permiso al seguir estos pasos:

1. **Haga clic en el botón Start, elija Control Panel y luego haga clic en User Accounts and Family Safety.**

   El Control Panel de Vista, el cual explicaré en el Capítulo 11, le permite ajustar la manera en que Windows se ejecuta en su equipo.

2. **Haga clic en User Accounts y escoja Turn User Account Control On or Off.**

   Cuando intenta desactivarlo, Windows le envía una última pantalla de permiso.

3. **Otorgue permiso para continuar.**

Haga clic en Continue o ingrese su contraseña y haga clic en OK para obtener acceso al área de System Configuration.

4. **Haga clic para eliminar la marca del cuadro de verificación Use User Account Control (UAC) to Help Protect Your Computer y haga clic en OK.**

   Aparece una ventana, que le indica que debe reiniciar su equipo para aplicar los cambios. Haga clic en el útil botón Restart Now de la ventana para reiniciar su equipo. Se activará en un estado mucho más permisivo.

Sin embargo, estos pasos dejan un efecto secundario. El Security Center de Vista, descrito en la siguiente sección, empieza inmediatamente a hostigarlo indicándole que ha desactivado el User Account Control.

Si cambia de parecer, vuelva a activar la pantalla Permissions siguiendo los Pasos 1 al 4, pero agregando la marca de verificación en el Paso 4.

¿Cuál es la solución de Vista? Cuando Vista observa a alguien (o algo) que intenta abrir algo que puede ser potencialmente peligroso para Windows o su equipo, muestra un mensaje donde le solicita permiso, como el que se observa en la Figura 10-1.

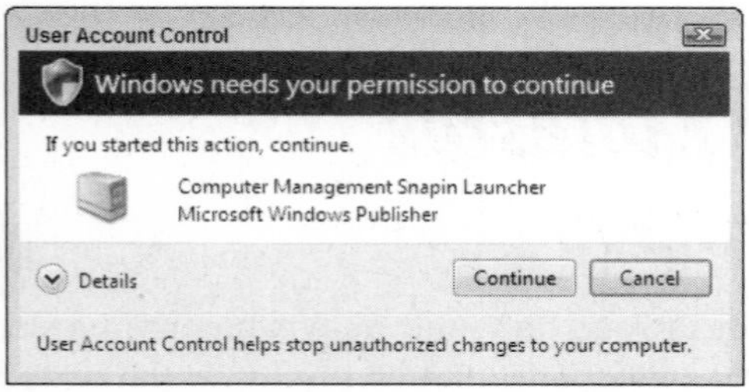

Figura 10-1: Si este mensaje aparece inesperada mente haga clic en Cancel.

User Account Control

Windows needs your permission to continue

If you started this action, continue.

Computer Management Snapin Launcher
Microsoft Windows Publisher

Details   Continue   Cancel

User Account Control helps stop unauthorized changes to your computer.

Si uno de estos mensajes de permiso aparece de manera inesperada, Vista le advertirá sobre un poco de malicia que intenta ingresar a escondidas. Así que haga clic en Cancel para negar el permiso. Pero si *usted* intenta hacer algo específico con su equipo y Vista coloca su protección, en ese caso haga clic en Continue. Vista baja la guardia y le deja entrar.

O, si usted no posee una cuenta de Administrator, busque a cualquier portador de cuenta de administrador y pídale que escriba su contraseña.

Así es, un guardia de seguridad robot desesperante y tonto vigila la puerta de entrada de Vista, aunque también es un reto adicional para las personas que escriben los virus.

Las pantallas de permiso de Vista se denominan *User Account Protection*.

Evaluar su Seguridad en el Centro de Seguridad

Tome un minuto para revisar la seguridad de su equipo con el Security Center (Centro de seguridad) de Windows Vista. El Security Center se parece más a un panel grande de interruptores de encendido que a un puesto de comando. Enumera las cuatro defensas principales de Windows Vista, le indica si están activas y le proporciona los útiles conmutadores de "On" para activar cualquiera que se haya desactivado.

El Security Center que se muestra en la Figura 10-2, muestra si ha desactivado el Windows Firewall, la característica de Automatic Updates de Microsoft, la protección Malware contra virus y spyware y otras configuraciones de seguridad como las que se encuentran en Internet Explorer y el nuevo User Account Control de Vista.

El equipo probado en la Figura 10-2 pasa la prueba de firewall, ya que está enumerada como On. Pero el Security Center advierte que Windows no está actualizando automáticamente, ni está protegido de afecciones como virus y spyware.

Todas estas defensas deben estar activas y en ejecución para una seguridad máxima, ya que cada una lo protege de diferentes cosas.

Figura 10-2:
El Security
Center le
permite
activar las
defensas
principales
de su
equipo.
Windows
Firewall,
Automatic
Updates y
un com-
probador
de virus.

Para asegurarse de que los grandes cañones de su equipo estén cargados y apuntando en la dirección correcta, abra el Security Center y vea con aceptación la configuración:

1. **Abra el Control Panel del menú Start, elija Security y luego escoja Security Center.**

   El Security Center, que se mostró anteriormente en la Figura 10-2, entra en acción y muestra el estado de seguridad actual de su equipo en estas cuatro categorías:

   Si el Security Center dice que *se ha* desactivado, haga clic en Turn on Security Center.

   - **Firewall (Servidor de seguridad):** El servidor de seguridad actualizado y ahora más poderoso de Windows Vista supervisa todas las conexiones que llegan a su equipo. Cuando el servidor de seguridad nota que una conexión no solicitada intenta ingresar, la bloquea, deteniendo a los potenciales intrusos.

   - **Automatic Updating (Actualización automática):** Cuando se activa, Windows Update revisa automáticamente con Microsoft a través de Internet, descargas y cualquier nuevo parche de seguridad, y los instala de manera gratuita y todo sin ningún esfuerzo de su parte.

   - **Malware Protection (Protección contra Malware):** La protección contra Malware de Vista contiene dos partes: La protección contra virus y la protección contra spyware. Vista carece de un comprobador de virus, de manera que debe adquirir uno propio en línea o una tienda de suministros de oficina o computadoras y pagar las cuotas de suscripción para mantenerlo actualizado.

Sin embargo, Vista sí incluye un eliminador de spyware llamado Windows Defender.

- **Other Security Settings (Otras configuraciones de seguridad):** Esta categoría abarca las configuraciones de seguridad tanto para Internet Explorer como para el User Account Control de Vista, conocido de otra manera como "esas molestas pantallas de permiso", cubiertas en la primera sección de este capítulo.

2. **Haga clic en los botones Turn On Now o Restore Settings para solucionar cualquier problema potencial de seguridad.**

Cada vez que el Security Center nota que se desactivó una de las defensas de Vista, le alerta al colocar un ícono de escudo rojo (que se muestra en el margen) cerca del reloj de la barra de tareas.

Haga clic en cualquier elemento que tenga un ícono de escudo rojo o que diga Check Settings para mostrar los botones Turn On Now o Restore Settings.

Al seguir los dos pasos anteriores, su equipo estará mucho más seguro que con cualquier otra versión de Microsoft Windows.

Las cuatro secciones del Security Center le permiten cambiar únicamente un conmutador de On. Para cambios más avanzados, busque los nombres en la parte superior del panel extremo izquierdo del Security Center. Un clic en un nombre lo lleva al menú de configuraciones del área, donde puede cambiar la manera en que funciona o incluso desactivarlo. (Cada opción, Windows Update, Firewall de Windows, Windows Defender y Internet Options, recibe su propia sección más adelante en este capítulo).

Cambiar la configuración del servidor de seguridad

Casi todos hemos bajado el tenedor para levantar el teléfono y solamente para escuchar un argumento de ventas pregrabado. Los televendedores ejecutan programas que marcan secuencialmente números telefónicos hasta que alguien conteste. Los hackers de computadoras ejecutan programas similares que intentan penetrar automáticamente en todos los equipos que estén en ese momento conectados a Internet.

Los usuarios de Internet de banda ancha son especialmente vulnerables ya que sus equipos están constantemente conectados a Internet. Eso aumenta las oportunidades de que los hackers los localicen e intenten explotar cualquier vulnerabilidad disponible.

Es aquí donde el Windows Firewall entra en acción. El servidor de seguridad se encuentra entre su equipo e la Internet, y actúa como un portero inteligente. Si algo intenta conectarse y usted o uno de sus programas no lo solicitó, el servidor de seguridad detiene la conexión.

Sin embargo, ocasionalmente usted *deseará* que otro equipo interactúe con su equipo en Internet. Por ejemplo, es posible que juegue un juego de varios jugadores o utilice un programa de uso compartido de archivos. Para evitar que el servidor de seguridad bloquee esos programas, agregue sus nombres a la lista de Exceptions (Excepciones) de servidor de seguridad mediante los siguientes pasos:

1. **Elija Control Panel del menú Start, haga clic en Security y elija Security Center (que se muestra en el margen).**

2. **Haga clic en las palabras Windows Firewall desde el lado izquierdo de la ventana y elija Change Settings.**

   Haga clic en Continue o ingrese la contraseña de la cuenta de administrador si la pantalla de permiso de Vista le molesta.

3. **Haga clic en la ficha Exceptions.**

   Según se muestra en la Figura 10-3, Windows Firewall enumera todos los programas que en ese momento tienen autorización para comunicarse a través de su servidor de seguridad. (Windows Vista agrega algunos de sus programas de manera automática, así que no se sorprenda de verlos ya agregados a la lista).

   Asegúrese de que aparezca una marca de verificación en la casilla Notify Me When Windows Firewall Blocks a New Program, que se muestra en la Figura 10-3. Cuando un programa no funciona correctamente, ese mensaje le permite saber que el servidor de seguridad puede ser el culpable.

4. **Haga clic en el botón Add Program, seleccione el programa (o haga clic en Browse para localizar el programa) y haga clic en OK.**

   Casi todos los programas viven en la carpeta Program Files en su unidad de disco C; el nombre del programa tiene el mismo ícono que ve en su entrada del menú Start.

   El servidor de seguridad agrega el programa que usted seleccionó a su lista de Exceptions y permite que otros equipos se conecten a éste.

   • No agregue programas a la lista Exceptions a menor que esté *seguro* que el servidor de seguridad es el problema. Cada vez que agrega un programa a la lista, permite que su equipo sea un poco más vulnerable.

   • Si un programa le solicita que abra un puerto en el servidor de seguridad, elija Add Port en lugar de Add Program en el Paso 4. Escriba el número y nombre del puerto requerido y luego elija si es un puerto TCP (Transmission Control Protocol) o UDP (User Datagram Protocol). Haga clic en OK para finalizar.

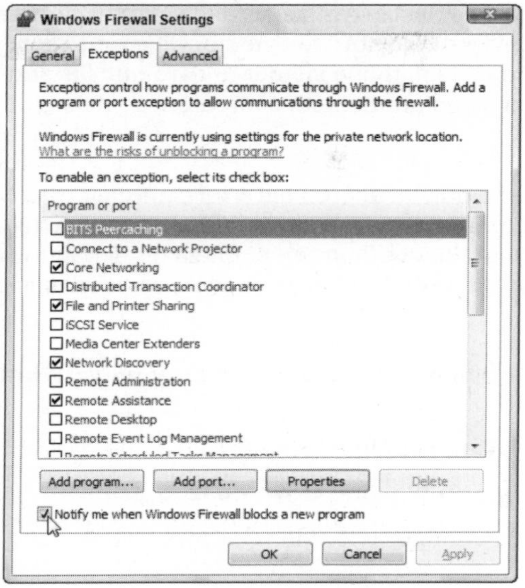

Figura 10-3:
Si el servidor de segaridad bloquea un programa de manera innecesaria, agregue el programa a la lista de excepciones.

Windows Firewall Settings

General | Exceptions | Advanced

Exceptions control how programs communicate through Windows Firewall. Add a program or port exception to allow communications through the firewall.

Windows Firewall is currently using settings for the private network location.
What are the risks of unblocking a program?

To enable an exception, select its check box:

Program or port
- ☐ BITS Peercaching
- ☐ Connect to a Network Projector
- ☑ Core Networking
- ☐ Distributed Transaction Coordinator
- ☑ File and Printer Sharing
- ☐ iSCSI Service
- ☐ Media Center Extenders
- ☑ Network Discovery
- ☐ Remote Administration
- ☑ Remote Assistance
- ☐ Remote Desktop
- ☐ Remote Event Log Management
- ☐ Remote Scheduled Tasks Management

[Add program...] [Add port...] [Properties] [Delete]

☑ Notify me when Windows Firewall blocks a new program

[OK] [Cancel] [Apply]

- • Si piensa que echó a perder la configuración de servidor de seguridad, es sencillo revertirla a su configuración original. Haga clic en la ficha Advanced en el Paso 3 y haga clic en el botón Restore Defaults. Haga clic en el botón Yes y luego haga clic en el botón OK, y el servidor de seguridad elimina *todos* los cambios que haya realizado, lo que le permite empezar desde el principio.

Cambiar la configuración de Windows Update

Cada vez que alguien descubre una manera de ingresar ilícitamente a Windows, Microsoft publica otra actualización para mantener seguros a los usuarios de Windows. Desafortunadamente, las personas perversas encuentran agujeros en Windows tan rápido como Microsoft puede crear actualizaciones. ¿El resultado? Microsoft termina lanzando un flujo constante de actualizaciones.

De hecho, el flujo se hizo tan fuerte que muchos usuarios no pudieron mantenerse al tanto. La solución de Microsoft es hacer que Windows Update funcione *automáticamente:* Cada vez que esté en línea, ya sea para revisar su correo electrónico o explorar la Web, su equipo visita automáticamente el sitio Windows Update de Microsoft y descarga cualquier actualización en un segundo plano.

Cuando su equipo termina de descargar las actualizaciones nuevas, las instala a las 3 a.m. para evitar molestar su trabajo. Ocasionalmente, se le solicita reiniciar su equipo a la mañana siguiente para que las actualizaciones empiecen a funcionar; en otros momentos, ni siquiera se da cuenta que de la acción se llevó a cabo.

El Security Center de Vista, que se abarcó anteriormente en este capítulo, explica la forma de asegurarse de que Windows Update esté activo y funcionando. Pero si desea ajustar su configuración, quizá no instalar nuevas actualizaciones hasta que haya tenido la oportunidad de revisarlas, siga estos pasos:

1. **Haga clic en el botón Start, elija All Programs y luego Windows Update.**

   Aparece la ventana Windows Update.

2. **Elija Change Settings, en el panel extremo izquierdo.**

   Aparece la página de configuración de Windows Update, que se muestra en la Figura 10-4.

3. **Realice los cambios y luego haga clic en OK.**

   Es muy probable que no necesite realizar ningún cambio. Pero es posible que las personas noctámbulas deseen cambiar la hora automática de instalación de las 3 a.m.

Algunos usuarios con experiencia seleccionan la opción Download Updates but Let Me Choose Whether to Install Them. Esa opción le da la oportunidad de ver bien las actualizaciones entrantes antes de instalarlas.

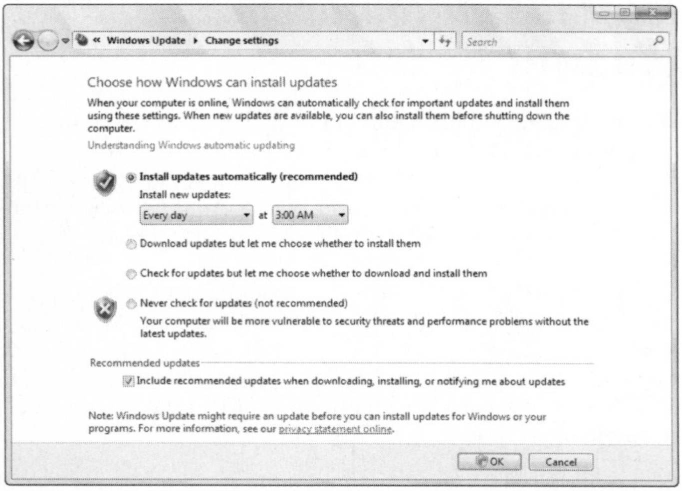

Figura 10-4: Asegúrese de elegir Install Updates Automatically (recommended).

Evadir virus

Cuando se trata de virus, *todo* es sospechoso. El viaje de los virus no es únicamente a través de programas y correos electrónicos, sin también en protectores de pantalla, temas, barras de herramientas y otros complementos de Windows. Debido a que Vista no incluye un programa incorporado contra virus, siga estas reglas para reducir el riesgo de infección:

✔ Cuando adquiera un programa antivirus, busque el que se ejecuta automáticamente en segundo plano. Si todavía no cuenta con un programa antivirus, abra el área de Security del Control Panel, elija Security Center y haga clic en el botón Find a Program de la sección Malware Protection para obtener las ofertas de pruebas gratuitas.

✔ Indique a su programa antivirus que revise todo lo que ha descargado, así como también todo lo que ha llegado a través del correo electrónico o programa de mensajería.

✔ Abra únicamente los datos adjuntos que está esperando. Si recibe algo inesperado de un amigo, no lo abra. En cambio, envíe un correo electrónico o llame por teléfono a esa persona para ver si *realmente* le envió algo.

✔ No ejecute dos comprobadores de virus de manera simultánea ya que entran en conflicto con frecuencia. Si desea realizar una prueba con un programa diferente, primero desinstale el existente del área Programs del Control Panel. Entonces ya es seguro instalar otro comprobador de virus que intenta probar.

✔ No es suficiente comprar un comprobador de virus; también debe pagar una cuota anual para mantener su comprobador de virus lo suficientemente inteligente para reconocer los virus más recientes. Sin las definiciones de virus más actualizadas, los comprobadores de virus detectan únicamente los virus más antiguos; no los nuevos que se renuevan diariamente en Internet. (Los virus más recientes siempre se difunden más rápidamente, lo que ocasiona el mayor daño).

Si piensa que tiene virus y no tiene un programa antivirus, desconecte su cable de teléfono o de red de su equipo antes de dirigirse a la tienda y comprar un programa antivirus. Instale y ejecute el programa antivirus *antes* de volver a conectar su equipo a Internet. Eso evita que su equipo se infecte por otros antes de que pueda tener la capacidad de desinfectarlo.

McAfee ofrece una herramienta de eliminación de virus gratuita que elimina más de 50 virus comunes. Se puede descargar desde `http://vil.nai. com/vil/stinger/` y es una herramienta útil para momentos de necesidad.

Permanecer Seguro en Internet

La Internet no es un lugar seguro. Algunas personas diseñan sitios Web específicamente para explorar las vulnerabilidades más recientes de Windows, las que Microsoft no ha tenido tiempo para crear actualizaciones. Esta sección explica algunas de las características de seguridad de Internet Explorer, así como también otras sugerencias de recorrido seguro cuando navega en Internet.

Evadir hijackers y complementos malvados

Microsoft diseñó Internet Explorer para permitir que los programadores agreguen características adicionales a través de *complementos.* Al instalar un programa de complemento, es decir, barras de herramientas, indicadores de bolsa de valores y selectores de programas, los usuarios pueden aprovechar un poco más el trabajo de Internet Explorer. De igual manera, muchos sitios utilizan *ActiveX,* una palabra elegante para programas pequeños que agregan animación, sonido, video y otros trucos vistosos a un sitio Web.

Desafortunadamente, programadores miserables empezaron a crear complementos y programas de ActiveX que *dañan* a los usuarios. Algunos complementos espían sus actividades, bombardean su pantalla con anuncios adicionales, redireccionan su página de inicio a otro sitio o hacen que su módem marque números de larga distancia a sitios pornográficos. Peor aún, algunos complementos traidores se instalan a sí mismos tan pronto como visita un sitio Web, sin solicitarle su autorización.

Windows Vista empaca varias armas para combatir con estos buscapleitos. Primero, si un sitio intenta ingresar a escondidas un programa en su equipo, Internet Explorer lo bloquea rápidamente, enviando una advertencia (que se muestra en la Figura 10-5) a lo largo de la parte superior de la pantalla de Internet Explorer. Al hacer clic en la advertencia puede ver sus opciones, como se muestra en la Figura 10-6.

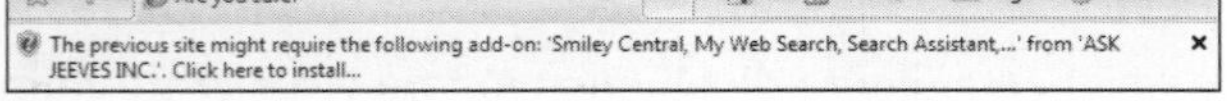

Figura 10-5:
Internet
Explorer
bloquea un
programa.

Establecer las zonas de seguridad de Internet Explorer

Es muy probable que no necesite tocar las zonas de seguridad de Internet Explorer. Vienen preestablecidos para ofrecer la mayor protección con la menor cantidad de esfuerzo. Pero si tiene curiosidad sobre las zonas de Internet Explorer, elija Internet Options del menú Tools de programa y haga clic en la ficha Security. ¿Piensa que arruinó la configuración de seguridad preestablecida? Haga clic en el botón Reset All Zones to Default Level.

Internet Explorer le ofrece cuatro zonas de seguridad, cada una ofrece diferentes niveles de protección. Cuando agrega diferentes sitios Web a diferentes zonas, Internet Explorer trata de manera distinta a los sitios, colocando restricciones en algunos y levantando las restricciones en otros. Este es el informe detallado:

✔ **Internet:** A menos que juegue con las zonas de Internet Explorer, Internet Explorer trata a cada sitio Web como si estuviera en esta zona. Esta zona ofrece una seguridad media alta, la cual trabaja muy bien para la mayoría de necesidades.

✔ **Local Intranet:** Esta zona tiene como objetivo los sitios Web que se ejecutan en una red interna. (Los usuarios de casa en raras ocasiones tienen que tratar con Intranets ya que la mayoría se encuentran en empresas y negocios grandes). Debido a que los sitios Web internos se crean internamente y son independientes, esta zona elimina algunas restricciones, lo que le permite hacer más cosas.

✔ **Trusted Sites:** Colocar sitios aquí significa que confía *completamente* en ellos. (Yo no confío completamente en ningún sitio Web).

✔ **Restricted Sites:** Si no confía completamente en un sitio, colóquelo aquí. Internet Explorer le permite visitarlo pero no realizar descargas desde éste o utilizar ninguno de sus *complementos* —pequeños programas descargables que agregan gráficas adicionales, animación y mejoras similares. Yo solía colocar unos pocos sitios aquí para eliminar los anuncios emergentes, pero el bloqueador incorporado de elementos emergentes de Internet Explorer ahora elimina esa necesidad.

Windows Mail respeta las configuraciones que ha utilizado para estas zonas. Generalmente, Windows Mail trata todo el correo electrónico entrante como si fuera un sitio Web en zona restringida. (Muchos correos electrónicos ahora están formateados como páginas Web). Para cambiar la zona que utiliza Windows Mail, escoja Options de su menú Tools y elija la ficha Security.

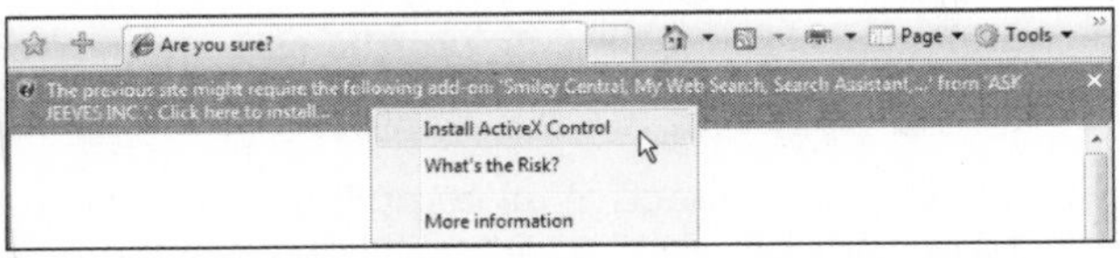

Figura 10-6: La banda de advertencia muestra sus opciones.

Desafortunadamente, Internet Explorer no le puede indicar cuáles descargas son buenas y cuales son malas, lo cual le deja la responsabilidad a usted. Pero si ve un mensaje como el que se muestra en la Figura 10-5 y usted *no ha* solicitado una descarga, existe la posibilidad de que el sitio intente dañarle: No descargue el programa ni instale el control ActiveX.

Si un complemento malo logró entrar de alguna manera, no se ha quedado completamente sin suerte. El Add-on Manager de Internet Explorer le permite desactivarlo. Para ver todos los programas de complementos instalados en Internet Explorer (y eliminar cualquiera que sepa que no es bueno), siga estos pasos:

1. **Elija Manage Add-ons desde el menú Tools de Internet Explorer y luego elija Enable (Activar) o Disable (Desactivar) los complementos del menú emergente.**

   No elija por error Find More Add-ons. Eso lo lleva a la tienda de Microsoft, la cual intenta venderle toneladas de complementos con precios excesivos.

   Aparece la ventana Manage Add-ons, tal y como se muestra en la Figura 10-7, lo que le permite ver todos los complementos actuales o previamente cargados, así como también los complementos que se ejecutan sin autorización. También le permite descargar controles ActiveX, lo que con frecuencia ocasiona más problemas.

2. **Haga clic en el complemento que le da problemas y elija Disable.**

   Haga clic en la lista desplegable Show que se encuentra en la parte superior de la ventana Manage Add-ons para ver los cuatro tipos de complementos. Escoja otro de estos tipos para ver los complementos enumerados para esa categoría. Si localiza el nombre de la barra de herramientas no deseada u otro programa problemático, ésta es su oportunidad de limpiarlo.

3. **Repita el proceso para cada uno de los complementos no deseados y luego haga clic en el botón OK.**

   Probablemente necesite reiniciar Internet Explorer para que el cambio entre en acción.

No todos los complementos son malos. Muchos buenos le permiten reproducir películas, escuchar sonidos o ver contenido especial en un sitio Web. No elimine un complemento sencillamente porque está enumerado en el Add-on Manager.

> ✔ En un caso extremo que desactive un complemento que evita que una página se cargue, haga clic en el nombre del complemento en el Paso 2 de los pasos anteriores y haga clic en el botón Enable para que funcione de nuevo.

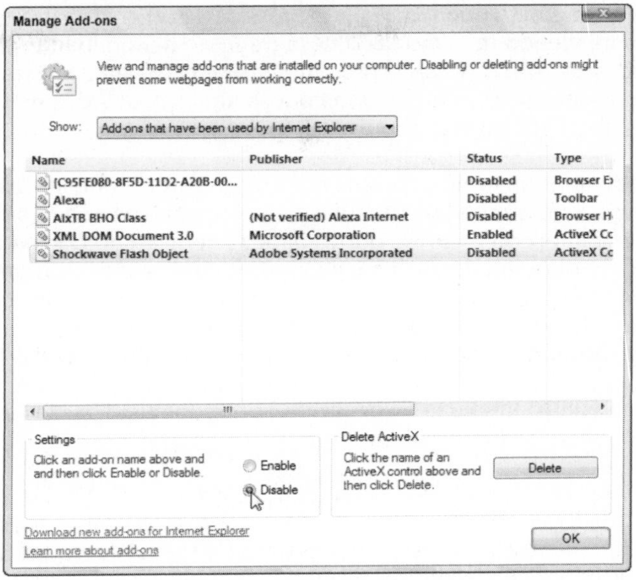

Figura 10-7:
La ventana
Manage
Add-ons
de Internet
Explorer le
permite ver
todos los
comple-
mentos
instalados y
desactivar
los que no
le gustan.

✔ El Add-on Manager de Internet Explorer desactiva bastante fácilmente los complementos, pero si observa uno particularmente dañino, elimínelo completamente al hacer clic en el botón Delete ActiveX en lugar del botón Disable.

✔ ¿Cómo puede diferenciar los buenos complementos de los malos? Desafortunadamente, no hay una manera segura de diferenciarlos, aunque si el nombre aparece en Publisher, eso le proporciona una guía. La mejor forma es evitar que le causen daño para empezar, principalmente con no instalar cosas que Internet Explorer intentó bloquear.

✔ Asegúrese de que el bloqueador de elementos emergentes de Internet Explorer esté en ejecución al escoger Pop-up Blocker desde el menú Tools. Si ve Turn Off Pop-up Blocker en el menú emergente, está listo. Si ve Turn on Pop-up Blocker, haga clic en el comando para activarlo de nuevo.

Evitar estafas por suplantación de identidad (phishing)

Eventualmente, recibirá un correo electrónico de su banco, eBay, PayPal o un sitio Web similar que le indica que hay un problema con su cuenta. Con seguridad, el correo electrónico ofrece un vínculo útil para hacer clic —el cual le indica que debe ingresar su nombre de usuario y contraseña para poner las cosas en orden.

No lo haga, no importa qué tan realista parezca ser el correo electrónico y el sitio Web. Está viendo una industria desagradable denominada *suplantación de identidad:* Los estafadores envían millones de estos mensajes a nivel mundial, esperando convencer a unas pocas almas asustadas de escribir sus valiosos nombres de cuenta y contraseñas.

¿Cómo puede diferenciar los correos electrónicos reales de los falsificados? Esto es sencillo, ya que *todos* estos correos electrónicos son falsificados. Los sitios relacionados con finanzas nunca jamás le envían un correo electrónico con un vínculo para que haga clic e ingrese su contraseña. Si sospecha de alguno, visite el sitio Web *verdadero* de la compañía, al escribir la dirección Web a mano. Luego busque su área de seguridad y reenvíeles el correo electrónico, preguntándoles si es auténtico. Lo más probable es que no lo sea.

Vista emplea cuatro medidas de seguridad para obstaculizar las estafas por suplantación de identidad:

- El Windows Mail le advierte con un mensaje, que se muestra en la Figura 10-8, cuando encuentra un correo electrónico sospechoso en su bandeja de entrada. Luego Windows Mail dirige el correo electrónico a la carpeta Junk E-mail. Siéntase libre de eliminar el correo electrónico, si lo encuentra en esa carpeta.

- Cuando ejecuta Internet Explorer por primera vez, el programa le ofrece la activación de un filtro de suplantación de identidad. Acepte el ofrecimiento de Internet Explorer. A diferencia de muchas de las características de Vista, el filtro de suplantación de identidad le proporciona una red de seguridad nada molesta.

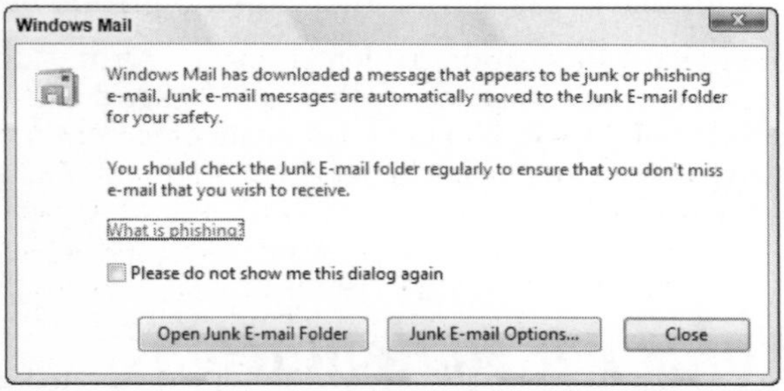

Figura 10-8:
Windows Mail le advierte cuando detecta un correo electrónico entrante de suplantación de identidad.

Windows Mail

Windows Mail has downloaded a message that appears to be junk or phishing e-mail. Junk e-mail messages are automatically moved to the Junk E-mail folder for your safety.

You should check the Junk E-mail folder regularly to ensure that you don't miss e-mail that you wish to receive.

What is phishing?

☐ Please do not show me this dialog again

[Open Junk E-mail Folder] [Junk E-mail Options...] [Close]

✔ Internet Explorer examina todas las páginas Web en busca de señales sospechosas. Si un sitio parece sospechoso, la barra de direcciones de Internet Explorer, el área normalmente blanca que indica la dirección del sitio Web, cambia a color amarillo. Internet Explorer envía una advertencia emergente de que está viendo un posible sitio de suplantación de identidad.

✔ Internet Explorer compara una dirección de sitio Web con una lista de sitios conocidos de suplantación de identidad. Si encuentra una concordancia, el filtro de suplantación de identidad le detiene el ingreso, tal como se muestra en la Figura 10-9. Si en alguna oportunidad le aparece esa pantalla, cierre la página Web.

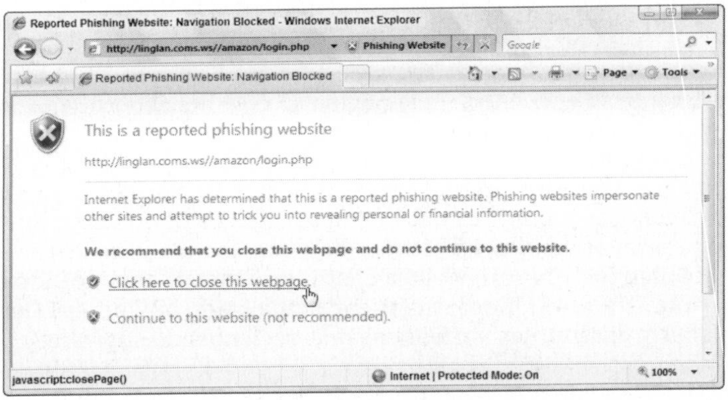

Figura 10-9:
Internet
Explorer le
advierte
cuando
visita
un sitio
conocido de
suplanta-
ción de
identidad.

Así que ¿cuál será la razón por la cual las autoridades no arrestan a las personas responsables? Debido a que en Internet es bastante difícil dar seguimiento a los ladrones y llevarlos a juicio. El alcance de Internet les permite trabajar desde cualquier lugar en el mundo.

✔ Si ya ingresó su nombre y contraseña en un sitio de suplantación de identidad, tome medidas inmediatamente: Visite el sitio Web *verdadero* y cambie su contraseña. De ser posible, cambie su nombre de usuario también. Luego comuníquese con el banco o la compañía y solicíteles ayuda. Es posible que se puedan detener a los ladrones antes de que pongan sus manos electrónicas sobre sus fondos.

✔ Puede advertir a Microsoft si observa un sitio que le parezca sospechoso que "huela mal". Elija Phishing Filter del menú Tools de Internet Explorer y elija Report This Website. Internet Explorer le lleva al sitio Web del Phishing Filter de Microsoft. El indicar a Microsoft sobre sitios sospechosos de suplantación de identidad les ayuda a advertir a otros visitantes.

> ✔ ¿Tiene curiosidad sobre cómo se ven los correos electrónicos de suplantación de identidad? Visite www.antiphishing.org y examine su archivo de cientos de correos electrónicos de suplantación de identidad.

Evadir y eliminar spyware y parásitos con Windows Defender

El *Spyware* y los *parásitos* son programas que se pegan a Internet Explorer sin su conocimiento. Los programas más furtivos pueden intentar cambiar su página principal, hacer llamadas por medio de su módem o espiar su actividad en la Web, enviando a escondidas sus hábitos de navegación al publicador del programa de spyware.

La mayoría de programas de spyware admiten libremente ser espías, lo cual generalmente se encuentra en la página 43 ó 44 del acuerdo que se supone debería leer antes de instalar un programa.

Nadie desea que estos programas desagradables, claro está, por lo que hacen cosas engañosas para que no los elimine. Aquí es donde entra en acción el nuevo programa Windows Defender de Vista. Evita que se instalen automáticamente algunos spyware y vigila el spyware que ya está pegado a su equipo. Mejor aún, Windows Update mantiene actualizado a Windows Defender para reconocer y destruir las variedades más recientes de spyware.

Para asegurarse de que Windows Defender se esté ejecutando automáticamente en su equipo, visite el Security Center de Windows, descrito en la sección "Evaluar su Seguridad en el Centro de Seguridad" de este capítulo. Cuando se ejecuta automáticamente, Windows Defender explora su equipo todas las tardes y le advierte de cualquier spyware nuevo encontrado.

Para asegurarse de que Windows Defender explore su equipo inmediatamente, una solución potencial cuando su equipo actúa de manera extraña, haga clic en el menú Start, elija All Programs e inicie Windows Defender. Haga clic en el botón Scan y espere a que termine.

Existen otros diversos programas antispyware que también pueden explorar su equipo en busca de spyware, revisando cuidadosamente todas las piezas que encuentren. Algunos programas son gratuitos con la esperanza de que después adquiera la versión más reciente con todas las características. Ad-Aware (www.lavasoftusa.com) y Spybot Search & Destroy (www.safer-networking.org) son dos de los programas más populares.

No tema ejecutar más de un explorador de spyware en su equipo. Cada uno realiza su exploración, eliminando cualquier spyware que encuentre.

Utilizar control parental

Una característica muy bien aceptada por los padres y muy abucheada por los niños, el Parental Controls de Vista ofrece varias formas nuevas de supervisar las maneras por las cuales las personas pueden obtener acceso al equipo, así como a la Internet. De hecho, las personas que comparten sus equipos con compañeros de cuarto también agradecen el Parental Controls.

El Parental Controls le permite indicar qué puede y qué no puede hacer una persona en Internet. También mantiene fichas sobre cómo utiliza esa persona el equipo, enviando informes sobre cuándo exactamente utiliza el equipo, qué sitios Web visita y qué programas utiliza.

Para establecer el Parental Controls, debe tener una cuenta de administrador. (En el Capítulo 13 explico cómo crear dos tipos de cuentas). Si todos comparten un equipo, asegúrese de que los niños tengan cuentas estándar. Si sus niños tienen sus propios equipos, cree una cuenta de administrador en sus equipos para usted mismo y cambie sus cuentas a estándar.

Para configurar el Parental Controls de Vista, siga estos pasos:

1. **Abra el Control Panel desde el menú Start y elija Parental Controls en la sección User Accounts and Family Safety.**

   Si el supervisor incorporado de Vista dice, "A program needs your permission to continue", siéntase libre de hacer clic en el botón Continue.

2. **Haga clic en la cuenta de usuario que desea restringir.**

   Vista únicamente le permite agregar Parental Controls a una cuenta de usuario a la vez, un proceso que afligió considerablemente al señor y la señora González.

   Cuando escoge una cuenta de usuario, aparece la pantalla Parental Controls, que se muestra en el Figura 10-10. Los siguientes pasos lo llevan a través de cada sección de los controles.

3. **Active o desactive el Parental Controls.**

   El área de Parental Controls presenta primero dos conmutadores, que le permiten activar o desactivar la supervisión:

   - **Parental Controls (Control parental):** Este conmutador alterno sencillamente activa o desactiva cualquier restricción que haya establecido. Es una manera útil de activar las restricciones cuando surgen las sospechas o desactivarlas cuando no son necesarias.

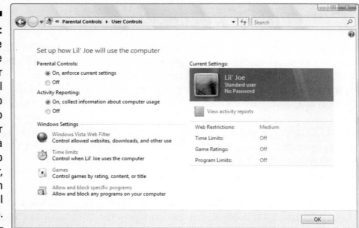

- **Activity Reporting (Informe de actividades):** Este conmutador alterna el informe de actividades de Vista. Eso indica al equipo que espíe los hábitos de sus hijos, indicando cuándo exactamente iniciaron o finalizaron sesión, qué programas utilizaron o intentaron utilizar y qué sitios Web visitaron o intentaron visitar.

4. **Establezca el Web Filter de Windows Vista para determinar qué partes de la Web puede visitar su hijo.**

   El Web Filter le permite seleccionar las partes de Internet que su hijo pueda ver. Para bloquear algunos sitios Web, haga clic en Edit the Allow and Block List. Allí puede castigar a su hijo al evitar que ingrese a MySpace.com durante una semana, por ejemplo. Para el máximo control, bloquee *todos* los sitios Web al hacer clic en el cuadro Only Allow Websites Which Are on the Allow List, y luego agregar unos pocos sitios seguros a la lista de permitidos.

   El área Block Web Content Automatically viene establecida en Medium (Medio), lo que significa que Internet Explorer bloquea sitios que contienen contenido de adultos, pornografía, drogas, insultos y armas. Cámbielo a High (Alto) para bloquear todo lo que no esté específicamente diseñado para niños. O cámbielo a Custom y seleccione y escoja categorías específicas que le gustaría bloquear de la vista de sus hijos.

   Sin embargo, manténgase atento a los filtros Web que no son 100 por ciento exactos, y algunos sitios indeseados que pueden entrar por pequeñas ranuras.

5. **Elija si desea permitir descargar archivos y luego haga clic en OK.**

El cuadro final en la parte inferior de esta página le permite evitar la descarga de archivos por sus hijos, una manera sencilla de evitar que descarguen e instalen programas sin su conocimiento. Sin embargo, al marcar este cuadro es posible que no les permita descargar archivos necesarios para realizar sus tareas.

Haga clic en OK para regresar a la pantalla de apertura de Parental Controls que se muestra en la Figura 10-10.

6. **Agregue restricciones a límites de tiempo, juegos y programas específicos y luego establezca informes de actividad, haciendo clic en OK después de cada una.**

Esta gran categoría le permite bloquear cosas específicas en su equipo en lugar de en Internet:

- **Time Limits (Límites de tiempo):** Esta opción le da una cuadrícula, que le permite hacer clic en las horas que no permite que su hijo utilice el equipo. Aquí es cuando puede limitar el uso del equipo después de la hora de dormir, por ejemplo.

- **Games (Juegos):** Puede permitir o prohibir todos los juegos aquí, restringir el acceso a juegos con determinadas clasificaciones (las clasificaciones aparecen en la mayoría de cuadros de software) y bloquear o permitir juegos específicos.

- **Allow and Block Specific Programs (Permitir y bloquear programas específicos):** Aquí es donde puede mantener alejados a los niños de su programa de chequera, así como también de juegos determinados. Puede bloquear todos los programas, dando acceso solamente a unos pocos. O puede permitir el acceso a todos los programas excepto unos cuantos.

- **Activity Reports (Informe de actividades):** Esta configuración indica la actividad de todas las cuentas de usuario en su equipo. Puede ver la lista de los sitios Web visitados por todos, archivos descargados, horas de inicio y finalización de sesión, juegos jugados, contactos recientemente agregados, uso de cámaras Web, videos y canciones a las que se obtuvo acceso y mucho, mucho más. Un resumen práctico en la primera página ordena esta gran cantidad de información en listas "Los diez mejores" para poder verla más fácilmente.

7. **Haga clic en OK para salir de Parental Controls.**

Para ver en qué ha andado su hijo, regrese a Parental Controls y elija View Activity Reports.

Codificar su equipo con BitLocker

El nuevo programa BitLocker de Vista mezcla el contenido de la unidad de disco duro de su equipo. Luego lo ordena automáticamente cada vez que ingresa la contraseña de su cuenta de usuario. ¿Por qué molestarse? Para mantener segura su información. Si roban su equipo o incluso sólo su unidad de disco duro, no podrán obtener acceso a sus datos y su escondite de contraseñas, números de tarjeta de crédito y otra información personal.

Desafortunadamente, BitLocker proporciona más protección de lo que la mayoría de personas necesita. Es difícil configurarlo y si alguna vez llegara a perder su contraseña, también habrá perdido todos sus datos. BitLocker también requiere que su equipo se haya configurado de una manera especial, con una *partición* adicional, un área de almacenamiento separada, en su unidad de disco duro. Para obtener una protección completa, requiere un equipo con un chip especial, algo que no se encuentra en muchos equipos hoy en día.

Si está interesado en BitLocker, lleve su equipo a la persona de tecnología de información de su oficina y solicítele ayuda y asesoría sobre la configuración del mismo. No es tan sencillo como activar un conmutador.

Parte IV
Personalizar y Actualizar Windows Vista

The 5th Wave   Por Rich Tennant

@RICHTENNANT

Sr. Gretsky, diga a los empleados que pueden tener de nuevo juegos de Internet en sus equipos.

En esta parte . . .

Cuando su vida cambia, usted quiere que Windows Vista cambie con ella y es aquí en donde entra en juego esta parte del libro. Aquí es en donde encontrará el Control Panel reorganizado de Windows Vista, el cual le permite cambiar casi todo, menos la disposición de su equipo.

El Capítulo 12 describe las formas para ajustar su equipo con precisión por medio de un clic que usted puede ejecutar para mantenerlo en buena forma, con una copia de seguridad y funcionando perfecto. Si está compartiendo su equipo con otras personas, descubrirá cómo asignar cuentas de usuario a cada uno de ellos y que sea *usted* el que decida quién puede hacer qué.

Esta parte también lo lleva a través de los nuevos Parental Controls de Vista, que le permiten controlar automáticamente qué pueden y qué no pueden hacer sus niños cuando estén sentados frente al teclado.

Finalmente, cuando esté listo para comprar un segundo (tercero, cuarto o quinto) equipo, existe un capítulo que le indica cómo vincularlos para crear una red local, en donde éstos puedan compartir la misma conexión a Internet, impresora y archivos.

Capítulo 11

Personalizar Windows Vista con el Control Panel

Cualquiera que haya visto una película de ciencia ficción sabe que los robots tienen paneles secretos de control, y los mejores incluyen un conmutador de apagado de emergencia. El Control Panel (Panel de control) de Windows Vista vive a simple vista, afortunadamente, a un clic del menú de Start.

Dentro del Control Panel, encontrará cientos de conmutadores y opciones que le permiten personalizar la apariencia, proyección y vibra de Windows. Este capítulo explica los conmutadores y controles deslizantes que deseará ajustar y lo mantiene alejado de los que debe evitar.

También enumero accesos directos que lo llevan directamente a la configuración correcta del Control Panel, omitiendo los largos y distorsionados corredores de menús.

Sin embargo, debe ser precavido: Algunas de las configuraciones del Control Panel las puede cambiar sólo la persona que tiene la cuenta omnipotente de administrador —generalmente el propietario del equipo. Si Vista se niega a abrir el sombreado del Control Panel, solicite ayuda al propietario del equipo.

Buscar el Conmutador Correcto en el Control Panel

Abra el Control Panel del menú Start y puede pasarse una semana entera de trabajo abriendo íconos y cambiando conmutadores para mejorar Vista. Parte de la atracción viene de la magnitud del Control Panel: Alberga más de *50* íconos en Classic View (la vista clásica) y algunos íconos convocan menús con más de dos docenas de configuraciones y tareas.

Para ahorrarle el trabajo de buscar sin rumbo fijo el conmutador correcto, el Control Panel une varios elementos en su Category View (Vista por categoría), que se muestra en la Figura 11-1.

Figura 11-1: Windows Vista hace que las configuraciones sean más sencillas de encontrar al agruparlas en categorías.

Debajo de cada nombre de categoría se encuentran accesos directos para las ofertas más populares de esa categoría. Por ejemplo, el ícono de categoría Security (Seguridad) en la Figura 11-1, ofrece accesos directos para verificar las actualizaciones más recientes de seguridad, así como evaluar el estado actual de seguridad de su equipo.

Los veteranos de Windows XP que ya están familiarizados con los íconos del Control Panel pueden cambiar a la vista clásica del Control Panel. (El mouse señala esa opción en la Figura 11-1). La vista clásica se olvida de la fachada por categoría y muestra *todos* los íconos de Vista, tal y como se muestra en la Figura 11-2.

No piense que algo sea incorrecto si su Control Panel difiere del de la Figura 11-2. Los diferentes programas, accesorios y modelos de equipo con frecuencia agregan sus propios íconos al Control Panel. Las diferentes versiones de Vista, que describo en el Capítulo 1, también dejan afuera algunos de los íconos que se ven aquí.

Pase el puntero de su mouse sobre cualquier categoría o ícono confuso en el Control Panel y Windows Vista explica cuidadosamente su significado en la vida.

Figura 11-2:
Diseñada
para
propietarios
de equipos
con
experiencia,
la Vista
clásica de
Windows
Vista
muestra
todos los
íconos del
Control
Panel.

El Control Panel reúne todos los conmutadores principales de Vista en un panel bien surtido, pero definitivamente no es la única forma de cambiar las configuraciones de Vista. Casi siempre puede obviar estas mismas configuraciones al hacer clic con el botón secundario en el elemento que desea cambiar, ya sea en su escritorio, menú Start o una carpeta, y escoger Properties desde el menú emergente.

El resto de este capítulo enumera las categorías del Control Panel que se muestran en la Figura 11-1, las razones por las cuales alguna vez querrá visitarlas y los accesos directos para dirigirse directamente a la configuración que necesita.

System and Maintenance (Sistema y Mantenimiento)

Como un Mustang '67, Windows Vista necesita mantenimiento ocasional. De hecho, un poco de mantenimiento puede hacer que Windows Vista se ejecute mucho más fácilmente, por lo que dedico lo mejor del Capítulo 12 a ese tema.

Ese capítulo explica la manera de acelerar Windows, liberar espacio de la unidad de disco duro, hacer copias de seguridad de sus datos y crear una red segura denominada System Restore.

Como la mayoría de categorías del Control Panel, la sección System and Maintenance está repleta de opciones. Para encontrar las cosas más fácilmente, haga doble clic en la barra de menús del Control Panel para que llene la pantalla. También, si es necesario, desplácese hacia abajo la ventana para ver las entradas ocultas a la vista en la parte inferior del menú.

User Accounts and Family Safety (Cuentas de Usuario y Seguridad Familiar)

En el Capítulo 13 explico cómo crear cuentas separadas para que otras personas utilicen su equipo. Esto les permite utilizar su equipo, pero limita daño que pueden hacer a Windows y a sus archivos.

Aquí se presenta un recordatorio si no desea adelantarse a ese capítulo: Elija el Control Panel del menú Start. Luego, en la sección User Accounts and Family Safety, haga clic en Add or Remove User Accounts.

Eso abre el área de Manage Accounts, donde puede crear también cuentas y cambiar las existentes, incluyendo su nombre, contraseña o imagen del menú Start.

La categoría de User Accounts and Family Safety del Control Panel también incluye un vínculo a la sección de Security, donde puede colocar Parental Controls sobre lo que sus hijos pueden hacer con el equipo. En el Capítulo 10 explico el Parental Controls.

Security (Seguridad)

La categoría Security del Control Panel contiene una brigada completa de soldados. He escrito manuales de campo para todos en el Capítulo 10: Windows Firewall, Windows Update, Windows Defender y el nuevo Parental Controls de Vista.

Cambio de la Apariencia de Windows (Apariencia y Personalización)

Una de las categorías más populares, el área Appearance and Personalization (Apariencia y personalización) le permite cambiar la apariencia y aspecto de Vista en una amplia variedad de maneras. Abra la categoría para ver los siguientes seis íconos:

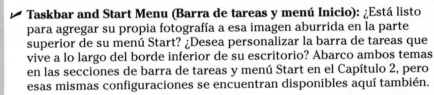

✔ **Personalization (Personalización):** Para muchas personas, este ícono es un descubrimiento valioso. Elija esto para ver una nueva imagen o foto digital en todo su escritorio, elegir qué protector de pantalla se activa cuando esté lejos de su equipo, cambiar los colores de los marcos de ventanas de Vista y cambiar la *resolución de pantalla* de su monitor, una manera ingeniosa de poder ver más información en su pantalla.

✔ **Taskbar and Start Menu (Barra de tareas y menú Inicio):** ¿Está listo para agregar su propia fotografía a esa imagen aburrida en la parte superior de su menú Start? ¿Desea personalizar la barra de tareas que vive a lo largo del borde inferior de su escritorio? Abarco ambos temas en las secciones de barra de tareas y menú Start en el Capítulo 2, pero esas mismas configuraciones se encuentran disponibles aquí también.

✔ **Ease of Access Center (Centro de accesibilidad):** Diseñado para ayudar a las personas con necesidades especiales, estas configuraciones hacen que Windows sea más navegable por personas con incapacidades visuales y auditivas, además de otros impedimentos físicos. Debido a que el Control Panel ofrece Ease of Access como su propia categoría, lo describo en su propia sección posteriormente en este capítulo.

✔ **Folder Options (Opciones de carpeta):** Utilizada principalmente por usuarios con experiencia, esta área le permite agregar adaptaciones sutiles sobre cómo se ven y se comportan las carpetas.

✔ **Fonts (Fuentes):** Aquí es donde instala las nuevas fuentes para embellecer el aspecto de su trabajo impreso. Abarco las fuentes donde pertenecen, en el capítulo de impresión (Capítulo 7).

✔ **Windows Sidebar Properties:** Esta área le permite agregar gadgets a la *barra lateral* de Vista, esa tira ancha sobre la orilla derecha del escritorio. Explico la barra lateral y sus gadgets en el Capítulo 2, pero éste es el truco: Agregue gadgets al hacer clic con el botón secundario en una parte en blanco de la barra lateral y elija Add Gadgets.

En las siguientes secciones, explico las tareas en estas categorías que le serán de interés con más frecuencia.

Cambiar el fondo del escritorio

Un *fondo* (background), también conocido como papel tapiz, es sencillamente la imagen que cubre su escritorio. Para cambiarlo, siga estos pasos:

Si hace clic con el botón secundario del mouse, elije Personalize y selecciona Desktop Background, irá directamente al Paso 3.

1. **Haga clic en el menú Start, elija Control Panel y busque la categoría Appearance and Personalization.**

   Su ícono aparece en el margen.

2. **Elija Change Desktop Background de la sección Personalization.**

   Aparece la ventana que se muestra en la Figura 11-3.

Figura 11-3: Haga clic en el menú desplegable para encontrar más imágenes para colocar en su escritorio como fondo.

3. **Haga clic en una nueva imagen para el fondo.**

   Asegúrese de hacer clic en el menú desplegable, que se muestra en la Figura 11-3, para ver las fotos, texturas, pinturas y auras de luz disponibles que ofrece Vista. Para buscar a través de las carpetas que no aparecen en la lista, haga clic en Browse. Siéntase en libertad de buscar posibles fondos en su propia carpeta Pictures.

   Los archivos de fondos se pueden almacenar como archivos BMP, GIF, JPG, JPEG, DIB, o PNG. Eso significa que puede utilizar casi cualquier foto o arte que se encuentre en Internet o desde una cámara digital.

   Cuando hace clic en una nueva imagen, Windows Vista la coloca inmediatamente en su escritorio. Si le parece bien, diríjase al Paso 5.

4. **Decida si desea estirar, colocar en mosaico o centrar la imagen.**

   No todas las imágenes se ajustan perfectamente a un monitor. Por ejemplo, las imágenes pequeñas necesitan estirarse para que se ajusten al espacio o distribuirlas a través de la pantalla en filas como mosaicos en un piso. Si el estirar o colocar en mosaico no ayuda, intente centrar la imagen y dejar espacios en blanco alrededor de los bordes.

   Los tres botones grandes de izquierda a derecha a lo largo de la parte inferior de la Figura 11-3 le permiten estirar, colocar en mosaico o centrar su foto.

5. **Haga clic en OK para guardar el fondo que se muestre en ese momento.**

¿Le ha sucedido que ha descubierto una imagen que llama mucho la atención mientras navega en la Web con Internet Explorer? Haga clic con el botón secundario del mouse sobre esa imagen del sitio Web y elija Set As Background. Windows copia sigilosamente la imagen y la coloca en su escritorio como un nuevo fondo.

Seleccionar un protector de pantalla

En los días primitivos de la computación, los monitores de los equipos sufrían de *quemaduras:* daños permanentes cuando un programa que se utilizaba con frecuencia quemaba su imagen en la pantalla. Para evitar este quemado, las personas instalaban un protector de pantalla para que se pusiera una pantalla en blanco o líneas en movimiento. Los monitores de hoy ya no tienen problemas de quemaduras, pero las personas continúan utilizando los protectores de pantalla ya que se ven bien.

Windows viene con varios protectores de pantalla incorporados. Para probar uno, siga estos pasos:

Si hace clic con el botón secundario del mouse en su escritorio, elije Personalize y selecciona Screen Saver irá directamente al Paso 3.

1. **Abra el Control Panel desde el menú Start y seleccione la categoría Appearance and Personalization.**

   Se abre la categoría de Appearance and Personalization para mostrar sus ofertas.

2. **Elija Change Screen Saver desde el área Personalization.**

   Aparece el cuadro de diálogo Screen Saver Settings.

3. **Haga clic en la flecha que apunta hacia abajo en el cuadro Screen Saver y seleccione un protector de pantalla.**

   Después de elegir un protector de pantalla, haga clic en el botón Preview para hacerle una audición. Vea tantos candidatos como quiera antes de tomar una decisión.

   Asegúrese de hacer clic en el botón Settings, ya que la mayoría de protectores de pantalla ofrecen opciones, permitiéndole especificar la velocidad de una presentación, por ejemplo, y la dirección en la que las mismas deben moverse en la pantalla.

4. **Si lo desea, agregue seguridad al seleccionar la casilla de verificación On Resume, Display Logon Screen.**

   Esta medida de seguridad evita que otras personas utilicen a escondidas su equipo mientras usted va por el café. La opción hace que Windows solicite una contraseña después de despertar del modo de protector de pantalla. (Cubro las contraseñas en el Capítulo 13).

5. **Cuando termine de configurar su protector de pantalla, haga clic en OK.**

Si *realmente* desea ampliar la duración de su monitor (y ahorrar electricidad), no se preocupe por los protectores de pantalla. En cambio, haga clic en Change Power Settings en el Paso 3. La ventana resultante, Select Power Plan, le permite elegir un plan de ahorro de energía, el cual le indica a Windows Vista apagar su monitor cuando no lo haya utilizado durante más o menos 20 minutos. (Personalice cualquier plan para que se acople a sus hábitos de trabajo, al hacer clic en Change Plan Settings).

Cambiar el tema del equipo

Los *temas* (themes) son simplemente colecciones de configuraciones: Por ejemplo, puede guardar su protector de pantalla y el fondo del escritorio como un tema, lo que le permite cambiar fácilmente entre ellos.

Si no ha creado ningún tema usted mismo, entonces no encontrará mucho aquí. Windows Vista viene con *muy* pocos temas prefabricados para colocar rápidamente. Para probar uno, haga clic con el botón secundario del mouse sobre su escritorio, elija Personalize y seleccione Theme. Aparece el cuadro de diálogo Theme Settings, que se muestra en la Figura 11-4.

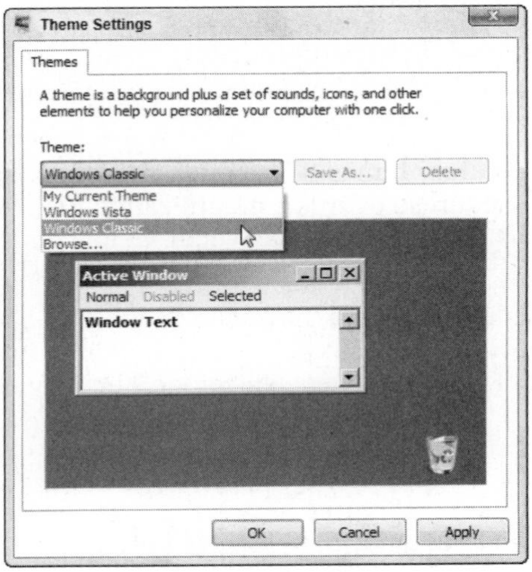

Figura 11-4: Elija un tema configurado previamente para cambiar la manera en que se ve y suena Windows.

Windows Vista enumera sus temas agrupados como símbolos (y una opción para buscar en los propios); haga clic en cualquiera de ellos para ver una vista previa en la ventana Sample que aparece en la Figura 11-4:

✔ **My Current Theme (Mi tema actual):** Si de alguna manera arruinó la configuración de apariencia de Windows Vista, pero no la ha guardado aún, elija este comando para revertir a su último tema guardado.

✔ **Windows Vista:** Esta configuración revierte al tema "en existencia" de Windows Vista, el que tenía cuando lo instaló por primera vez.

✔ **Windows Classic (Clásico de Windows):** Los usuarios retro eligen esta configuración para regresar a la visualización simple y sencilla del venerable Windows 98.

✔ **Browse (Examinar):** Haga clic aquí para tomar un Theme que haya guardado en una carpeta específica. (Vista normalmente guarda Themes en la carpeta Program Files).

Elija cualquiera de los temas y Windows Vista se pone automáticamente la nueva vestimenta. Para ver previamente una apariencia del tema enumerado, haga clic en su nombre y vea la ventana Sample.

En lugar de elegir de los temas preensamblados de Vista, siéntase en libertad de hacer sus propios al cambiar el fondo, los colores, el protector de pantalla y otros detalles de Vista. Luego guarde su Theme al hacer clic en Save As, como se muestra en la Figura 11-4, y póngale un nombre a su Theme.

- ✔ Las herramientas básicas de Vista para crear temas se vuelven simples después de un tiempo. Si realmente desea crear temas de Windows (denominado *skinning o cambio de piel* por los aficionados), utilice un programa de terceros como WindowBlinds (`www.windowblinds.net`). Puede descargar Themes creados por aficionados de WindowBlinds en WinCustomize (`www.wincustomize.com`).

- ✔ Antes de empezar a descargar temas de la Web o de datos adjuntos de correos electrónicos, asegúrese de que está utilizando un programa actualizado de antivirus. Los virus algunas veces vienen disfrazados como temas.

- ✔ Para cambiar los temas rápidamente, haga clic con el botón secundario del mouse en su escritorio y seleccione Personalize. Cuando aparece el área Personalization del Control Panel, seleccione Theme y elija su nuevo tema.

Cambiar la resolución de pantalla

Como una de las muchas opciones "cámbielo una vez y olvídese de eso" de Vista, la resolución de pantalla determina cuántas cosas puede apretar Vista en su monitor al mismo tiempo. El cambiar la resolución puede reducir el tamaño de las ventanas para guardar más de ellas en pantalla o aumentar el tamaño de todo a expensas de los bienes de escritorio.

Para encontrar la resolución más cómoda, o si un programa o juego murmulla algo sobre el cambio de su *screen resolution (resolución de pantalla)* o *video mode (modo de video),* siga estos pasos:

1. **Elija el Control Panel desde el menú Start y escoja la categoría Appearance and Personalization.**

   El área de Appearance and Personalization enumera las principales maneras en que puede cambiar la apariencia de Vista.

2. **En el área de Personalization, elija Adjust Screen Resolution.**

   Aparece el cuadro de diálogo Display Settings, como se muestra en la Figura 11-5.

3. **Cambie el número de colores que muestra su monitor, si lo desea.**

   Vista le permite seleccionar varias configuraciones del menú desplegable Colors.

Para experimentar completamente la selva tropical en sus fotos de cámara digital, asegúrese de que Windows Vista muestre el mayor número posible de colores. Lo más alto, o modo de 32 bits, pinta sus fotos con más de 16 millones de gloriosos colores. Intermedio (modo de 16 bits) muestra únicamente hasta 65,000 colores, lo que hace una sorprendente diferencia.

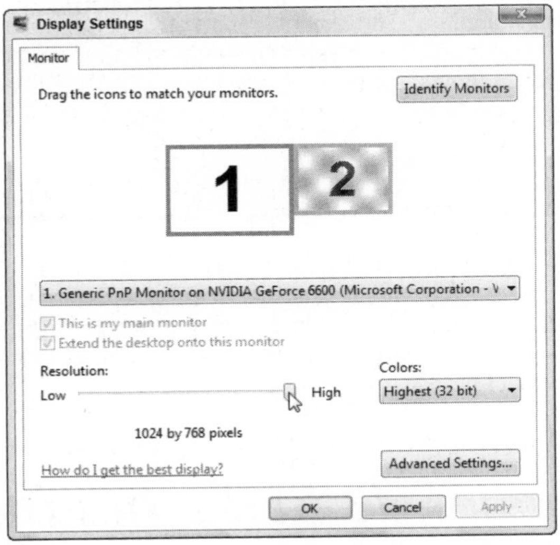

Figura 11-5:
Dependiendo de la resolución de pantalla, Windows puede exprimir diferentes cantidades de información sobre su monitor.

4. **Para cambiar la resolución de pantalla, utilice su mouse para arrastrar la barra pequeña en el área Resolution.**

   Vea cómo cambia la pequeña pantalla de vista previa a medida que mueve el mouse. Entre más desliza la barra a la derecha, más crece su monitor. Desafortunadamente, entre más información pueda Vista ingresar a su monitor, más pequeña aparece la información.

   No hay una elección buena o mala aquí, pero le aconsejo: La mayoría de sitios Web no se ajustarán bien en su pantalla a 640 por 480 píxeles. Una configuración de 800 por 600 es mejor y 1,024 por 768, es la favorita de Vista, con la cual acomodará casi cualquier sitio Web que visite.

5. **Vea sus cambios al hacer clic en el botón Apply.**

   Cuando Windows Vista cambia a una nueva resolución, le da 15 segundos para hacer clic en un botón para aprobar el cambio. Si la nueva resolución deja su monitor vacío, no verá el botón en pantalla. Después de unos pocos segundos, Windows advierte que no ha hecho clic en el botón de aprobación y revierte a su resolución original.

6. **Haga clic en OK cuando haya terminado de modificar la configuración de la pantalla.**

Duplicar su espacio de trabajo con un segundo monitor

Bendecido con un monitor adicional, ¿quizá residuo de un equipo descompuesto? Conéctelo a su equipo, colóquelo a un lado del primer monitor y ha duplicado su escritorio de Windows: Vista estira el tamaño de su espacio de trabajo en ambos monitores. Eso le permite ver la enciclopedia en línea en un monitor mientras que escribe su ensayo de fin de semestre en el otro.

Para realizar estos ejercicios de video, su equipo necesita una tarjeta de video con dos *puertos,* y esos puertos deben concordar con los *conectores* de su monitor; los temas técnicos están completamente cubiertos en mi libro *Upgrading and Fixing PCs (Actualizar y reparar PCs),* publicado por Wiley Publishing, Inc.

Después de que haya escogido la configuración más alta de color y una resolución cómoda de pantalla, es probable que nunca regrese aquí. A menos que conecte un segundo monitor en su equipo, lo cual describo en la barra lateral.

Cambiar Conexiones de Red e Internet

 Vista generalmente se estira y toca otros equipos y la Internet de manera automática. Conecte una conexión a Internet en su equipo y Vista rápidamente empieza a sorber información de la Web. Conecte otro equipo y Vista intenta crear una red.

Pero cuando Vista no puede manejar el trabajo por sí mismo, diríjase a la categoría Network and Internet del Control Panel: Elija Control Panel desde el menú Start y seleccione la categoría Network and Internet.

Dedico completamente el Capítulo 14 al trabajo en red; la Internet tiene lo suyo en el Capítulo 8.

Establecer la Fecha, Hora, Idioma y Opciones Regionales

Microsoft diseñó esta área principalmente para los usuarios de equipo portátil que viajan frecuentemente a localidades y zonas horarias diferentes. De no ser así, usted toca esta información únicamente una vez, cuando configura por primera vez su equipo. Windows Vista recuerda posteriormente la hora y la fecha, incluso cuando su equipo está apagado.

Para llegar hasta aquí, elija Control Panel del menú Start y haga clic en la categoría Clock, Language, and Region. Aparecen dos secciones, Date and Time y Regional and Language Options. Esas secciones le permiten realizar estas tareas:

- **Date and Time (Fecha y hora):** Esta área es prácticamente auto explicativa. (El hacer clic en el reloj de la barra de tareas y elegir Date and Time Settings también le permiten visitar aquí).

- **Regional and Language Options (Opciones de región e idioma):** ¿Va a viajar a Italia? Haga clic en esta tarea y seleccione Italian desde el menú Current Format. Windows cambia a los símbolos de moneda y formato de fecha de ese país. Mientras esté allí, haga clic en la ficha Location y elija Italia, o cualquier otro país en el que se encuentre.

  Las personas bilingües también visitan esta área cuando trabajan en documentos que requieren caracteres de diferentes idiomas. (Los caracteres extranjeros requieren ocasionalmente la instalación de otra fuente, lo cual cubro en el Capítulo 7).

Hardware and Sound (Hardware y Sonido)

Vista empaca miles de íconos en su categoría de Hardware and Sound (Hardware y sonido), tal y como se muestra en la Figura 11-6. Es una bodega virtual de conmutadores que controlan el *hardware* de su equipo: mouse, bocinas, teclado, impresora, teléfono, escáner, cámara digital, controladores de juegos y para los artistas gráficos, un lapicero digital.

No pasará mucho tiempo aquí, especialmente si entra a través de las puertas del Control Panel. La mayoría de las configuraciones aparecen en otros lugares, donde un clic del mouse le llevará directamente a la configuración que necesite.

Ya sea que haya llegado a estas páginas a través del Control Panel o un acceso directo, esta sección explica las razones más comunes para realizar una visita aquí.

Ajustar sonidos y volumen de Vista

El área Sound le permite ajustar el volumen de su equipo, así como también conectar siete bocinas y una bocina para frecuencias graves, una función muy apreciada por los apasionados de World of Warcraft.

Para bajar la perilla de volumen de su equipo, la cual se muestra en la Figura 11-7, haga clic en la pequeña bocina que se encuentra junto a su reloj y baje el volumen. ¿No hay una bocina en su barra de tareas? Restablézcala al hacer clic con el botón secundario del mouse en el reloj de la barra de tareas, elegir Properties y colocar una marca de verificación en la casilla de verificación Volume.

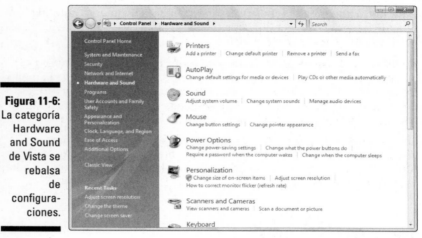

Figura 11-6:
La categoría Hardware and Sound de Vista se rebalsa de configuraciones.

Figura 11-7:
Haga clic en la bocina y mueva el control deslizante para ajustar el volumen de su equipo.

Para desactivar el audio de su equipo, haga clic en el ícono de bocina pequeña que se muestra en la Figura 11-7. Al hacer clic de nuevo en el ícono elimina la supresión de libertad de expresión.

Vista supera a Windows XP al permitirle establecer diferentes volúmenes para diferentes programas. Puede detonar explosivos en silencio en MineSweeper, y permitir que Windows Mail anuncie en voz alta cualquier mensaje nuevo. Para jugar con los niveles de volumen entre los programas, siga estos pasos.

El hacer doble clic en el ícono de la bocina pequeña junto a su reloj lo adelanta al Paso 3.

1. **Elija Control Panel del menú Start y escoja Hardware and Sound.**

   El área Hardware and Sound del Control Panel (que se muestra en la Figura 11-6) muestra sus herramientas.

2. **Busque el ícono Sound y luego haga clic en Adjust System Volume.**

   Aparece el cuadro Volume (Volumen) de Vista, que se muestra en la Figura 11-8, enumerando cada sonido en su equipo.

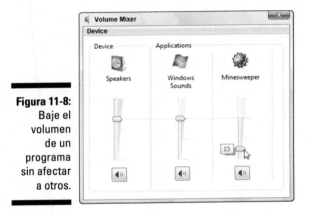

Figura 11-8: Baje el volumen de un programa sin afectar a otros.

3. **Deslice hacia arriba o hacia abajo el control de cualquier programa para callarlo o elevarlo hasta un ruido ensordecedor.**

   Cierre el cuadro Volume al hacer clic en la pequeña X roja en la esquina.

Instalar o configurar bocinas

La mayoría de los equipos vienen únicamente con dos bocinas. Algunos equipos de hoy vienen con cuatro, y los equipos que se duplican como los teatros en casa o los equipos de juegos algunas veces tienen más de ocho. Para acomodar la variedad de configuraciones, Vista incluye un área de configuración de bocina, completa con una prueba de bocinas.

Si instala bocinas nuevas o no está seguro de que funcionen sus bocinas antiguas, siga estos pasos para ponerlas en funcionamiento adecuadamente en Vista.

CONSEJO

Haga clic con el botón secundario en el ícono de bocina de su barra de tareas y elija Playback Devices para adelantarse al Paso 2.

1. **Haga clic en el botón Start, elija Control Panel y seleccione la categoría Hardware and Sound.**

   Aparece la categoría conocida Hardware and Sound de la Figura 11-6.

2. **En el área Sound, elija Manage Audio Devices.**

   Aparece el cuadro de diálogo Sound; abra la ficha Playback, la cual enumera sus bocinas.

3. **Haga clic en la bocina o en el ícono de bocina, y luego haga clic en Configure.**

   Aparece el cuadro de diálogo Speaker Setup, que se muestra en la Figura 11-9.

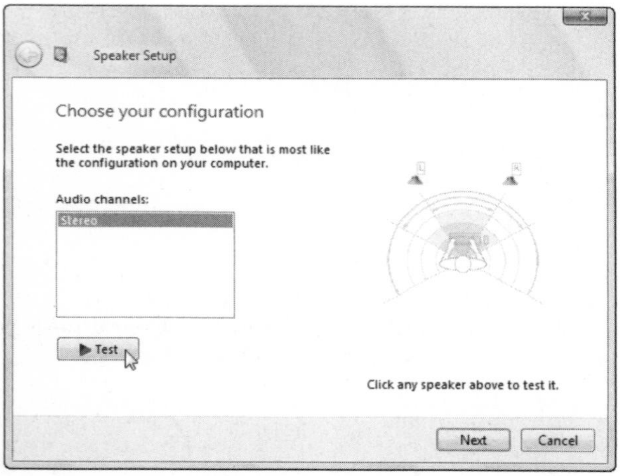

Figura 11-9:
Haga clic en Test para escuchar sus bocinas.

Speaker Setup

Choose your configuration

Select the speaker setup below that is most like the configuration on your computer.

Audio channels:

Stereo

▶ Test

Click any speaker above to test it.

Next   Cancel

4. **Haga clic en el botón Test, ajuste las configuraciones de su bocina y haga clic en Next.**

   Vista le lleva a través de la selección de su cantidad de bocinas y la colocación de las mismas y luego las reproduce una por una de manera que pueda escuchar si están en las ubicaciones correctas.

5. **Ajuste cualquier otro dispositivo de sonido y luego haga clic en OK cuando haya terminado.**

Mientras realiza la visita, no dude en revisar el volumen de su micrófono al hacer clic en la ficha Recording en el Paso 2, así como también en las fichas para cualquier aparato que pueda adquirir.

Agregar una impresora

Los fabricantes de impresoras peleones no pueden llegar a un acuerdo sobre qué impresora se debe instalar. Como resultado de eso, usted instala su impresora en una de dos maneras:

✔ Algunos fabricantes de impresoras dicen que sencillamente conecte su impresora, generalmente empujando su conector en un pequeño puerto rectangular USB. Coloque el interruptor del equipo en encendido y Windows Vista reconoce y acepta automáticamente su nueva impresora. Agregue cualquier cartucho de tinta, tóner o papel que necesite y listo.

✔ Otros fabricantes tienen un método un poco más desagradable, ya que dicen que debe instalar el software incluido *antes* de conectar su impresora. Y si no instala primero el software, es posible que la impresora no funcione correctamente.

La única manera de saber cómo debe instalar su impresora es revisar el manual de la impresora. (Algunas veces esta información aparece en una página a todo color de especificaciones de instalación que se encuentra en la caja de la impresora).

Si su impresora no tiene un software de instalación, instale los cartuchos, agregue papel a la bandeja y siga estas instrucciones para ponerla en funcionamiento:

1. **Con Vista activo y en funcionamiento, conecte su impresora a su equipo y encienda la impresora.**

   Si el conector rectangular de su impresora se desliza en un agujero rectangular o un *puerto* en su equipo, tiene una *impresora USB,* el tipo que utilizan la mayoría de las impresoras de hoy en día. Vista puede enviar un mensaje que indique que su impresora se instaló con éxito, pero siga los siguientes dos pasos para realizar pruebas.

   Si el conector dentado con apariencia diabólica de su impresora se empuja en un conector grande oval lleno de agujeros, se conecta al *puerto de impresora* de su equipo. (Ese conector se denomina *LPT1:* en lenguaje de computación).

2. **Elija Control Panel del menú Start de Vista.**

   El Control Panel muestra sus categorías de configuraciones.

3. **Abra la categoría Hardware and Sound y elija Printers.**

   Aparece la ventana de Printers, que enumera íconos para cualquier impresora conectada en ese momento. Si observa su impresora USB enumerada por nombre de modelo, haga clic con el botón secundario en su ícono, elija Properties y haga clic en el botón Print Test Page. Si se imprime correctamente, terminó. Felicitaciones. Sin embargo, si el nombre de su impresora no aparece, diríjase al Paso 4.

   Vista enumera una impresora denominada Microsoft XPS Document Writer que no es realmente una impresora. Al elegir imprimir a esa impresora crea un archivo especial muy parecido a los archivos PDF de Adobe, que requieren un programa especial para verlos e imprimirlos. Vista puede ver o imprimir archivos XPS; Windows XP, por el contrario, primero le solicita que descargue e instale el XPS Viewer de Microsoft (`www.microsoft.com/downloads`).

4. **Haga clic en el botón Add a Printer desde el menú superior de la ventana de Printers.**

   Cuando aparece la ventana Choose a Local or Network Printer, elija Add a Local Printer. (Si instala una impresora en red, vea el Capítulo 14 para obtener información específica).

5. **Elija cómo va a conectar la impresora a su equipo y haga clic en Next.**

   Elija LPT1 (el conector oblongo). Si utiliza una impresora USB, haga clic en Cancel, instale el software de la impresora e inicie de nuevo. ¿No tiene software? Será necesario descargarlo del sitio Web del fabricante de la impresora.

6. **Elija el puerto de la impresora y haga clic en Next.**

   Cuando Vista le pregunte qué puerto de impresora utilizar, elija LPT1: (Printer Port).

7. **Haga clic sobre el fabricante de su impresora y el nombre del modelo cuando los vea y haga clic en Next.**

   El cuadro de diálogo Add Printer enumera los nombres de los fabricantes de impresoras en el lado izquierdo; elija el suyo de la lista. El lado derecho del cuadro enumera los modelos de impresora del fabricante. (Vista sabe cómo hablar con cientos de diferentes modelos de impresoras).

   Windows Vista podría solicitarle que introduzca el CD de configuración apropiado en una unidad de disco. ¿Atorado? Haga clic en el botón Windows Update; Vista se conecta a la Internet para encontrar el software para esa impresora.

Después de un momento, usted verá la nueva impresora en la lista. Si Vista ofrece imprimir una página de prueba, acepte el ofrecimiento.

Eso es todo. Si usted es como la mayoría de las personas, su impresora funcionará de maravilla. Si no lo hace, he colocado algunas sugerencias y trucos para solucionar problemas en la sección de impresión del Capítulo 7.

Si tiene dos o más impresoras conectadas a su equipo, haga clic con el botón secundario del mouse sobre el ícono de la impresora que utiliza con más frecuencia y seleccione Set As Default Printer del menú. Windows Vista imprime en esa impresora automáticamente, a menos que usted le indique lo contrario.

✔ Para eliminar una impresora que ya no utiliza, haga clic con el botón secundario en el nombre y luego elija Delete del menú. El nombre de esa impresora ya no aparece como una opción cuando intenta imprimir desde un programa. Si Vista le pregunta si desea desinstalar el software y los controladores de la impresora, haga clic en Yes, a menos que piense que podría volver a instalar esa impresora alguna vez.

✔ Puede cambiar las opciones de impresora desde dentro muchos programas. Elija File en la barra de menú del programa y luego elija Print Setup o elija Print. Desde allí, con frecuencia puede obtener acceso al mismo cuadro de opciones de impresora que puede encontrar en el Control Panel. Esa área también le permite cambiar cosas como tamaño de papel, fuentes y tipos de gráficas.

✔ Para compartir una impresora rápidamente en una red, haga clic con el botón secundario del mouse en el ícono y elija Sharing. Seleccione la opción Share This Printer y haga clic en OK. Esa impresora se muestra como una opción de instalación para todos los equipos en su red.

✔ Si el software de su impresora le confunde, haga clic en los botones Help en los cuadros de diálogo. Muchos de los botones están personalizados para su modelo de impresora determinado y ofrecen asesoría que no se encuentra en Windows Vista.

Instalar o ajustar otros elementos

El área Hardware and Sound del Control Panel enumera elementos que se conectan a la mayoría de los equipos: mouse, teclado, escáner, cámara digital, controladores de juegos y talvez un teléfono. Haga clic en el nombre de cualquier elemento para ajustar su configuración.

El resto de esta sección explica cómo ajustar el funcionamiento de los gadgets más comunes.

Para llegar a cualquiera de las siguientes áreas, elija Control Panel desde el menú Start y elija Hardware and Sound. Haga clic en el nombre del área para ver y cambiar sus configuraciones.

Mouse

Encontrará varias configuraciones aquí dentro para mouses estándar de dos botones, pero la mayoría son frívolos: Por ejemplo, adornar la flecha del puntero de su mouse.

Los zurdos deben hacer clic aquí para cambiar los botones de su mouse. Haga clic en el cuadro Switch Primary and Secondary Buttons. (El cambio se lleva a cabo inmediatamente, incluso antes de que haga clic en Apply).

Las personas con dedos lentos deben ajustar la velocidad del doble clic. Revise su velocidad actual al hacer doble clic en la carpeta de prueba. Si se abre, su configuración está bien. Si no se abre, disminuya la velocidad del doble clic del mouse con el control deslizante.

Los propietarios de mouse con botones adicionales o conexiones inalámbricas con frecuencia ocultan aquí también configuraciones adicionales.

Escáneres y cámaras

Haga clic aquí para ver sus escáneres y/o cámara instalados (y encendidos). O bien, para instalar cámaras o escáneres *nuevos*, únicamente conéctelos y enciéndalos. Windows Vista casi siempre reconoce y los recibe por nombre. En ocasiones poco comunes, Windows no reconoce su modelo; en ese caso tome estos pasos adicionales:

1. **Abra el Control Panel del menú Start y elija Hardware and Sound.**

2. **Haga clic en el ícono Scanners and Cameras.**

    Aparece la ventana Scanners and Cameras, enumerando todos los escáneres y cámaras conectados que Vista reconoce en ese momento.

3. **Elija el botón Add Device y haga clic en Next.**

    Windows le lleva al Scanner and Camera Installation Wizard.

4. **Elija el modelo y el fabricante y haga clic en Next.**

    Haga clic en el nombre del fabricante en el lado izquierdo de la ventana y elija el modelo en el lado derecho.

5. **Escriba un nombre para su escáner o cámara, haga clic en Next y haga clic en Finish.**

   Escriba un nombre para el dispositivo (o mantenga el nombre sugerido), haga clic en Next y luego en Finish. Si encendió su cámara o escáner y conectó su cable correctamente, Windows debe reconocerlo y colocar un ícono para el mismo, tanto en el área Computer como en el área Scanners and Cameras del Control Panel.

Desafortunadamente, la instalación de las cámaras y escáneres antiguos no siempre funcionan así de fácil. Si Windows no acepta automáticamente su arreglo, regrese al software adjunto del escáner o la cámara. El escáner o la cámara deben funcionar aún así, pero no podrá utilizar las herramientas del software incorporado de Windows Vista para captar imágenes.

El Capítulo 16 explica cómo captar las fotos de una cámara digital y las mismas sugerencias de ese capítulo aplican a los escáneres: Vista trata a cámaras digitales y escáneres de la misma manera.

Teclado

Si su teclado no funciona o no está conectado, su equipo le indicará generalmente tan pronto como lo encienda. Si ve el sorpresivo mensaje de Keyboard Error de su equipo, y Windows tampoco puede encontrar el teclado, es posible que sea hora de comprar uno nuevo. Cuando conecta uno nuevo, Windows Vista y su equipo deben encontrarlo automáticamente.

Si su teclado nuevo viene con botones adicionales a lo largo de la parte superior para cosas como "Internet," "Email" o "Volume", será necesario que instale el software adjunto del teclado para que esos botones funcionen. (Los teclados inalámbricos casi siempre requieren de su propio software también).

Ingrese a esta área principalmente para ajustes menores del teclado como qué tan rápido las teclas repiten cuando las mantiene presionadas.

Opciones de teléfono y módem

Utilizará muy poco estas opciones de teléfono y módem a menos que viaje como propietario de un equipo portátil quien constantemente se encuentra con códigos de área diferentes. Si se ajusta a esa descripción, haga clic en la opción Set Up Dialing Rules de esta área y luego agregue su nueva ubicación y código de área.

Windows guarda amablemente todos los códigos de área ingresados anteriormente. Así que si visita el mismo lugar, vuelva a seleccionar esa ubicación de la lista para ahorrarse ingresar de nuevo la información.

Controladores de juegos

Windows Vista casi siempre reconoce un *controlador de juego* recientemente conectado (una palabra elegante para joystick, gamepad, horquilla de vuelo, control de timón y equipo de juego similar). Haga clic en el área Game Controllers y realice cualquier ajuste de sensibilidad necesario.

Agregar hardware nuevo

Cuando conecta algo en el puerto USB del equipo, como iPod, cámaras o escáneres, Vista casi siempre los reconoce y los deja listos para la acción. Pero si Vista *no* reconoce algo, diríjase al Add Hardware Wizard. Este es el proceso:

1. **Elija el Control Panel del menú Start y elija Classic View.**

   En la Figura 11-2 anterior, la vista clásica muestra *todos* sus íconos; es una ruta oculta para el ícono Add Hardware.

2. **Haga doble clic en el ícono Add Hardware, haga clic en Continue (si se le solicita) y luego haga clic en Next para dejar que el asistente busque e instale el hardware automáticamente.**

   El Add Hardware Wizard le muestra a Windows Vista cualquier parte que conecte en su equipo, si Vista reconoce alguna.

   Aquí es donde el camino se divide:

   - **Si Windows Vista ubica la parte nueva,** haga clic en el nombre de la parte recientemente instalada desde la lista de Windows Vista, haga clic en Finish y siga el resto de las instrucciones del asistente.

   - **Si el asistente *no* encuentra la parte nueva,** haga clic en Next y siga las instrucciones. Si tiene suerte, alégrese y haga clic en el nombre del dispositivo para que Windows lo instale.

Pero si Windows no puede localizar automáticamente la parte recientemente instalada, será necesario comunicarse con el fabricante de la parte y solicitarle un driver (*controlador)* de Windows Vista, una parte de software que permite que Vista entienda la parte nueva. (Los controladores generalmente se pueden descargar del sitio Web del fabricante). Algunos controladores vienen incluidos con el software de instalación para minimizar las tareas de instalación. En el Capítulo 12 cubro la búsqueda de controladores.

Agregar o Eliminar Programas

Ya sea que haya obtenido un programa nuevo o desee eliminar uno antiguo, la categoría Programs del Control Panel maneja muy bien el trabajo. Una de sus categorías, Installed Programs, enumera sus programas actualmente instalados, como se muestra en la Figura 11-10. Haga clic en el que quiere desechar o ajustar.

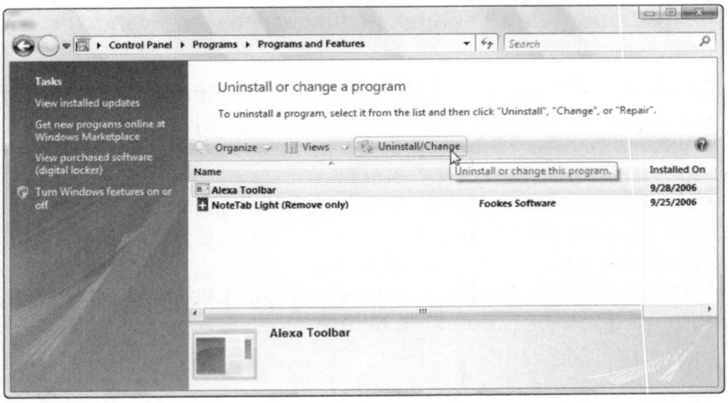

Figura 11-10: La ventana Uninstall or Change a Program elimina cualquiera de sus programas actualmente instalados.

Las siguientes dos secciones describen cómo eliminar o cambiar los programas existentes y cómo instalar los nuevos.

Eliminar o cambiar programas

Para eliminar o cambiar la configuración en un programa problemático, siga estos pasos:

1. **Elija Control Panel del menú Start y elija Programs and Features del área Programs.**

   Aparece la ventana Uninstall or Change a Program, tal y como se muestra en la Figura 11-10, la cual enumera los programas actualmente instalados, su publicador, tamaño y la fecha en que instaló el programa.

2. **Haga clic en el programa que no desea y luego haga clic en su botón Uninstall, Change, o Repair.**

El botón Uninstall siempre aparece en la barra de menús. Otros botones, denominados Change y Repair aparecen únicamente para ciertos programas. Si ve el botón Repair o Change, haga clic en éste: Vista intenta reparar el programa o cambiar algunos de sus componentes. Algunas veces arregla los programas que funcionan mal, pero con frecuencia necesita su práctico CD original.

3. **Cuando Windows le pregunte si está sure *(seguro),* haga clic en Yes.**

   Windows Vista llama al programa de desinstalación incorporado del programa, si tiene uno, o sencillamente elimina el programa de la unidad de disco duro de su equipo, algunas veces reiniciando su equipo en el proceso.

   Sin embargo, tenga cuidado. Después de eliminar un programa, se va para siempre a menos que guarde su CD de instalación. A diferencia de otros elementos eliminados, los programas eliminados no se quedan dentro de su Papelera de reciclaje.

Utilice siempre la ventana de Uninstall or Change a Program del Control Panel para desinstalar los programas que no desea. Simplemente eliminar las carpetas no sirve. De hecho, el hacer eso confunde con frecuencia a su equipo para que envíe molestos mensajes de error.

Agregar programas nuevos

Lo más probable es que jamás tenga que utilizar esta opción. Hoy en día, la mayoría de los programas se instalan automáticamente tan pronto como desliza su CD en la unidad. Si no está seguro si un programa se instaló, haga clic en el botón Start y hurgue en su menú All Programs. Si aparece ahí, el programa está instalado.

Pero si un programa no se carga automáticamente en su equipo, aquí hay algunas sugerencias que le pueden ayudar:

✔ Necesita una cuenta de administrador para instalar programas. (La mayoría de los propietarios de equipos tienen automáticamente una cuenta de administrador). Eso evita que los niños, con cuentas limitadas o de invitados, instalen programas y arruinen el equipo. En el Capítulo 13 explico las cuentas de usuario.

✔ ¿Descargó un programa? Vista generalmente los guarda en su carpeta Downloads (Descargas), accesible al hacer clic en su nombre de usuario en el menú Start. Haga doble clic en el nombre del programa descargado para instalarlo.

Cuando un programa no tiene un programa de instalación. . .

Algunos programas, especialmente los pequeños que descarga de Internet, no tienen un programa de instalación. Si descargó una de estas creaciones de bajo presupuesto en su equipo, cree una nueva carpeta para la misma y mueva el archivo descargado hacia esta carpeta. (Pero asegúrese de verificar cualquier archivo descargado con su programa antivirus). Luego intente hacer doble clic en el archivo del programa. (Generalmente es el archivo con el ícono más coqueto). Puede suceder una de dos cosas:

✔ **El programa sencillamente puede empezar a ejecutarse.** Eso significa que terminó; no es necesario instalar el programa. (Arrastre y coloque el ícono de su programa en su botón Start y agréguelo al botón Start). Si necesita desinstalar el programa; únicamente haga clic con el botón secundario del mouse y elija Delete. Estos tipos de programas aparecen con poca frecuencia en su lista Change or Remove a Program.

✔ **El programa puede empezar a instalarse por sí mismo.** Eso también significa que terminó. El programa de instalación del programa se encarga de todo, ahorrándole problemas. Para desinstalar el programa, utilice la opción Uninstall a Program del Control Panel.

Pero si el programa viene en una carpeta *en zip* (el ícono de la carpeta tiene una pequeña cremallera) debe realizar un paso adicional. Haga clic con el botón secundario del mouse en la carpeta en zip, elija Extract All y luego haga clic en Extract. Windows *descomprime* automáticamente el contenido de la carpeta y lo coloca en una nueva carpeta, generalmente con el nombre del programa. Desde allí, puede ejecutar directamente el programa o bien, si tiene un programa de instalación, ejecute el programa de instalación. En el Capítulo 4 describo las carpetas comprimidas.

✔ Muchos de los ambiciosos programas recientemente instalados desean agregar un acceso directo del escritorio, un acceso directo en el menú Start *y* un acceso directo de la barra de herramientas de Quick Launch. Diga "no" a todo menos al menú Start. Todos esos accesos directos adicionales desordenan su equipo, dificultando la búsqueda de programas. Puede eliminar con seguridad esos accesos directos si algún programa los agrega al hacer clic con el botón secundario del mouse sobre el acceso directo y elegir Delete.

✔ Siempre es una buena idea crear un punto de restauración antes de instalar un nuevo programa. (En el Capítulo 12 describo la creación de puntos de restauración). Si su programa recientemente instalado se descontrola, utilice la System Restore para regresar su equipo al estado tranquilo que tenía antes de que instalara el programa problemático.

Seleccionar el programa predeterminado

Microsoft permite a los proveedores de equipos reemplazar Internet Explorer, Media Player, Outlook Express y Windows Messenger con programas diferentes de otras compañías. Su nuevo equipo puede venir, por ejemplo, con el explorador Firefox en lugar de Internet Explorer de Microsoft. Algunos equipos pueden tener ambos exploradores instalados.

Cuando más de un programa puede manejar una tarea, por ejemplo el abrir un vínculo Web, Vista necesita saber qué programa debe solicitar. Allí es donde el área de programas predeterminados de Vista entra en acción.

Para escoger sus programas predeterminados, elija el Control Panel desde el botón Start, elija Programs, seleccione Default Programs y elija Set Your Default Programs.

La ventana Set Your Default Programs enumera los programas a lo largo del borde derecho. Haga clic en el programa que utiliza con más frecuencia y luego haga clic en Set This Program As Default. Repita para cualquier otro programa enumerado que prefiera sobre el grupo de programas de Vista y luego haga clic en OK.

Agregar/eliminar partes de Windows Vista

Tal y como instala y desinstala programas, puede eliminar partes de Windows Vista que no necesita. Por ejemplo, puede eliminar los juegos para que los empleados no jueguen en la oficina.

Para ver qué partes de Windows Vista en sí han salido de su equipo o para eliminar los componentes no deseados que Windows Vista *ha* instalado, siga estos pasos:

1. **Haga clic en el menú Start, elija Control Panel y haga clic en el ícono Programs.**

2. **En el área Programs and Features, elija Turn Windows Features On or Off y haga clic en Continue (si lo solicita).**

   Windows le lleva a una ventana que enumera todas sus características. Las características con marcas de verificación a la par de sus nombres ya están instaladas. ¿No tiene marca de verificación? Entonces esa característica no está instalada. Si ve un cuadro que esté lleno, ni vacío ni sin marca, entonces haga doble clic en los componentes para ver qué hay instalado y qué quedó fuera.

3. **Para agregar un componente, haga clic en su casilla de verificación vacía. Para eliminar un componente instalado como Windows' Games, haga clic en su casilla de verificación para eliminar la marca del cuadro.**

4. Haga clic en el botón OK.

Windows Vista agrega o elimina el programa. (Es posible que necesite insertar su DVD de Windows Vista durante el proceso).

Modificar Vista para las Personas con Incapacidades

Casi todos encuentran que Windows Vista es un reto, pero algunas personas se enfrentan también a retos físicos especiales. Para ayudarles, el área de Ease of Access del Control Panel facilita el uso de Windows para personas con una gran variedad de limitaciones físicas.

Siga estos pasos para modificar la configuración de Vista:

1. Elija Control Panel del menú Start, elija Ease of Access y Ease of Access Center.

Aparece la ventana Change Ease of Access Settings, tal y como se muestra en la Figura 11-11. La voz etérea de Vista entra en acción, explicando cómo cambiar los programas de Vista.

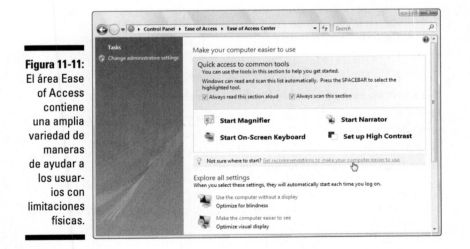

Figura 11-11: El área Ease of Access contiene una amplia variedad de maneras de ayudar a los usuarios con limitaciones físicas.

2. **Elija Get Recommendations to Make Your Computer Easier to Use.**

   Busque la tarea denominada, Get Recommendations to Make Your Computer Easier to Use (la cual está señalada por el mouse en la Figura 11-11). Eso hace que Vista le de una pequeña entrevista de manera que pueda ver qué ajustes necesita. Cuando termina, Vista realiza automáticamente sus cambios y usted ha terminado.

   Si no está satisfecho con los cambios de Vista, diríjase al Paso 3.

3. **Realice sus cambios manualmente.**

   La ventana Ease of Access Center le ofrece estos conmutadores alternos que facilitan el control del teclado, sonido, pantalla y mouse:

   - **Start Magnifier (Ampliador):** Diseñado para las personas con incapacidades visuales, esta opción amplía la ubicación exacta del puntero del mouse.

   - **Start Narrator (Narrador):** El terrible narrador incorporado de Vista lee el texto en pantalla para las personas que no pueden verlo claramente.

   - **Start On-Screen Keyboard (Teclado en pantalla):** Esta configuración coloca un teclado al que le puede hacer clic a lo largo de la parte inferior de la pantalla, lo que le permite escribir con señalar y hacer clic.

   - **Set up High Contrast (Configuración de contraste alto):** Esta configuración elimina la mayoría de los colores de pantalla, pero ayuda a las personas con incapacidad visual a ver la pantalla y el cursor de manera más clara.

   Elija cualquiera de estas opciones para activar inmediatamente la característica. Cierre la ventana de la característica si ésta empeora el asunto.

   Si todavía no está satisfecho, continúe con el Paso 4.

4. **Elija una configuración específica en el área Explore All Available Settings.**

   Aquí es donde Vista llega a lo fundamental, y le permite optimizar Vista específicamente para las siguientes cosas:

   - Ceguera o mala visión

   - Uso de dispositivo de entrada alterno en lugar de un mouse o teclado

   - Ajuste de la sensibilidad del teclado y mouse para compensar los movimientos limitados

- Activación de alertas visuales en lugar de las notificaciones de sonido de Vista

- Facilidad para enfocarse en las tareas de lectura y escritura

Algunos centros que ayudan a las personas con limitaciones físicas pueden ofrecer software o asistencia para ayudarle a realizar estos cambios.

Opciones para Equipos Portátiles (Computadoras Móviles)

 El área Mobile PC (Equipo portátil), que aparece únicamente en las computadoras móviles, le permite ajustar las preferencias de los propietarios de este tipo de equipo: ajuste del brillo de la pantalla, cambio del volumen del sonido, ahorro de energía de la batería, revisión de las señales de red inalámbrica y configuración de proyectores o pantallas externas. En el Capítulo 22 cubro la mayoría de estas configuraciones.

Additional Options (Opciones Adicionales)

 Vista normalmente deja vacía está área general, pero es posible que encuentre controles para otros programas y hardware que agregue en su equipo.

Capítulo 12

Evitar Que Windows Se Arruine

Si algo en Windows ya no funciona bien, pase al Capítulo 17 para encontrar la solución. Pero si su equipo parece estar ejecutándose razonablemente bien, quédese aquí. Este capítulo explica cómo mantenerlo funcionando de esa manera el mayor tiempo posible.

Este capítulo es una lista de verificación de ordenamiento, con cada sección que explica una tarea sencilla y necesaria para mantener a Windows en un funcionamiento óptimo. No hay necesidad de llamar a un técnico ya que mucho de este mantenimiento se lleva a cabo con limpiadores estándar del hogar o herramientas de mantenimiento incorporadas de Windows. Por ejemplo, ejecute el programa de Disk Cleanup incorporado de Vista para liberar espacio en una unidad de disco duro llena.

Este capítulo también le ayuda a solucionar el molesto y común problema de "controlador incorrecto" al explicar cómo colocar un controlador actualizado detrás del volante.

Finalmente, descubra una manera rápida de limpiar su mouse, una tarea necesaria pero con frecuencia descuidada, que mantiene el puntero en el objetivo. (Siéntase libre de tomar la aspiradora y quitar todas las migas de galletas del teclado durante el mismo proceso de limpieza).

Además de la lista de verificación que este capítulo ofrece, asegúrese de que los programas Windows Update y Windows Defender de Vista estén en funcionamiento en piloto automático, como lo describí en el Capítulo 10. Ambos hacen bastante esfuerzo para que su equipo se ejecute de manera segura y protegida.

Crear un Punto de Restauración

Cuando su equipo se ve afectado, System Restore (tema que cubro en el Capítulo 17) proporciona una forma mágica de regresar al tiempo cuando su equipo estaba bien. Aunque System Restore crea automáticamente puntos de restauración, siéntase en libertad de crear los suyos. Un punto de restauración le permite regresar a un punto donde usted *sabe* que su equipo funciona bien.

1. **Haga clic en el menú All Programs del menú Start, haga clic en Accessories, haga clic en System Tools y luego en System Restore.**

   Aparece la ventana System Restore.

2. **Elija Open System Protection y haga clic en el botón Create.**

   Cercana de la parte inferior de la ventana System Restore, la opción Open System Protection busca la página System Protection.

3. **Haga clic en Create, escriba un nombre para su nuevo punto de restauración y luego haga clic en Create para guardar el punto de restauración.**

   Windows Vista crea un punto de restauración con ese nombre, y le deja con una gran variedad de ventanas abiertas que debe cerrar.

Al crear sus propios puntos de restauración en días buenos, sabrá inmediatamente cuáles son los que puede utilizar en días malos. En el Capítulo 17 describo cómo resucitar su equipo con System Restore.

Afinar Windows Vista con las Herramientas de Mantenimiento Incorporadas

 Vista contiene una gran cantidad de herramientas para que funcione sin problemas. Varias herramientas se realizan automáticamente, limitando su trabajo a revisar sus conmutadores de encendido. Otras ayudan a prepararlo para el calentamiento global al realizar copias de seguridad de sus archivos. Para conocerlas, haga clic en el menú Start, elija Control Panel y seleccione la categoría System and Maintenance.

Necesitará estas herramientas con mayor frecuencia:

- ✔ **Backup and Restore Center (Centro de restauración y copias de seguridad):** Windows Vista viene con un programa de copias de seguridad poco manejable. Pero es gratuito, lo que no de deja ninguna excusa para realizar copias de seguridad de sus archivos. Todos los discos duros mueren eventualmente y usted ha guardado demasiadas memorias en el suyo.

- ✔ **System (Sistema):** Las personas de soporte técnico se esfuerzan en esto. El área System indica su versión de Vista, el estado de red y energía de su equipo y una calificación de lo que Vista piensa sobre el desempeño de su equipo.

- ✔ **Windows Update:** Esta herramienta le permite a Microsoft desviar automáticamente las soluciones de seguridad hacia su equipo a través de Internet, lo que generalmente es bueno. Aquí es donde puede reactivar Windows Update, si es necesario.

- ✔ **Power Options (Opciones de energía):** ¿No está seguro si su equipo de escritorio o equipo portátil está en suspensión, hibernando o sencillamente apagado? El Capítulo 2 explica la diferencia y esta sección le permite decidir el grado de letargo de su equipo cuando presiona el botón Apagado. (O, los propietarios de equipos portátiles, cuando los cierran).

- ✔ **Administrative Tools (Herramientas administrativas):** Aquí vive una joya: La liberación de espacio en su unidad disco duro al eliminar la basura de su equipo.

En las siguientes cinco secciones de este capítulo describo estas tareas a fondo.

Hacer una copia de seguridad de su equipo

Desafortunadamente su unidad de disco duro morirá algún día, y se lo llevará todo: años de fotografías digitales, canciones, cartas, registros financieros, elementos escaneados y cualquier cosa que haya creado o almacenado en su equipo.

Ésa es la razón por la cual debe realizar una copia de seguridad de sus archivos regularmente. La copia de seguridad le permite reunir las piezas cuando su disco duro inesperadamente deje de trabajar.

La solución de Windows Vista es un programa de copia de seguridad (Backup) incluido, el cual ofrece una combinación extraña: es básico *y* poco práctico para utilizar. Pero si tiene más tiempo que dinero, ésta es la manera en que el programa de Backup incorporado de Windows Vista realiza copias de seguridad de sus archivos importantes. Si prefiere algo un poco más sencillo de utilizar, pídale al encargado de la tienda de computadoras que le recomiende un programa de copias de seguridad de terceros.

Antes de poder utilizar el programa de Backup de Windows Vista, necesita tres cosas:

- **Una grabadora de CD, una grabadora de DVD o una unidad de disco duro externa:** El programa de Backup gratuito de Windows puede escribir CD y DVD, si tiene la intención de sentarse allí y alimentar esos discos en su equipo. Pero para tener copias de seguridad automáticas y confiables, no hay nada mejor que una unidad de disco duro externa. Compre una que solamente se conecte en el Puerto FireWire o USB 2.0 de su equipo; Vista la reconoce al instante.

- **Una cuenta de administrador:** Debe registrarse en el equipo con una cuenta de administrador. En el Capítulo 13 explico las contraseñas y cuentas de usuario.

- **Programa de Program de Windows Vista:** El programa de Backup es gratuito en todas las versiones de Windows Vista. Desafortunadamente, el programa de Backup no se ejecuta *automáticamente* en Windows Home Basic; debe recordar ejecutarlo cada noche. (Ésta es una de las razones por las cuales esa versión tiene un precio menor que las versiones Home Premium y Ultimate de Vista).

Cuando tenga esas tres cosas, siga estos pasos para que su equipo haga copias de seguridad de su trabajo de manera automática cada mes (bueno), semana (mejor) o noche (lo mejor):

1. **Abra el Backup and Restore Center de Vista.**

   Haga clic en el botón Start, elija Control Panel, seleccione la categoría System and Maintenance y haga clic en el Backup and Restore Center.

2. **Elija Backup Files.**

   Si utiliza la versión Ultimate o Business de Vista, el Backup and Restore Center ofrece dos formas un poco diferentes de hacer copias de seguridad de su equipo. Ambas se describen en la barra lateral. Pero si lo desea haga clic en el botón Backup Files.

   El atento programa le pregunta dónde desea guardar los archivos.

3. **Elija dónde guardar su copia de seguridad y haga clic en Next.**

   Vista le permite guardar su copia de seguridad en casi cualquier lado: Unidades de CD, DVD, USB, discos duros portátiles o incluso una unidad de disco en un equipo *en red* (vea el Capítulo 14).

   Aunque su elección depende de la cantidad de información a la cual le esté haciendo copia de seguridad, la mejor solución es una *unidad de disco duro portátil:* Una unidad disco duro en una caja que se conecta en uno de los puertos FireWire o USB del equipo, lo que permite realizar copias de seguridad sin asistencia.

Si no tiene la capacidad económica de comprar una unidad de disco duro portátil, entonces los CD o DVD son la mejor opción.

Si intenta guardar su información en una unidad en red en otro equipo, Vista le solicitará el nombre de usuario y contraseña de la cuenta del administrador en el otro equipo.

Si Vista le pregunta cuáles discos desea incluir en la copia de seguridad, elija Local Disk (C:) (System).

4. **Elija los tipos de archivos a los que desea hacerles copia de seguridad y haga clic en Next.**

   Aunque Windows le pregunta a qué tipos de archivos les desea hacer copia de seguridad, tal y como se muestra en la Figura 12-1, ya ha seleccionado *todo* tipo de archivo en la lista. Si tiene una razón muy buena para no realizar una copia de seguridad de algunos de ellos, quite las marcas de verificación junto a esos archivos.

   Si no quita ninguna marca de verificación, Vista realiza copia de seguridad de todos los archivos en cada cuenta de usuario en el equipo.

   A lo que Vista no le hace copia de seguridad, a pesar de todo, es a los programas. Pero debido a que guardó sus discos de instalación, sencillamente puede volver a instalarlos según sea necesario.

   Vista guarda todos los archivos y carpetas en cada carpeta de cuenta de usuario del usuario. Para ser preciso, es la carpeta C: \Users, incluyendo todas las carpetas que están dentro.

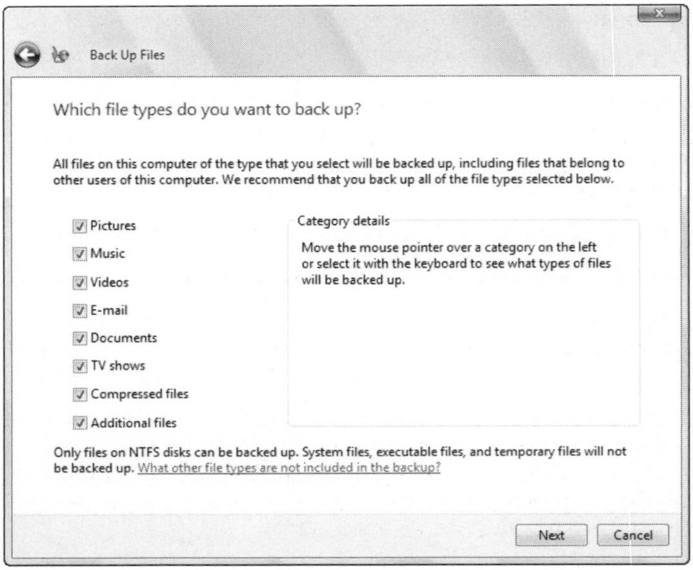

Figura 12-1:
Elija a qué tipos de archivo desea hacer copia de seguridad.

Back Up Files

Which file types do you want to back up?

All files on this computer of the type that you select will be backed up, including files that belong to other users of this computer. We recommend that you back up all of the file types selected below.

☑ Pictures
☑ Music
☑ Videos
☑ E-mail
☑ Documents
☑ TV shows
☑ Compressed files
☑ Additional files

Category details

Move the mouse pointer over a category on the left or select it with the keyboard to see what types of files will be backed up.

Only files on NTFS disks can be backed up. System files, executable files, and temporary files will not be backed up. What other file types are not included in the backup?

Next   Cancel

5. **Elija con qué frecuencia desea realizar copias de seguridad y haga clic en el botón Save Settings and Start Backup.**

   Elija entre copias de seguridad diarias, semanales o mensuales, tal y como se muestra en la Figura 12-2, y luego elija el día y la hora para que entre en acción el programa de Backup. Puede elegir una hora cuando ya esté trabajando en su equipo, pero la copia de seguridad disminuirá la velocidad de su equipo.

   Para realizar las copias de seguridad más convenientes, elija que la copia de seguridad diaria se lleve a cabo en las madrugadas. Si apaga su equipo en la noche, elija un horario diurno.

   Cuando hace clic en el botón Save Settings and Start Backup, Vista inicia inmediatamente su copia de seguridad, incluso si todavía no está programada. Eso se debe a que Vista, siempre listo, desea asegurarse de tomar todo ahora mismo, antes de que suceda algo malo.

6. **Restaure unos pocos archivos para realizar pruebas de su copia de seguridad.**

   Ahora es el momento de asegurarse de que todo funcione correctamente. Repita el primer paso, pero elija Restore Files. Siga los menús de Vista hasta que pueda examinar la lista de los archivos a los que se les hizo copias de seguridad. Restaure un archivo de prueba para asegurarse de que se copie de vuelta en su lugar original.

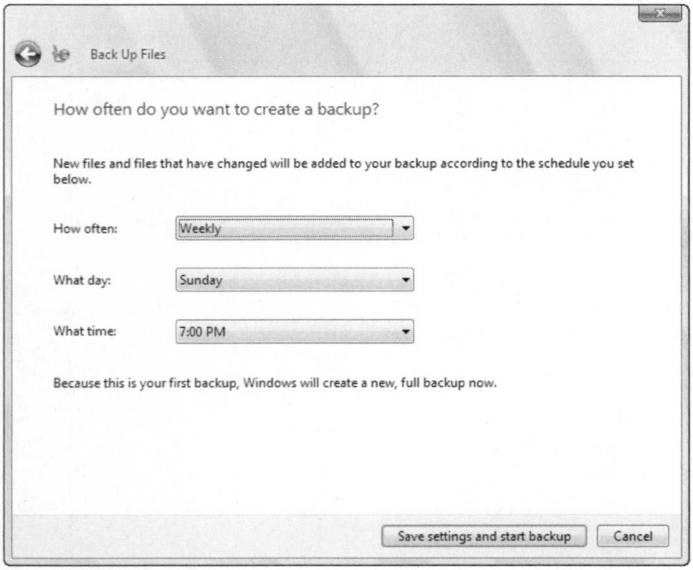

Figura 12-2:
Elija la frecuencia, día y hora de sus copias de seguridad automáticas.

Back Up Files

How often do you want to create a backup?

New files and files that have changed will be added to your backup according to the schedule you set below.

How often: Weekly

What day: Sunday

What time: 7:00 PM

Because this is your first backup, Windows will create a new, full backup now.

Save settings and start backup   Cancel

El programa de Backup en la versión Windows Vista Basic no se ejecuta automáticamente. Si tiene una versión Basic, usted debe recordar ejecutar el programa de Backup por lo menos una vez a la semana.

✔ Para que su equipo realice las copias de seguridad de manera automática todas las noches, debe dejarlo *encendido* durante la hora programada para realizar la copia de seguridad. Yo dejo la mía encendida las 24 horas del día, ya que la mayoría de los equipos consume menos energía que una bombilla. (Sin embargo es aconsejable que apague el monitor).

✔ Vista guarda su copia de seguridad en una carpeta denominada Vista en la ubicación que escogió en el Paso 3. No cambie la ubicación de la copia de seguridad. Es posible que Vista no pueda encontrarla de nuevo cuando desee restaurarla.

✔ Después de realizar su primera copia de seguridad, Vista únicamente inicia la copia de seguridad de los archivos que cambió desde su última copia de seguridad. No se sorprenda de que sus siguientes copias de seguridad sean más rápidas o no necesiten tantos CD o DVD. Eventualmente, Vista le indica que es hora de realizar otra copia de seguridad completa, lo que tomará más tiempo.

Buscar información técnica sobre su equipo

Si alguna vez necesita buscar bajo el capó de Windows Vista —aunque ojalá no— abra la sección System and Maintenance del Control Panel y elija System. Tal y como se muestra en la Figura 12-3, la ventana System ofrece un resumen técnico fácilmente entendible sobre el interior de su equipo:

✔ **Windows edition (Versión de Windows):** Vista viene en una gran diversidad de versiones como para recordar la suya. Para refrescar su memoria, Vista indica la versión que se ejecuta en su equipo.

✔ **System (Sistema):** Aquí, Vista califica la fortaleza de su equipo, el *Windows Experience Index (Índice de experiencia de Windows),* en una escala de 1 (frágil) a 5 (robusto). Aquí también aparece el tipo de *CPU* (Unidad central de procesamiento) de su equipo, así como su cantidad de memoria.

✔ **Computer name, domain, and workgroup settings (Grupo de trabajo y nombre de equipo):** Esta sección identifica el nombre de equipo y *grupo de trabajo,* un término que se utiliza cuando se conecta a otros equipos en una red.

✔ **Windows Activation (Activación de Windows):** Para evitar que las personas compren una copia de Windows Vista y la instalen en varios equipos, Microsoft requiere que Windows Vista sea *activado,* un proceso por el cual que se encadena a un equipo individual.

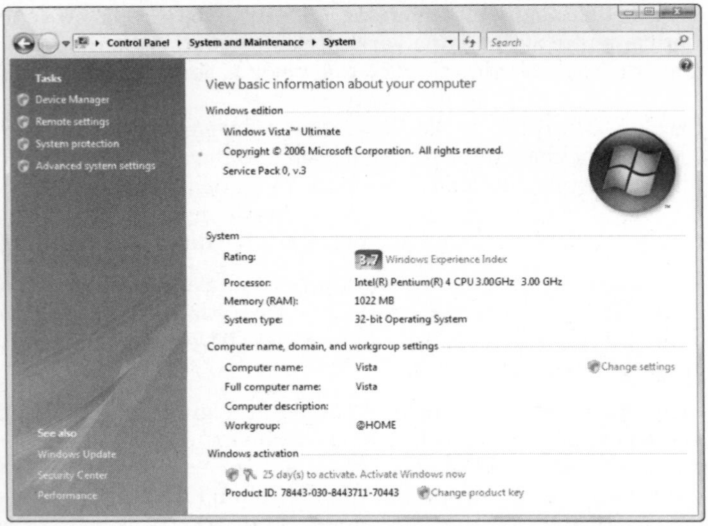

Figura 12-3:
El hacer clic
en el ícono
System
muestra la
información
técnica
sobre su
equipo.

El panel a la izquierda enumera también algunas tareas más avanzadas que le pueden ser útiles durante esos momentos de pánico cuando algo sale mal con su equipo. Este es el informe detallado:

- **Device Manager (Administrador de dispositivos):** Esta opción enumera todas las partes dentro de su equipo, pero no de forma amigable. Las partes con signos de exclamación junto a ellas no son muestras de felicidad. Haga doble clic en ellas y elija Troubleshoot para diagnosticar su problema.

- **Remote Settings (Configuración remota):** Poco utilizada, esta configuración complicada permite que otras personas controlen su equipo a través de Internet, con la esperanza de solucionar sus problemas. Si encuentra una de esas útiles personas, permítale que le guíe en el procedimiento ya sea por teléfono o a través de un programa de mensajería instantánea.

- **System Protection (Protección del sistema):** Esta opción le permite crear puntos de restauración (descritos en la primera sección de este capítulo), así como también le permite restaurar un punto que lleva a su equipo a otro momento del tiempo, con la esperanza de que esté en mejores condiciones.

- **Advanced System Settings (Configuración avanzada del sistema):** Los técnicos profesionales pasan mucho tiempo aquí. Todos los demás lo ignoran.

¿Debo hacer una copia de seguridad de los archivos y carpetas o de mi equipo completo?

El Backup and Restore Center de Vista ofrece dos formas de realizar copias de seguridad de su equipo. Cada una tiene un método completamente diferente para guardar el contenido de su equipo.

✔ **File and Folder Backup (Copia de seguridad de archivos y carpetas):** La opción que escoge la mayoría de las personas, y la única opción disponible para los propietarios de las versiones Home y Premium de Vista, esto le permite elegir los archivos y carpetas de los que desea realizar copias de seguridad. Vista los guarda todos como un archivo gigante, y le permite desglosarlo en varios CD o DVD, si es necesario. Cuando ocurre un problema, esta opción le permite restaurar cualquiera o todos sus archivos y carpetas de los que tiene copia de seguridad.

✔ **CompletePC Backup (Copia de seguridad del equipo completo):** Únicament disponible con las versiones Ultimate y Business de Vista, esto crea una "imagen" de su equipo completo y luego la empaca en un archivo gigante, como el método de File and Folder Backup. Sin embargo, la diferencia se encuentra en que la CompletePC Backup no le permite restaurar únicamente unos pocos archivos y carpetas desde su ubicación. Únicamente le permite restaurar su equipo *completo,* lo cual sobrescribe cualquier archivo o carpeta que haya creado desde que realizó la copia de seguridad.

La CompletePC Backup es útil con la mayoría de los equipos nuevos o los que configuró con más dificultad para que estuvieran como usted quería. Esa copia de seguridad del equipo completo le proporciona entonces una base segura a la cual puede recurrir en caso de una catástrofe. Sin embargo, para la mayoría de las personas la File and Folder Backup les da una copia de seguridad más versátil.

La mayoría de las cosas enumeradas en el área System de Vista son bastante complicadas, así que no se complique a menos que esté seguro de lo que está haciendo o una persona de soporte técnico le indique cambiar una configuración específica. Si desea probar un poco, consulte la barra lateral acerca del ajuste de los efectos visuales de Vista.

Liberar espacio en su unidad de disco duro

Vista toma más espacio de su unidad de disco duro que cualquier otra versión de Windows. Si los programas empiezan a tener problemas sobre el manejo de espacio en su unidad disco duro, esta solución le garantiza un alivio corto:

 1. **Haga clic en el botón Start y elija la categoría System and Maintenance Free Up Disk Space del Control Panel. Luego elija Free Up Disk Space de la sección Administrative Tools.**

Vista le pregunta si desea limpiar sus archivos o los archivos de todos los usuarios.

2. **Elija Files from All Users on This Computer.**

   Este paso vacía la Papelera de Reciclaje y limpia la basura de las cuentas de todos los usuarios en su equipo.

   Si su equipo le pregunta qué unidad desea limpiar, elija la primera que se enumera —la unidad de disco C:— y haga clic en OK.

3. **Revise todos los elementos y luego haga clic en OK.**

   Vista presenta la ventana Disk Cleanup, que se muestra en la Figura 12-4. Marque todas las casillas de verificación y luego haga clic en OK. Cuando marca una casilla, la sección Description le explica qué se eliminará.

4. **Haga clic en Delete Files cuando Windows Vista le pregunte si está seguro.**

   Windows Vista vacía entonces su Papelera de Reciclaje, destruye las sobras de los sitios Web antiguos y elimina otros desórdenes del disco duro.

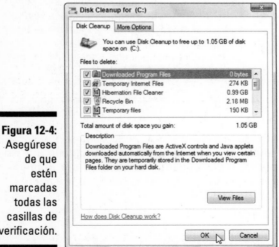

Figura 12-4:
Asegúrese
de que
estén
marcadas
todas las
casillas de
verificación.

Para un acceso directo a Disk Cleanup, haga clic en el menú Start y escriba **Disk Cleanup** en el cuadro Search.

Acelerar su equipo al suavizar efectos visuales

Mientras procesa números frenéticamente en segundo plano, Windows Vista intenta proyectar una imagen de introversión complaciente de paz interior. Sus menús y ventanas se abren y cierran con atenuación; sombras estéticamente complacientes rodean cada menú y el puntero del mouse. Si su tarjeta de video posee suficiente poder, Vista incluso hace que los bordes de la ventana sean traslúcidos, lo que permite que parte del escritorio tenga un brillo desde atrás.

Todas estas decisiones visuales adicionales requieren de cálculos adicionales por parte de Windows, sin embargo, disminuye un poco la velocidad. Para cambiar la actitud de Windows de pacífico a buen rendimiento, diríjase a la categoría System and Maintenance del Control Panel, elija System y haga clic en Advanced System Settings. Cuando se abre el cuadro System Properties en la ficha Advanced, haga clic en el botón Settings en el área Performance.

Si desea acción más rápida, elija Adjust for Best Performance. Windows elimina rápidamente todas las imágenes visuales y revierte al modo clásico, una manera rápida de trabajar como las versiones anteriores sencillas de Windows. Para regresar a un Windows más atractivo, pero al mismo tiempo más lento, elija Let Windows Choose What's Best for My Computer.

Facultar su botón encendido

Normalmente, presionar una vez el botón Power (encendido) del equipo apaga su equipo, ya sea que Vista esté listo o no. Ésa es la razón por la cual siempre debe apagar Vista con su *propio* botón de apagado, que se encuentra al hacer clic en el menú Start, hacer clic en la flechita cerca del ícono de bloqueo y seleccionar Shut Down. Eso le da a Vista tiempo para prepararse para el evento.

Para evitar conmociones de Vista con un apagado inesperado, considere la reprogramación de su equipo portátil o el botón Power de su equipo de manera que no apague su equipo en absoluto. En lugar de eso, ponga su equipo en suspensión, el nuevo modo de ahorro de energía de Vista.

Para cambiar la misión del botón Power, elija Start, Control Panel y seleccione la categoría System and Maintenance. Elija Power Options, y aparece la ventana Power Options.

Desde el panel lateral izquierdo, haga clic en Choose What the Power Buttons Do. Allí puede indicar a los botones Power y Sleep de su equipo que Sleep (suspendan), Hibernate (pongan a hibernar), Shut Down (apaguen) o no hagan nada en su equipo, lo que evita que las personas lo apaguen. (En el Capítulo 2 describo la diferencia entre Sleep e Hibernate).

Si desea seguridad adicional, haga clic en Require a Password de manera que si alguien desea activar su equipo necesitará su contraseña para ver su información.

Para obtener un rápido acceso a esta área, escriba **Power Options** en el cuadro Search del menú Start. Los propietarios de equipo portátil verán una opción adicional que les permite cambiar cómo reacciona su equipo cuando cierran la tapa.

Configurar dispositivos que no funcionan (jugar con los controladores)

Windows viene con un arsenal de *drivers (controladores),* el software que le permite a Windows comunicarse con los gadgets que conecta a su equipo. Normalmente, Vista reconoce automáticamente su parte nueva y ésta funciona. Otras veces, Vista se dirige a la Internet y busca algunas instrucciones antes de terminar el trabajo.

Pero ocasionalmente, usted instalará algo que es demasiado nuevo para que Windows Vista lo conozca o demasiado antiguo para recordarlo. O quizá algo conectado a su equipo ya no funciona bien y el Welcome Center de Vista se queja sobre la necesidad de un "nuevo controlador".

En estos casos, usted decide si busca e instala un controlador de Windows Vista para esa parte. Los mejores controladores vienen con un programa de instalación que coloca automáticamente el software en el lugar correcto. Los peores controladores le dejan todo el trabajo a usted.

Si Windows Vista no reconoce e instala automáticamente su parte de hardware recientemente conectado, incluso después de reiniciar su equipo, siga estos pasos para ubicar e instalar un nuevo controlador:

1. **Visite el sitio Web del fabricante de la parte y descargue el controlador más reciente de Windows Vista.**

   Con frecuencia encuentra el sitio Web del fabricante impreso en la caja de la parte. Si no lo puede encontrar, intente buscando el nombre del fabricante de la parte en Google (www.google.com) y ubique su sitio Web.

   Busque en el área de Customer Service o Support del sitio Web. Allí, generalmente necesita ingresar su parte, su número de modelo y el sistema operativo de su equipo (Windows Vista) antes de que el sitio Web entregue el controlador.

   ¿El controlador de Windows Vista no aparece en la lista? Intente descargar un controlador de Windows XP o Windows 2000 en su lugar debido a algunas veces funcionan bien. (Pero asegúrese de buscar *cualquier* archivo descargado con un comprobador de virus).

2. **Ejecute el programa de instalación del controlador.**

   Algunas veces al hacer clic en el archivo descargado entra en acción su programa de instalación, e instala el controlador para usted. Si es así, terminó. Si no es así, diríjase al Paso 3.

   Si el archivo descargado tiene una pequeña cremallera en el ícono, haga clic con el botón secundario del mouse y elija Extract All para descomprimir el contenido en una nueva carpeta. (Vista nombra esa nueva carpeta después de que ha descomprimido el archivo, lo que facilita la reubicación).

3. **Elija Hardware and Sound del Control Panel del menú Start y seleccione Device Manager.**

   Aparece el Device Manager, enumerando un inventario de todas las partes dentro o conectadas a su equipo.

4. **Haga clic en cualquier parte dentro del Device Manager, haga clic en Action y luego elija Add Legacy Hardware.**

   El Add Hardware Wizard le guía a través de los pasos de instalación de su nuevo hardware y, si es necesario, instala su nuevo controlador.

✔ Evítese problemas al mantener sus controladores actualizados. Incluso los empacados con partes compradas recientemente con frecuencia son antiguos. Visite el sitio Web del fabricante y descargue el controlador más reciente. Es muy probable que solucione problemas que los anteriores usuarios tenían con el primer grupo de controladores.

✔ ¿Tiene problemas con el nuevo controlador? Haga clic en el menú Start, elija Control Panel y abra la categoría System and Maintenance. Elija Device Manager y haga doble clic en el nombre de la parte, por ejemplo, *Keyboards (Teclado),* en el lado izquierdo de la ventana. Vista muestra el fabricante y el modelo de su parte. Haga doble clic en el nombre de la parte y haga clic en la ficha Driver en el cuadro Properties. Quédese tranquilo. Por último, haga clic en el botón Roll Back Driver. Windows Vista deshecha el controlador recientemente instalado y regresa al controlador anterior.

Limpiar Su Equipo

Incluso la mejor ama de llaves o conserje se limita en la limpieza de un equipo. Esta tarea es su responsabilidad y usted sabrá cuándo es necesaria. No necesita apagar el equipo para realizar cualquiera de éstas, *excepto* si necesita quitar el teclado para realizar la limpieza.

Limpiar su mouse

Si el puntero de su mouse salta alrededor en la pantalla o no se mueve, es probable que su mouse esté obstruido con alguna sustancia pegajosa del escritorio. Siga estos pasos para limpiarlo:

1. **Voltee el mouse y limpie cualquier suciedad atorada en la parte inferior.**

   Su mouse debe descansar plano en el pad (alfombrilla) para funcionar bien.

2. **Inspeccione la parte inferior de su mouse.**

   Si su mouse tiene una pequeña bolita en la parte inferior, continúe con el Paso 3.

   Si su mouse tiene una pequeña luz en la parte inferior, continúe con el Paso 4.

3. **Limpieza de un mouse que tiene bola.**

   Desatornille la pequeña cubierta redonda del mouse y saque la bola. Limpie cualquier suciedad de la bola y sople el polvo del agujero. Un pequeño ventilador, de los que se venden en tiendas de suministros de oficinas y computadoras, funciona bien. (También sopla las capas de polvo que obstruyen las ventilaciones de aire de su equipo).

   Jale cualquier cabello suelto, polvo y sustancia pegajosa. Un hisopo humedecido con alcohol limpia la mayor parte de sustancia pegajosa persistente de los rodillos pequeños. (Los rodillos deben estar suaves y brillantes). Los rodillos sucios ocasionan la mayoría de los problemas en el mouse.

   Coloque de nuevo la bola limpia en el agujero limpio y vuelva a colocar la pequeña cubierta redonda limpia.

4. **Limpiar un mouse óptico.**

   Un *mouse óptico* reemplaza la bola de caucho antigua con un pequeño láser. Sin partes movibles, los mouse ópticos rara vez necesitan limpieza. Pero si el suyo funciona extraño, quite cualquier cabello que esté obstruyendo la parte inferior alrededor de la luz.

   También asegúrese de que el mouse se encuentre en una superficie con textura que no sea brillante. Si su escritorio es de vidrio o lustroso (por ejemplo, veta de madera pulida), coloque su mouse sobre una almohadilla para mouse para una mejor tracción.

Si su mouse que acaba de limpiar continúa teniendo problemas, probablemente es hora de cambiarlo por uno nuevo. Pero antes de desembolsar el efectivo, revise estas cosas:

- Los mouse inalámbricos se acaban rápidamente las baterías. Si su mouse no tiene un cable de conexión es inalámbrico. Revise la batería y asegúrese de que esté dentro del rango de su unidad de recepción. (La unidad de recepción se conecta a su equipo, quizá en la parte posterior).

- Revise la configuración de su mouse: Haga clic en Start, elija Control Panel y seleccione Mouse en la categoría Hardware and Sound. Revise la configuración para ver si hay algo que esté obviamente mal.

Limpiar su monitor

No rocíe limpiador de ventanas directamente en su monitor ya que podría gotear en las ranuras del monitor y afectar los circuitos. En lugar de eso, rocíe el limpiador de vidrios en un paño suave y limpie la pantalla. No utilice papel ya que puede rayar el vidrio.

Para limpiar monitores de pantalla plana, utilice un paño suave y sin motas y mezcle la mitad de agua y la mitad de vinagre. No dude también de limpiar los paneles delanteros de su monitor si se siente especialmente higiénico.

Limpiar su teclado

Los teclados son generalmente demasiado anchos para sacudirlos sobre un basurero. La mejor forma de limpiarlos es apagar Windows, apagar su equipo y desconectar el teclado del equipo. (Si su teclado tiene un conector rectangular que se empuja en un puerto USB, no necesita apagar su equipo).

Lleve el teclado afuera y sacúdalo vigorosamente para quitarle los deshechos. Si el teclado está demasiado sucio, rocíe alguna solución de limpieza del hogar en un paño y páselo sobre cualquier suciedad alrededor de los bordes del teclado y las teclas.

Conéctelo de nuevo, encienda su equipo y se verá casi como nuevo.

Capítulo 13

Compartir un Equipo con Varias Personas

*V*ista está rebosante de nuevas y ostentosas gráficas, una función de búsqueda mejorada, un programa de calendario gratuito e, incluso, un juego de ajedrez en tres dimensiones. Pero Microsoft apuesta a que es algo diferente lo que logrará abrir las billeteras de las personas: La seguridad mejorada de Vista. Hay seguridad *en todos lados* en Vista, el cual contiene más señales de aviso que una cerca electrificada.

Una gran parte de la seguridad es la forma en la cual Vista les permite a varias personas compartir un solo equipo sin que nadie pueda obtener acceso a los archivos de otras personas.

¿El secreto? Windows Vista le otorga a cada usuario su propia *cuenta de usuario,* la cual separa a esa persona de los otros usuarios. Cuando las personas inician una sesión utilizando su propia cuenta de usuario, el equipo se ve como hecho a la medida para cada una de ellas: Muestra el fondo de escritorio, las selecciones de menú, los programas y los archivos de forma personalizada, y además, les prohíbe ver elementos que pertenecen a otros usuarios.

Este capítulo explica cómo configurar una cuenta de usuario separada para cada persona de la casa, que incluye el propietario del equipo, los miembros de la familia o los compañeros de cuarto e incluso visitantes ocasionales que desean consultar su correo electrónico.

Entender las Cuentas de Usuarios

Windows Vista desea que usted cree una *cuenta de usuario (user account)* para cada persona que utilice su equipo. Una cuenta de usuario funciona como una etiqueta con el nombre del invitado a una recepción, la cual ayuda a Windows a reconocer quién se encuentra sentado en frente del equipo. Windows Vista ofrece tres tipos de cuentas de usuarios: Administrator (Administrador), Standard (estándar) e Guest (invitado). Para empezar a trabajar con el equipo, el usuario hace clic sobre el nombre de su cuenta cuando Windows Vista carga por primera vez, como se muestra en la Figura 13-1.

Figura 13-1:
Windows Vista le permite a cada usuario iniciar una sesión con su propia cuenta.

¿Qué importa? Bien, Windows Vista le da permiso a cada tipo de cuenta para realizar distintas cosas en el equipo. Si el equipo fuera un gran edificio de apartamentos, la cuenta de administrador pertenecería al gerente, cada inquilino tendría una cuenta estándar y las cuentas de invitados serían de los visitantes que desean utilizar el servicio sanitario en la recepción. Aquí podrá ver cómo las diferentes cuentas se traducen en jerga de computación:

- ✔ **Administrator:** El administrador controla todo el equipo y decide quién lo usa y lo que cada uno puede hacer en él. En un equipo que ejecuta Windows Vista, el propietario usualmente posee la poderosa cuenta de administrador. Luego, éste crea las cuentas para cada miembro que vive en la casa y decide lo que pueden o no pueden hacer con el equipo.

- ✔ **Standard:** Las cuentas estándar pueden utilizar la mayor parte del equipo, pero no pueden realizar ningún cambio importante. Por ejemplo, estas cuentas no pueden instalar programas, pero pueden ejecutarlos. (Windows XP llama a las cuentas Standard, cuentas Limited).

- ✔ **Guest:** Los invitados pueden utilizar el equipo, pero éste no los reconoce por nombre. Las cuentas de invitados funcionan muy parecido a las cuentas estándar, pero sin privacidad: Cualquier persona puede iniciar sesión con una cuenta de invitado, y el escritorio se verá como lo dejó el último invitado.

Obtener una cuenta estándar para usted mismo

Si un programa maligno entra en su equipo y usted inició sesión como administrador, ese programa puede controlar todo lo que usted controla. Eso es peligroso porque las cuentas de administrador pueden eliminar casi cualquier cosa. Por eso Microsoft sugiere crear *dos* cuentas para usted: Una cuenta de administrador y una cuenta estándar. Luego, inicie sesión con su cuenta estándar para el trabajo diario en el equipo.

De esa forma, Vista lo trata como cualquier otro usuario estándar: Cuando el equipo está por hacer algo potencialmente dañino, Vista le pide que escriba la contraseña de una cuenta de administrador. Al escribir la contraseña de la cuenta del administrador, Vista le permite proseguir. Pero, si Vista inesperadamente le pide permiso para hacer algo extraño, usted sospechará que algo está pasando.

Esta segunda cuenta es incómoda, no hay duda de eso. Pero también lo es buscar una llave cada vez que entra por la puerta de su casa. Realizar un paso adicional es el precio de tener más seguridad.

Aquí encontrará algunas formas usuales en que se asignan las cuentas cuando se comparte el mismo equipo bajo un mismo techo:

- En una familia, los papás usualmente tienen las cuentas de administrador, los niños las cuentas estándar y la niñera inicia una sesión por medio de la cuenta de invitado.

- En una residencia o apartamento compartido, el propietario del equipo tiene la cuenta de administrador y los compañeros de cuarto tienen cuentas estándar o de invitado, lo que depende del nivel de confianza (y, probablemente, qué tan limpia hayan dejado la cocina esa semana).

Para evitar que otras personas inicien sesión con su cuenta de usuario, debe proteger la cuenta con una contraseña. (En la sección "Configurar contraseñas y seguridad", dentro de este capítulo, describo cómo elegir una contraseña para su cuenta).

Cuando usted creó nuevas cuentas en Windows XP, siempre fueron creadas como cuentas de administrador, al menos que haya hecho clic en el botón Limited. Vista lo invierte para agregar un nivel de seguridad. Cuando crea una nueva cuenta, automáticamente se le confiere el estado de cuenta *Standard*. Para crear una cuenta de administrador en Vista, específicamente debe hacer clic en el botón Administrator Account.

Configurar o Cambiar Cuentas de Usuario

Como ciudadanos de segunda clase, los poseedores de cuentas estándar no tienen mucho poder. Pueden ejecutar programas y cambiar la imagen de su cuenta, por ejemplo, o, incluso, cambiar su contraseña. Pero el administrador es quien tiene el *verdadero* poder: Los administradores pueden crear o eliminar cualquier cuenta de usuario, eliminando de manera efectiva a una persona del equipo. (Es por eso que nunca debe enojar al administrador del equipo).

Si usted es un administrador, cree una cuenta de usuario estándar para cada una de las personas que comparten su equipo. Esa cuenta les da suficiente control sobre el equipo, sin que lo molesten todo el tiempo, y evita que accidentalmente eliminen sus archivos importantes o alteren su equipo.

Siga estos pasos para agregar otra cuenta de usuario a su equipo o para cambiar una cuenta existente:

1. **Haga clic en el menú Start, elija Control Panel y seleccione Add or Remove User Accounts en el área User Accounts and Family Safety.**

   Aparece una ventana, como la que se muestra en la Figura 13-2.

Figura 13-2:
Utilice
el área
Manage
Accounts
para crear o
modificar
cuentas de
usuario.

2. **Cree una nueva cuenta, si lo desea.**

   Si hace clic en Create a New Account, como se muestra en la Figura 13-2, Windows le permite elegir entre crear una cuenta estándar o una de administrador. Seleccione Standard User al menos que tenga una razón importante para crear otra cuenta de administrador. Escriba un nombre para la nueva cuenta y haga clic en Create Account para terminar. Ahora ya terminó.

   Para ajustar la configuración de una cuenta existente, diríjase al paso 3.

3. **Haga clic sobre la cuenta que desea cambiar.**

   Haga clic sobre el nombre o sobre la imagen de la cuenta. Vista muestra una página con la imagen de esa cuenta de usuario y le permite ajustar la configuración de la cuenta de alguna de las siguientes formas:

   • **Change the Account Name (Cambiar el nombre de la cuenta):** Aquí está la oportunidad para corregir un nombre mal escrito de una cuenta. O, siéntase en libertad de darle un nombre simpático a su cuenta al cambiar de Ana a Princesa Di.

- **Create/Change a Password (Crear/cambiar una contraseña):** Cada cuenta debe tener una contraseña para evitar que entren otros usuarios. Ésta es la oportunidad de agregar una contraseña o de cambiar una existente.

- **Remove the Password (Eliminar una contraseña):** No debe utilizar esta opción, pero existe, en caso de ser necesaria.

- **Change the Picture (Cambiar la foto):** Cualquiera que posee una cuenta puede cambiar su propia imagen, así que no será necesario que pierda el tiempo con ésta, al menos, por supuesto, que por alguna razón usted sepa más de computación que su hijo.

- **Set Up Parental Controls (Configurar control parental):** El pilar, tanto para espías como para padres, es el Parental Controls, que le permite restringir las actividades del propietario de la cuenta. Usted puede ver los programas y los sitios Web a los cuales ha obtenido acceso el poseedor de la cuenta, enumerados por hora y fecha. Esta configuración crea _mucha_ información, de tal forma que en el capítulo 10 le dedico una cobertura completa a Parental Controls.

- **Change the Account Type (Cambiar el tipo de cuenta):** Diríjase aquí para promover un usuario estándar con moral elevada a una cuenta de administrador, o bajar de nivel a un usuario irresponsable de administrador a estándar.

- **Delete the Account (Eliminar la cuenta):** No elija este valor apresuradamente, ya que al eliminar la cuenta de una persona también elimina sus archivos. Ni siquiera System Restore puede recuperar los archivos de una cuenta de usuario que se eliminó.

- **Manage Another Account (Administrar otra cuenta):** Guarde su propio conjunto de cambios y empiece a ajustar la cuenta de alguien más.

4. **Cuando haya terminado, cierre la ventana al hacer clic en la X roja en la esquina superior derecha.**

   Cualquier cambio que se haga a una cuenta de usuario se da inmediatamente.

Cambiar Rápido Entre Usuarios

Windows Vista le permite a una familia completa, a compañeros de cuarto o a pequeñas oficinas, compartir un solo equipo. Lo mejor es que el equipo lleva control de los programas de los diferentes usuarios que utilizan el mismo equipo. Mamá puede estar jugando ajedrez y, luego, deja a José iniciar sesión para que verifique su correo electrónico. Cuando mamá regresa a su sesión unos minutos más tarde, su juego de ajedrez está justo en donde lo dejó, meditando sobre el sacrificio de su alfil.

El gran problema con las cuentas estándar

Los poseedores de las cuentas estándar no tienen problema en obtener acceso a sus propios archivos. Pero no pueden hacer nada que afecte a otros usuarios, como eliminar un programa, cambiar uno de los valores de la configuración del equipo o, incluso, ajustar el reloj del equipo. Si lo intentan, Vista inmoviliza la pantalla y pide una contraseña de administrador. En este momento debe llegar el administrador a escribir su contraseña.

Aunque algunas personas aprecian la seguridad adicional, otras se sienten como esclavas de su equipo. Hay varias formas en que puede hacer que Vista sea menos demandante. Desafortunadamente, ninguna de estas opciones es ideal:

✔ **Cambie a todos los usuarios a cuentas de administrador:** Las actualizaciones le permiten a *cualquier* usuario escribir una contraseña y hacer caso omiso de las pantallas de seguridad. Sin embargo, tenga cuidado: Esta opción también le permite a cualquier usuario realizar *cualquier* acción en su equipo, incluso eliminar por completo su cuenta de usuario y sus archivos personales.

✔ **Apague la User Account Protection:** Cambie este interruptor, que describo en el capítulo 10, y Vista ya no se preocupará por la protección: Ya no mostrará pantallas para obtención de permisos y desactivará los intentos de Vista por mantener la seguridad de su equipo.

✔ **Viva con eso:** Puede seguir trabajando con las nuevas y fastidiosas pantallas de Vista, que son el precio de un equipo seguro en el mundo de hoy. Realice su propia seguridad y niveles de conveniencia y, luego, tome su propia decisión.

Si apagó la User Account Protection y desea encenderla de nuevo, diríjase a la categoría User Accounts and Family Safety del Control Panel, elija User Accounts, luego Turn User Account Control On or Off.

Conocido como *cambio rápido de usuario,* el cambio entre usuarios funciona de forma bastante fácil. Mientras mantiene presionada la tecla de Windows (usualmente está entre las teclas Ctrl y Alt de su teclado), presione la letra L ¡Listo! Aparece el botón Switch User, lo que le deja las riendas a la otra persona, o a cualquier poseedor de una cuenta.

Cuando esa persona termine, puede terminar la sesión normalmente: Haga clic en la pequeña flecha que está junto al ícono de bloqueo del botón Start (que aparece en el margen) y elija Log Off en el menú emergente. Luego puede regresar a la sesión y ver su escritorio, tal y como lo dejó.

✔ Con todos estos cambios de usuario, puede ser que usted olvide cuál cuenta está utilizando realmente. Para verificar, abra el menú Start. El nombre actual del poseedor de la cuenta y su imagen aparecen en la esquina superior derecha del menú. También la pantalla de apertura de Vista muestra las palabras "sesión iniciada" debajo de la imagen de cada usuario que tiene sesión abierta en ese momento.

✔ No reinicie el equipo mientras otra persona todavía tiene una sesión iniciada en segundo plano, o la persona perderá cualquier trabajo que no haya guardado. (Vista le advierte antes de reiniciar el equipo y le permite decir a la otra persona que guarde su trabajo).

✔ También puede cambiar usuarios al hacer clic en el botón Start y hacer clic en la pequeña flecha que se encuentra a la par del signo Lock del menú Start (que aparece antes en el margen). Cuando aparece el menú, haga clic en Switch User en lugar de Log Off.

✔ Si necesita cambiar una configuración de seguridad mientras su hijo tiene sesión iniciada, no es necesario que cambie a su cuenta de administrador. Sólo siéntese frente al equipo y empiece a cambiar la configuración: Al igual que su hijo, usted verá un mensaje el cual le pide la contraseña del administrador. Escriba la contraseña de administrador y Vista le permite cambiar la configuración, igual que si hubiera iniciado sesión con su cuenta.

✔ El cambio rápido de usuario desacelera los equipos viejos, los cuales no tienen grandes cantidades de memoria. Si su equipo funciona lentamente cuando hay más de una persona en sesión, evite el cambio rápido de usuario. Una sola persona debe iniciar sesión a la vez, luego debe cerrar la sesión cuando haya terminado, para luego darle a alguien más tiempo frente al teclado.

Cambiar la Foto de una Cuenta de Usuario

Ahora, lo importante: cambiar la ridícula imagen que Windows asigna automáticamente a su cuenta de usuario. Para cada cuenta de usuario creada recientemente, Windows Vista busca en su bolsa de imágenes y agrega al azar una imagen de plantas, peces, pelotas de fútbol o alguna imagen aburrida. Siéntase en libertad de cambiar la imagen por algo que refleje lo que usted es: Puede utilizar fotos digitales de cámaras, al igual que cualquier imagen o gráfica de Internet.

Para cambiar la imagen de su cuenta de usuario, haga clic en el botón Start y haga clic sobre su imagen en la parte superior del menú. Cuando aparece la ventana User Accounts, haga clic en la opción Change Your Picture. Vista le permite elegir de la selección actual de imágenes, como se muestra en la Figura 13-3.

Figura 13-3:
Windows
Vista le
permite a
cada
usuario
elegir una
imagen para
la cuenta.

Para asignar una imagen que *no* se muestra en el momento, seleccione Browse for More Pictures, como se muestra en la Figura 13-3. Aparece una nueva ventana, y esta vez muestra el contenido de su carpeta Pictures. (Su cámara digital usualmente almacena sus imágenes en esa carpeta). Haga clic en la imagen deseada que se encuentra en la carpeta y elija Open. Vista rápidamente coloca esa imagen arriba del menú Start.

Estas son algunas otras opciones:

- También puede tomar cualquier imagen de Internet y guardarla en su carpeta Pictures para utilizarla como la imagen de su cuenta de usuario. (Haga clic con el botón secundario del mouse sobre la imagen de Internet y elija Save Picture As).

- No se preocupe por escoger una imagen demasiado grande o demasiado pequeña. Windows Vista automáticamente reduce o expande la imagen de tal forma que quede al tamaño de un sello postal.

- Todos los usuarios pueden cambiar sus imágenes: las cuentas de administrador, estándar y de invitado. (Las imágenes son de las pocas cosas que los invitados *tienen* permitido cambiar).

Configurar Contraseñas y Seguridad

No tiene mucho sentido tener una cuenta de usuario si no se tiene contraseña. Sin una contraseña, Carlos, la persona que se sienta en el cubículo vecino, puede hacer clic sobre su cuenta en la pantalla de inicio de sesión, y tendrá libertad para fisgonear sus archivos.

Los administradores, especialmente, deberían tener contraseñas. Si no las tienen, automáticamente están permitiendo que cualquiera haga estragos en su equipo: Cuando aparece una pantalla de autorización, cualquiera puede solamente presionar Enter en la pantalla de contraseñas para entrar.

Para crear o cambiar una contraseña, siga estos pasos:

1. **Abra el menú Start, elija Control Panel y seleccione User Accounts and Family Safety.**

   Se abre la pantalla User Accounts.

2. **Elija Change Your Windows Password.**

   Las personas que no han creado una contraseña deberían elegir Create a Password for Your Account.

3. **Piense en una contraseña fácil de recordar y escríbala en el cuadro New Password, que aparece en la Figura 13-4, y luego escriba otra vez los mismos caracteres en el cuadro Confirm New Password, el cual se encuentra debajo. (Al escribir de nuevo la contraseña se evita la posibilidad de errores mecanográficos).**

   El cambio de una contraseña existente es un poco diferente: La pantalla muestra un cuadro Current Password, en donde primero debe escribir su contraseña existente. (Esto evita que los bromistas husmeen y cambien su contraseña durante horas de almuerzo).

   Le ofrezco algunos consejos acerca de pensar en contraseñas más adelante en esta misma sección.

Figura 13-4: Escriba una referencia que le ayude, pero sólo a usted, a recordar su contraseña si llegara a olvidarla.

4. **En el cuadro Type a Password Hint, escriba algo que le ayude a recordar su contraseña olvidada.**

   Asegúrese de que la pista tenga sentido solamente para usted. No elija "Mi color de cabello", por ejemplo. Si está en su oficina, elija "La comida favorita de mi gato" o "El director de mi película favorita". Si está en casa, elija algo que sólo usted sepa, pero no sus hijos. Y no tenga miedo de cambiar su contraseña de vez en cuando. Puede encontrar más información sobre contraseñas en el Capítulo 2.

5. **Cuando la pantalla User Accounts vuelve a aparecer, elija Create a Password Reset Disk en el lado izquierdo de la pantalla.**

   Vista lo lleva por todo el proceso para crear un disco de restablecimiento de contraseña en disquete, en tarjeta de memoria o en un dispositivo USB.

Cuando olvida su contraseña usted puede insertar su disco de restablecimiento de contraseña igual que una llave. Windows Vista le permitirá entrar para elegir una nueva contraseña y todo estará bien. (Pero si pierde el disco de restablecimiento de contraseña, deberá pedirle piedad al administrador). Guarde su disco de restablecimiento de contraseña en un lugar seguro, ya que le permite a *cualquiera* ingresar a su cuenta.

Cuando se crea un disco de restablecimiento de contraseña, no formateará o destruirá la información que se encuentre en el disco que insertó. Sólo agrega un archivo llamado userkey.psw, el cual Vista utiliza para restablecer su contraseña (pero la de nadie más).

Estos son algunos consejos que le ayudarán a crear una mejor contraseña:

✔ Cuando cree una contraseña, utilice una palabra o combinación de letras, números y símbolos que contenga, al menos, de 7 a 14 caracteres. *Nunca* utilice su nombre o nombre de usuario. (Eso es lo primero que los ladrones prueban cuando tratan de entrar).

✔ No elija una palabra o nombre común. Trate de pensar en algo que no pueda aparecer en un diccionario. Combine dos palabras, por ejemplo, para formar una tercera. Esta vez no habrá ninguna profesora de gramática que lo reprenda.

✔ Si es algo más serio, mantenga una copia de su contraseña en una cajilla de seguridad en donde la pueda encontrar su esposo o esposa o heredero. O, si prefiere mantener sus registros financieros y memorias en secreto, llévese su contraseña a la tumba.

✔ Sí se distingue entre mayúsculas y minúsculas. *Cereal* es una contraseña diferente a *cereal*.

Capítulo 14

Conectar Computadoras con una Red

Cuando compra un segundo equipo, obtiene otro problema de computación: ¿Cómo pueden compartir la misma conexión de Internet y la misma impresora dos equipos? ¿Y cómo puede trasladar sus archivos anteriores a su nuevo equipo?

La solución implica una *red*. Cuando se conectan dos o más computadoras con un cable, Windows Vista las presenta entre ellas y las deja intercambiar información, compartir una conexión de Internet e imprimir con la misma impresora.

Si sus computadoras están demasiado alejadas entre ellas para unirlas por medio de un cable, hágalo de forma *inalámbrica*. Esta opción, también conocida como *WiFi*, le permite a sus computadoras platicar por medio de ondas de radio, como las estaciones de radio que transmiten y reciben solicitudes.

Este capítulo explica varias formas de vincular varias computadoras, de tal forma que puedan compartir las cosas. Sin embargo, sepa que este capítulo contiene algunas cosas bastante avanzadas. No entre aquí a menos que esté con una cuenta de administrador en su computadora y no le importe quebrarse un poco la cabeza mientras va de la conceptualización a la actualización a, "¡Ah, funciona!"

Comprender las Partes de una Red

Una *red* es un grupo de dos o más computadoras que las conectaron para poder compartir las cosas. Aunque las redes de computadoras pueden ser agradablemente simples o agonizantemente complicadas, todas tienen tres cosas en común:

- ✔ **Un adaptador de red:** Cada una de las computadoras de su red necesita su propio adaptador de red. Los adaptadores vienen en dos formas principales. Un adaptador de red *cableada* es un enchufe especial en el cual se introduce un cable para conectar una computadora con las otras. Un adaptador de red *inalámbrica* traduce la información de su computadora en señales de radio y las transmite a las otras computadoras. (Siéntase en libertad de mezclar adaptadores cableados con inalámbricos; funcionan bien en forma conjunta).

- ✔ **Un enrutador:** Cuando conecta dos computadoras con un solo cable o con conexiones inalámbricas, cada computadora es suficientemente inteligente para intercambiar mensajes con la otra. Pero si se conectan tres o más computadoras, se requiere un policía de tránsito en forma de un *enrutador.* Cada computadora se conecta al enrutador en forma de caja, el cual envía los mensajes correctos a la computadora correcta.

- ✔ **Cables:** Las redes inalámbricas no necesitan cables. Pero las redes cableadas necesitan cables para conectar los adaptadores de red de las computadoras a cada una o hacia el enrutador.

Después de conectar las computadoras entre ellas por medio de cables, de forma inalámbrica o por medio de la combinación de ambas formas, entra Windows Vista. En un buen día, Vista automáticamente cambia los interruptores correctos y permite que todo se comunique. La mayoría de las redes se asemejan a una tela de araña, como aparece en la Figura 14-1, con el cable de cada computadora conectándose al enrutador que se encuentra en el centro.

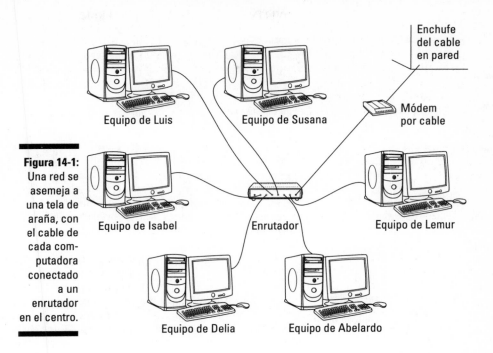

Figura 14-1: Una red se asemeja a una tela de araña, con el cable de cada computadora conectado a un enrutador en el centro.

Enchufe del cable en pared

Módem por cable

Equipo de Luis

Equipo de Susana

Equipo de Isabel

Enrutador

Equipo de Lemur

Equipo de Delia

Equipo de Abelardo

Una red inalámbrica parece idéntica, pero sin cables. (El enrutador inalámbrico coordina las rutas de acceso de los mensajes). O puede mezclar adaptadores cableados e inalámbricos para crear una red que se asemeje a la Figura 14-2. Muchos enrutadores traen de fábrica acceso inalámbrico integrado, lo que le permite conectar los equipos con adaptadores cableados e inalámbricos.

✔ Windows Vista divide equitativamente su atención entre computadoras en red bastante bien. Permite que cada computadora en red comparta una misma conexión de Internet, por ejemplo, de tal forma que todos puedan simultáneamente navegar en Internet o revisar su correo electrónico. También pueden compartir todos una misma impresora. Si dos personas intentan imprimir algo simultáneamente, Windows guarda los archivos de uno de ellos hasta que la impresora quede libre, luego los imprime cuando la impresora esté lista.

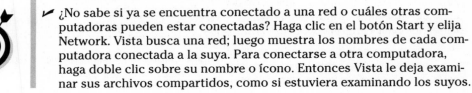

✔ ¿No sabe si ya se encuentra conectado a una red o cuáles otras computadoras pueden estar conectadas? Haga clic en el botón Start y elija Network. Vista busca una red; luego muestra los nombres de cada computadora conectada a la suya. Para conectarse a otra computadora, haga doble clic sobre su nombre o ícono. Entonces Vista le deja examinar sus archivos compartidos, como si estuviera examinando los suyos.

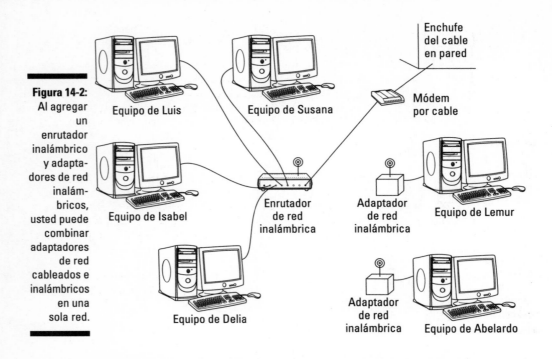

Figura 14-2: Al agregar un enrutador inalámbrico y adaptadores de red inalámbricos, usted puede combinar adaptadores de red cableados e inalámbricos en una sola red.

Elegir entre redes cableadas e inalámbricas

Actualmente, *inalámbrico* (también conocido como *WiFi)* es la palabra de moda, y es fácil ver la razón. Es fácil colocar cables entre computadoras que se encuentran en el mismo escritorio o están en la misma habitación. Pero los cables rápidamente se desordenan si las computadoras se encuentran en habitaciones separadas. La solución está en los adaptadores de red *inalámbricos*, que convierten la información en ondas de radio y las transmiten a otras computadoras en la red. Los adaptadores en las otras computadoras atrapan las ondas y las convierten de nuevo en información.

Pero, al igual que las transmisiones de radio, se debilitan cuando se va retirando de la ciudad, así también se debilitan las señales inalámbricas al viajar a través de obstáculos. Entre más

se debilitan, más lenta se vuelve la conexión. Si sus señales inalámbricas pasan a través de más de dos paredes, sus computadoras no podrán comunicarse. También lleva más tiempo configurar las redes inalámbricas debido a que tienen *muchos* más valores para ajustar.

Las conexiones cableadas trabajan de forma más rápida, eficiente y barata que la inalámbrica. Pero si su cónyuge le pide que retire los cables del corredor, su mejor opción es la inalámbrica. Recuerde, puede configurar computadoras adyacentes con cables y utilizar inalámbrico para el resto.

Para utilizar red inalámbrica con acceso a Internet de banda ancha, compre un enrutador con un punto de acceso inalámbrico integrado.

Configurar una Pequeña Red

Si está intentando configurar muchas computadoras —más de diez— probablemente necesite un libro más avanzado. Las redes son bastante fáciles de configurar, pero compartir sus recursos puede ser algo terriblemente complicado, especialmente si las computadoras contienen material importante. Pero si sólo está tratando de configurar un pequeño grupo de computadoras en su casa o de la oficina en casa, esta información puede ser suficiente.

Así que, sin más explicaciones, aquí está una lista, paso a paso, sobre cómo configurar una red pequeña y barata. Las siguientes secciones muestran cómo comprar las tres partes de una red —adaptadores de red, cables (o conexiones inalámbricas) y un enrutador para trasladar información entre computadoras. Yo explico cómo instalar las partes y, finalmente, cómo hacer que Windows Vista cree una red a partir de su obra.

Puede encontrar instrucciones mucho más detalladas acerca de cómo crear una red para su casa en mi libro *Upgrading & Fixing PCs For Dummies* (*Actualizar y reparar PC para Dummies*) (Wiley).

Comprar partes para una red

Entre a la tienda de computadoras, compre estas cosas, y así habrá iniciado bien la configuración de su red:

Cable para Ethernet rápido o 100BaseT: Compre un cable para cada computadora que no estará funcionando de forma inalámbrica. Usted quiere cable *Ethernet*, el cual se parece al cable de teléfono, pero con un conector ligeramente más grueso. Algunas veces al cable de Ethernet se le llama RJ-45 de Ethernet, Cat 5 o TPE (Ethernet de pares trenzados). Generalmente los nombres incluyen un número relacionado a la clasificación de velocidad del cable: 10, 100 ó 1,000. (Los números más altos son más rápidos). Cuando tenga duda, compre cable Fast Ethernet o 100BaseT.

Convenientemente, algunas de las casas más nuevas ya tienen el cableado con conectores de red en las paredes, ahorrándoles a los propietarios la molestia de comprar y extender largos cables entre las habitaciones. Si sus computadoras están demasiado distantes entre sí como para utilizar cables, compre un adaptador de red inalámbrico, descrito a continuación.

Adaptadores de red: Cada computadora en la red necesita su propio adaptador de red, y hay variedad de dichos accesorios. La mayoría de computadoras traen un adaptador de red integrado, ahorrándole el costo adicional. La mayoría de las nuevas computadoras portátiles traen preinstalados tanto el adaptador para cable como el inalámbrico, lo que le permite conectar estos equipos de cualquiera de las dos formas.

La forma más fácil de conectar dos computadoras

Algunas veces simplemente necesita vincular dos computadoras, de forma rápida y fácil, para trasladar información de una a otra (de una computadora vieja a una nueva, por ejemplo). Si ambas computadoras tienen puertos FireWire, que se encuentran en muchos nuevos equipos portátiles, la configuración es bastante sencilla. Conecte un cable FireWire entre dos puertos FireWire, y habrá creado una red de forma rápida, aunque poco elegante. ¡Vista ve la conexión y listo!

Y, ¿si no hay puertos FireWire? Entonces, compre dos adaptadores de red (generalmente las nuevas computadoras traen uno ya instalado) y un *cable cruzado*, que es una raza especial de cable Ethernet. Asegúrese de enfatizar en cable *transversal* o *cruzado*, cuando compre en la tienda de computadoras. Un cable regular de Ethernet no funcionará. Conecte el cable cruzado entre los adaptadores de red de las dos computadoras, y así Vista crea una red rápida entre ellas. Si una computadora se conecta a Internet, la otra computadora deberá ser capaz de compartir su conexión de Internet.

Para conectar dos computadoras que tienen adaptadores inalámbricos, deje que Vista las configure a ambas en modo específico, ajustadas en el mismo canal, con el mismo nombre de grupo de trabajo y el mismo tipo de seguridad y contraseña. Advertencia: Esto es complicado.

Si necesita comprar un adaptador de red, mantenga estos factores en mente:

✔ Un adaptador para cable necesita un conector 10/100 Ethernet. Los adaptadores se pueden conectar en puertos USB, dentro de una de las ranuras que no utiliza su computadora o incluso en los enchufes de electricidad o de las líneas telefónicas de su casa.

✔ La caja del adaptador debe decir *Plug and Play* y que es compatible con Windows Vista.

Enrutador: Muchos de los enrutadores actuales traen el sistema inalámbrico integrado; incluso algunos tienen un módem de banda ancha integrado. Su compra depende de su conexión a Internet y de los adaptadores de red:

✔ Los usuarios de Internet de banda ancha deben comprar un *enrutador* que tenga suficientes puertos para cada computadora en la red. Si necesita una conexión inalámbrica, probablemente para utilizar el equipo portátil en el exterior, compre un enrutador con acceso inalámbrico integrado. (Los usuarios de Internet de acceso telefónico pueden ahorrar dinero al comprar un *conmutador* con suficientes puertos para cada computadora). Tanto un enrutador como un conmutador se parecen al dibujo que aparece en la Figura 14-3. (Un conmutador funciona igual que un enrutador, pero no tiene conector para un módem de banda ancha).

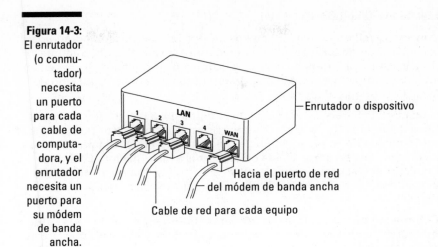

Enrutador o dispositivo

Hacia el puerto de red
del módem de banda ancha

Cable de red para cada equipo

CONSEJO

✔ Si está utilizando algunos o todos los adaptadores de red inalámbricos, asegúrese que su enrutador tenga la capacidad inalámbrica integrada. Si está utilizando un conmutador, compre un punto de acceso inalámbrico para conectarlo a éste. (Los puntos de acceso inalámbricos usualmente pueden acomodar docenas de computadoras inalámbricas.)

✔ La configuración es más sencilla si compra la misma marca de enrutador inalámbrico que la de los adaptadores de red inalámbricos.

Ésta es la lista de compras. Saque una fotocopia de esta lista en su oficina y llévesela a la tienda de computadoras.

Instalar una red cableada

Después de haber comprado las distintas partes para su red, debe conectar todo en el lugar correcto. Windows Vista debe reconocer automáticamente los adaptadores de red recientemente instalados y recibirlos alegremente.

1. **Apague y desconecte todas las computadoras que estarán conectadas en su próxima red.**

   Apaguélas todas; también desconéctelas.

2. **Apague todos los periféricos de las computadoras —impresoras, monitores, módems y cualquier otro dispositivo conectado.**

3. Instale los adaptadores de red.

Conecte los adaptadores USB en los puertos USB de sus computadoras. Si está utilizando tarjetas adaptadoras, retire la caja de cada computadora e inserte la tarjeta en la ranura de tamaño apropiado. (Si vive en un ambiente propicio a la estática, primero haga tierra al tocar un lado de la caja de la computadora.)

Si una tarjeta parece no entrar en una ranura, no la fuerce. Los distintos tipos de tarjetas se ajustan a distintos tipos de ranuras, y es posible que esté tratando de empujar el tipo de tarjeta incorrecto en el tipo de ranura incorrecta. Vea si ésta se ajusta en otra ranura de forma más fácil. Conector descarado: *Upgrading and Fixing PCs For Dummies* (*Actualizar y reparar PCs para Dummies*) explica las ranuras y las tarjetas con más detalle.

4. Coloque de nuevo las cajas de las computadoras y conecte cada cable de red entre el adaptador de cada computadora y el enrutador (o conmutador).

Al menos que utilice adaptadores inalámbricos, es posible que sea necesario pasar los cables debajo de las alfombras y por las esquinas de los marcos de las puertas. (La mayoría de los enrutadores y conmutadores tienen cordones de electricidad que también se deben conectar a las tomas de corriente.)

5. Los usuarios de Internet de banda ancha deben conectar su módem en el puerto WAN del enrutador.

La mayoría de los enrutadores tienen etiqueta en el puerto de módem del cable con las letras WAN (Red de área extensa). Los otros puertos del enrutador, con la etiqueta LAN (Red de área local), están numerados. Puede conectar cualquier computadora en cualquiera de los puertos numerados. (Puede dejar vacíos algunos puertos numerados.)

Los usuarios de módem por acceso telefónico pueden dejar el módem conectado en la computadora. Cuando se enciende esa computadora y se conecta al Internet, Windows Vista permite que cada computadora en red comparta su conexión a Internet.

6. Encienda las computadoras y sus periféricos.

Encienda las computadoras y sus monitores, impresoras, módems y cualquier otra cosa que esté conectada a ellas.

7. Seleccione un lugar para su red.

Cuando Windows Vista se activa y se da cuenta del equipo de red recientemente conectado, le pide la *ubicación* de su red: Home (Casa), Work (trabajo) o Public Location (ubicación pública). Elija si está trabajando en casa o en oficina (seguro) o en lugar público (menos seguro), y Vista automáticamente agrega el nivel apropiado de seguridad para protegerlo.

Si todo va bien, Windows Vista despierta, se da cuenta del adaptador de red recientemente instalado y, automáticamente, configura la conexión. Si el adaptador de red de su computadora trae un CD de instalación, insértelo ahora. (Si el programa de configuración no se ejecuta automáticamente, haga doble clic en el archivo Setup del disco para instalar el programa.)

Si *no* todo va bien, probablemente necesite un controlador nuevo para su adaptador de red, que es una tarea que describo en el capítulo 12.

Nombres de grupos de trabajo y Windows XP

Como cualquier otra cosa en la vida, las redes necesitan nombres. Al nombre de una red se le llama *grupo de trabajo* y, por alguna razón, Microsoft utilizó distintos nombres de grupos de trabajo en distintas versiones de Windows, y eso causa problemas si usted tiene equipos con Windows XP en su red.

Los equipos con Windows XP automáticamente utilizan MSHOME como el nombre de su grupo de trabajo. Los equipos con Windows Vista utilizan WORKGROUP como el nombre de su grupo de trabajo. ¿El resultado? Coloque un equipo con Vista y un equipo con Windows XP en la misma red y verá que no pueden encontrarse o comunicarse entre ellas: Un equipo busca en vano otras computadoras en MSHOME, y la otra sólo busca equipos con WORKGROUP.

La solución es darles a ambas *mismo* nombre de grupo de trabajo, una tarea bastante fácil al seguir estos pasos:

1. **En su equipo con Vista, haga clic en el menú Start, haga clic con el botón secundario en Computer, luego elija Properties.**

   Aparece la pantalla System, y muestra la información técnica básica de su equipo.

2. **Elija Change Settings.**

   Esa tarea está en la sección Computer Name, Domain, and Workgroup Settings. Al hacer clic en éste, aparece un cuestionario.

3. **Haga clic en el botón Change.**

   Aparece el cuadro de diálogo Computer Name/Domain Changes.

4. **En el cuadro inferior, cambie el nombre del Workgroup a MSHOME.**

   Eso hace que Vista esté en el mismo grupo de trabajo que su equipo bajo Windows XP.

   Alternativamente, puede cambiar el nombre del grupo de trabajo de su equipo bajo Windows XP a WORKGROUP por medio de estos mismos cinco pasos, pero debe hacer clic en la etiqueta Computer Name en el Paso 2. Pero, sin importar cómo le llame al grupo de trabajo de su red, asegúrese que todos los equipos en red tengan el *mismo* nombre de grupo de trabajo.

   Sugerencia: Tenga cuidado en este paso; cambie el nombre de *grupo de trabajo*, no el nombre del *equipo*, de cada equipo, ya que son dos cosas distintas.

5. **Haga clic en OK para cerrar las ventanas abiertas y, cuando se le pida, haga clic en el botón Restart Now para reiniciar su equipo.**

   Repita estos pasos en sus otros equipos en red y asegúrese que aparece el mismo nombre en cada cuadro Workgroup.

Vista hace un trabajo razonablemente bueno para lanzar sus hechizos de redes sobre sus computadoras. Si todas las computadoras están conectadas correctamente y se reiniciaron, es casi seguro que se activen unidas entre ellas. Si no es así, intente reiniciarlas todas otra vez.

Recuerde esto cuando configure su red:

- ✔ Windows Vista automáticamente comparte una carpeta en cada computadora en red: la carpeta Public, al igual que todas las otras carpetas dentro de ésta. Cualquier archivo que coloque dentro de esa carpeta quedará a la disposición de todos los usuarios que utilicen su computadora, al igual que para todo aquel que esté conectado a la red. (Explico con más detalle acerca de cómo compartir archivos, carpetas, impresoras y otros elementos más adelante en la sección "Conectarse y compartir archivos con otro equipo en su red", dentro de este capítulo).

- ✔ Windows XP nombra a su carpeta compartida *Shared Documents*. Vista nombra esa misma carpeta como *Public,* en su lugar. Pero ambas realizan la misma función: Proporcionar un lugar para compartir archivos con otras personas en su red.

- ✔ Haga clic en el menú Start y elija Network para ver sus otras computadoras en su red.

- ✔ Si su equipo se conecta a Internet por medio de una conexión telefónica, ejecute el Internet Connection Wizard, como se describe en el Capítulo 8. (Ese asistente le permite que todas sus computadoras en red compartan la conexión a Internet de su computadora). Después de configurar esa computadora, ejecute el asistente en las otras computadoras en red.

- ✔ Si sus equipos no se pueden ver, asegúrese que cada computadora utilice el mismo nombre de grupo de trabajo, que se describe en la barra lateral "Nombres de grupos de trabajo y Windows XP".

Conectar de Forma Inalámbrica

Para configurar su propia red inalámbrica deberá realizar dos pasos:

- ✔ Primero, configure el enrutador inalámbrico o punto de acceso inalámbrico para iniciar la emisión y recepción de información hacia y desde su equipo.

- ✔ Segundo, configure Windows Vista en cada equipo para recibir la señal y enviar información de regreso.

Esta sección abarca esas dos aburridas tareas.

Configurar un enrutador o punto de acceso inalámbrico

Las conexiones inalámbricas son convenientes, como bien lo sabe todo propietario de un teléfono celular. Pero también son más complicadas de configurar que las conexiones por medio de cables. Básicamente está configurando un transmisor de radio que envía señales a pequeños radios conectados a sus equipos. Debe buscar una señal fuerte y encontrar la señal correcta, incluso por medio del ingreso de contraseñas para evitar que los intrusos escuchen.

Los transmisores inalámbricos, conocidos como *Puntos de acceso inalámbricos* (WAP), pueden estar integrados en su enrutador o conectados a uno de los puertos de su enrutador. Desafortunadamente, las distintas marcas de equipo inalámbrico tienen distintos programas de configuración, por lo que no hay forma que yo les pueda proporcionar instrucciones detalladas para configurar su enrutador específico.

Sin embargo, el programa de configuración en cada modelo requiere que usted configure estas tres cosas:

- ✔ **Network Name (Nombre de red) (SSID):** Ingrese un nombre corto y fácil de recordar para identificar su red inalámbrica determinada. Después, cuando esté realizando la conexión a la red inalámbrica con su computadora, usted seleccionará este mismo nombre para evitar conectarse accidentalmente con la red inalámbrica de su vecino.

- ✔ **Infrastructure (Infraestructura):** Elija *Infrastructure*, y no *Ad Hoc*.

- ✔ **Security (Seguridad):** Esta opción cifra sus datos cuando atraviesan el aire. Enciéndalo por medio de la configuración recomendada.

Algunos enrutadores incluyen un programa de instalación para cambiar esta configuración; otros enrutadores contienen programas integrados que usted puede acceder con el explorador Web de Windows.

Cuando ingrese los valores para cada una de las tres cosas, escríbalos en un papel: Deberá ingresar estos mismos tres valores cuando configure la conexión inalámbrica de su equipo, trabajo que se explica en la siguiente sección.

Configurar Windows Vista para conectarse a una red inalámbrica

Después de configurar su enrutador o punto de acceso inalámbrico para transmitir en su red, debe indicarle a Windows Vista que lo reciba.

Para conectar una red inalámbrica, ya sea la suya o una en un lugar público, siga estos pasos:

1. **Encienda su adaptador inalámbrico, si fuera necesario.**

   Muchos equipos portátiles apagan sus adaptadores inalámbricos para ahorrar energía. Enciéndalo, abra el Control Panel en el menú Start, elija Mobile PC, abra Windows Mobility Center y haga clic en el botón Turn Wireless On. ¿No se encuentra en la lista? Entonces, desafortunadamente, debe tomar el manual de su equipo portátil.

2. **Elija Connect To en el menú Start.**

   Windows enumera todas las redes inalámbricas que encuentra dentro del rango, según se muestra en la Figura 14-4. No se sorprenda de ver varias redes en la lista.

Nombre (Name)   Seguridad (Security)   Concentración de la señal (Signal strength)

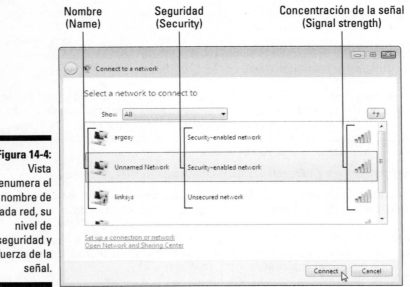

Figura 14-4: Vista enumera el nombre de cada red, su nivel de seguridad y fuerza de la señal.

Vista resume cada conexión disponible de tres formas, y todas aparecen en la Figura 14-4:

- **Name (Nombre):** Éste es el nombre de la red, también conocida como *SSID (Service Set Identifier)*. Debido a que las redes inalámbricas se traslapan, los nombres de las redes le permiten conectarse a la red específica que desee. Elija el nombre SSID que le dio a su enrutador inalámbrico cuando configura, por ejemplo, o selecciona el nombre de la red inalámbrica en la cafetería o en el hotel.

- **Security (Seguridad):** Las redes enumeradas como *Unsecured Network*, no necesitan una contraseña. Eso significa que puede entrar en ellas y empezar a navegar en Internet sin costo alguno —incluso si no sabe a quién le pertenece la red. Sin embargo, la falta de una contraseña significa que otras personas pueden escuchar sin que usted lo sepa. Las redes no seguras funcionan bien para un acceso rápido a Internet, pero no son seguras para realizar compras en línea. Por el contrario, las *Security-Enabled Network* son más seguras, ya que la contraseña de la red filtra hasta los fisgones más dedicados.

- **Signal Strength (Fortaleza de la señal):** Estas pequeñas barras verticales funcionan muy parecido al medidor de fortaleza de señal de los teléfonos celulares: más barras significa una conexión más fuerte. Será frustrantemente esporádico poder conectarse a redes con dos o menos barras.

Si desea revisar un paso anterior, haga clic en la pequeña flecha azul Back en la esquina superior izquierda de la ventana.

3. **Conecte la red deseada al hacer clic sobre su nombre y luego sobre Connect.**

   Si usted ve el nombre de su red, haga clic sobre él, luego haga clic en el botón Connect.

   Si *no* ve el nombre de su red, diríjase al Paso 6.

4. **Elija Home, Work o Public Location, dependiendo desde dónde se esté conectando.**

   Cuando se conecta, Vista le pregunta si se está conectando desde Home, Work o de un Public Location, de tal forma que pueda agregar el nivel correcto de seguridad. Elija Home o Work solamente cuando se conecta por medio de una conexión inalámbrica dentro de su misma casa o del trabajo. Elija Public Location en todos los otros lugares para agregar seguridad adicional.

   Si se está conectando a una *red no segura* —una red que no necesita una contraseña— está listo. Vista le advierte de conectarse a una red sin seguridad, y un clic sobre el botón Connect Anyway le permite conectarse.

   Si se está conectando a una red con seguridad habilitada, Vista le pide una contraseña, descrita en el siguiente paso.

5. **Ingrese una contraseña, si fuera necesario, y haga clic en Connect.**

   Cuando intenta conectarse a una conexión inalámbrica con seguridad habilitada, Vista le envía la ventana que se muestra en la Figura 15-5, y le solicita una contraseña.

   Aquí es en donde usted escribe la contraseña que ingresó en su enrutador cuando configuró su red inalámbrica.

Si se conecta a la red inalámbrica de alguien más, protegida por medio de contraseñas, saque su tarjeta de crédito. Debe comprar tiempo de conexión con las personas que se encuentran detrás del mostrador.

¿No ve el nombre de su red inalámbrica? Entonces diríjase al Paso 6.

6. Conéctese a una red que no está en la lista.

Si Vista no enumera el nombre de su red inalámbrica, pueden estar involucrados dos culpables:

- **Fuerza de señal baja.** Como las estaciones de radio y los teléfonos celulares, las redes inalámbricas están bajo el castigo de un rango limitado. Las señales inalámbricas viajan varios cientos de pies a través del aire abierto, pero las paredes, los pisos y los techos limitan gravemente su velocidad. Intente trasladar su computadora más cerca del enrutador o punto de acceso inalámbrico. (O, sólo muévase a un lugar distinto dentro de la cafetería). Siga acercándose y haga clic en el botón Refresh (que aparece en el margen), hasta que aparezca su red.

- **Se está escondiendo.** Por razones de seguridad, algunas redes inalámbricas muestran sus nombres como Unnamed Network. Eso significa que usted debe saber el nombre *real* de la red y escribir ese nombre antes de conectarse. Si cree que ese es el problema suyo, continúe al siguiente paso.

7. Haga clic en la red inalámbrica que se enumera como Unnamed Network y haga clic en Connect.

Cuando se le pregunte, ingrese el nombre de la red (SSID) y, si fuera necesario, su contraseña, descrita en el Paso 5. Una vez que Vista sabe el nombre real y la contraseña de la red, entonces Vista se conectará.

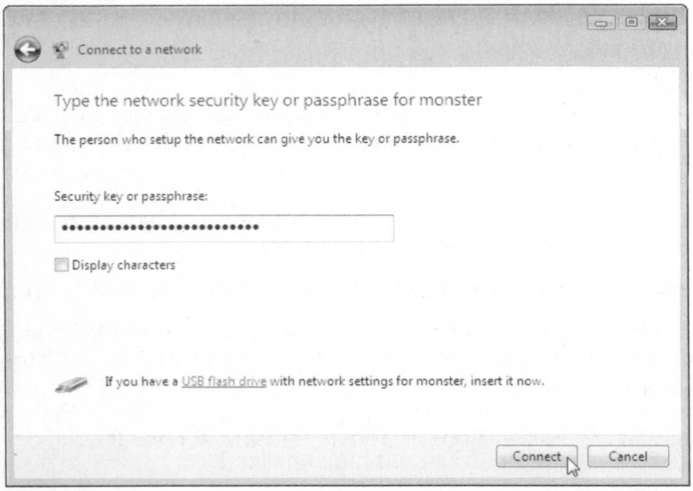

Figura 14-5:
Ingrese la contraseña de la red inalámbrica y haga clic en Conectar.

Connect to a network

Type the network security key or passphrase for monster

The person who setup the network can give you the key or passphrase.

Security key or passphrase:

•••••••••••••••••••••••••

☐ Display characters

If you have a USB flash drive with network settings for monster, insert it now.

Connect   Cancel

Una vez conectado, cada usuario de la red de computadoras tendrá la posibilidad de conectarse a Internet. Si todavía tiene problemas al conectarse, intente las siguientes sugerencias:

✔ Cuando Vista indica que no se puede conectar a su red inalámbrica, le ofrece dos opciones: Diagnose This Connection o Connect To a Different Network. Los dos mensajes siempre significan lo siguiente: Coloque su equipo más cerca del transmisor inalámbrico.

✔ Si no se puede conectar a la red que desea, intente conectarse a una de las redes sin seguridad. Las redes sin seguridad funcionan bien para explorar la Internet, siempre que no ingrese ninguna contraseña, números de tarjetas de crédito o alguna otra información sensitiva.

✔ Al menos que usted específicamente pida que no se haga, Vista recuerda el nombre y la contraseña de las redes a las que exitosamente se conectó con anterioridad, así le ahorra la tarea de ingresar otra vez toda la información. Su equipo se conectará automáticamente siempre que esté dentro del rango.

✔ Los teléfonos inalámbricos y los hornos de microondas, curiosamente, interfieren con las redes inalámbricas. Intente mantener su teléfono inalámbrico en distinta habitación que su equipo inalámbrico, y no caliente ese emparedado cuando explore la Internet.

✔ Si las redes le dejan sus manos retorcidas, entonces necesita un libro que trate de manera más específica las redes. Revise mi otro libro, *Upgrading and Fixing PCs For Dummies (Actualizar y Reparar PCs Para Dummies),* por Wiley Publishing, Inc.

Conectarse y Compartir Archivos con Otros Equipos en Su Red

Incluso después de que configuró su red, puede ser que Vista *todavía* no le deje ver sus equipos conectados o sus archivos. Así es: Hay *otra* medida de seguridad que previene que los equipos se vean entre ellas o compartan archivos en su red privada. Aquí hay una forma de darle sentido a la seguridad de Vista:

1. **Haga clic en el menú Start y elija Network.**

   Es posible que vea íconos para sus equipos conectados, tal y como aparece en la Figura 14-6. Para conectarse a un equipo, haga doble clic sobre su nombre. Es más probable que pueda ver archivos en sus equipos bajo Windows XP, que con otros equipos bajo Vista. Para ver archivos en sus equipos con Vista, diríjase al Paso 2.

¿No puede encontrar ninguno de sus equipos bajo Windows XP en la lista? Solucione el problema después de leer la barra lateral de este capítulo, "Nombres de grupos de trabajo y Windows XP".

2. **Haga clic en el botón Network and Sharing Center.**

   El botón Network and Sharing Center, que se ve en la parte superior de la Figura 14-6, busca y ejecuta el Network and Sharing Center, como se muestra en la Figura 14-7.

3. **Active el uso compartido de la carpeta de Public Folder Sharing y haga clic en Apply.**

   Haga clic en la palabra Off en el área Public Folder Sharing y el menú de configuración emerge, como aparece en la Figura 14-7. Para compartir sus archivos elija Turn On Sharing So Anyone with Network Access Can Open, Change, and Create Files.

   Eso hace que libre o quede abierto el uso de la carpeta Public de su equipo: Todos en la red pueden abrir, cambiar o dejar archivos en esa carpeta. Para permitir que otras personas copien los archivos de su carpeta Public, pero *sin* modificar sus copias, entonces elija Turn On Sharing So Anyone with Network Access Can Open Files.

Network
Search
Organize
Views
Network and Sharing Center
Add a printer
Add a wireless device
File sharing is turned off. Some network computers and devices might not be visible. Click to change...
Favorite Links
Documents
Pictures
Music
Recently Changed
Searches
Folders
Name
Category
Workgroup
Network location
CLEMENTINE
GamerLounge Wireless 108G Gaming Router
MAYBELLE
SPEEDSTER
VISTA
VISTA-LAPTOP
6 items

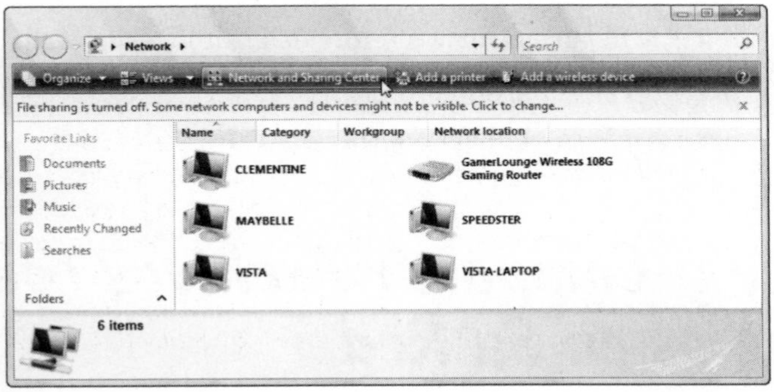

Figura 14-6: Haga clic en Network en el menú Start para ver otros equipos en su red.

4. **Desactive Password Protected Sharing y haga clic en Apply.**

   Hay un último obstáculo. Cuando alguien dentro de la red intenta ver lo que hay dentro de la carpeta Public de un equipo con Vista, debe ingresar un nombre y una contraseña desde una cuenta en ese *otro* equipo. Su propio nombre y propia contraseña no funcionarán.

   Aunque eso permite tener un equipo *bastante* seguro, es desgastante dentro de un ambiente familiar. Para eliminar ese nivel de seguridad, haga clic en la palabra On en el área Public Folder Sharing, que también se puede ver en la Figura 14-7. Cuando se despliega el menú, elija Turn Off Password Protected Sharing.

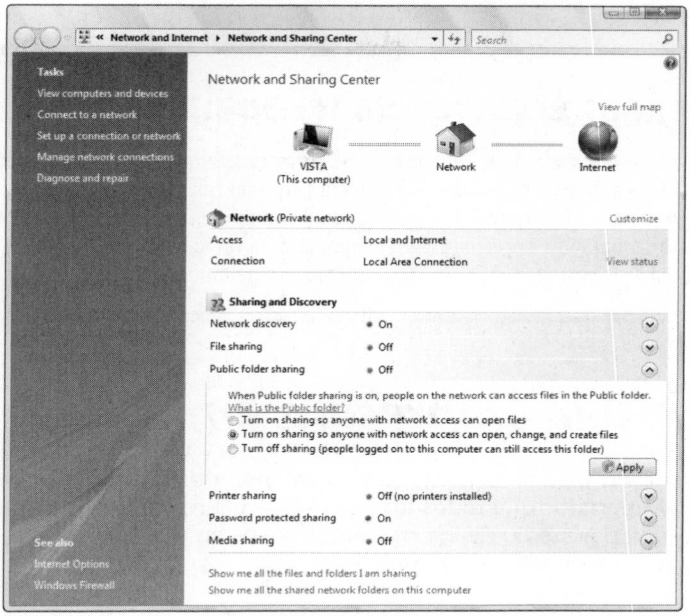

Figura 14-7:
El Network
Center
coloca
todos los
valores de
configu-
ración de
su red en
un lugar.

5. **Coloque los archivos y las carpetas que desea compartir con otras personas en la carpeta Public de su computadora.**

   Hay un acceso directo a la carpeta Public que se encuentra en la parte inferior del Navigation Pane de cada carpeta. Es una franja a lo largo de la esquina izquierda de cada carpeta. Arrastre y coloque los archivos en la carpeta Public para *moverlos* a dicha carpeta. Para *copiarlos* a ese lugar, mantenga presionado el botón derecho del mouse mientras arrastra el archivo, colóquelo y elija Copy Here desde el menú emergente. (Si hace clic en la carpeta Public, podrá ver lo que hay dentro de ella).

Si su computadora todavía no puede ver otras computadoras, o esas computadoras no pueden ver la suya o sus archivos, revise las siguientes sugerencias:

✔ Apague todos los equipos, el enrutador y su módem de banda ancha. Luego, encienda su módem de banda ancha, su enrutador y sus equipos —en ese orden— y espere 30 segundos entre cada acción.

✔ Revise los pasos y asegúrese de activar Public Folder Sharing y desactive Password Protected Sharing.

✔ Asegúrese que todas sus computadoras tienen el mismo nombre de grupo de trabajo, descrito en la barra lateral de este capítulo, "Nombres de grupos de trabajo y Windows XP".

Eliminar archivos de un equipo en red

Normalmente, todo lo que elimine de su equipo termina en su Papelera de Reciclaje, lo que le da una última oportunidad para recuperarlo. Eso no sucede cuando está trabajando en un archivo que se encuentra en la carpeta Public de un equipo en red. Cuando usted elimina una carpeta de la carpeta Public de otro equipo, éste no tiene posibilidad de recuperación, ya que no llega a la Papelera de reciclaje de su equipo *ni* del equipo en red. Tenga cuidado.

Compartir una Impresora en la Red

Muchas casas u oficinas tienen varias computadoras, pero sólo una impresora. Para permitir que todos los usuarios en la red utilicen esa impresora, compártala por medio de los siguientes pasos en la computadora que tiene Vista y está conectada a la impresora:

1. **Haga clic en el menú Start, elija Network y haga clic en el botón Network and Sharing Center, que se encuentra en la parte superior.**

   Aparece la ventana Network and Sharing Center, que se mostró en la Figura 14-7.

2. **Active Printer Sharing y haga clic en Apply.**

   Busque en la categoría Printer Sharing y haga clic en el botón Off para ver el menú. Cuando aparece el menú, elija Turn On Printer Sharing y haga clic en Apply para compartir esa impresora con la red.

Ahora, indíqueles a sus otros equipo (o equipos) en red acerca de la impresora recientemente compartida, al seguir los siguientes pasos:

1. **Haga clic en el menú Start, elija Control Panel y seleccione Printers en la categoría Hardware and Sound.**

   La ventana Printers muestra los íconos de todas las impresoras instaladas. (Ignore Microsoft XPS Document Writer, ya que no es una impresora real).

Add a printer

2. **Haga clic en el botón Add a Printer.**

   Aparece la ventana Add a Printer.

3. **Elija Add a Network, Wireless, or Bluetooth Printer, luego haga clic en Next.**

   Su equipo revisa toda la red en busca de la impresora compartida del otro equipo. Cuando la encuentra, haga clic en su nombre y luego en Next para instalarla. Si no la encuentra, siga al Paso 4.

4. **Elija The Printer That I Want Isn't Listed, luego haga clic en Browse para dirigirse a la impresora compartida.**

   Cuando hace clic en el botón Browse, se obtiene una lista de sus equipos en red. Haga doble clic en el equipo con la impresora conectada, así Vista enumerará el nombre de la impresora.

5. **Haga doble clic sobre el ícono de la impresora compartida, luego haga clic en Next.**

   Finalmente, Vista se conecta a su impresora en red. Es posible que sea necesario instalar el software de la impresora en su equipo antes de que éste pueda imprimir en la impresora en red.

¿Puedo meterme en problemas si busco en la computadora en red incorrecta?

Generalmente las personas le *dicen* en dónde puede encontrar archivos y otras cosas en las computadoras conectadas a la red. Pero si nadie le da pistas, siéntase libre de tomar la batuta y buscar por su propia cuenta al elegir Network en el menú Start. Si está preocupado de poderse meter en problemas, la regla es sencilla: Windows Vista raramente le permite husmear en áreas de red en donde se supone que no debe estar.

De hecho, Windows Vista es tan consciente de la seguridad, que frecuentemente evita que usted vea cosas que *debería poder* ver. (Ese es el momento en el cual llama al administrador de la oficina o al propietario de la computadora y le pide ayuda). Si trata de ver dentro de una computadora prohibida, simplemente ve un mensaje de acceso denegado. No habrá sirenas embarazosas o daño alguno.

Si se encuentra dentro de una carpeta a la cual, obviamente, no pertenece —por ejemplo, la carpeta de evaluaciones de los empleados en la computadora de su supervisor— silenciosamente preséntele el problema al administrador.

Solucionar Problemas en una Red

Configurar una red es la parte más difícil de operar una red. Después de que las computadoras se reconozcan entre ellas (y se conecten a Internet, por sí mismas o por medio de la red), generalmente la red funciona bien. Pero cuando no es así, aquí encontrará algunas cosas que puede intentar:

- Asegúrese de que cada equipo en la red tenga el mismo nombre de grupo de trabajo. Haga clic con el botón secundario sobre Computer desde el menú Start y elija Properties. Elija Change Settings, haga clic en el botón Change y asegúrese de que apareza el mismo nombre en el cuadro Workgroup de cada computadora.

- Apague todas las computadoras (utilice la opción Shut Down del menú Start, por supuesto). Revise sus cables para asegurarse de que todo está conectado. Si no utiliza un enrutador, encienda el equipo con la conexión a la Internet. Cuando esté encendida, funcionando y conectada a Internet, encienda otra. Cuando esté conectada, prosiga con la otra computadora, y repita.

- Intente hacer que Windows Vista revise y repare la conexión, si fuera necesario. Elija Control Panel desde el menú Start y seleccione Network and Internet. Haga clic en el Network and Sharing Center y elija Manage Network Connections desde el panel izquierdo para ver sus conexiones. Haga clic con el botón derecho sobre la que no está funcionando y elija Diagnose.

- Elija Help and Support en el menú Start y escriba **troubleshoot network** en el cuadro de búsqueda. Windows Vista le ofrece varias herramientas integradas de solución de problemas para diagnosticar y reparar problemas de red.

- En una red en la casa, asegúrese de haberlo configurado en Private, no Public. Para verificar, visite el Network and Sharing Center, descrito anteriormente. Luego haga clic en la palabra Customize, junto al nombre de su red inalámbrica. Eso le permite cambiar de Public a Private y viceversa. Si accidentalmente escogió Private cuando estaba conectado de forma inalámbrica en un lugar público, en este momento puede cambiar de regreso a Public y así agregar más seguridad.

- Haga clic en View Full Map en el Network and Sharing Center para ver un mapa de la red completa: sus equipos con Vista, su enrutador y su conexión a Internet. Desafortunadamente, Vista deja *fuera* del mapa de Vista a todos los equipos con Windows XP. Para completar su mapa, Microsoft ofrece un programa descargable que puede instalar en sus equipos con Windows XP para que también se puedan ver.

Parte V
Música, Películas, Recuerdos (y Fotografías También)

The 5th Wave   Por Rich Tennant

COSMETIC SURGERY

Cirugía cosmética
Sólo por diversión, por esta vez veamos cómo te mirarías con orejas de murciélago y un calabacín como nariz.

En esta parte . . .

*H*asta ahora, el libro ha cubierto los aspectos aburridos pero necesarios: ajustar su equipo para que pueda hacer su trabajo. Esta parte del libro le permite convertir su equipo en un centro de entretenimiento:

- ✔ Vea los DVD en su computadora o equipo portátil.

- ✔ Cree un CD de grandes éxitos para el estéreo de su automóvil.

- ✔ Organice un álbum de fotografías digitales desde su cámara digital.

- ✔ Edite videos de su cámara de video para que sea algo que las personas *quieran* ver.

- ✔ Cree un DVD para mostrar sus películas editadas o presentaciones de fotografías.

Cuando esté listo para jugar por un momento, salte hasta esta parte del libro para encontrar ayuda.

Capítulo 15

Reproducir y Copiar Música en Media Player

En Este Capítulo

▶ Reproducir CD, DVD, programas de televisión, archivos de música en MP3 y WMA y radio a través de Internet

▶ Crear, guardar y editar listas de reproducción

▶ Copiar un CD a su disco duro, otro CD o reproductor portátil de música

▶ Comprar música y películas de tiendas en línea

Media Player 11 de Windows Vista es un gran paquete de botones que muestra la cantidad de dinero que ha invertido en su computadora. En los equipos caros, el Media Player tiene un precio similar al de un teatro en casa. En los baratos, suena como el tono de un teléfono celular.

Pero en su versión número once, el Media Player se adhiere a lo básico. El reproductor está bien para reproducir CD y DVD, organizar sus archivos de música y de películas y enviar música digital hacia algunos reproductores portátiles de MP3 —pero no hacia iPods. Si usted posee un iPod, será mejor que siga utilizando iTunes (www.apple.com/itunes).

Cargue el Windows Media Player desde el área All Programs en el menú Start. Luego, si necesita ayuda sobre cómo utilizar las características integradas del Media Player, y sugerencias sobre cómo hacer para que éste haga las cosas que usted *realmente* quiere que haga, revise este capítulo.

La última sección presenta el *Media Center* de Windows, un programa completamente distinto al Windows Media Player. El Media Center de Windows le permite ver y grabar programas de televisión en su equipo, siempre que éste tenga el equipo adecuado.

Almacenar en la Biblioteca de Media Player

Una vez empiece a utilizar el Media Player, el programa clasifica automáticamente su bodega de música digital, películas, videos y programas de televisión grabados, y coloca automáticamente todo en esta bastante organizada biblioteca. Pero si el Media Player no ha llenado su biblioteca con sus propios archivos, por alguna razón, fuércelo a que lo haga por medio de estos pasos:

1. **Haga clic en el botón Library y elija Add to Library en el menú desplegable.**

   De manera alterna, usted puede presionar Alt para ver el menú, haga clic en el menú File, luego, Add to Library. O, sencillamente presione F3. Windows ofrece suficientes opciones para confundir a cualquiera.

   Usted puede cargar el Media Player al hacer clic sobre su ícono en la barra de herramientas Quick Launch, que se encuentra cerca de su botón de Start.

2. **Indíquele al Media Player en dónde debe buscar sus archivos.**

   Asegúrese de seleccionar My Personal Folders, como aparece en la Figura 15-1. Eso le indica a Media Player que busque su carpeta Music, al igual que la *carpeta* Public de su computadora —la carpeta accesible a todos en su computadora y en la red (si configuró una según se describió en el capítulo 14).

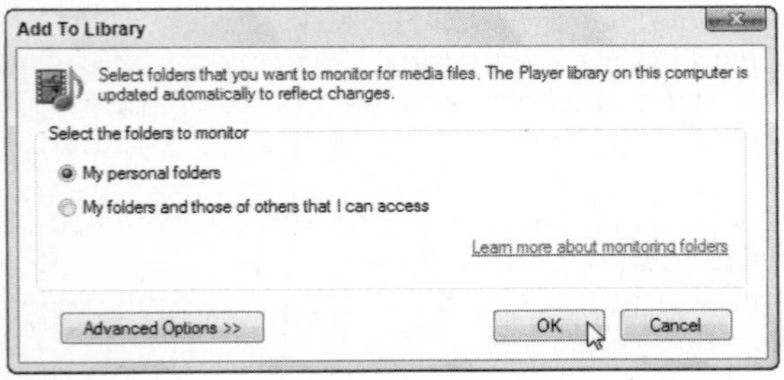

Figura 15-1:
Elija My Personal Folders para agregar su propia música; elija la otra opción para agregar también música de las cuentas de otras personas en el equipo.

Add To Library

Select folders that you want to monitor for media files. The Player library on this computer is updated automatically to reflect changes.

Select the folders to monitor

○ My personal folders

○ My folders and those of others that I can access

Learn more about monitoring folders

Advanced Options >>   OK   Cancel

Para agregar música de las carpetas Music de *otras* cuentas en la computadora o en la red, elija My Folders and Those of Others That I Can Access. (Entonces dígales a esas personas que *compartan* su música por medio de Media Sharing que se encuentra en el menú Library de Media Player y luego elija Share My Media).

Para agregar más música, incluso de más carpetas o unidades de disco, probablemente de una carpeta de una computadora en red o de una unidad de disco flash, haga clic en el botón Advanced Options, haga clic en Add y navegue hacia la carpeta o unidad de disco que desee agregar.

3. **Haga clic en el botón OK para iniciar la búsqueda.**

Aparece un cuadro que muestra el progreso del Media Player cuando se almacena en su biblioteca. Cuando termina, el Media Player muestra su música, organizada según los criterios que usted elige: Artista, álbum (como aparece en la Figura 15-2), género, año de publicación, longitud de la canción o clasificación.

Figura 15-2:
Haga clic en Album en el menú del lado izquierdo para ver las imágenes de sus álbumes en el lado derecho.

Después de agregar su primer grupo de melodías a su Media Player, el programa continúa almacenando en su biblioteca de la siguiente forma:

✔ **Supervisa sus carpetas:** Vista *supervisa* constantemente sus carpetas Music, Pictures y Videos, y automáticamente actualiza la biblioteca de Media Player siempre que agrega o elimina archivos. (Usted puede cambiar las carpetas que supervisa Vista si sigue los tres siguientes pasos).

✔ **Agregar elementos reproducidos:** Todas las veces que reproduzca un archivo de música en su equipo o en Internet, Vista agrega la canción o su ubicación en Internet en su biblioteca, de tal forma que la pueda encontrar para reproducirla después. Al menos que se le indique, Vista *no* agrega elementos que están en equipos en red, en unidades de USB o en tarjetas de memoria.

- **Música copiada de CD:** Cuando inserta un CD de música en su unidad de CD, Vista le ofrece *copiarla*. Es decir, computarizarla para copiar la música del CD a su equipo, una tarea descrita en la sección de este capítulo, "Copiar un CD a su equipo". Automáticamente toda la música copiada aparece en su biblioteca de multimedia. (Desafortunadamente, el Media Player no copiará películas en DVD a su biblioteca).

- **Música y videos descargados de tiendas en línea:** El Media Player le permite comprar en URGE (la tienda socia de Microsoft con MTV Networks) y algunas otras tiendas. Cuando compra una canción, automáticamente el Media Player almacena en la biblioteca su compra más reciente.

No dude en repetir los pasos en esta sección para buscar archivos siempre que desee. El Media Player ignora los que ya clasificó y agrega cualquier otro nuevo.

Ejecutar el Media Player la primera vez

La primera vez que usted abra el Media Player de Vista, una pantalla de apertura le pregunta sobre cómo manejar la privacidad, el almacenamiento, la tienda de música y otros valores de configuración de este programa del reproductor de multimedia.

- **Express:** Esta opción, que fue diseñada para los impacientes, carga el Media Player con la configuración elegida de Microsoft en el lugar. Media Player se configura como el reproductor predeterminado de toda su música y videos (robándole a iTunes esa tarea, si actualmente usted depende de iTunes o de otro Media Player). También empieza a descargar programas de la tienda de música URGE de MTV. Elija Express si está apresurado, ya que puede personalizar la configuración más adelante.

- **Custom:** Dirigido para los tramposos, esta opción le permite ajustar, de forma precisa, el comportamiento de Media Player. Una serie de pantallas le deja elegir los tipos de música y video que el Media Player puede reproducir, la cantidad de información que se debe enviar a Microsoft sobre sus hábitos de escuchar música, y la tienda en línea que desea, si la hay, para comprar canciones. Elija esta opción sólo si tiene tiempo para estar algunos minutos en pantallas de opciones aburridas.

Si desea personalizar algunos valores de configuración del Media Player —ya sea algunos elegidos por usted en la configuración Express o los que eligió en configuración Custom— presione Alt para ver el menú de Media Player, haga clic sobre Tools y elija Options.

¿Qué son etiquetas de canciones?

Dentro de cada archivo de música se encuentra una pequeña forma llamada *etiqueta* que contiene el título de la canción, el artista, el álbum e información similar. Cuando decida cómo clasificar, presentar y categorizar su música, el Media Player de Windows lee esas etiquetas —*no* los archivos de las canciones. La mayor parte de los reproductores portátiles de música, incluso el iPod, también dependen de las etiquetas, así que es importante llenarlas adecuadamente.

De hecho, es tan importante que el Media Player visite la Internet, tome la información de la canción y, automáticamente, llene las etiquetas cuando agrega archivos a su biblioteca.

Muchas personas no se molestan en llenar las 'etiquetas' de sus canciones; otras lo hacen meticulosamente. Si sus etiquetas están llenas de la forma en que usted prefiere, evita que el Media Player lo haga. Haga clic en la flecha que apunta hacia abajo del botón Library, elija More Options y elimine la casilla de verificación de Retrieve Additional Information en Internet en la ficha Library. Si sus etiquetas están desordenadas, deje esa casilla marcada para que Media Player limpie las etiquetas por usted.

Para editar manualmente la etiqueta de la canción en el Media Player, haga clic con el botón secundario sobre el nombre de la canción en la biblioteca y elija Advanced Tag Editor.

El Media Player ofrece gran cantidad de opciones cuando crea su biblioteca. Para verlas o cambiarlas, haga clic en la pequeña flecha debajo del botón Libary y elija More Options. De esa forma puede hacer que el Media Player actualice automáticamente las etiquetas de sus canciones (asunto que se explica en la barra lateral), corrija los nombres de las canciones que estén mal escritos y realice otras tareas de mantenimiento mientras almacena en su biblioteca.

Examinar la Biblioteca de Media Player

Cuando se carga por primera vez, el Media Player muestra su biblioteca de música, lo suficientemente apropiado. Pero el Media Player realmente tiene varias bibliotecas, diseñadas para exponer no sólo su música, sino también fotografías, videos y programas grabados de televisión.

Para alternar entre sus diferentes bibliotecas, haga clic en el botón Library sobre la barra de tareas del Media Player, como aparece en la Figura 15-3, luego elija, ya sea Music, Pictures, Video, Recorded TV o Other. Inmediatamente el Media Player empieza a mostrar los elementos de esa categoría determinada:

✔ **Music (Música):** Toda su música digital aparece aquí. El Media Player reconoce la mayoría de los formatos de música más comerciales, incluso MP3, WMA y WAV. (*No* reconoce archivos AAC, que vende iTunes.)

✔ **Pictures (Imágenes):** El Media Player puede reproducir fotografías en una presentación de diapositivas, pero la carpeta Pictures, descrita en el Capítulo 16, maneja esa tarea mucho mejor.

✔ **Video:** Busque aquí el video que guardó desde su videograbadora o de su cámara digital o que descargó de Internet. La biblioteca de multimedia reconoce los formatos AVI, MPG, WMV, ASF y algunos otros.

✔ **Recorded TV (TV grabada):** Los propietarios de Vista Home Premium o Vista Ultimate verán los programas grabados de televisión que se enumeran aquí, si su computadora tiene el equipo necesario para grabarlos.

✔ **Other (Otro):** Sus listas de reproducción aparecen aquí, al igual que las listas de reproducción creadas automáticamente para los archivos que agregó recientemente.

El panel izquierdo de Media Player le permite presentar todos sus archivos en distintas formas. Por ejemplo, haga clic en Artist para ver la música ordenada alfabéticamente por el primer nombre de los artistas.

De manera similar, cuando hace clic en Genre, se separan los elementos en distintos tipos de música. En lugar de mostrar un solo nombre sobre el cual hacer clic, por ejemplo, blues, el Media Player ordena su música en grupos de portadas, como si hubiera clasificado sus álbumes o CD en el piso de la sala.

Para reproducir cualquier cosa en el Media Player, haga clic con el botón secundario y elija Play. O, para reproducir toda la música que usted posea de un artista o género, haga clic con el botón secundario sobre el grupo y elija Play All.

Comprender los Controles del Media Player

El Media Player ofrece los mismos controles básicos cuando reproduce cualquier tipo de archivo, ya sea una canción, un video, un CD, un DVD o una presentación de diapositivas de fotografías. La Figura 15-4 le muestra el Media Player en su página Now Playing, mientras reproduce un álbum. Las etiquetas explican la función de cada botón. O, descanse el puntero de su mouse sobre un botón especialmente misterioso, y Media Player presenta una explicación emergente.

Figura 15-4: Los botones en la parte inferior de la ventana funcionan de forma muy parecida a los botones de un reproductor de VCR o CD.

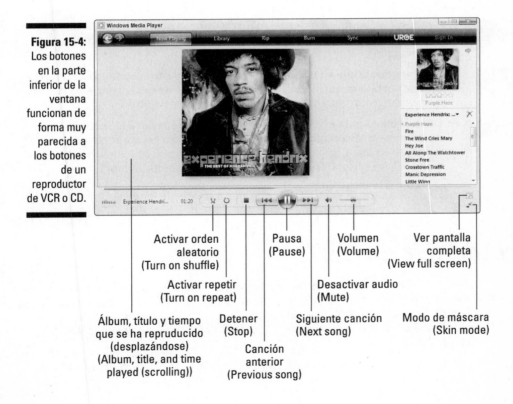

Los botones a lo largo de la parte inferior funcionan como aquellos que se encuentran en cualquier reproductor de cintas o de CD, que le permiten reproducir, detener, rebobinar, avanzar y desactivar el audio de la canción o película actual. Haga clic en los botones grandes, cuadrados y azules, que se encuentran en la parte superior del reproductor para realizar estas tareas comunes:

- **Reproducción en curso:** Haga clic aquí para ver la información de lo que está escuchando en este momento.

- **Biblioteca:** El Media Player organiza aquí su música, películas y listas de reproducción. Para reproducir cualquier cosa que se enumera en la biblioteca, haga doble clic sobre su nombre. Para cambiar entre bibliotecas, haga clic en el botón pequeño directamente debajo del botón con la gran flecha azul de Back, que se encuentra en la esquina superior izquierda.

- **Copiar:** Copie un CD o algunos de sus archivos a su disco duro. Personalice la forma de copiar el CD al hacer clic sobre el menú Tools y elegir Options. (Abarco el tema sobre cómo copiar un CD en la sección "Copiar un CD a su equipo").

- **Grabar:** Copiar música desde su disco duro a un CD o DVD. (Vea la sección "Crear, guardar y editar listas de reproducción" para obtener más información).

- **Sincronizar:** Copie su lista actual Now Playing u otros archivos a su reproductor portátil de música, una tarea que abarco en la sección "Copiar canciones a su reproductor portátil", dentro de este capítulo.

- **URGE:** Nuevo para el Media Player 11, esta tarea le lleva al socio de venta de música de Microsoft, URGE de MTV Network, a comprar canciones y películas en línea. En la sección "Comprar música y películas de tiendas en línea", de este capítulo, explico la forma de comprar canciones.

Describo cada tarea en distintas secciones a través de este capítulo.

Reproducir un CD

Siempre y cuando inserte el CD correctamente en la unidad de CD (generalmente con la etiqueta hacia arriba), la reproducción de un CD de música es una de las tareas más fáciles del Media Player. La piedra más pesada cae con la forma emergente, que aparece en la Figura 15-5, que aparece cuando inserta el CD.

Dispuesto a complacer, Windows Vista le ruega por saber cómo manejar el CD insertado recientemente. ¿Debe *reproducir* el CD con Media Player? ¿Debe *copiar* su música en su disco duro? ¿Quiere reproducirlo en *Media Center*, que es otro programa descrito posteriormente en este capítulo? ¿*Abrirlo* en la computadora y mostrar sus archivos y carpetas?

Aquí encontramos un gran problema con la forma: En el resumen se lee, Always Do This for Audio CDs. No importa la opción que elija, Vista automáticamente tomará esta opción la siguiente vez que inserte un CD.

Figura 15-5: Cuando inserta un CD, Windows Vista le pregunta qué hacer.

Apagar la protección contra copias del Media Player, rápidamente

Muchas de las opciones y valores de configuración del Media Player son simplemente cosméticos. Pero asegúrese de desactivar la protección contra copias para evitar problemas serios más adelante. Presione Alt para mostrar el menú. Luego haga clic sobre el menú Tools, elija Options, y haga clic en la ficha Rip Music.

Luego retire la marca de verificación del cuadro Copy Protect Music. Eso evita que Microsoft agregue *Digital Rights Management*, un término elegante que significa que usted no podrá reproducir la música que copió en otro equipo o en algunos reproductores portátiles de música.

Aunque es importante la protección a los derechos de los artistas, asegúrese de proteger sus *propios* derechos a los CD que usted compró.

Mientras esté allí, cámbiese a MP3 en lugar de Windows Media Audio en el menú desplegable Formato. Eso asegurará que las canciones que convirtió se podrán reproducir en una amplia variedad de reproductores portátiles de música, incluso en iPod.

Para evitar que Vista lo haga, haga clic para eliminar la marca de verificación de ese cuadro. *Luego*, elija.

Si no está interesado en otra cosa, sólo en reproducir CD, entonces deje marcada la casilla y elija Play Audio CD utilizando el Windows Media Player. Entonces Vista reproducirá automáticamente cualquier CD de música que haya insertado en la unidad de disco de su equipo.

✔ ¿Está demasiado aturdido para tomar decisiones rápidas? Si presiona la tecla Esc, desaparecerá el cuadro de la pregunta de su pantalla (hasta la siguiente vez que inserte un CD).

✔ Cuando inserta un CD de música, no elija Open Folder to View Files. Eso muestra una lista sin sentido de los archivos enumerados con el nombre Track. Windows Vista no le permite copiar canciones a su computadora de esa forma. En lugar de eso debe hacer clic sobre el botón Rip de Media Player.

✔ Si Vista por error muestra los archivos del CD en lugar de reproducirlos, elija Default Programs en el menú Start. Elija Change AutoPlay Settings y cambie el menú desplegable del Audio CD a Play Audio CD Using Windows Media Player. O bien, para ver la consulta de Vista de la Figura 15-5 siempre que inserte un CD, elija Ask Me Every Time.

✔ Presione F7 para desactivar audio del Media Player y contestar esa llamada telefónica.

Reproducir un DVD

El Media Player reproduce DVD al igual que CD, lo que permite que su equipo portátil tenga dos funciones como reproductor portátil de DVD. Tome su DVD favorito, unos audífonos y vea lo que a *usted* le gusta durante ese largo vuelo.

Aunque el Media Player reproduce, graba y copia CD, no puede copiar una película en DVD en su disco duro, ni puede duplicar un DVD de películas. (¿Recuerda la notificación del FBI al inicio de cada DVD, en la cual le advierten que las copias son ilegales?)

Cuando inserta un DVD en la unidad de DVD, el Media Player le envía una ventana parecida a la Figura 15-5 en la sección anterior, y le pregunta lo que debe hacer con él. Para evitar esa distracción, haga clic sobre la casilla Always Do This for DVD Movies, luego haga clic en Play DVD Video Using Windows Media Player. El Media Player reproducirá inmediatamente el DVD, generalmente haciendo pausas en la pantalla de apertura.

Sí, el Media Player lo espía

Al igual que su banco, la compañía de la tarjeta de crédito y la tarjeta del club de compras de la tienda, el Media Player lo espía. La declaración de privacidad en línea de 6,223 palabras del Media Player nos lleva a esto: El Media Player le indica a Microsoft cada canción, archivo o película que reproduce, y algunas personas lo encuentran escalofriante. Pero si Microsoft no sabe lo que está reproduciendo, el Media Player no se puede conectar a Internet y recuperar la información y el trabajo del artista.

Si a usted no le importa que Microsoft ronde por sus CD, no se moleste en leer el resto. Si *realmente* le interesa, elija el nivel de vigilancia: Presione Alt para mostrar los menús, haga clic en Tools, seleccione Options y haga clic en la ficha Privacy. Aquí está una descarga sobre las opciones de la ficha Privacy, las cuales causan los mayores conflictos:

- ✔ **Display Media Information from the Internet (Mostrar información de multimedia de Internet):** Si se marca, el Media Player le indica a Microsoft cuál CD o DVD está reproduciendo y recupera los accesorios a presentar en su pantalla: Portadas de CD, títulos de canciones, nombres de artistas e información similar.

- ✔ **Update Music Files by Retrieving Media Info from the Internet (Actualizar archivos de música al recuperar información de multimedia de Internet):** Microsoft examina

sus archivos y, si reconoce alguno, llena las etiquetas de las canciones con la información correcta. (Para obtener más información sobre las etiquetas, vea la barra lateral "¿Qué son las etiquetas de las canciones?")

- ✔ **Send Unique Player ID to Content Providers (Enviar un ID de reproductor único a los propietarios del contenido):** Conocido en el medio como *minería de datos*, esta opción le permite a otras empresas dar seguimiento sobre cómo utilizar el Media Player. Para evitar estar en sus bases de datos, deje esta información en blanco.

- ✔ **Cookies:** Al igual que otros programas de Windows Vista, el Media Player da seguimiento a su actividad con pequeños archivos llamados *cookies.* Abarco con más detalle sobre cookies en el Capítulo 8, ya que Internet Explorer controla las cookies del Media Player.

- ✔ **Save File and URL History in the Player (Guardar archivos e historial de URL en el reproductor):** El Media Player enumera los nombres de los archivos reproducidos recientemente en el menú File para su conveniencia – y las posibles payasadas de sus compañeros de trabajo o de su familia. Elimine esta marca de verificación para evitar que las personas vean los títulos de la música y de los videos que reprodujo recientemente.

El Media Player funciona de forma parecida al reproductor de DVD de su televisión, en donde el mouse funciona como el control remoto. Haga clic en las palabras o botones en pantalla para que el DVD lleve a cabo su orden.

Para reproducir el DVD en la pantalla completa, mantenga presionada la tecla Alt y presione Enter. El Media Player llena la pantalla con la película. (Mantenga presionado Alt y presione Enter para regresar a la reproducción normal dentro de un modo de ventana). Mueva su mouse fuera de la pantalla y se quitarán los controles de la película; mueva el mouse para tener los controles otra vez a la vista.

Reproducir Videos y Programas de TV

Muchas cámaras digitales pueden capturar videos cortos y también fotografías, así que no se sorprenda si el Media Player coloca varios videos en la sección Video de la biblioteca. El Media Player también enumera los videos que creó en el programa Movie Maker de Windows Vista, el cual abarco en el capítulo 16.

La reproducción de videos es muy similar a la reproducción de canciones digitales. Primero, cámbiese a la biblioteca de videos al elegir Video desde el botón Library en la parte superior del Media Player. Haga doble clic en el video que desee ver y empiece a disfrutar de la acción, tal y como se muestra en la Figura 15-6.

El Media Player le permite ver videos en varios tamaños. Mantenga presionada la tecla Alt y presione Enter para llenar la pantalla, así como cuando está viendo un DVD. (Repita esa combinación de teclas para regresar al tamaño original).

- Para hacer que el video se ajuste automáticamente al tamaño de su ventana del Media Player, elija Video Size desde el menú View y seleccione Fit Video to Player on Resize.

- Cuando descarga videos de Internet, asegúrese de que estén en formato multimedia de Windows. El Media Player no puede reproducir videos almacenados en *QuickTime* o *RealVideo*. Esos dos formatos competitivos requieren reproductores gratis y disponibles en Apple (www.apple.com/quicktime) o Real (www.real.com). Asegúrese de descargar las versiones *gratis* —esos sitios generalmente tratan de engañarlo y hacerle comprar sus versiones pagadas.

- Algunos sitios Web sólo *envían* el video a su computadora, pero no puede guardarlo para reproducirlo después. Pero puede intentar: Después de ver un video Web en secuencia, elija Save en el menú File de Media Player. Si esa opción se pone en *gris*, entonces el sitio Web le ha prohibido guardar el video.

- Cuando escoge video para ver en la Internet, la velocidad de la conexión determina su calidad. Si tiene una conexión por medio de acceso telefónico, vea la versión en 56K del video. Los usuarios de banda ancha pueden ver en versión 100K ó 300K. No puede dañar su equipo por elegir la incorrecta, sólo que el video no se verá bien.

- Media Player también puede reproducir programas de televisión grabados con el Media Center, el cual se explica en la sección "Trabajar con el Media Center" de este capítulo.

Figura 15-6:
Haga doble
clic sobre el
nombre del
archivo del
video para
verlo en el
Media
Player.

Reproducir Archivos de Música (MP3 y WMA)

Media Player reproduce varios tipos de archivos de música digital, pero todos tienen algo en común: Cuando le indica a Media Player que reproduzca una canción o un álbum, éste inmediatamente coloca ese elemento en su *lista Now Playing* —una lista de elementos en cola para reproducirse uno después del otro.

Si quiere reproducir una canción que aparece en la biblioteca de Media Player (o un archivo de música en cualquier carpeta, en todo caso), haga clic con el botón derecho sobre el nombre de la canción y elija Play. Media Player empieza a reproducirlo inmediatamente, y la canción aparece en la lista Now Playing.

- ✔ Para reproducir un álbum completo de la biblioteca de Media Player, haga clic con el botón derecho en el álbum en la categoría Album Artist de la biblioteca y elija Play.

- ✔ ¿Desea escuchar varios archivos o álbumes, uno después de otro? Haga clic con el botón derecho sobre el primero y elija Play. Haga clic con el botón derecho sobre el siguiente y elija Add to Now Playing List. Repita hasta que haya terminado. Media Player los coloca en cola en la lista Now Playing.

- ✔ ¿No tiene música decente en su biblioteca de música? Entonces empiece a copiar sus CD favoritos a su equipo —un proceso llamado *copiar*, que explico en la sección "Copiar un CD a su computadora", de este capítulo.

Reproducir Estaciones de Radio de Internet

Media Player ya no ofrece un menú para obtener acceso a las estaciones de radio de Internet, pero puede comprar derechos para escuchar en algunas tiendas en línea para Media Player, como URGE. (Discuto sobre las tiendas en línea en la sección "Comprar música y películas de las tiendas en línea", de este capítulo.) Si está buscando estaciones gratis, visite estos lugares en la Web:

CONSEJO

- ✔ Diríjase a Google (www.google.com) y busque las palabras **Internet Radio Stations** para ver qué obtiene. Cuando encuentra una estación que transmite en formato MP3 o Windows Media Audio (WMA), haga clic sobre el botón Tune In o Listen Now para cargar el Media Player y empezar a escuchar.

- ✔ Me gustan las estaciones en SomaFM (www.somafm.com), particularmente Secret Agent, Drone Zone y Space Station Soma.

- ✔ Descargue e instale una copia de Winamp (www.winamp.com), el reproductor de MP3 que le permite escuchar las miles de estaciones de radio gratuitas que están disponibles por medio de Shoutcast (www.shoutcast.com). Es un recurso increíble.

Crear, Guardar y Editar Listas de Reproducción

Una *lista de reproducción* es sencillamente una lista de canciones (o videos) que se reproducen en determinado orden. ¿Y, eso qué? Bueno, la belleza de una lista de reproducción se da en lo que usted *puede* hacer con ella. Por ejemplo, guarde una lista de reproducción de sus canciones favoritas, que siempre están disponibles para reproducirlas de nuevo con un solo clic.

Usted puede crear especialmente listas de reproducción bajo un tema para animar viajes largos, fiestas, cenas especiales, ejercicios y otros eventos.

Para crear una lista de reproducción, siga estos pasos:

1. **Haga clic en el menú desplegable del botón Library del Media Player.**

   Cuando hace doble clic sobre un botón también aparece un menú emergente, al igual que al hacer clic sobre la pequeña flecha debajo del botón.

2. **Elija Create Playlist del menú emergente.**

   La ventana New Playlist del Media Player aparece en el lado derecho, como aparece en la Figura 15-7.

Figura 15-7:
Elija Songs
en el panel
izquierdo,
luego
arrastre y
coloque
títulos de
canciones y
portadas de
álbumes
en el panel
que se
encuentra
más a la
derecha.

3. **Haga clic con el botón secundario sobre el álbum o canción que desea y elija Add to Untitled Playlist. (O arrastre y coloque álbumes y canciones en el panel de la lista de reproducción a lo largo del borde derecho del Media Player).**

   Desafortunadamente, el Media Player no tiene suficiente intuición para presentarle una lista de álbumes o canciones a seleccionar. Para ver las canciones y los álbumes en su colección, haga clic en el botón Library. Si *todavía* no aparecen en la lista, haga clic de nuevo en el botón Library y elija Music en el menú emergente.

   Finalmente, indíquele al Media Player que muestre todas sus canciones al elegir Songs en el panel izquierdo, tal y como se muestra en la Figura 15-7.

   Empiece a arrastrar y colocar álbumes o canciones individuales en el panel que se encuentra más a la derecha. (Cuando hace clic con el botón secundario y elige Add to Playlist, algunas veces acelera las cosas). El Media Player empieza a reproducir su lista de reproducción tan pronto como agrega la primera canción.

   Sus elecciones de canciones aparecen en el panel derecho en el orden en que las seleccionó.

4. **Sintonice su lista de reproducción para cambiar el orden o eliminar canciones.**

   ¿Agregó algo por error? Haga clic con el botón derecho sobre ese elemento de la lista de reproducción y elija Remove from List. Ordene otra vez su lista de reproducción al arrastrar y colocar elementos más arriba o más abajo en la lista.

5. **Cuando ya esté contento con su lista de reproducción, haga clic en el botón Save Playlist, que está en la parte inferior de la lista, escriba un nombre en el cuadro Playlist Name, luego presione Enter.**

   El Media Player enumera su nueva lista de reproducción en la sección Playlists de la biblioteca, lista para escucharse cuando haga doble clic sobre ésta.

Después de que guardó una lista de reproducción, usted puede grabarla a un CD con un solo clic, como se describe en la siguiente sugerencia.

Haga sus propias listas de reproducción de Éxitos o Isla desierta; luego las puede grabar a un CD para reproducirlas en su auto o en su equipo de sonido. Después de que creó una lista de reproducción, inserte un CD en blanco en su grabadora de CD y haga clic en el botón Burn. Luego seleccione su lista de reproducción almacenada previamente y haga clic en el botón Start Burn.

Para editar una lista de reproducción creada previamente, haga clic con el botón secundario desde la sección Playlists de la biblioteca, luego elija Edit in List Pane.

Copiar un CD a Su Equipo

A diferencia de las versiones anteriores, el Media Player de Vista puede crear archivos con formato MP3, el estándar de la industria para música digital. Pero, hasta que le indique al reproductor que quiere archivos MP3, éste crea archivos *WMA*, los cuales no se pueden reproducir en iPods o en muchos otros reproductores portátiles.

Para hacer que el Media Player cree canciones con el formato MP3, que es más versátil, en lugar del formato WMA, presione Alt para mostrar el menú, elija Tools, elija Options y haga clic en la ficha Rip Music. Elija MP3 en lugar de WMA desde el menú desglosable Format y desplace la calidad del sonido un poco, desde 128 hasta 192, o incluso 256 para un mejor sonido.

Para copiar un CD al disco duro de su equipo, siga estas instrucciones:

1. **Abra el Media Player, inserte un CD de música y haga clic en el botón Rip.**

   Es posible que sea necesario que empuje un botón que se encuentra en el frente de la unidad de disco antes de que expulse la bandeja.

   El Media Player se conecta a la Internet, identifica su CD y llena el nombre del álbum, el artista y los títulos de las canciones. Entonces el programa empieza a copiar las canciones del CD a su equipo y, al mismo tiempo, enumera los títulos en la Library. Ha terminado.

   Si el Media Player no puede encontrar automáticamente los títulos de las canciones, siga al Paso 2.

2. **Haga clic en Find Album Info, si fuera necesario.**

   Si el Media Player termina sin nada —algo común cuando no está conectado a Internet— llene usted mismo los títulos. Haga clic con el botón secundario en la primera pista y elija Find Album Info. Luego elija Enter Information for a CD That You Burned.

   Finalmente, complete el formulario del Media Player con la información del artista y el título de la canción.

Aquí encontrará algunas sugerencias para copiar un CD a su computadora:

- ✔ Normalmente el Media Player copia cada canción en el CD. Por ejemplo para no incluir a Tiny Tim en la compilación de su música de ukulele, elimine la marca de verificación de Tiny Tim. Si el Media Player ya copió la canción a su equipo, siéntase libre de borrarlo del Media Player. Haga clic en el botón Library, haga clic con el botón secundario sobre la canción del gritón, y elija Delete.

- ✔ Algunas compañías de grabación agregan protección contra copias a sus CD para evitar que los copie a su computadora. Si compra un CD protegido contra copias, intente dejar presionada la tecla Shift durante unos segundos, justo antes y después de empujar el CD dentro de la bandeja del CD. Algunas veces eso evita que funcione el programa de protección de copias.

- ✔ No trabaje con su computadora mientras está convirtiendo canciones —sólo siéntese allí y relájese. Si ejecuta otros programas, puede distraer la función, potencialmente interfiriendo con la música.

- ✔ El Media Player automáticamente coloca su CD copiado en su carpeta Music. También encontrará allí la música que copió recientemente, al elegir Music del menú Start.

Configuración de calidad de la copia del Media Player

Los CD de música contienen *gran* cantidad de información —tanto, de hecho, que el catálogo Rolling Stones probablemente no cabría dentro de su disco duro. Para mantener los archivos de música de un tamaño manejable, los programas que hacen copias, como el Media Player, *comprime* las canciones a un décimo de su tamaño normal. La compresión de las canciones disminuye su calidad, así que aquí viene la pregunta del millón, ¿Cuál es la pérdida aceptable de calidad?

La respuesta es, cuando pueda oír la diferencia, que es un punto de debate entre los oyentes. Muchas personas no pueden indicar la diferencia entre un CD y una canción convertida a 128 Kbps (kilobits por segundo), de tal forma que el Media Player predetermina éste como el

estándar. También, las canciones copiadas usualmente se reproducen en equipo o reproductores portátiles —equipos que no son de alta fidelidad— así que 96 Kbps puede sonar bien para usted.

Si usted prefiere sacrificar un poco más de espacio en disco para mejorar la calidad, aumente un poco la calidad: Presione Alt para mostrar el menú, elija Options en el menú Tools y haga clic en la ficha Rip Music. Deslice la barra hacia la derecha (Best Quality) para copiar con una mejor calidad. Para crear archivos de música que no pierdan *nada* de fidelidad, elija Windows Media Audio Lossless en la lista emergente Format, y prepárese para archivos enormes. (Demasiado para el catálogo completo de Rolling Stones. . . .)

Grabar Música a un CD

Para crear un CD de música con sus canciones favoritas, cree una lista de reproducción que contenga las canciones del CD, enumeradas en el orden en que quiere que se reproduzcan; luego grabe la lista de reproducción a un CD. Explico cómo hacerlo en la sección "Crear, guardar y editar listas de reproducción", en este capítulo.

Pero, ¿Que pasa si quiere duplicar un CD, probablemente para crear una copia desechable de su CD favorito y así poder reproducirlo en su carro? No tiene sentido arruinar su original. También es posible que desee hacer copias de los CD para sus hijos, antes de que saquen pizzas de ellos.

Desafortunadamente, ni el Media Player, ni Windows Vista ofrece la opción Duplicate CD. En lugar de eso, debe saltar por estos cinco pasos para crear un CD nuevo con las mismas canciones que el CD original.

1. **Copie la música a su disco duro.**

2. **Inserte un CD en blanco en la unidad de CD en que se puede escribir.**

3. **Haga clic en el botón Library y elija Album para ver los CD que guardó.**

4. **Haga clic con el botón secundario sobre el álbum en su biblioteca y elija Add to Burn List.**

   O, haga clic con el botón secundario sobre la lista de reproducción que contiene la música que desea grabar al CD y elija Add to Burn List.

5. **Haga clic en el botón Start Burn.**

Ahora, para las letras pequeñas. El Media Player comprime sus canciones cuando las guarda en su disco duro, y descarta un poco de la calidad del sonido durante el proceso. Si las regresa a CD no reemplazará esa calidad perdida. Si desea duplicados *verdaderos* de sus CD, compre programas para grabar en CD en la oficina de suministros local o en una tienda de computadoras.

Copiar Canciones a Su Reproductor Portátil

El Media Player 11 no funciona con la mayoría de los reproductores de música portátil, ni con el exitoso iPod. Y, está claramente optimizado para transferir archivos WMA —no los archivos MP3 que utiliza la mayoría de los reproductores portátiles. Muchas personas no se molestan en utilizar este Media Player; en vez de eso optan por el programa de transferencia que trae el reproductor portátil. Pero si desea utilizar este Media Player, siga estos pasos.

1. **Conecte su reproductor a su computadora.**

   Usualmente este paso involucra la conexión de un cable USB entre su dispositivo y su equipo. El pequeño extremo del cable se debe introducir en un agujero de su reproductor; el extremo largo se ajusta en un puerto de forma rectangular que está en la parte delantera o en la parte trasera de su equipo.

   Los conectores sólo se ajustan en un sólo sentido, el correcto, en cada extremo.

2. **Active el Media Player.**

   Muchas cosas pueden suceder en este momento, lo que depende de su reproductor de música determinado y la forma en que su fabricante lo haya configurado. (Intente buscar algunas de estas opciones en los menús de configuración de su reproductor).

   Si el Media Player reconoce su reproductor, entonces aparece un panel Sync List en el borde derecho del Media Player.

Si su reproductor está configurado en *Sync Automatically*, el Media Player copia toda la música (y videos, si es compatible con su reproductor) de la biblioteca del Media Player hacia su reproductor. Es un proceso bastante rápido para unos cuantos cientos de canciones, pero si su reproductor tiene miles, usted estará tronándose los dedos durante varios minutos.

Si su reproductor está configurado para *Sync Manually*, haga clic en Finish. Necesita indicarle al Media Player la música a copiar, que se explica en el siguiente paso.

Si su reproductor no hace nada, la biblioteca del Media Player tiene más música de la que cabe en su reproductor y lo fuerza a ir al Paso 3.

3. **Elija la música a colocar en su reproductor.**

   Usted puede elegir la música que se irá a su reproductor en varias formas:

   - **Shuffle Music:** En el panel Sync List se encuentra esta opción fácil y rápida de indicarle al Media Player que copie una mezcla aleatoria de canciones hacia la Sync List. Es excelente como descanso, pero cede el control sobre exactamente la música que quedará en su reproductor.

   - **Playlist:** Crear una *lista de reproducción* —una lista de música— que usted quiere tener en su reproductor. ¿Ya creó una o dos listas de reproducción que le guste? Haga clic con el botón secundario sobre ellas y elija Add to Sync List, y el Media Player colocará esas canciones a la Sync List que esta dirigida a su reproductor.

4. **Haga clic en el botón Start Sync.**

   Una vez elige la música a transferir —y está toda en el panel Sync List en el lado derecho del reproductor— cópiela a su reproductor al hacer clic sobre el botón Start Sync, que se encuentra en la parte inferior del panel derecho del Media Player.

   El Media Player envía su música a su reproductor, lo que puede tomar varios segundos o pocos minutos.

✔ Si el Media Player parece no encontrar su reproductor portátil, haga clic sobre el botón Sync, que se encuentra en la parte superior del Media Player, y elija Refresh Devices. Eso le indica al Media Player que eche otro vistazo antes de darse por vencido.

✔ Para cambiar la forma en que el Media Player envíe archivos a su reproductor determinado, presione Alt para mostrar los menús. Luego elija Options en el menú Tools y haga clic en la ficha Devices. Haga doble clic sobre el nombre de su reproductor para ver sus opciones actuales. Algunos reproductores ofrecen millones de opciones; otros, sólo algunas.

✔ Algunos reproductores pueden requerir *actualizaciones de firmware*— partes especiales de programa— antes de poder trabajar con el Media Player 11. Se puede descargar del sitio Web del fabricante. Las actualizaciones de firmware se ejecutan en su equipo como cualquier programa de instalación de software. Pero en lugar de instalar programas en su equipo, instalan programas en su reproductor portátil para actualizarlo.

Comprar Música y Películas de Tiendas en Línea

La mejor nueva característica del Media Player 11 puede ser la sociedad en línea con URGE, que ejecuta MTV Networks. Allí usted puede pagar para descargar canciones y películas o escuchar una estación de radio personalizada. Para empezar a comprar, siga estos pasos:

1. **Haga clic en la palabra URGE en la esquina superior derecha del reproductor.**

   URGE le pide hacer clic para aprobar el contrato de autorización de 2,046 palabras antes de descargar el programa a su equipo. Después de unos minutos, el sitio Web de URGE aparece en el Media Player, como se muestra en la Figura 15-8. (Es posible que tenga que hacer clic otra vez en el botón URGE para ver la tienda).

2. **Escriba el artista o la canción que quiere en el cuadro Search.**

   El cuadro Search del Media Player, que se encuentra en la esquina superior derecha, normalmente busca en su propia bodega de música dentro de su equipo. Pero cuando está conectado a URGE, el Media Player busca sus canciones *y* las que están en URGE, y enumera los resultados en pantalla.

   Curiosamente, URGE enumera las canciones que coinciden con su búsqueda, incluso si no están a la venta. Por ejemplo, se enumera el catálogo completo de los Beatles, pero todas las canciones están en gris y sin precio junto a cada nombre. (Eso es porque The Beatles no venden su música en línea).

3. **Escuche los primeros 30 segundos de cualquier canción.**

   Haga doble clic sobre la portada del álbum, por ejemplo, para escuchar una parte pequeña de la primera canción; haga doble clic sobre el título de la canción para escucharla.

URGE también vende listas de reproducción – listas ordenadas de canciones elegidas por tema, género, programas de televisión, década, ciudad, elecciones de las celebridades y otros criterios.

4. **Compre la canción, álbum o lista de reproducción.**

   Aquí es donde puede elegir entre los distintos planes de compras de URGE.

   • **Subscription:** Aquí usted se condena a una cuota mensual con URGE, y la compañía le permite descargar todas las canciones que desee. ¿Suena bien? Desafortunadamente, cuando deja de pagar la cuota, sus canciones dejan de sonar, tanto en su reproductor como en su equipo. También, algunos reproductores no soportan la protección contra copias que requiere por el plan de suscripción. Actualmente las suscripciones cuestan $14.95 al mes, $9.95 si no copia canciones a un reproductor portátil.

   • **A la carte:** Algunas canciones cuestan 99 centavos, otras $3 o más, y algunas están disponibles sólo si compra el álbum completo. (Y, a diferencia de los CD que compra en una tienda, no los puede vender otra vez o cambiarlos por música digital).

   Para tener una cuenta con URGE, haga clic en el botón Sign In en la esquina superior derecha del Media Player.

   Asegúrese de leer la impresión pequeña antes de escribir el número de su tarjeta de crédito. URGE no ofrece canciones de todos los artistas o compañías disqueras, y no es compatible con la mayoría de reproductores de música.

¡El reproductor incorrecto sigue abriendo mis archivos!

Nunca oiría a Microsoft decirlo, pero el Media Player no es el único programa de Windows para reproducir canciones o ver películas. De hecho, usted necesita QuickTime (www.quicktime.com) para ver muchos videos de Internet guardados en el formato de películas QuickTime de Apple. Muchos sonidos y videos de Internet están guardados en los competitivos formatos RealAudio o RealVideo de Real (www.real.com), que tampoco puede manejar el Media Player.

Y algunas personas utilizan Winamp (www.winamp.com) para reproducir su música, videos y una amplia variedad de estaciones de radio de Internet. Con todos los formatos competitivos disponibles, muchas personas instalan distintos reproductores de multimedia —uno para cada formato. Desafortunadamente, estas múltiples instalaciones llevan a problemas entre los reproductores, porque todos pelean por ser el reproductor predeterminado.

Vista intenta resolver estos argumentos con su nueva área Default Programs. Para elegir el reproductor que debería abrir cada formato, haga clic en el botón Start, elija Default Programs y haga clic en Set Your Default Programs. Aparece una ventana en donde puede elegir el programa que reproduce sus CD, DVD, películas, videos, audio y otros medios.

Nota: Cuando está examinando la tienda en línea, el Media Player muestra pantallas que envía el sitio Web de URGE (www.urge.com). A diferencia de otros programas de Windows, los sitios Web cambian frecuentemente. Los pasos que se muestran aquí pueden cambiar ligeramente, ya que URGE actualiza su sitio Web.

Trabajar con el Media Center

Media Center vino a la vida como una versión especial de Windows diseñado para ser visto en una pantalla de televisión y ser manipulado por un control remoto. De hecho, sus grandes menús y controles sencillos parecen fuera de lugar en Windows Vista. Debido a que el Media Center duplica muchos de los esfuerzos del Media Player, probablemente encontrará más convenientes los controles familiares del Media Player.

Pero, si quiere darle una oportunidad al Media Center para ver y grabar programas de televisión, mantenga en mente que toda esta diversión viene con algunas estipulaciones:

- **Vista Home Premium o Ultimate:** Ninguna de las versiones Vista Home Basic o Vista Business incluye el Media Center.

- **Sintonizador de televisión:** Su equipo no necesita un televisor para ver o grabar programas de televisión. No, su equipo necesita su propio *sintonizador de TV* integrado: circuitería especial que le permite ver televisión en un monitor y cambiar canales. Tienen más puntos los sintonizadores de TV que tienen control remoto, pero el Media Center también funciona con mouse o teclado.

- **Señal de TV:** Como un equipo de televisión, un sintonizador de televisión en computadora puede extraer canales sólo de una señal de TV. Usted puede conectar el cable que se conecta a su equipo de TV en el sintonizador de TV de su computadora. O, si está desesperado, puede conectar una antena de "orejas de conejo" al sintonizador, pero la imagen no se verá muy bien.

- **Video con puerto de salida a TV:** Los programas de televisión se ven bien en el monitor de su equipo. Pero para ver esos programas en una televisión real, el sintonizador del equipo necesita un lugar para conectar su televisión. La mayoría de los sintonizadores ofrecen una combinación de conectores S-Video, compuesto y, ocasionalmente, coaxial, los tres conectores que utilizan la mayoría de televisiones.

Ejecutar el Media Center por primera vez

No ejecute el Media Center por primera vez, al menos que le sobren 15 a 20 minutos. Ese tiempo toma la configuración. El Media Center inicia empujando a su equipo para que busque una conexión a Internet y una red de casa; luego le realiza una entrevista más o menos larga. Microsoft quiere que usted apruebe sus políticas de privacidad, por ejemplo, lo que consiste en revisar más de 68 páginas de letra pequeña.

El Media Center le pide escribir su código postal y seleccionar el proveedor de su señal de televisión. Después de descargar los listados de los futuros programas, el Media Center termina su entrevista y le permite seleccionar el tipo de monitor, altavoces y la forma en que están conectados. Esta configuración es más importante para las personas que conectan su equipo a una televisión y teatro en casa para ver videos.

Cuando finalmente termina, el Media Center muestra un tipo de guía de televisión con un listado en pantalla, el cual le permite examinar los programas y elegir los que quiere ver o grabar para ver posteriormente.

Cuando se ejecuta en un equipo provisto apropiadamente, el Media Center debería encontrar todo —el sintonizador, la señal y el monitor. Para realizar pruebas de ejecución del programa, haga clic en Start, elija All Programs y elija Windows Media Center.

Si el Media Center *no* encuentra esas cosas, probablemente necesitará un nuevo controlador compatible con Vista para la tarjeta de su sintonizador, una parte del programa que se puede descargar del sitio Web del fabricante del sintonizador.

Si presiona F8 se desactiva el audio del Media Center, algo difícil de recordar porque el Media Player desactiva su audio cuando presiona F7.

Examinar los menús del Media Center

Para un VCR potente, el Media Center le ofrece muchas opciones. Aquí están los menús del Media Center, que se muestran en la Figura 15-9, y un resumen de lo que está detrás de cada uno:

✔ **TV and Movies (TV y películas):** El Media Center abre esta opción de menú, que le permite elegir entre varias opciones: Grabar un programa de televisión o una película, ver televisión en vivo o grabaciones, reproducir un DVD o configurar la televisión —algo que tiene que hacerse si desea empezar a grabar programas de televisión en vivo. Una vez que haya configurado su televisión, puede buscar películas y programas por medio de un menú estilo *TV Guide (Guía de televisión)*.

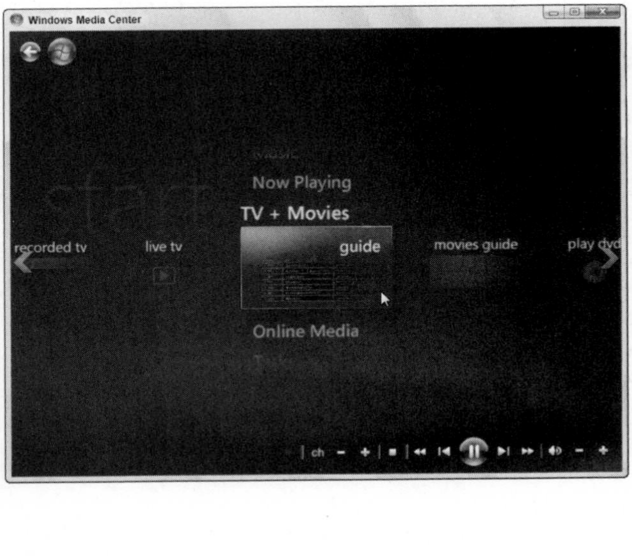

Figura 15-9: El Media Center le permite ver y grabar programas, reproducir su música y ver sus videos.

- **Music (Música):** El Media Center puede reproducir su música, al igual que el Media Player. A diferencia de la vertiginosa matriz de opciones del Media Player, el Media Center le ofrece dos opciones. La opción Music Library muestra todas las portadas de los álbumes que están en su carpeta Music. Haga clic sobre la portada del álbum que desea escuchar. La opción Radio no sintoniza en estaciones de Internet, pero sí estaciones de FM que se pueden mezclar con su señal de TV.

- **Tools (Herramientas):** Ingrese aquí los valores de configuración que ajustan todo, desde la recepción de televisión hasta cómo debe mostrar el Media Center el diseño de álbumes.

- **Pictures (Imágenes) + Videos:** Justo como usted lo esperaría, esta configuración muestra imágenes de su carpeta Pictures, completo con presentaciones de diapositivas. También aquí aparecen los videos de su carpeta Videos.

- **Tasks (Tareas):** Esta sección le permite grabar CD de su colección de música y DVD de los programas de televisión grabados —sin eliminación de comerciales, por supuesto.

Para moverse entre menús, utilice el control remoto que tiene su sintonizador de televisión. ¿No tiene control remoto? Entonces apunte su mouse hacia donde quiere ir. Hacer clic con el botón derecho también hace aparecer los menús. Las teclas de flechas de su teclado también funcionan bien para trasladarse entre los menús.

Para regresar a un menú anterior, utilice la tecla Back del remote control, utilice el mouse para hacer clic sobre la flecha hacia Back en la esquina superior izquierda de la pantalla o presione la tecla Backspace.

Obtener lo máximo del Media Center

Debido a que el Media Center duplica las funciones del Media Player, probablemente no lo utilizará mucho. De hecho, sólo se hace necesario en estas ocasiones determinadas:

- **Xbox conectado a televisión:** La caja de juegos de Microsoft, Xbox 360, se conecta a la televisión para jugar. Pero cuando está conectado a una red, el Xbox 360 puede conectarse al Media Center y puede compartir su biblioteca de música, sus fotos y sus películas.

✔ **Equipo conectado a la televisión:** Pocas personas quieren un equipo grande y ruidoso junto a sus televisores. Pero si su equipo funciona exclusivamente como parte de su teatro en casa, el Media Center proporciona un lindo centro de mando.

✔ **Facilidad de acceso:** Los menús grandes y sencillos del Media Center no será suficiente para los adictos de los controles. Pero si está buscando menús fáciles de leer para manejar tareas simples, preferirá el Media Center y no el Media Player.

✔ **Sintonizador de televisión:** Si su equipo tiene un sintonizador de televisión, probablemente tiene el programa para grabar y ver programas de televisión. Si encuentra el Media Center más fácil de usar y más dependiente, es natural que cambie.

Capítulo 16

Jugar con Fotografías y Películas

*E*ste capítulo lo introduce a la creciente relación entre Windows, cámaras digitales y cámaras de video, tanto de modelos digitales nuevos como análogos antiguos. Explica cómo trasladar sus fotos digitales y películas a su equipo, cómo suprimir las partes malas, cómo mostrarlas a la familia, cómo enviarlas por correo electrónico a familiares lejanos y cómo guardarlas en ubicaciones fáciles de encontrar en su equipo.

Una nota final: Luego de haber comenzado a crear su álbum familiar en su equipo, tome las medidas para hacer una copia de seguridad, como se describe en el Capítulo 12. (Este capítulo explica cómo copiarlas a un CD o DVD). Sus recuerdos familiares no pueden reemplazarse.

Utilizar Su Equipo como una Caja de Zapatos Digital

Con la mira en el auge de la cámara digital, los programadores de Microsoft han transformado la carpeta incorporada Pictures de Windows en un álbum familiar computarizado. Después de que haya descargado las fotos de su cámara digital a una carpeta, Windows Vista le permite crear fácil e improvisadamente presentaciones con diapositivas, protectores de pantalla y papel tapiz, al mismo tiempo que aplicar gran cantidad de trucos de edición.

Esta sección lo lleva por el recorrido de conectar su cámara a su equipo y copiar las fotos al equipo para verlas.

Descargar las fotos de la cámara a su equipo

La mayoría de las cámaras digitales vienen con un software que capta las fotos de su cámara y las coloca en su equipo. Usted no necesita instalarlo y menos mal que ni siquiera tiene que molestarse en tratar de comprenderlo. El software integrado de Windows busca fácilmente las fotos desde casi cualquier marca o modelo de cámara digital cuando usted sigue estos pasos:

1. **Conecte el cable de la cámara a su equipo.**

   La mayoría de las cámaras vienen con dos cables: uno que se conecta a su aparato de TV para visualizar y otro que se conecta a su equipo. Es necesario que encuentre el que se conecta a su equipo para transferir las fotos.

   Conecte el extremo pequeño del cable de transferencia a su cámara y el extremo más grande (que se muestra al margen) al puerto *USB* de su equipo, un agujero en forma rectangular de aproximadamente media pulgada de largo y un cuarto de pulgada de alto. (La mayoría de los puertos USB se encuentra en la parte de atrás del equipo, pero en los equipos más nuevos se encuentra en la parte de adelante).

2. **Encienda su cámara, si es que no lo ha hecho aún y espere a que Windows Vista la reconozca.**

   Si conecta la cámara por primera vez, Windows Vista a veces anuncia la presencia de la cámara mediante una ventana emergente que aparece arriba de la barra de tareas, cerca del reloj.

   Si Windows Vista no reconoce su cámara, asegúrese de que la cámara esté en modo Display, que le permite ver las fotos en la pantalla, y no en modo Shoot, que se utiliza para tomar fotografías. También intente con desconectar el cable de su equipo, espere unos segundos y luego vuelva a conectarlo.

3. **Cuando aparece la ventana AutoPlay, haga clic en Import Pictures Using Windows.**

   La primera vez que usted conecte una cámara digital a Vista, aparece la ventana AutoPlay, que se muestra en la Figura 16-1. Asegúrese de que aparezca una marca de verificación en Always Do This for This Device y haga clic en Import Pictures Using Windows. Eso le indica a Vista que debe captar automáticamente las imágenes de su cámara siempre que la conecte a su equipo.

   ¿No ve la ventana AutoPlay? Intente con abrir Computer desde el menú Start y haga doble clic en el ícono de su cámara, que se muestra al margen.

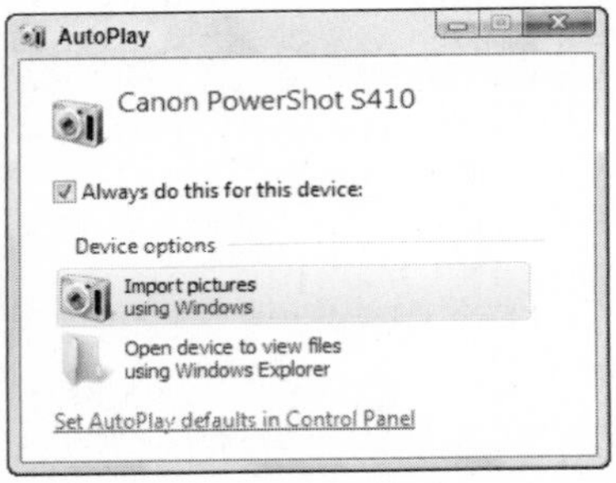

Figura 16-1:
Elija Import
Pictures
Using
Windows
de manera
que Vista
extraiga
automática-
mente las
fotos de su
cámara.

4. **Escriba una *etiqueta* (tag) o nombre para sus fotos y haga clic en Import.**

   Escriba una o dos palabras que describan las fotos, como se muestra en la Figura 16-2. Por ejemplo, escriba la palabra **Gato** y Windows Vista nombra las fotos entrantes como Gato 001, Gato 002, Gato 003, etcétera. Posteriormente puede encontrar estas imágenes al buscar la palabra **Gato**.

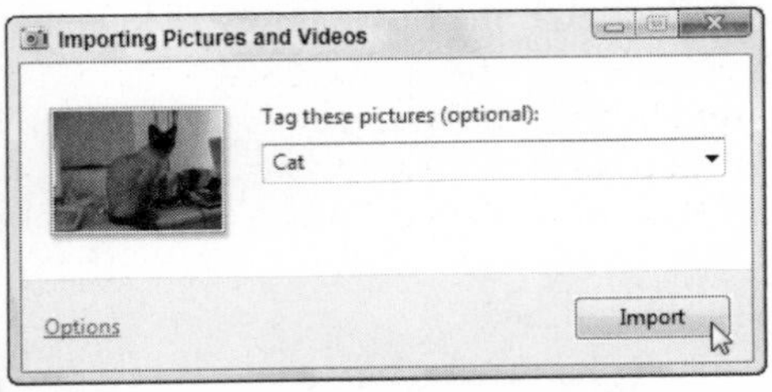

Figura 16-2:
Escriba una
etiqueta o
nombre que
describa su
sesión de
fotos.

Haga clic en Import para trasladar las fotos de su cámara a su equipo y nombrarlas automáticamente.

El hacer clic en la palabra Options, que se muestra en la Figura 16-2, le permite cambiar la manera en que Vista importa sus fotos. Vale la pena darle un vistazo, ya que le permite "deshacer" cualquier opción que haya elegido por equivocación al importar sus fotos por primera vez.

 5. **Haga clic en Erase After Importing.**

Si no elimina las fotos de su cámara después de importarlas a su equipo, no tendrá espacio para tomar más fotos. Haga clic en Erase After Importing, como se muestra en la Figura 16-3 y Vista borra las fotos de la cámara, ahorrándole la molestia de hurgar en los menús de su cámara.

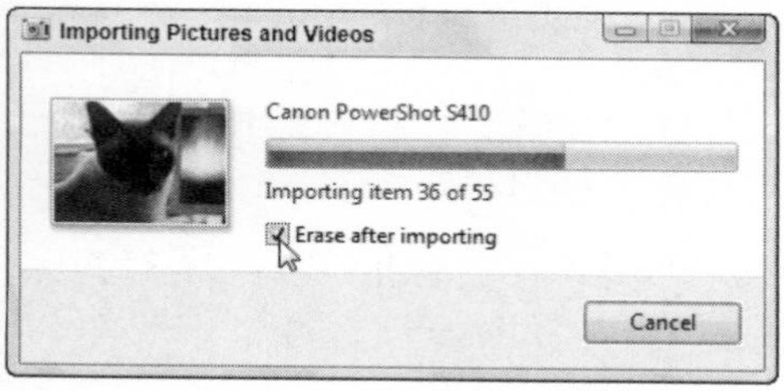

Figura 16-3: Haga clic en Erase After Importing para liberar espacio en su cámara y tomar más fotos.

 6. **Si le pregunta, permita que Windows corrija la rotación de su imagen.**

Cuando Windows se da cuenta que usted ha girado lateralmente su cámara para tomar una imagen, que por lo general sucede cuando toma fotos de árboles o de grupos pequeños de personas paradas, acepte su ofrecimiento de rotar sus fotos al hacer clic en Yes. Eso evita que sus fotos aparezcan de lado en su monitor.

Algunas cámaras más antiguas no le indican a Windows cuando se ha girado la cámara lateralmente para una foto, por lo que es posible que usted no vea esta opción.

Cuando Windows termina de importar sus fotos, muestra la carpeta que contiene sus imágenes nuevas.

¡Windows Vista no reconoce mi cámara!

Aunque por lo general Windows Vista le da la bienvenida a las cámaras tan pronto como se conectan al equipo, algunas veces no las reconoce inmediatamente: Vista no muestra su menú Import Photos u otro menú del programa intenta tomar el mando. Si ocurren estos problemas, desconecte su cámara y espere unos segundos antes de volver a conectarla.

Si el problema no se soluciona, siga los siguientes pasos:

1. **Haga clic en Start, elija Default Programs y abra Change AutoPlay Settings.**

2. **Desplácese hacia abajo al área Devices.**

El área Devices está cerca de la parte inferior de la ventana.

3. **Elija su cámara y luego Import Using Windows en el menú desplegable y haga clic en Save.**

Si *aún* así Windows Vista no reconoce su cámara al conectarla, significa que Windows Vista necesita un traductor para comprender el idioma de su cámara. Desafortunadamente, el traductor deberá estar incluido en el software de la cámara. Si ya no tiene el software, casi siempre podrá descargarlo del sitio Web del fabricante de su cámara.

Buscar sus fotos con Photo Gallery de Windows

Su carpeta Pictures, que se ubica haciendo un solo clic en el lado derecho del menú Start, se ha ganado con facilidad las felicitaciones como el mejor lugar para almacenar sus fotos digitales. Cuando Vista importa las fotos de su cámara digital, las coloca allí automáticamente para aprovechar las herramientas de visualización integradas en esa carpeta.

Para dar un vistazo a lo que está dentro de cualquier carpeta, haga doble clic en su ícono. Adentro, cada carpeta ofrece las herramientas normales de visualización de archivos que se encuentran en toda carpeta y además una fila de botones muy conveniente para mostrar, editar, enviar por correo electrónico e imprimir sus fotos. (Haga clic en el botón View para alternar rápidamente entre tres distintos tamaños en miniaturas de una imagen).

Pero cuando su carpeta Pictures está demasiado cargada para poder ver fácilmente, ponga en marcha el nuevo Photo Gallery Viewer de Vista: Haga clic en el botón Start, elija All Programs y haga clic en Windows Photo Gallery.

La Photo Gallery, que se muestra en la Figura 16-4, ofrece muchísimas maneras de ordenar rápidamente miles de fotografías al hacer clic en palabras, fechas y clasificaciones diferentes que se enumeran en el Navigation Pane a lo largo del lado izquierdo del visor. Haga doble clic sobre cualquier fotografía para verla más grande, luego regrese a la Gallery al hacer clic en la flecha Back en la esquina superior izquierda.

Captar las fotos de su cámara
con un lector de tarjeta

Windows Vista capta fotos desde una cámara con mucha facilidad. Pero un *lector de tarjeta de memoria* además de agilizar el trabajo, es su única opción cuando ha perdido el cable de transferencia de su cámara. Un lector de tarjeta de memoria es una caja pequeña con un cable que se conecta al puerto USB de su equipo, el mismo lugar donde se conecta su cámara.

Para descargar las imágenes de su cámara a su equipo, retire la tarjeta de memoria de la cámara y deslice la tarjeta en la ranura del lector de tarjeta. Windows Vista se da cuenta de que usted ha insertado una tarjeta y la trata igual que a su cámara, ofreciendo los mismos menús.

O, elija Computer desde el menú de Start y haga doble clic en la letra de unidad de disco del lector de tarjeta para ver todas las fotos. Desde allí usted puede seleccionar las fotos que desea y cortarlas y pegarlas a una carpeta en su carpeta Pictures.

Los lectores de tarjetas de memoria son económicos (cuestan menos de $20), son fáciles de configurar, rápidos al copiar imágenes y mucho más convenientes. Además, usted puede dejar su cámara apagada mientras descarga las fotos de las vacaciones, ahorrándole vida a la batería. Cuando compre un lector de tarjeta, asegúrese de que puede leer el tipo de tarjetas de memoria que su cámara utiliza, así como otros tipos de tarjetas de memoria. (Eso garantiza que funcionará con cualesquiera gadgets relacionados con equipos nuevos que usted pueda adquirir en la época de días festivos).

El hacer clic sobre estas palabras en el Navigation Pane, le permite ordenar sus fotos de diversas maneras:

- **All Pictures and Videos (Todas las imágenes y videos):** Haga clic en esta opción para ver *todas* sus fotos y videos, ordenados cronológicamente por el año en que las tomó o descargó a su equipo. Dos subcategorías le permiten ver solamente imágenes o solamente videos. Si reconoce lo que le interesa, haga doble clic en su ícono para verlo.

- **Recently Imported (Importado recientemente):** Esta opción proporciona una manera útil para buscar imágenes que usted *acaba* de agregar a su equipo.

- **Tags (Etiquetas):** ¿Recuerda la etiqueta que le asignó a sus fotos cuando las importó de su cámara digital en la Figura 16-2? El Navigation Pane enumera esas etiquetas, listas para recuperar con un clic las fotos que coincidan. Siéntase en libertad de agregar etiquetas improvisadamente: Seleccione sus fotos del tío Francisco (seleccione varias fotos al mantener presionada la tecla Ctrl mientras hace clic en cada una de ellas), haga clic en Add Tags en el panel a lo largo del margen derecho y escriba **Tío Francisco** para agregar ese nombre como etiqueta.

Enviar fotografía por correo electrónico
(E-mail photo)

Evviar a CD o DVD
(Burn to CD or DVD)

Imprimir fotografía
(Print photo)

Crear una presentación
(Create slideshow movie)

Alternar panel de información
(Toggle Information pane)

Fotografía seleccionada actualmente
(Currently selected photo)

Ajustar o recortar
fotografía
(Adjust or crop photo)

Enviar fotografía
por corrreo electrónico
(Open for editing in
another program)

Barra de
herramientas
(Toolbar)

Panel de información
(Information pane)

Figura 16-4:
La nueva
Photo
Gallery de
Vista le
permite
ordenar sus
imágenes
cronológica
mente, por
asunto o de
acuerdo
con su
clasifica-
ción
personal.

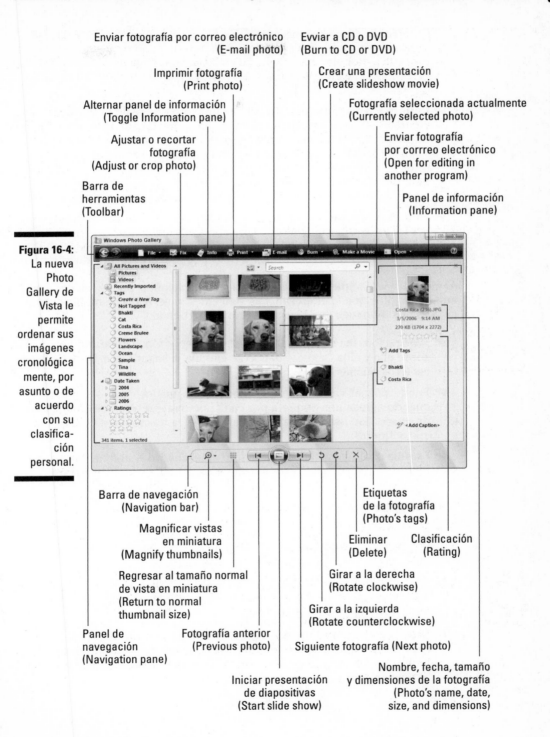

Barra de navegación
(Navigation bar)

Etiquetas
de la fotografía
(Photo's tags)

Magnificar vistas
en miniatura
(Magnify thumbnails)

Eliminar
(Delete)

Clasificación
(Rating)

Regresar al tamaño normal
de vista en miniatura
(Return to normal
thumbnail size)

Girar a la derecha
(Rotate clockwise)

Girar a la izquierda
(Rotate counterclockwise)

Panel de
navegación
(Navigation pane)

Fotografía anterior
(Previous photo)

Siguiente fotografía (Next photo)

Nombre, fecha, tamaño
y dimensiones de la fotografía
(Photo's name, date,
size, and dimensions)

Iniciar presentación
de diapositivas
(Start slide show)

✔ **Date Taken (Fecha de creación):** Esta opción le permite ver todas las fotos que se tomaron en un año o mes determinado o en una fecha específica. Por ejemplo, haga clic en 2004, mantenga presionada la tecla Ctrl y haga clic en la etiqueta Gato para ver todas las fotos de su gato de 2004.

✔ **Ratings (Calificaciones):** ¿Reconoce una foto que realmente vale la pena guardar? ¿O quizás es un fiasco? Mantenga presionada la tecla Ctrl y oprima **1**, **2**, **3**, **4** ó **5**, en donde 5 significa que es un favorito absoluto. Vista recuerda esa calificación en particular y le permite ordenar las fotos de acuerdo con su calificación. También puede calificar una foto que esté viendo en ese momento al hacer clic en cualquiera de las estrellas de calificación del lado derecho, como se muestra en la Figura 16-4.

✔ **Folders (Carpetas):** Haga clic en cualquier carpeta enumerada aquí para ver las fotos almacenadas en una carpeta específica. Para agregar una carpeta a la lista, haga clic con el botón secundario del mouse en la palabra Folders, elija Add Folder to Gallery y busque la carpeta que desea agregar.

Al mezclar y coincidir fechas, etiquetas y calificaciones, puede buscar fácilmente las fotos que le interesan. Las siguientes sugerencias también aumentan sus posibilidades de ubicar una foto en particular:

✔ ¿Ve una foto fea o borrosa? Haga clic con el botón secundario del mouse sobre ella y elija Delete. Cuando se elimina la basura es más fácil buscar las fotos buenas.

✔ Puede asignar varias etiquetas diferentes a una foto; por ejemplo cuando agrega una etiqueta por cada persona que aparece en una foto de grupo. Eso hace que la foto aparezca en la búsqueda de *cualquiera* de sus etiquetas.

✔ Escriba cualquier etiqueta de la foto en el cuadro Search de la carpeta Pictures, ubicado en la esquina superior derecha y Vista mostrará rápidamente las fotos asignadas a esa etiqueta en particular.

✔ Haga doble clic en cualquier imagen para verla más de cerca, del tamaño de la ventana. La ventana de vista preliminar de Photo Gallery muestra la imagen y ofrece botones para corregir, imprimir, enviar por correo electrónico, abrir y ver información de la foto. (En la sección "Corregir fotos" de este capítulo describo los botones).

✔ ¿Desea cubrir todo el escritorio con una foto? Haga clic en la imagen con el botón secundario y elija Set As Background. Windows coloca inmediatamente esa foto a todo lo largo de su escritorio.

✔ Desplace el puntero de su mouse sobre cualquier foto para verla más grande, así como para obtener información acerca del nombre del archivo, calificación, etiquetas, fecha en que se tomó, tamaño y dimensiones.

Mantener las fotos digitales organizadas

Es muy tentador crear una carpeta que se llame Fotos Nuevas en su carpeta Pictures y comenzar a descargar allí las fotos nuevas. Pero al momento de localizar una foto determinada, ese sistema fracasa rápidamente. Las herramientas de importación de Vista realizan un buen trabajo al nombrar cada sesión de fotos de acuerdo con la fecha y la etiqueta. Estas sugerencias también ayudan a mantener sus imágenes organizadas y fáciles de recuperar:

✔ Asigne a las fotos unas cuantas etiquetas clave como Hogar, Viaje o Fiestas. La búsqueda de esas etiquetas facilita ver todas las imágenes tomadas en su propia casa, en los viajes o durante eventos festivos.

✔ Windows le asigna la etiqueta que usted eligió a cada lote de fotos que importa. Dedique un poco de tiempo inmediatamente después para asignar más etiquetas a cada foto.

✔ Si la fotografía digital se convierte en un pasatiempo, piense en comprar uno de los muchos programas de fotografía de terceros, como ThumbsPlus (www.cerious.com). Estos proporcionan más características de manejo y edición, mejorando aún más las herramientas básicas de Windows Vista.

Ver una presentación

Windows XP ofrece una presentación sencilla que muestra una foto después de otra. En las manos de Vista la presentación se convierte en una producción artística fascinante, con 15 grandiosos y diferentes tipos de presentaciones.

Comience el flujo de fotos a lo largo de la pantalla en una de estas dos formas:

✔ En su carpeta Pictures, haga clic en el botón Slide Show (que se muestra al margen) en la parte superior de la carpeta.

✔ En la Photo Gallery, haga clic en el botón redondo y grande Play Slide Show (que se muestra al margen) en la parte central inferior de la carpeta.

Windows inmediatamente oscurece el monitor, llena la pantalla con la primera imagen y luego combina una imagen con la siguiente.

¿No ve una presentación fantástica? Si Vista usa su vestuario simple y monótono, puede ser que su equipo no tenga la fuerza suficiente para manejar las gráficas o usted esté utilizando Windows Vista Basic, la versión más económica de Vista.

Haga clic en el botón Themes que se encuentra en el borde inferior de la presentación para cambiar la presentación de las imágenes. Por ejemplo, el **tema** Album crea una apariencia de álbum de recortes; el Classic trae de nuevo una presentación sencilla de Windows y Travel combina en una, varias vistas diferentes. Experimente tanto como desee.

El botón Slide Show crea presentaciones rápidas e improvisadas, pero si lo que usted desea es una presentación para guardarla en un CD o DVD y regalársela a los amigos, déle un vistazo a las últimas dos secciones de este capítulo. Allí explico cómo crear y guardar presentaciones con los programas incorporados de Vista: Movie Maker y DVD Maker.

A continuación encontrará más sugerencias para hacer presentaciones improvisadas exitosas:

- Antes de comenzar la presentación, gire cualquier imagen que aparezca "de lado", si es necesario, para que todas aparezcan derechas.

- La presentación incluye todas las fotos de su carpeta actual, así como cualquier foto que se encuentre en carpetas que estén dentro de esa carpeta.

- Seleccione unas cuantas imágenes de una carpeta y haga clic en el botón Slide Show para limitar la presentación sólo a esas imágenes. (Mantenga presionada la tecla Ctrl mientras hace clic en las imágenes para seleccionar más de una).

- Puede convertir cualquiera de estas presentaciones en protectores de pantalla. Haga clic en el escritorio con el botón secundario del mouse, elija Personalize, haga clic en Screen Saver y elija Photos del menú desplegable Screen Saver. (Haga clic en el botón Settings para elegir su tipo de presentación favorita o limite las fotos que se muestran por etiqueta, calificación y carpeta).

- Siéntase en libertad de agregar música a su presentación al tocar una canción en el Media Player, descrito en el capítulo 15, antes de comenzar su presentación. O si compró un CD hawaiano en sus vacaciones en las islas, introdúzcalo en su reproductor de CD y reproduzca la música durante la presentación de su vacación.

Corregir fotos

Por fin Windows Vista ofrece herramientas para corregir fotos que eliminan los ojos rojos de las fotos con flash, retocan los colores gastados y recortan las fotos a distintos tamaños. Curiosamente, Vista oculta estas herramientas para corregir dentro de la Windows Photo Gallery: Para comenzar el trabajo de la corrección, haga clic en Start, elija All Programs y seleccione Windows Photo Gallery.

Seleccione la foto con problema al hacer clic en ella y luego haga clic en el botón Fix (que se muestra al margen) en la barra de herramientas de la Windows Photo Gallery. En las secciones siguientes explico cómo corregir sus fotos con las herramientas de corrección de fácil uso de Gallery, que se muestran en la Figura 16-5.

Las correcciones de fotos de Vista no son permanentes. Si comete una equivocación, haga clic en el botón Undo en la parte inferior de la pantalla. Si unos días después decide que ha cometido una equivocación, haga clic en la figura problemática, haga clic en el botón Fix y verá un botón Revert en la parte inferior de la figura. Haga clic en él y Vista *todavía* puede volver la foto a su estado original.

CONSEJO

Asegúrese de corregir sus fotos *antes* de imprimirlas o enviarlas para impresión. Un poco de recorte y ajuste ayuda a que las fotos se vean óptimas antes de imprimirlas.

Figura 16-5:
Haga clic en el botón Fix de la Windows Photo Gallery para obtener acceso a las herramientas de "corrección" sobre el lado derecho.

Ajustar exposición y color

Las fotografías capturan la luz que entra por los lentes de la cámara y esa luz raramente se ve igual que la luz que resplandece desde el monitor de su equipo hacia usted. Para ajustar la diferencia, la Windows Photo Gallery le permite ajustar el color de la foto, así como corregir fotos sobreexpuestas, un problema que sucede cuando su cámara capta demasiada luz o muy poca.

A continuación se describe la forma más fácil y más rápida de ajustar la luz de una foto determinada:

1. **Abra la Windows Photo Gallery, haga clic en la foto horrible y haga clic en el botón Fix en la barra de herramientas.**

   La Windows Photo Gallery reside en el área All Programs del menú Start. La herramienta de corrección de fotos aparece prontamente sobre el margen derecho de la ventana, como se mostró anteriormente en la Figura 16-5.

2. **Haga clic en Auto Adjust.**

   La inteligencia robótica de Vista elige las configuraciones que considera que necesita la foto. Sorprendentemente, el Auto Adjust por lo general consigue que la foto se vea mucho mejor. Si piensa que la foto ya se ve perfecta, usted ya terminó. Pero si se ve peor o todavía no está totalmente corregida, siga al Paso 3.

3. **Haga clic en Adjust Exposure y ajuste la configuración Brightness y Contrast.**

   La herramienta Auto Adjust de Vista casi siempre cambia ligeramente las configuraciones de exposición de una foto. Por lo general, las barras de control deslizante para brillo y contraste están en el centro, pero después que el Auto Adjust hace su trabajo, una de ellas o ambas estarán descentradas. Deslice las barras para retocar más los cambios del Auto Adjust. Si la foto *todavía* no se bien, siga al Paso 4.

4. **Haga clic en Adjust Color y ajuste los controles de tinte, temperatura de color y saturación.**

   Como hizo anteriormente, deslice las barras al centro o a los lados para mejorar o quitar las configuraciones del Auto Adjust.

5. **Guarde o elimine sus cambios.**

   Si está complacido con el resultado, guarde sus cambios al hacer clic en el botón Back To Gallery en la esquina superior izquierda o cierre la Galería.

   Pero si la foto se ve peor que nunca, elimine sus cambios: Haga clic continuamente en el botón Undo, en la parte inferior, para deshacer cada cambio o vuelva a la foto original al hacer clic en la flecha pequeña contigua al botón Undo y escoger Undo All.

Recortar fotos

Usted recorta una foto cada vez que toma una imagen: Ve a través de la mira de su cámara o su pantalla de color, apuntando la cámara o acercándose o alejándose hasta que el tema aparezca muy bien enmarcado.

Pero al llegar a su casa, es posible que note que su enmarcado rápido no está tan bien como usted pensaba. Por ejemplo, un poste de teléfono que sobresale de la cabeza de una persona o esa pequeña rana de árbol que desaparece en el fondo cubierto de hojas.

Recortar puede solucionar ambos problemas, al permitirle quitar las partes malas de una foto y mejorar las buenas. Estos pasos muestran cómo recortar una foto para que un objeto distante, como una rana de árbol de Costa Rica, se vea más cerca.

1. **Abra la Windows Photo Gallery, haga clic en la foto con el problema y haga clic en el botón Fix.**

   La Windows Photo Gallery reside en el área All Programs del menú Start.

2. **Haga clic en la herramienta Crop Picture y elija Proportion.**

   La herramienta Crop Picture coloca un rectángulo en su foto, como se muestra en la Figura 16-6. El rectángulo muestra el área recortada y todo lo que esté fuera del rectángulo se recortará.

3. **Ajuste el área recortada alrededor de su tema.**

   Vista coloca el rectángulo en el centro de su foto, que por lo general no es el mejor lugar para recortar. Vuelva a colocar el rectángulo señalándolo y mientras mantiene presionado el botón del mouse, muévalo para arrastrar el área recortada hacia una nueva posición. Luego ajuste el tamaño del rectángulo arrastrando las esquinas hacia adentro o hacia afuera.

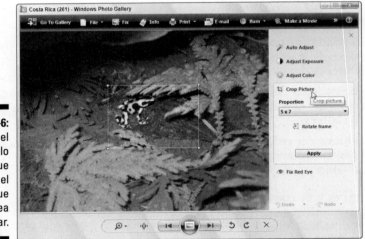

Figura 16-6:
Ajuste el rectángulo para que encaje en el área que desea recortar.

Para recortar a distintos tamaños de papel, por ejemplo de 5 X 7 o 4 X 6, haga clic en el menú desplegable Proportion y elija un tamaño diferente. No tema hacer clic en Rotate Frame si eso hace que su tema quede mejor enmarcado.

No centre su tema todas las veces. Para obtener tomas y recortes más interesantes, siga la *regla de los tercios*. Imagine dos líneas horizontales y verticales que dividen su foto en tercios iguales, como se muestra en la Figura 16-7. Luego coloque el tema de foto en cualquiera de los lugares donde las líneas se entrecruzan.

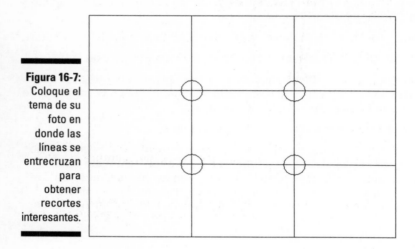

Figura 16-7: Coloque el tema de su foto en donde las líneas se entrecruzan para obtener recortes interesantes.

4. **Haga clic en Apply para recortar la imagen.**

   La Windows Photo Gallery recorta las porciones que están fuera del marco de la foto y la deja como la que aparece en la Figura 16-8. (Observe que la posición de la rana sigue la regla de los tercios).

5. **Haga clic en Undo si no está complacido con el recorte; si está conforme con él, cierre el programa o haga clic en el botón Back To Gallery.**

   El hacer clic en Undo lo lleva de regreso a la foto no recortada para que intente de nuevo. Pero si está conforme con el recorte, haga clic en Back To Gallery para ver sus fotos nuevamente o cerrar el programa.

Recortar es muy conveniente para crear imágenes para su foto de cuenta de usuario, la foto que aparece en la parte superior del menú Start. Recorte todo menos su cabeza, guarde la toma y luego diríjase al área User Accounts en el Control Panel para utilizar esa toma de la cabeza como imagen de su cuenta. (En el Capítulo 3 explico las cuentas de usuario).

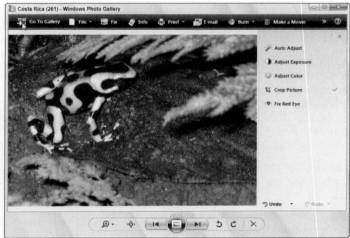

Figura 16-8:
Haga clic en
Apply para
recortar las
áreas no
deseadas
de su foto.

Eliminar los ojos rojos

Las fotos con flash trabajan tan rápidamente que la pupila no tiene tiempo
para contraerse. En vez de ver una pupila negra, la cámara captura la retina
rojo sangre de la parte de atrás del ojo.

La herramienta Fix Red Eye de Vista reemplaza el rojo con el negro más natural, corriendo así el problema que ha mortificado a los fotógrafos de fiestas
en todo el mundo.

1. **Abra la Windows Photo Gallery, haga clic en la foto con ojos rojos y
   haga clic en el botón Fix.**

   La Windows Photo Gallery reside en el área All Programs del menú Start.

   Acérquese al área de los ojos rojos haciendo clic en el ícono de la lupa
   en la barra de navegación a lo largo de la parte inferior de la ventana y
   deslice la barra hacia arriba. Luego arrastre la foto con el puntero de su
   mouse hasta que pueda ver el ojo rojo.

2. **Haga clic en Fix Red Eye, dibuje un rectángulo alrededor de la parte
   roja de la pupila y luego libere el botón del mouse.**

   Haga clic justo encima de la porción roja de la pupila, mantenga presionado el botón del mouse y arrastre hacia abajo y al lado para encerrar la
   porción roja en un rectángulo.

   Al liberar el botón del mouse, lo rojo se convierte en negro.

Copiar fotos digitales a un CD o DVD

No pierda todos sus recuerdos digitales porque no hizo una copia de seguridad. Diríjase a la tienda de computación o de artículos de oficina y compre un montón de CD o DVD en blanco que coincidan con la unidad de disco de su equipo. (En el Capítulo 4 explico cómo saber el tipo de unidad de disco de su equipo).

A continuación siga estos pasos para copiar todos los elementos de su carpeta Pictures a un CD o DVD en blanco:

1. **Abra su carpeta Pictures desde el menú Start y haga clic en el botón Burn.**

   Vista le solicita insertar un disco en blanco en su unidad de disco.

2. **Inserte un CD o DVD nuevo en su unidad de disco grabable.**

   Los DVD pueden almacenar cinco veces más información que un CD, así que inserte un DVD en su grabador de DVD. ¿No tiene grabador de DVD? Inserte un CD en blanco, en su lugar.

3. **Escriba un nombre a su disco de copia de seguridad y haga clic en Next.**

   Escriba la fecha del día y las palabras Photo Backup. Vista comienza a hacer una copia de seguridad de todas sus fotos al CD o DVD.

¿No tiene suficiente espacio en el CD o DVD para almacenar todas sus carpetas? Desafortunadamente, Windows Vista no es lo suficiente inteligente para decirle cuándo insertar un segundo disco. En vez de eso se queja de no tener espacio suficiente y se detiene. En ese caso, diríjase al programa Backup más inteligente de Vista (Capítulo 10), que contiene las sugerencias para dividir su copia de seguridad entre varios discos.

Corregir imágenes giradas

Antiguamente, no importaba si ponía de lado su cámara para tomar una foto; simplemente le daba la vuelta a la foto impresa para verla. La mayoría de los monitores de los equipos modernos no dan vuelta, por lo que Windows Vista gira la foto por usted, si averigua cómo hacerlo.

El truco es hacer clic con el botón secundario del mouse en cualquier foto que se ve de lado. Elija Rotate Clockwise o Rotate Counter Clockwise para que sus acantilados verdes se conviertan en densas praderas.

Para girar una foto de lado con la Windows Photo Gallery, haga clic en los íconos Rotate Clockwise o Rotate Counter Clockwise en la parte inferior de la imagen.

Enviar fotos por correo electrónico

Las cámaras digitales crean archivos *enormes*, pero el correo electrónico requiere archivos *pequeños*. Si los archivos son demasiado grandes, le rebotarán a su Inbox o inundarán la cuenta de correo electrónico del destinatario.

Para solucionar este enigma técnico, Windows Vista le ofrece convenientemente cambiar el tamaño de sus fotos digitales cuando usted las envía por correo electrónico. A continuación se describe cómo aprovechar este amable ofrecimiento:

1. **Haga clic con el botón secundario del mouse en la foto o fotos deseadas, elija Send To en el menú y Mail Recipient.**

   O, si está viendo la foto en una carpeta o dentro de la Windows Photo Gallery, haga clic en el botón E-mail desde la barra de herramientas en la parte superior.

   Windows Vista emite una ventana, como se muestra en la Figura 16-9, donde ofrece reducir las imágenes de su correo electrónico. Acepte el ofrecimiento.

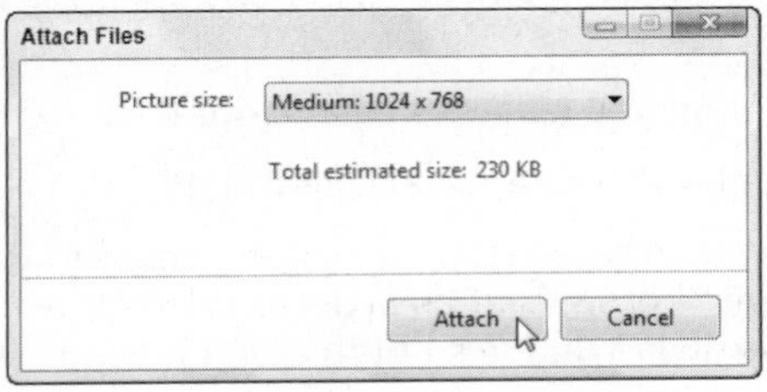

Figura 16-9:
Elija
Medium
para la
mayoría de
los destina-
tarios.

2. **Haga clic en el botón Attach.**

   Windows cambia el tamaño de las fotos que usted envía por correo electrónico, abre el programa de correo electrónico predeterminado (por lo general Windows Mail o Microsoft Outlook) y las adjunta a un mensaje.

3. **Escriba la dirección de correo electrónico del destinatario y haga clic en Send.**

   Para obtener más detalles acerca de correo electrónico, consulte lo relacionado con Windows Mail en el Capítulo 9.

4. **Haga clic en el botón Send.**

   Windows Mail envía su mensaje al destinatario con la foto o fotos adjuntas.

Imprimir imágenes

El asistente para imprimir fotos de Windows Vista ofrece casi tantas opciones como el mostrador de fotos de la tienda de revelado: impresión de páginas completas brillantes, impresión para carteras y casi cualquier cosa entre ellas.

La clave para imprimir fotos preciosas es comprar papel para fotos adecuado (y caro) y usar una impresora de fotos de calidad. Solicite ver pruebas impresas antes de comprar una impresora y luego compre papel de calidad recomendado para esa impresora.

Antes de imprimir sus fotos, siéntase en libertad de recortar y ajustar los colores, de acuerdo a como lo describo en la sección "Corregir fotos" de este capítulo.

A continuación se describe cómo trasladar fotos desde su pantalla a la página impresa:

1. **Abra Pictures desde el menú Start y seleccione las fotos que le gustaría imprimir.**

   ¿Desea imprimir una foto? Entonces haga clic en ella. Para seleccionar más de una foto, mantenga presionada la tecla Ctrl mientras hace clic en cada una de ellas.

2. **Indíquele a Vista que imprima las fotos seleccionadas.**

   Puede indicarle a Vista que imprima su selección en una de estas maneras:

   - Haga clic en el botón Print en la barra de herramientas de la carpeta. Verá un conveniente botón Print en la parte superior de su carpeta Pictures, igual que en la Windows Photo Gallery.

   - Haga clic con el botón secundario en las fotos seleccionadas y elija Print en el menú emergente.

   Independientemente del método que elija, aparece la ventana Print Pictures, como se muestra en la Figura 16-10.

Figura 16-10: Elija cómo deben aparecer las fotos en el papel y a continuación haga clic en el botón Print.

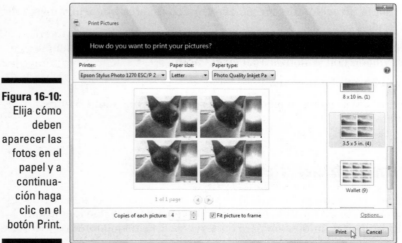

3. **Elija la impresora, papel, diseño de foto y la cantidad de veces que cada imagen se debe imprimir.**

   La ventana Print Pictures le permite ajustar varias configuraciones. (Si no hace ningún ajuste, Vista imprime una copia de cada foto en una página completa de papel de foto de 8½ por 11 pulgadas).

   - **Printer (Impresora):** En el cuadro superior izquierdo, Vista indica su impresora predeterminada o su única impresora si solamente tiene una. Si posee una segunda impresora que utilice sólo para fotos, elija esa impresora en el menú emergente.

   - **Paper Size (Tamaño de papel):** Vista enumera tamaños de papel distintos en este menú desplegable en caso de que usted vaya a imprimir sobre otro papel para foto que no sea el tamaño normal de 8½ por 11 pulgadas.

   - **Layout (Diseño):** Elija la manera en que Vista debe ordenar las fotos en el papel. Puede imprimir cada foto para que cubra una página completa, por ejemplo, o imprimir nueve fotos para cartera o cualquier otro tamaño. Cada vez que elija una opción, el asistente muestra una vista previa de la página impresa, como se muestra en la Figura 16-10.

   - **Copies of Each Picture (Copias de cada imagen):** Elija de 1 a 99 copias de cada imagen.

4. **Inserte papel de fotos en su impresora y haga clic en Print.**

   Siga las instrucciones para insertar el papel de fotos en su impresora. Debe estar orientado en la dirección correcta e imprimir en el lado correcto. Algunos tipos de papel también necesitan que se coloque una hoja de papel de respaldo más gruesa.

   Haga clic en Print y Vista envía prontamente su foto a la impresora.

La mayoría de las empresas que revelan fotos imprime las fotos digitales con tinta y papel de mejor calidad que el de su impresora. Debido al alto costo del papel y los cartuchos de tinta para impresora, las empresas que revelan fotos resultan más económicas que imprimirlas usted mismo. Compruebe sus precios y pregúnteles como prefieren que se les entreguen las fotos, si en CD, tarjeta de memoria o a través de la Internet.

Crear, Editar y Ver Películas Digitales y Presentaciones

Los estantes de la mayoría de los propietarios de cámaras de video están llenos de cintas con grabaciones de vacaciones, eventos deportivos y niños bañándose en lodo. El programa Movie Maker incorporado de Windows Vista le ayuda a convertir montones de cintas en verdaderas películas editadas. Tome sus programas de TV grabados con el Media Center de Vista (Capítulo 15) y elimine los comerciales antes de enviarlos a un DVD.

El versátil programa de Movie Maker también considera las presentaciones como películas: Ordene sus fotos como usted desee, cree transiciones entre cada foto, agregue música y grábelas en un DVD.

El programa Movie Maker de Vista funciona en forma muy similar al Movie Maker de Windows XP, con algunos cambios de terminología en el menú. La mejora más notable es que usted puede *al final* reproducir sus películas terminadas utilizando un reproductor convencional de DVD.

Como se muestra en la Figura 16-11, el Tasks Pane de Movie Maker lo dirige a través de los tres pasos para crear una película: importar su video o fotos, editar y convertir sus fotos en una película y guardar su creación en su equipo, DVD, CD, correo electrónico e incluso en su cámara digital para guardar el proyecto editado en una cinta.

Panel de tareas
(Tasks Pane)

Panel de colecciones
(Collections Pane)

Vista previa de la ventana
(Preview window)

Figura 16-11:
El Tasks Pane de Movie Maker lo dirige a través de la recopilación de elementos, que se muestra en el Collections Pane, para colocarlos en su película, la cual se ensambla en el Storyboard.

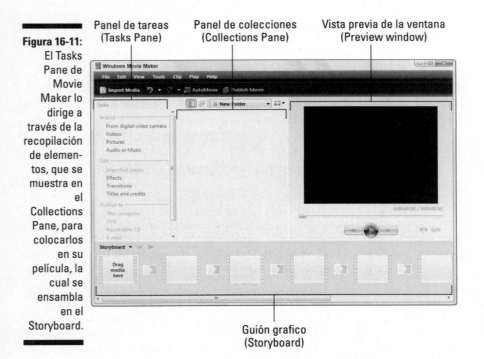

Guión grafico
(Storyboard)

El resto de esta sección explica los tres pasos para hacer una película:

1. **Importar.**

   El paso 1 recopila su materia prima. Copiará una grabación de su cámara de video a su disco duro, observando mientras Movie Maker divide cada toma de la cámara de video en un *clip* individual. Agregue otros videos, programas grabados de TV, archivos de música y fotos digitales para armar pieza por pieza su película.

2. **Editar.**

   Este paso combina sus clips sin refinar, música e imágenes en una película estructurada. Arrastre y coloque sus mejores clips en el Storyboard en un orden que cuente la historia de su película. Modifique cada clip a sus mejores momentos y agregue *transiciones* entre clips, la forma en que cada clip se desvanece en el siguiente. Si lo desea, agregue música y créditos de apertura y cierre.

3. **Publicar.**

   Cuando termine de editar, Movie Maker combina su lote de clips en una película completa, lista para reproducirse en su equipo, guardarla en un DVD o CD o volver a guardarla en su cámara de video.

Crear películas requiere de *una gran cantidad* de espacio libre en el disco duro. Una película de 15 minutos de duración puede consumir 2.5GB. Si Movie Maker se queja por el espacio, tiene dos opciones: crear videos más pequeños o actualizar su equipo con un segundo disco duro.

Permitir que el robot de Movie Maker cree un AutoMovie

Si no desea seguir el proceso de aprendizaje de Movie Maker y únicamente desea una película, *rápido*, entonces permite que la función AutoMovie de Movie Maker lo haga automáticamente. Después de que haya importado su grabación de video o sus fotos, elija AutoMovie en el menú Tools. Seleccione el estilo de película que desea, ya sea cortes simples y atenuaciones ordenadas, un llamativo video de música, una película "clásica" o una película de deportes que se enfoque en sus acercamientos y vistas panorámicas rápidas.

Movie Maker se encarga a partir de allí, ensamblando como un robot, una película a partir de su grabación o fotos. Analiza su trabajo en busca de acercamientos y vistas panorámicas interesantes y de tomas oscuras y temblorosas y convierte sus detalles notables en una verdadera película. Aunque no es perfecto, AutoMovie es una manera sorprendentemente rápida de convertir toda esa pila de cintas de video en películas cortas y de fácil acceso.

¿Presionado por el tiempo? El modo AutoMovie de Movie Maker descrito en la barra lateral, analiza su grabación y crea una película rápida y sencilla. AutoMovie funciona bien como punto de partida para su propia película o sencillamente para revisar ligeramente los controles de Movie Maker.

Paso 1: Importar video, imágenes y música

Si ya ha importado grabaciones de una cámara de video digital, diríjase al Paso 4 de esta sección y empiece allí. Está varios pasos adelante del grupo.

Pero si importa un video de una cámara de video digital, debe esforzarse más. Antes que Movie Maker pueda editar su video digital, debe copiar la grabación a su equipo a través de un cable. La mayoría de cámaras de video se conectan a un puerto FireWire o USB 2.0 de un equipo. (Los puertos FireWire, también conocidos como puertos IEEE 1394, son los que mejor funcionan).

Si su equipo no tiene un puerto FireWire, puede agregarle uno al conectarle una tarjeta económica. Describo el proceso en *Upgrading & Fixing PCs For Dummies* (*Actualizar y reparar PCs para dummies*) (Wiley).

¿Todavía usa una cámara antigua *análoga* en vez de una digital? Aún así puede descargar sus películas a Windows Vista al añadir una tarjeta de *captura de video* dentro de su equipo.

Cuando importa videos a través de un FireWire (IEEE 1394), únicamente necesita conectar un solo cable entre la cámara de video y el puerto FireWire. Con ese único cable, Vista capta el sonido y video *y* controla la cámara.

Para copiar un video digital en su equipo, siga estos pasos:

1. **Abra Movie Maker, conecte la cámara de video digital a su equipo y (si se requiere) haga clic en Import Video.**

    Si esta es la primera vez que conecta su cámara de video digital, Windows Vista la reconocerá y ofrecerá importar su video. Para llamar la atención de Vista, es posible que necesite cambiar la configuración de su cámara de video a reproducir video, no grabar video. (Algunas cámaras de video etiquetan esa configuración como VCR).

    Pero si ya ha conectado su cámara de video antes, Vista inmediatamente muestra la Figura 16-12. (¿No puede ver la Figura 16-12? Abra Movie Maker desde el área All Programs en el menú Start, haga clic en File y elija Import from Digital Video Camera).

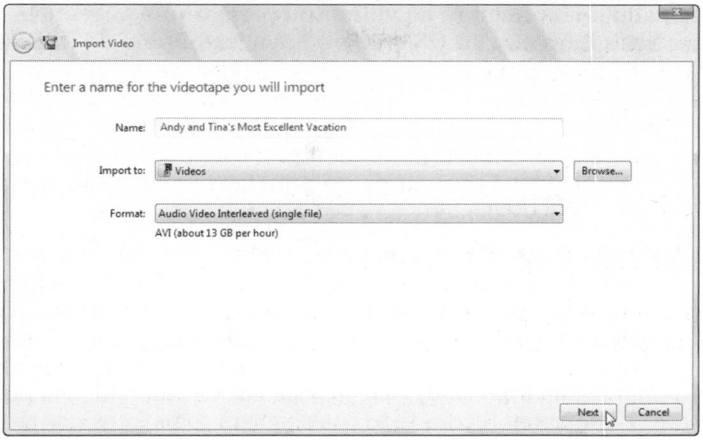

Figura 16-12:
Vista ofrece
importar su
video.

2. **Escriba un nombre para su video, elija el formato de video y haga clic en Next.**

   Primero, póngale a su video entrante el nombre del evento que ha filmado, ya sea una vacación, una boda o una visita a un parque.

   Luego, elija una de las tres formas que ofrece Vista para importar el video a su carpeta Videos, que se muestra en la Figura 16-12:

   - **Audio Video Interleaved (archivo único):** Es la mejor opción para personas con discos duros enormes; copia el video completo como archivo único sin perder nada en fidelidad. Desafortunadamente, consume 13GB por cada hora de grabación.

   - **Windows Media Video (archivo único):** Es la opción para personas con unidades de disco duro más pequeñas; copia y comprime su video completo en un archivo y consume únicamente 2GB por hora.

   - **Windows Media Video (un archivo por escena):** Es la opción para personas con unidades de disco duro muy pequeñas; esta opción divide cada toma en un archivo *separado*. Así usted puede limpiar su unidad de disco duro al eliminar las tomas malas y el espacio de archivo que consumen.

   Aunque las primeras dos opciones guardan su video importado como un solo archivo, Vista aún mantiene un registro de cuándo empieza y cuándo termina una toma. Cuando usted abre un video en Movie Maker, el programa muestra cada toma separadamente para que usted una las piezas.

3. **Elija importar la cinta de video completa o sólo porciones, y haga clic en Next; haga clic en OK cuando haya terminado de importar su cinta.**

   Vista ofrece dos formas de importar el video:

   - **Import the Entire Videotape To My Computer (Importar la cinta de video completa a mi equipo):** Esta opción importa *todo* el video de su cinta. Funciona mejor para las personas que almacenan cada sesión de video en una cinta diferente.

   - **Only Parts of The Videotape To My Computer (Sólo partes de la cinta de video a mi equipo):** Elija esta opción para importar rápidamente unas cuantas porciones de la cinta. Vista muestra una ventana de reproducción con controles en pantalla. Avance rápidamente a la sección que desea, haga clic en el botón Start Video Import, grabe un fragmento y luego haga clic en Stop Video Import. Repita hasta haber recolectado cualesquiera otras fotos que desee y luego haga clic en Finish.

Deje que su equipo trabaje ininterrumpidamente mientras que capta el video, porque necesita mucha energía de procesamiento para capturas sin problemas. No trabaje con otros programas ni navegue en la Web.

Vista guarda su video en su carpeta Videos, disponible para ver al abrir el menú Start, hacer clic en el nombre de cuenta de usuario y abrir la carpeta Videos.

4. **Abra Movie Maker, si no está abierto ya.**

   Para solicitar la presencia de Movie Maker, elija All Programs desde el menú Start y seleccione Windows Movie Maker.

   Si Windows Vista recomienda que establezca la resolución de su pantalla en 1024 x 768 o más, hágalo ahora. (En el Capítulo 11 explico cómo hacerlo). Ese valor le da más espacio suficiente en pantalla para editar su video.

Al abrirse, Movie Maker muestra cualquier clip que haya quedado desde su último proyecto de edición de película. Para iniciar de nuevo, elija New Project en el menú File. Después elimine cualquier clip que se haya quedado en el área Collections al hacer clic en cualquier lugar dentro del panel Collections, elegir Select All en el menú Edit y presionar la tecla Delete. (De esta manera no se eliminan sus clips *verdaderos*, ya que los elementos en el área Collections son únicamente copias).

5. **Reúna los videos, imágenes, música y sonidos que desea incluir en su video.**

   La tarea Import de Movie Maker, la primera que aparece en la lista del Tasks Pane en el margen izquierdo del programa, le permite reunir todo el material que desea en su video. (No se preocupe si reúne demasiado material, ya que no tiene que utilizarlo todo). La tarea Import le permite reunir estos elementos:

- **From Digital Video Camcorder (Desde la cámara de video digital):** Esta opción inicia el programa Import Video de Vista, que describo en los primeros tres pasos de esta sección.

- **Videos:** Elija esta tarea para importar videos que ya están almacenados en su equipo.

- **Pictures (Imágenes):** Esta tarea le permite agregar fotos digitales en su área de trabajo, listas para combinarse en una presentación o para agregarse a sus películas.

- **Audio or Music (Música):** Movie Maker le permite mezclar varias fuentes de sonido, ya que pone en capas los sonidos grabados con su cámara de video con los de su propia voz y música. Es más, muchas películas funcionan mejor si usted reemplaza el sonido del viento en su cámara de video por música. (En el Capítulo 15 explico cómo copiar música de CD de audio).

Al final de este paso, Movie Maker tendrá almacenados todos los videos, fotos y música que usted necesita para ensamblar su película. En el próximo paso, descrito en esta sección, usted comenzará a combinarlos todos hasta obtener un producto terminado.

Paso 2: Editar su película

Después de que ha importado sus videos, canciones y fotos, está listo para ensamblar todo en una película, eliminando las tomas malas y uniendo todo lo bueno. Si no es muy exigente, puede terminar en unos cuantos minutos. Si es fanático de Kurosawa, puede pasar días o semanas en este proceso, alineando las tomas, agregando transiciones y coordinando cortes con música que mantenga todo unido.

No se preocupe de que sus modificaciones puedan dañar el video original que guardó en su equipo. Únicamente está trabajando con una copia y todavía tiene la copia maestra en la cinta de su cámara de video.

Conforme trabaja, siéntase en libertad de reproducir su trabajo en cualquier momento. Tan sólo haga clic en el botón Play en la ventana de vista previa.

Estos pasos lo llevan en el recorrido de la edición de su película:

1. **Familiarícese con los videos e imágenes en su área de trabajo.**

   Examine el panel Collections de Movie Maker (la sección de en medio que se muestra en la Figura 16-11), la cual muestra sus clips de video importados, fotos y archivos de música. Aquí, cada toma aparece como un clip diferente, alineadas en el orden que las tomó.

   En la esquina superior derecha de Movie Maker se muestra una ventana para reproducir películas. (Haga doble clic en cualquier clip para que se reproduzca en la ventana).

   En la parte inferior se encuentra el Storyboard, su espacio de trabajo para enlazar clips en orden para que cuenten una historia, ya sea una anécdota de las vacaciones o un espectáculo emocionante de ciencia ficción.

2. **Arrastre y coloque videos e imágenes del panel Collections en el Storyboard en el orden que desea que se reproduzcan.**

   Cuando usted identifica algunos clips o fotos que se verían bien juntos en un orden especial, arrástrelos y colóquelos, uno después de otro, en el Storyboard en la parte inferior. Colóquelos en el orden que le gustaría que se reprodujeran, y Movie Maker comienza a verse como la Figura 16-13. (Cuando usted arrastra un elemento al Storyboard, éste no desaparece de su colección de clips; usted puede volver a usar el mismo video o foto tantas veces como lo desee).

   Si le parece que ya terminó, termine el trabajo adelantándose a la siguiente sección, "Paso 3: Guardar su película o presentación editada". Pero si le gustaría arreglar sus clips un poquito, agregar música o atenuaciones entre clips, vaya al siguiente paso.

3. **Guarde su proyecto.**

   Antes que se le olvide, elija Save Project en el menú File. De esta manera guarda sus clips importados y las modificaciones que colocó en el Storyboard y puede regresar en caso que se equivoque en pasos posteriores. También puede regresar a este punto en cualquier momento si elije Open Project en el menú File de Movie Maker.

   Guarde su proyecto cada vez que termine de hacer algo importante o que le haya llevado mucho tiempo.

4. **Si lo desea, en la vista Timeline puede modificar sus clips y agregar música.**

   Para modificar clips y agregar música, haga clic en el botón Storyboard (que aparece al margen) y elija Timeline del menú desplegable. El Storyboard cambia inmediatamente, como se muestra en la Figura 16-14.

En vez de mostrar los clips como bloques cuadrados, Movie Maker muestra los clips de acuerdo con su longitud. Por ejemplo, el primer clip en la escala de tiempo es mucho más largo que los otros y le caería bien que lo recortara.

Figura 16-13: Arrastre y coloque clips en el Storyboard en el orden que deben aparecer en su película.

Para recortar el clip, haga clic en él y luego haga clic en la línea vertical donde comienza el clip. (El puntero del mouse se convierte en una flecha de dos cabezas, como se muestra en la Figura 16-14). Conforme usted arrastra la línea hacia adentro (manteniendo presionado el botón izquierdo de su mouse) observe la ventana de vista previa de su película; la ventana se actualiza para mostrar su posición actual. Cuando alcance el punto donde el clip debería de comenzar, suelte el botón del mouse.

Movie Maker recorta rápidamente el clip a su nuevo comienzo. En forma similar, se puede recortar el final del clip deslizando la línea del final del clip hacia adentro. Repita con cada clip hasta que solamente tenga las partes buenas.

¿Se equivocó y recortó demasiado? Elija Undo Trim Clip del menú Edit.

Haga clic en los botones pequeños de más y menos de la lupa, cerca del botón Timeline, para alternar entre vistas de cerca y de lejos de su edición. Las vistas de cerca le permiten modificar un clip para que comience, por ejemplo, desde que se rompió el bate de baseball.

Figura 16-14:
La vista
Timeline
muestra la
longitud de
sus clips y
le permite
deslizar sus
extremos
para
editarlos.

Para agregar música, arrastre un archivo de música al área de
Audio/Music de la escala de tiempo. Windows lo mezcla con el audio
que su cámara de video capturó. (Haga clic con el botón secundario del
mouse en la pista de audio o pista de música para cambiar el volumen).
De igual manera, arrastre cualquier foto digital a la escala de tiempo
para incorporarla a su película. Ajuste la duración de películas arrastrando hacia adentro sus extremos, como se hizo con los clips.

Si ya está satisfecho con su trabajo, vaya a la siguiente sección, "Paso 3:
Guarde su película o presentación editada". Pero si está listo para un
ajuste aún mayor, diríjase al siguiente paso.

5. **Haga clic en el botón Timeline, cambie a modo Storyboard y agregue
   transiciones.**

   Para cambiar a modo Storyboard, haga clic en el botón Timeline y elija
   Storyboard en el menú desplegable.

   Transitions son la forma cómo se unen los clips. Por ejemplo, un clip
   puede desvanecerse lentamente en otro. O, un clip entrante puede
   empujar a un clip anterior fuera de la pantalla.

   Para agregar transiciones, haga clic en Transitions en el área Edit del
   Tasks Pane. Haga doble clic en cualquier transición y la ventana de vista
   previa muestra cómo funciona. Cuando encuentre una que le guste,
   arrástrela y colóquela entre dos clips contiguos. Haga clic en el botón
   Play para observar la transición en la ventana de vista previa y si no le

gusta, reemplácela con otra distinta. (Para quitar una transición desagradable, haga clic con el botón secundario del mouse sobre ella y elija Remove).

Cuando esté satisfecho con sus clips, transiciones y sonidos, indíquele a Movie Maker que ensamble su película, lo cual describo en la siguiente sección, "Guardar su película o presentación editada".

Movie Maker ofrece una gran cantidad de trucos. Por ejemplo, haga clic en Titles and Credits en la sección Edit del Tasks Pane para escribir un título de apertura y los créditos de cierre en donde usted es el productor, director, cinematógrafo y controlador clave.

Aunque Movie Maker proporciona docenas de transiciones divertidas, son más para presentaciones que para películas. Las transiciones descontroladas se ven como que alguien estuvo jugando con efectos en vez de hacer una película. Piense en sus películas favoritas, ¿cuántas transiciones utilizaron? Las transiciones funcionan mejor para presentaciones.

Paso 3: Guardar su película o presentación editada

Publish Movie

Cuando haya terminado de editar sus clips en una película, haga clic en el botón Publish Movie (que aparece al margen) en la barra de herramientas de Movie Maker. El programa ofrece guardar su trabajo como una película completa en uno de los siguientes lugares:

- **This Computer (Este equipo):** Esta opción crea un archivo pequeño adecuado para reproducirse en su equipo.

- **DVD:** Haga clic aquí para abrir el programa DVD Maker de Vista y grabar su película en un DVD. En la siguiente sección de este capítulo describo esta opción.

- **Recordable (CD grabable):** Esta opción crea un archivo pequeño que cabe en un CD para reproducirse en otros equipos.

- **E-mail (Correo electrónico):** Es del tamaño de un sello postal, pero su película editada puede enviarse a los amigos por correo electrónico.

- **Digital Video Camera (Cámara de video digital):** Diseñada para personas que no tienen CD o DVD, esta opción le permite volver a copiar la película editada a una cinta en blanco de su cámara digital. Ésta es la mejor opción de copia de seguridad para películas largas que no caben en un DVD.

Después que usted elige una opción y hace clic en Next, Windows crea una película y elige el tamaño de archivo y la calidad adecuados para el destinatario que usted eligió. Cuando guarde su película terminada, tenga estas cosas en mente:

- El publicar películas y presentaciones puede tomar *mucho* tiempo. Windows necesita arreglar todos sus clips, crear transiciones y sonido y comprimir todo en un único archivo.

- Las películas que se vuelven a guardar en su cámara de video digital son las de mejor calidad y tamaño porque su cámara de video puede grabar archivos enormes en cintas.

- Las películas que se guardan para enviar por correo electrónico y para un sitio Web son las de más baja calidad; de lo contrario, a la mayoría de las personas les llevaría mucho tiempo bajarlas.

- Si sus películas son cortas, Windows puede guardar una copia de alta calidad en un CD para reproducirla en otros equipos. Pero muchas de las películas no cabrán en un CD.

Guardar una Película o Presentación en un DVD con Windows DVD Maker

Windows DVD Maker puede hacer lo que ninguna versión anterior de Windows podía hacer: Crear DVD que se reproducen en un reproductor de DVD. Antes de Vista, las personas tenían que comprar un programa para grabar DVD de otra compañía o tener la esperanza de que su equipo nuevo tuviera uno ya instalado.

Nota: Si desea copiar o hacer una copia de seguridad de sus archivos en un DVD en blanco, no utilice DVD Maker. En vez de eso, copie los archivos a un DVD de la misma manera que copia archivos a un CD o cualquier carpeta, proceso que describo en el Capítulo 4.

Siga estos pasos para crear una película o presentación en DVD para reproducirla en un reproductor de DVD y verla en la TV:

1. **Si es necesario, cargue Windows DVD Maker.**

   Windows Movie Maker carga automáticamente Windows DVD Maker, lo que lo deja a usted en el Paso 3. Pero si está creando una presentación de diapositivas o grabando un video completo, cargue usted mismo DVD Maker al elegir DVD Maker en el área All Programs del menú Start.

2. **Haga clic en Add Items, agregue sus fotos o videos y haga clic en Next.**

   Haga clic en el botón Add Items y elija el archivo de película o fotos que le gustaría agregar a su DVD. Si crea una presentación de diapositivas, ésta es la oportunidad de arreglar el orden para mostrar las fotos al arrastrarlas y colocarlas en su sitio.

3. **Si lo desea, personalice el menú de inicio.**

   Pase un tiempo aquí para crear el *menú de inicio* de su DVD, esa pantalla que usted ve hasta que la última persona esté acomodada cerca del aparato de TV y usted puede presionar Play. DVD Maker ofrece estas opciones de menú:

   - **Menu Text (Texto de menú):** Haga clic en este botón para elegir el título de su película o presentación de diapositivas, así como qué opciones deben aparecer en el menú. O, siga las opciones prede-terminadas que se encuentran en todo DVD: Play y Scenes.

   - **Customize Menu (Personalizar menú):** Aquí usted puede cambiar la fuente de su menú de inicio, elegir un video para que se repita en el fondo, elegir música e incluso cambiar la forma del *menú de escenas*, esa pantalla que usted puede adelantar rápidamente a distintas partes de su película. Haga clic en el botón Preview para asegurarse de que sea exactamente lo que usted desea.

   - **Slide Show (Presentación):** Esta opción, diseñada específicamente para presentaciones de diapositivas, le permite elegir la música de fondo, la cantidad de tiempo que se debe mostrar las fotos y sus transiciones.

   - **Menu Styles (Estilos de menú):** Aquí, el menú desplegable le per-mite descargar los fondos existentes en Movie Maker para realzar gráficos. (A mí me gusta Video Wall para películas y Photographs para presentaciones de diapositivas).

4. **Haga clic en Burn.**

   Luego aléjese de su equipo por unas cuantas horas. DVD Maker es un lento certificado.

   Cuando DVD Maker termine, saca un DVD listo para que usted lo eti-quete con un marcador mágico y lo introduzca a su reproductor de DVD para verlo en la TV.

Crear y guardar una presentación en un DVD

Vista le ofrece dos maneras de crear presentaciones de diapositivas en un DVD, ambas con sus respectivos pros y contras:

✔ **Movie Maker:** Básicamente, las presentaciones de diapositivas son películas, por lo que Windows Movie Maker las trata como tales. Sin embargo, los controles detallados del programa dedican tiempo y esfuerzo adicionales para perfeccionarse. Pero si a usted le gustan los proyectos prácticos, cree una presentación de diapositivas siguiendo los pasos descritos en la sección "Crear, editar y ver películas digitales y presentaciones".

✔ **DVD Maker:** Si está en busca de una presentación de diapositivas fácil y rápida, Windows DVD Maker puede ser su boleto: Agregue transiciones, elija música de fondo y grabe el resultado en un DVD. Para crear una presentación rápida en DVD Maker, siga los pasos descritos en la sección "Guardar una película o presentación en un DVD con Windows DVD Maker".

La diferencia más grande entre los dos programas son las transiciones: la manera que una imagen fluye hacia otra. Movie Maker permite transiciones muy elaboradas, mientras que DVD Maker utiliza las mismas transiciones entre cada foto. (Las transiciones aleatorias de DVD Maker ofrecen la única variedad).

Parte VI
¡Ayuda!

The 5th Wave   Por Rich Tennant

Podríamos hacer un círculo, invocar a las fuerzas de la naturaleza y canalizar la energía. Si eso no funciona, leeremos el manual.

En esta parte . . .

Windows Vista puede realizar cientos de tareas en docenas de formas, lo que significa que miles de cosas pueden fallar en cualquier momento.

Algunos problemas son fáciles de solucionar, si es que sabe cómo solucionarlos. Por ejemplo, un clic fuera de lugar en el escritorio hace que desaparezcan todos sus íconos. Pero, un clic más en el lugar correcto los regresa a su lugar.

Otros problemas son mucho más complejos, ya que requieren equipos de cirujanos en computación para que diagnostiquen, arreglen y cobren como corresponde.

Esta parte del libro le ayuda a diferenciar los grandes problemas de los pequeños. Sabrá cuándo puede arreglar un error usted mismo con unos cuantos clics y una patada. También descubrirá cómo resolver uno de los más grandes problemas de la computación: cómo copiar la información de su antiguo equipo a su *nuevo* equipo.

Capítulo 17

El Caso de la Ventana Rota

En Este Capítulo

▶ Apagar las pantallas de permiso de Vista

▶ Recuperar carpetas y archivos eliminados y sus versiones antiguas

▶ Recuperar una contraseña que olvidó

▶ Reparar un mouse

▶ Corregir íconos y archivos que se desaparecen, menús atascados y pantallas estáticas

lgunas veces usted tiene la sospecha que algo anda mal. El equipo hace ruidos quejones o Windows Vista comienza a funcionar más lento que el Congreso. Otras veces, algo definitivamente está descontrolado. Los programas no funcionan, los menús no dejan de bombardearlo o Windows Vista le da la bienvenida con un alegre mensaje de error cuando usted enciende su equipo.

Muchos de los problemas que parecen ser los más grandes tienen las soluciones más sencillas. Es posible que este capítulo pueda dirigirlo a la solución correcta.

¡Vista No Deja de Pedirme Permisos!

Cuando se trataba de seguridad, Windows XP era bastante fácil de entender. Si usted poseía una cuenta de administrador, y la mayoría de las personas la tenía, Windows XP casi siempre permanecía fuera de vista. Sin embargo, los propietarios de las menos poderosas cuentas limitadas y de invitado frecuentemente se enfrentaban a pantallas que les decían que sus acciones estaban restringidas a cuentas de administrador.

Pero con Vista, aún las cuentas de Administrator reciben pantallas fastidiosas y muy a menudo por las acciones más inofensivas. Vista es más seguro que Windows XP, por lo que constantemente se encontrará con el cerco de alambre de púas de Vista. Cuando usted trabaja en su equipo, Vista le lanza un mensaje como el que se muestra en la Figura 17-1.

Los propietarios de cuentas estándar ven un mensaje ligeramente diferente que les ordena buscar a un propietario de cuenta de administrador para que escriba una contraseña.

Por supuesto que con pantallas como ésta emergiendo constantemente, la mayoría de las personas sencillamente las ignorará y hará clic en Continue, aunque eso signifique que acaban de permitir que una parte de un spyware se pegue a su equipo.

Cuando Vista le manda una pantalla de permiso, hágase esta pregunta:

¿Vista está solicitando permiso por algo que *yo* hice? Si su respuesta es afirmativa, haga clic en Continue para darle permiso a Vista a realizar su orden. Pero si Vista le envía de la nada una pantalla de permiso cuando usted no ha hecho nada, haga clic en Cancel. Así previene que los malos invadan su equipo.

Si no tiene tiempo para esta molesta capa de seguridad y su equipo está bien protegido con un servidor de seguridad y un programa antivirus actualizado, en el Capítulo 10 encontrará la forma de apagar los User Account Permissions de Vista.

Restaurar la Calma con System Restore

Cuando su equipo es un desastre, ¿no le encantaría regresar en el tiempo cuando Windows funcionaba *bien?* Al igual que con Windows XP, el programa incorporado de Windows Vista de viaje a través del tiempo, System Restore, le permite regresar el reloj con unos cuantos clics.

Funciona así: Más o menos cada día, Windows toma una foto instantánea, conocida como *Restore Point (punto de restauración),* de las configuraciones más importantes de Windows y las guarda por fecha. Cuando su equipo empiece a pelear con usted, indíquele a System Restore que regrese a un punto de restauración creado cuando todo funcionaba bien.

System Restore no borrará ninguno de sus archivos o correos electrónicos, pero los programas instalados después de la fecha del punto de restauración podrían necesitar que los vuelva a instalar. System Restore también es reversible; usted puede deshacer su último punto de restauración o intentar uno diferente.

Para enviar a su equipo de vuelta a un punto de restauración, cuando estaba funcionando mucho mejor, siga estos pasos:

1. **Guarde cualquier archivo abierto, cierre cualquier programa que se haya cargado, cargue System Restore y haga clic en Next.**

   Elija Start, haga clic en All Programs y comience a tramar su recorrido por los menús: Elija Accessories, seleccione System Tools y haga clic en System Restore. Haga clic en Next para pasar la pantalla de inicio.

2. **Elija un Restore Point y haga clic en Next.**

   Windows XP hacía que usted adivinara cuál Restore Point aplicar. Vista da por hecho que usted está aquí porque algo sucedió recientemente, por lo que resalta el Restore Point más reciente para que usted lo elija.

   Si va a repetir estos pasos, porque el punto de restauración que Vista le recomendó no le proporcionó la corrección mágica, elija un Restore Point distinto y haga clic en Next.

3. *Asegúrese* **de guardar cualquier archivo abierto y luego haga clic en Finish.**

   Su equipo se queja un poco y luego se reinicia, con esas configuraciones anteriores que (con algo de suerte) funcionaban bien.

Si su sistema *ya* funciona bien, siéntase en libertad de crear su propio punto de restauración: En el Paso 1, haga clic en las palabras, Open System Protection. Cuando aparezca la ventana System Properties, haga clic en el botón Create que se encuentra en la parte inferior de la ventana.

Nombre al punto de restauración en forma descriptiva, algo como *Antes de permitirle a la niñera usar el equipo.* (De esa forma usted sabe qué punto de restauración utilizar si las cosas empiezan a salir mal).

Estas sugerencias permiten sacar la mayor potencia de corrección de System Restore:

✔ Antes de instalar un programa o cualquier juguete nuevo de computadora, cargue System Restore y cree un punto de restauración en caso que la instalación sea un desastre. Además, cree un punto de restauración *después* de instalar exitosamente algo. Regresar a ese punto de restauración mantendrá su instalación exitosa intacta. (En el Capítulo 12 describo cómo crear puntos de restauración).

✔ Puede guardar una buena cantidad de puntos de restauración, dependiendo del tamaño de su unidad de disco duro. Probablemente tendrá espacio para una docena o más. Windows Vista elimina los puntos de restauración más antiguos para hacer lugar para los más nuevos, así que cree sus Restore Points con frecuencia.

✔ Si usted restaura su equipo a un tiempo *antes* de cuando instaló algún hardware o software nuevo, puede que esos elementos no funcionen correctamente. De ser así, vuelva a instalarlos. También asegúrese de borrar sus puntos de restauración existentes si su equipo contrajo un virus, como se describe en la nota enmarcada en un recuadro "Quitar Restore Points infectados". El utilizar un punto de restauración infectado puede volver a infectar su equipo.

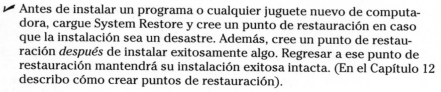

Quitar Restore Points infectados

Si su equipo tiene un virus, borre todos sus puntos de restauración antes de desinfectar su equipo con el programa antivirus. A continuación lo que debe hacer:

1. **Haga clic en Start, haga clic con el botón secundario del mouse en Computer y elija Properties.**

2. **Elija System Protection en el panel de tareas del lado izquierdo.**

3. **Quite la marca de verificación de cualquier cuadro que tenga marcas de verificación en la sección Automatic Restore Points.**

4. **Haga clic en Turn System Restore Off cuando Vista le advierta que está a punto de eliminar sus puntos de restauración.**

5. **Haga clic en OK para cerrar la ventana y luego reinicie su equipo.**

6. **Después de actualizar su programa antivirus con las últimas definiciones de virus, examine y desinfecte todo su equipo.**

7. **Cuando esté desinfectado, repita los Pasos 1 a 3, excepto que en el Paso 3, coloque una marca de verificación en el cuadro marcado Local Disc (C:) (System), y haga clic en OK.**

Cuando termine, cree un punto de restauración nuevo con el nombre del virus que acaba de desinfectar. Eso le dejará un punto de restauración seguro para uso futuro.

Revivir Archivos Dañados o Eliminados

Cualquier persona que haya trabajado con computadoras sabe la agonía que se siente al ver desaparecer horas de trabajo. Por ejemplo, por error elimina un archivo o hace cambios a otro para mejorarlo, sólo para darse cuenta después que lo arruinó en vez de mejorarlo.

En estas oportunidades, System Restore no le ayudará, ya que memoriza las configuraciones de su equipo, pero no así sus archivos. Pero Vista ofrece maneras no sólo de recuperar archivos eliminados, sino de buscar sus versiones anteriores, las dos tareas que se describen en esta sección.

Recuperar archivos eliminados por accidente

En realidad, Vista no elimina archivos, aunque usted le indique eliminarlos. En cambio, Vista los envía a su Papelera de Reciclaje (que aparece al margen), la cual reside en su escritorio. Abra la Papelera de Reciclaje y encontrará cada archivo que ha eliminado en las últimas semanas. Haga clic en el archivo que desea regresar y haga clic en el botón Restore This Item en la barra del menú de la Papelera de Reciclaje. La Papelera de Reciclaje vuelve a colocar el archivo en el lugar donde usted lo eliminó.

En el Capítulo 2 cubro la Papelera de Reciclaje.

Recuperar versiones anteriores de archivos y carpetas

¿Alguna vez ha hecho cambios a un archivo y lo ha guardado, sólo para darse cuenta de que el original era mejor? ¿Alguna vez ha querido comenzar de cero un documento que empezó a cambiar la semana pasada? Una característica nueva de Vista le permite buscar documentos que hace mucho tiempo dio por perdidos.

Ahora, Vista hace un inventario de los confines inferiores de su equipo, permitiéndole enviar un garfio para apresar y recuperar una versión antigua de un archivo que usted ha dado por perdido desde hace mucho tiempo.

Para encontrar y recuperar una versión más antigua de un archivo existente, haga clic en el archivo problemático con el botón secundario del mouse y elija Restore Previous Version. En la ventana que aparece, Vista enumera todas las versiones anteriores que están disponibles para ese archivo en particular, como se muestra en la Figura 17-2.

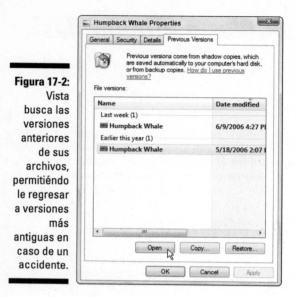

Vista enumera todas las versiones anteriores que están disponibles, lo que conduce a la siguiente pregunta: ¿Cuál es la versión que usted desea? Para dar un vistazo rápido a una versión anterior, haga clic en su nombre y en Open. Vista abre el archivo y le permite ver si ha elegido el correcto.

Si está seguro de que la versión más antigua es mejor que la versión actual, haga clic en el botón Restore. Vista le advierte que al restaurar el archivo antiguo se eliminará su archivo existente; cuando usted aprueba la eliminación, Vista coloca la versión restaurada en su lugar.

Si no está muy seguro de que la versión antigua sea mejor, una opción más segura es hacer clic en el botón Copy. Vista le permite copiar la versión anterior a una carpeta distinta, permitiéndole comparar manualmente la versión antigua con la nueva antes de decidir cuál guardar.

Recuperar una Contraseña Que Olvidó

Cuando Vista no acepta su contraseña en la pantalla de inicio de sesión, no siempre estará bloqueado de su propio equipo. Compruebe todas estas cosas antes de gritar:

✔ **Compruebe la tecla Caps Lock.** Las contraseñas de Vista *distinguen mayúsculas de minúsculas*, lo que significa que Vista considera que "ÁbreteSésamo" y "ábretesésamo" son contraseñas diferentes. Si la luz de Caps Lock de su teclado está encendida, presione la tecla Caps Lock para apagarla. Luego intente ingresar nuevamente su contraseña.

✔ **Use su Password Reset Disk.** En el Capítulo 13 explico cómo crear un Password Reset Disk. Cuando ha olvidado su contraseña, inserte ese disco para utilizarlo como una llave. Windows Vista le permite volver a ingresar en su cuenta, en donde usted enseguida puede crear una contraseña más fácil de recordar. (Cree un Password Reset Disk ahora si no lo ha hecho aún).

✔ **Permita que otro usuario restablezca su contraseña.** Cualquier persona con una cuenta de administrador en su equipo puede restablecer su contraseña. Solicítele a esa persona que elija Control Panel en el menú Start, que elija User Accounts and Family Security y que haga clic en User Accounts. Ahí puede elegir Manage Another Account, hacer clic en el nombre de su cuenta y elegir Remove Password, permitiéndole a usted ingresar al sistema.

Si no funciona ninguna de estas opciones, desafortunadamente usted está en una triste situación. Compare el valor de los datos protegidos por su contraseña contra el costo de contratar un especialista en restablecer contraseñas. Encontrará uno al buscar las palabras **restablecer contraseña** en Google (www.google.com) o en cualquier otro motor de búsqueda.

¡Mi Carpeta (O Escritorio) No Muestra Todos Mis Archivos!

Cuando usted abre una carpeta o cuando ve su escritorio, espera ver todo lo que contiene. Pero cuando algo hace falta o no hay nada dentro, compruebe estas cosas antes de entrar en pánico:

✔ **Compruebe con el cuadro Search.** Siempre que escribe algo en el cuadro Search de una carpeta, ese pequeño cuadro en la esquina superior derecha, Vista comienza a buscarlo y oculta todo lo que no coincide con su búsqueda. Si una carpeta no muestra todo lo que debe, elimine cualquier palabra que vea en el cuadro Search.

✔ **Asegúrese de que el escritorio no oculta todo.** Vista intenta "limpiar" la apariencia de su equipo. Y como a algunas personas les gusta un escritorio vacío, Vista las complace gustosamente. Sin embargo, no vuelve a colocar sus juguetes en los armarios donde pertenecen. Únicamente oculta todo de la vista. Para asegurarse de que su escritorio no oculta cosas, haga clic con el botón secundario en una parte vacía de su escritorio, elija View y coloque una marca de verificación en las palabras Show Desktop Icons.

Si todo realmente desapareció, examine las versiones anteriores de esa carpeta, como se describe en la sección "Recuperar versiones anteriores de archivos y carpetas" de este capítulo. Vista no sólo lleva control de versiones anteriores de archivos, sino también mantiene registros de la vida pasada de una carpeta.

Mi Mouse No Funciona Bien

Algunas veces el mouse no funciona para nada; otras veces el puntero del mouse salta en toda la pantalla como una pulga. A continuación algunas cosas que se pueden examinar:

✔ Si no aparece ninguna flecha de mouse en la pantalla después de que ha iniciado Windows, asegúrese de que el cable del mouse esté conectado correctamente en el puerto USB del equipo. (Si posee un mouse antiguo con un puerto PS/2 redondo en vez de un puerto USB rectangular, será necesario que reinicie su equipo para volver el mouse a la vida).

✔ Para reiniciar su equipo cuando el mouse no funciona, mantenga presionados los botones Ctrl, Alt, y Delete al mismo tiempo. Presione Tab hasta que la flecha diminuta contigua al botón rojo esté rodeada por las líneas y luego presione Enter para mostrar el menú Restart. Presione su flecha de arriba para elegir Restart y luego presione Enter para reiniciar su equipo.

✔ Si la flecha del mouse está en la pantalla pero no se mueve, es posible que Windows esté confundiendo la marca de su mouse con otra marca. Puede asegurarse de que Windows Vista reconozca el tipo correcto de mouse al seguir los pasos descritos en el Capítulo 11 para agregar hardware nuevo. Si posee un mouse inalámbrico (los mouse inalámbricos no tienen cable), es posible que necesite baterías nuevas.

✔ El puntero de un mouse puede saltar por toda la pantalla cuando la parte interior del mouse está sucia. Siga las instrucciones de limpieza que doy en el Capítulo 12.

✔ Si el mouse estaba funcionando bien y los botones parece que estuvieran ahora invertidos, podría ser que haya cambiado la configuración de botones para zurdos o derechos en el Control Panel. Abra el área configuración del mouse del Control Panel para asegurarse de que la configuración está establecida de acuerdo con sus necesidades. (En el Capítulo 11 explico cómo hacerlo).

¡Mis Doble Clic Son Ahora un Sólo Clic!

En un esfuerzo por hacer las cosas más fáciles, Windows Vista permite que las personas elijan si un sólo clic o un doble clic debe abrir un archivo o carpeta.

¡Mi programa está inmovilizado!

Eventualmente, alguno de sus programas se inmovilizará completamente y no habrá forma de llegar al comando normal Close. Estos tres pasos liberarán el programa inmovilizado de la memoria de su equipo (y de la pantalla también):

1. **Mantenga presionadas las teclas Ctrl, Alt, y Delete al mismo tiempo.**

   Conocida como "el saludo de los tres dedos", esta combinación siempre llama la atención de Vista, aunque esté navegando en mares escabrosos. De hecho, si Vista no responde, mantenga presionado el botón de encendido de su equipo para apagarlo. Después de unos segundos, vuelva a prenderla para ver si Vista ya está de mejor humor.

2. **Elija Start Task Manager.**

   Otras opciones le permiten bloquear su equipo (como medida de seguridad cuando se va a tomar un vaso de agua), cambiar usuarios (para permitir que alguien más inicie sesión), cerrar sesión y cambiar contraseña.

3. **Haga clic en la ficha Applications, si es necesario y luego haga clic en el nombre del programa inmovilizado.**

4. **Haga clic en el botón End Task tarea y Windows Vista finaliza el programa.**

   Si después su equipo parece un poco aturdido, juegue a lo seguro y reinícielo desde el menú Start.

Pero si no está satisfecho con el método de clic que utiliza Windows Vista, a continuación se describe como cambiarlo:

1. **Abra cualquier carpeta — la carpeta Documents del menú Start servirá.**

2. **Haga clic en el botón Organize y elija Folder and Search Options.**

3. **Elija su preferencia de clic en la sección Click Items As Follows.**

4. **Haga clic en OK para guardar sus preferencias.**

¿No le gusta seguir pasos? Sólo haga clic en el botón Restore Defaults en Folder and Search Options y Windows Vista devuelve el doble clic y otros comportamientos estándar de carpetas de Windows Vista.

Hacer que Programas Antiguos Se Ejecuten en Windows Vista

Muchos programadores diseñan su software para que se ejecute en una versión específica de Windows. Cuando aparece una versión nueva de Windows unos años después, algunos programas se sienten amenazados en el nuevo ambiente y se niegan a funcionar.

Si un juego antiguo u otro programa se niega a ejecutarse con Windows Vista, todavía hay esperanzas gracias al *modo de Compatibility* secreto de Windows Vista. Este modo hace que los programas crean que se están ejecutando en su antigua versión favorita de Windows y les permite ejecutarse cómodamente.

Si su programa antiguo tiene problemas con Windows Vista, siga estos pasos:

1. **Haga clic con el botón secundario del mouse sobre el ícono del programa y elija Properties.**

2. **Cuando aparezca el cuadro de diálogo Properties, haga clic en la ficha Compatibility.**

3. **Seleccione la versión que desea de Windows en el menú desplegable del modo de Compatibility como se muestra en la Figura 17-3.**

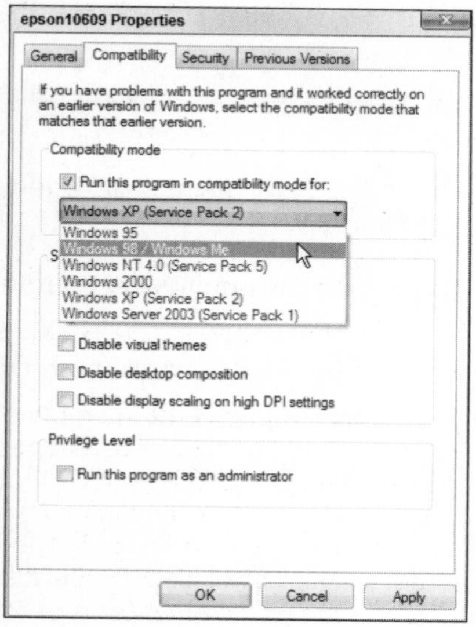

Figura 17-3:
El modo de Compatibility le permite engañar a los programas para que crean que se están ejecutando en versiones antiguas de Windows.

Examine el cuadro de su programa o déle un vistazo a su manual para averiguar cuál es la versión de Windows que espera.

4. **Haga clic en OK y a continuación intente de nuevo ejecutar su programa para ver si funciona mejor.**

¡No Puedo Encontrar los Menús!

Para empeorar las cosas, Vista ocultó los menús de los cuales los usuarios han estado dependiendo durante la última década. Para hacer que vuelvan a aparecer, presione la tecla Alt. Para hacer que Vista los vuelva a pegar sobre cada ventana a la que pertenecen, haga clic en el botón Organize, elija Folder and Search Options, haga clic en la ficha View y luego en la opción Always Show Menus. Haga clic en OK para guardar sus cambios.

Mi Equipo Está Inmovilizado

De vez en cuando, Windows deja caer la pelota y deambula por allí para sentarse debajo de un árbol. Lo deja viendo un equipo que únicamente lo ve de regreso. Ninguna de las luces del equipo parpadea. Los clic en situaciones de pánico no dan ningún resultado. Tampoco da ningún resultado presionar todas las teclas del teclado y peor aún, el equipo comienza a emitir un bip cuando se presionan.

Cuando nada en la pantalla se mueve (excepto el puntero del mouse algunas veces), el equipo está inmovilizado. Intente los siguientes métodos, en este orden, para corregir el problema:

✔ **Método 1:** Presione Esc dos veces.

   Esta acción funciona muy pocas veces, pero inténtelo de todos modos.

✔ **Método 2:** Presione Ctrl, Alt y Delete al mismo tiempo y elija Start Task Manager.

   Si tiene suerte, el Task Manager aparece con el mensaje que usted ha descubierto una aplicación que no reacciona. El Task Manager enumera los nombres de los programas en ejecución, incluyendo el que no responde. Haga clic en el nombre del programa en la ficha Application que está causando el problema y luego haga clic en el botón End Task. Por supuesto, perderá cualquier trabajo que no haya guardado, pero ya debe estar acostumbrado a ello. (Si por accidente tropezó con la combinación Ctrl+Alt+Delete, presione Esc para salir del Task Manager y regresar a Windows).

   Si aún así no se obtiene ningún resultado, presione Ctrl+Alt+Delete de nuevo y busque el botón pequeño, redondo y rojo en la esquina inferior derecha de la pantalla. Haga clic en la flecha pequeña contigua al círculo del botón, que se muestra al margen. Elija Shut Down en el menú emergente. Su equipo se deberá apagar y reiniciar, esperemos que de mejor humor.

✔ **Método 3:** Si los métodos anteriores no funcionan, presione el botón restablecer del equipo. Si aparece el cuadro Turn Off Computer, elija Restart.

✔ **Método 4:** Si el botón restablecer tampoco funciona (y algunos equipos ya ni siquiera tienen botones para reiniciar), apague el equipo presionando el botón de encendido. (Si eso simplemente muestra el menú Turn Off the Computer, elija Restart y su equipo debería reiniciarse).

✔ **Método 5:** Si mantiene presionado lo suficiente el botón para apagar el equipo (por lo general entre 4 y 5 segundos), eventualmente dejará de oponer resistencia y se apagará.

La Impresora No Funciona Adecuadamente

Si la impresora no funciona correctamente, comience primero por la solución más sencilla: Asegúrese de que esté conectada al tomacorriente y encendida. Sorprendentemente, este paso corrige casi la mitad de los problemas con impresoras. A continuación, asegúrese de que el cable de la impresora esté correctamente insertado en ambos puertos, el de la impresora y el del equipo. Luego verifique para estar seguro que tenga suficiente papel y que el papel no esté atascado en el mecanismo.

A continuación intente imprimir desde distintos programas, como WordPad y Notepad, para ver si el problema es con la impresora, con Windows Vista o con un programa de Windows en particular. Estas pruebas ayudan a determinar con precisión al culpable del delito.

Para efectuar una prueba rápida a la impresora, haga clic en el botón Start, elija Control Panel y seleccione Printers de la categoría de Hardware and Sound. Haga clic con el botón secundario del mouse sobre el ícono de su impresora, elija Properties y haga clic en el botón Print Test Page. Si su impresora le envía una hoja muy bien impresa, probablemente el problema es con el software, no con la impresora ni con Windows Vista.

En el Capítulo 7 puede encontrar más información acerca de impresión, incluyendo información para la solución de problemas.

Capítulo 18

Mensajes Extraños: Lo Que Usted Hizo No Tiene Lógica

En Este Capítulo

▶ Comprender mensajes de la barra de tareas

▶ Descifrar mensajes de Internet Explorer

▶ Responder a mensajes en el escritorio

*E*n la vida, la mayoría de las mensajes de error son bastante fáciles de comprender. El reloj de un VCR que brilla intermitentemente significa que usted no ha establecido la hora todavía. El ruido de bip de un carro significa que ha dejado sus llaves en la ignición. La mirada dura de una esposa significa que se olvidó de algo importante.

Pero los mensajes de error de Windows Vista tal vez los escribió un subcomité del Senado, si no fueran tan cortos. El mensaje de error casi nunca describe lo que usted hizo para ocasionar el evento y peor aún, qué hacer al respecto.

En este capítulo, he recopilado algunos de los mensajes más comunes de Windows Vista. Haga coincidir un mensaje de error de tema o imagen con los que aparecen aquí y luego lea su respuesta apropiada y el capítulo que describe ese problema en particular.

Activate Windows Now (Activar Windows Ahora)

Significado: La figura 18-1 significa que si usted no activa Windows, éste dejará de funcionar en pocos días.

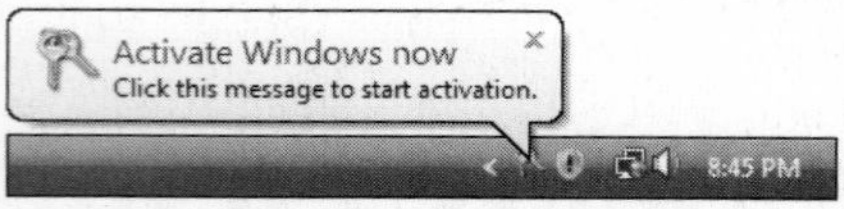

Figura 18-1:
Windows
necesita
que se le
active.

Activate Windows now
Click this message to start activation.

8:45 PM

Causa probable: El sistema de protección de copia de Microsoft requiere que cada persona active su copia de Vista dentro de un período de unas cuantas semanas después de instalar o actualizar Vista. Una vez activado, su copia de Visa está vinculada a su equipo específico, de manera que usted no pueda instalarla en otro equipo, incluyendo uno portátil.

Soluciones: Haga clic en el mensaje y permita que Windows se conecte a Internet para que se active. ¿No tiene conexión a Internet? Entonces marque el número de teléfono de activación y hable personalmente con el personal de Microsoft. *Nota:* Si este mensaje no le aparece nunca, entonces el fabricante de su equipo ya activó su copia de Windows. No se preocupe.

Check Your Computer Security (Compruebe la Seguridad de Su Equipo)

Significado: La Figura 18-2 aparece cuando su equipo tiene problemas de seguridad.

Figura 18-2:
Un
problema de
seguridad
con su
equipo
requiere
atención.

Check your computer security
There are multiple security problems with your computer.
Click this notification to fix these problems.

12:31 PM

Causa probable: Su programa antivirus no está funcionando. El mensaje también puede aparecer si el servidor de seguridad de Windows no está encendido, Windows Defender no está en ejecución, Windows Update no funciona, las configuraciones de seguridad de Internet Explorer están demasiado bajas o el User Account Control (el autor de todas esas pantallas de permiso) no está encendido.

Soluciones: Haga clic en el globo para ver el problema exacto. Si el globo desaparece antes de que usted tenga oportunidad de hacer clic en él, haga clic en el pequeño ícono rojo de escudo (que se muestra al margen) en la barra de tareas. Windows indica el problema y ofrece una solución, la cual cubro en el Capítulo 10.

Do You Want to Get the Latest Online Content When You Search Help? (¿Desea Recibir el Contenido Más Reciente en Línea Cuando Busca Ayuda?)

Significado: La Figura 18-3 significa que Vista solicita permiso para conectarse a la Internet y buscar las bases de datos de Microsoft para obtener más información útil.

Figura 18-3:
¿Desea que
Vista se
conecte al
sitio Web de
Microsoft
para
obtener
respuestas?

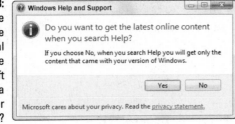

Causa probable: Todos ven este mensaje cuando buscan ayuda por primera vez en el programa Help de Vista, el cual describo en el Capítulo 20. Haga clic en Yes, ya que las bases de datos de Microsoft contienen información mucho más actualizada que el programa integrado de Help de Vista. El hacer clic en No, no sólo evita que el programa Help se conecte a Internet, sino también limita su contenido a finales de 2006, fecha en que Microsoft finalizó el programa Help.

Soluciones: Para estar seguro de que el programa Help de Vista verifica con la Internet para obtener ayuda actualizada, abra Help y soporte en el menú Start, haga clic en el menú Options y elija Settings. Luego marque la casilla de configuración denominada Include Windows Online Help and Support When You Search for Help.

Do You Want to Install (Or Run) This File? (¿Desea Instalar (O Ejecutar) Este Archivo?)

Significado: ¿Está seguro de que este software no contiene virus, spyware u otras cosas dañinas?

Causa probable: Ha descargado un archivo de Internet y ahora trata de instalarlo o ponerlo en ejecución.

Soluciones: Si está seguro de que el archivo es seguro, haga clic en Install, como aparece en la Figura 18-4. Pero si este mensaje aparece inesperadamente o usted cree que pueda no ser seguro, haga clic en Cancel. Para estar protegido, examine todas sus descargas con el programa antivirus. En el Capítulo 10 cubro computación segura.

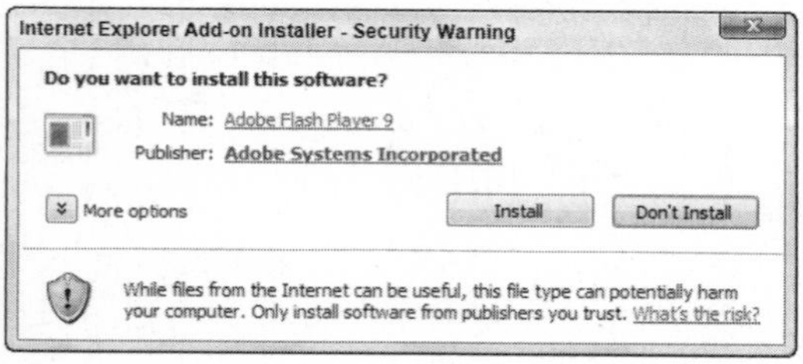

Figura 18-4:
¿Considera
que este
software es
seguro?

Do You Want to Save Changes . . . (Desea Guardar Cambios . . .)

Significado: La Figura 18-5 significa que no ha guardado su trabajo en el programa que intenta cerrar.

Figura 18-5:
¿Desea
guardar su
trabajo?

Causa probable: Usted está tratando de cerrar una aplicación, cerrar sesión o reiniciar su equipo antes de haberle indicado al programa que guarde el trabajo que ha realizado.

Soluciones: Busque el nombre del programa en la barra de título de la ventana, Notepad en este caso. Busque ese programa en su escritorio (o haga clic en el nombre en la barra de tareas para traerlo al frente). Luego guarde su trabajo (a menos que no desee guardar los cambios) al elegir Save en el menú File o hacer clic en el ícono Save del programa. En el Capítulo 5 hablo acerca de guardar archivos.

Do You Want to Turn AutoComplete On? (¿Desea Activar AutoComplete?)

Significado: La característica AutoComplete de Internet Explorer, que se muestra en la Figura 18-6, adivina lo que usted está a punto de escribir y trata de completarlo por usted.

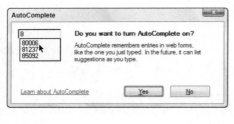

Causa probable: A todo usuario de Windows se le solicita, eventualmente, encender AutoComplete o dejarlo apagado.

Soluciones: AutoComplete convenientemente llena formularios en línea con palabras que usted ha utilizado anteriormente. Aunque ahorra tiempo, AutoComplete presenta un problema potencial de seguridad para algunas personas: Permite que otros sepan qué palabras ha escrito usted anteriormente en formularios. Para ver o cambiar su configuración, abra Internet Explorer, haga clic en Tools, elija Internet Options y haga clic en la ficha Content.

Installing Device Driver Software (Instalar Software de Controlador de Dispositivo)

Significado: Windows reconoce una pieza de equipo instalada recientemente e intenta instalarla automáticamente.

Causa probable: La Figura 18-7 generalmente aparece después de que usted conecta algo nuevo al puerto USB de su equipo.

Soluciones: Relájese. Windows sabe qué está sucediendo y se hará cargo. Sin embargo, si Windows no puede encontrar un controlador, será necesario que usted encuentre uno por sí mismo. En el Capítulo 12 describo ese aburrido proceso.

Figura 18-7: Windows encuentra un gadget nuevo.

The Publisher Could Not Be Verified (No Se Pudo Verificar el Publicador)

Significado: Windows no puede verificar que el software que usted está a punto de instalar lo creó el publicador que afirma serlo.

Causa probable: El programa *firma digital* de Microsoft funciona como una etiqueta. Windows compara las firmas digitales del software y del supuesto publicador. Si coinciden, todo está bien. Si *no* coinciden, tenga cuidado: Es posible que el software trate de engañarlo. Pero en la mayoría de las veces verá mensajes como el que se muestra en la Figura 18-8 debido a que el publicador simplemente ignoró el sistema de firma digital de Microsoft y dejó a Windows en la oscuridad.

Soluciones: Muchas compañías pequeñas omiten el proceso de firma digital debido a las demoras o cuotas de prueba de Microsoft, lo que lleva a estos mensajes. Si este mensaje emerge de una compañía de buena reputación, probablemente usted esté seguro. Pero si lo ve cuando trata de ejecutar un programa de software de una compañía de software grande, bien reconocida, no lo ponga en ejecución. Es probable que esté tratando de engañarlo.

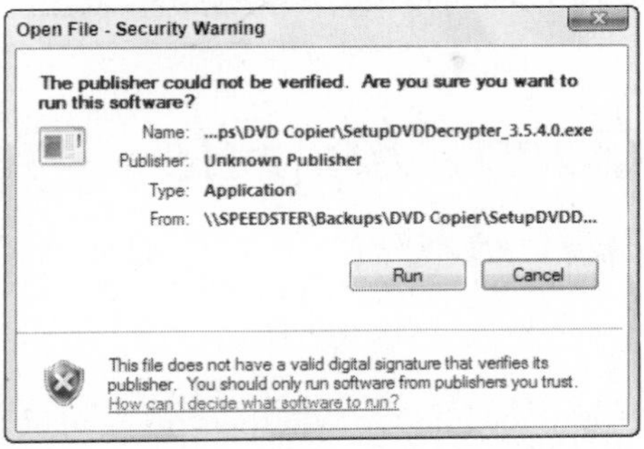

Figura 18-8: Windows no reconoce al publicador del software.

Video Card Does Not Meet Minimum Requirements (La Tarjeta de Video No Cumple con los Requisitos Mínimos)

Significado: La Figura 18-9 aparece cuando su equipo no tiene la suficiente potencia para mostrar uno de los elegantes modos gráficos de Vista. Vista puede darse por vencido completamente o cambiar a una imagen de calidad más baja. Otros mensajes similares incluyen This Program Can't Run Because It Requires a Newer Video Card or One that's Compatible with Direct3D y Would You Like to Disable Desktop Composition?

Figura 18-9: Su equipo no tiene la suficiente potencia para mostrar estos gráficos.

Causa probable: El sistema de circuitos eléctricos de gráficos dentro de su equipo portátil o equipo de escritorio no tiene la suficiente potencia para mostrar las pantallas con gráficos intensos.

Soluciones: Usted no puede hacer casi nada, si es que algo, si se trata de un equipo portátil. Pero si actualiza su equipo de escritorio con nuevas tarjetas de gráficos, que cuestan entre $100 y $200, puede evitar los mensajes, hacer más rápida su visualización y ver los efectos especiales de Vista.

Windows Cannot Open This File (Windows No Puede Abrir Este Archivo)

Significado: La Figura 18-10 aparece cuando Windows no sabe cuál programa creó el archivo en el que usted hizo doble clic.

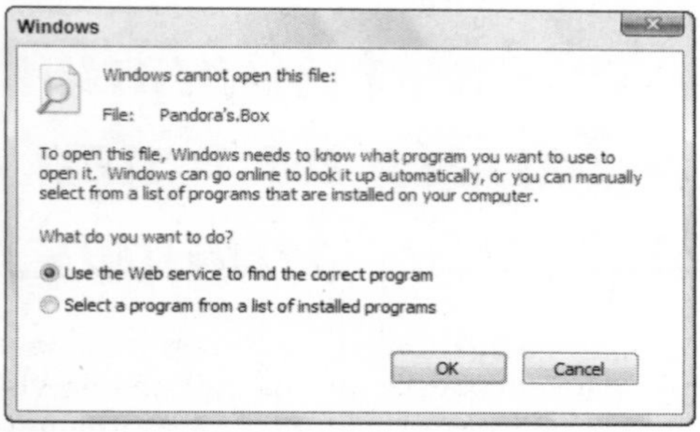

Figura 18-10: Windows no sabe con qué programa debe abrir este archivo.

Causa probable: Por lo general, Windows Vista inserta códigos ocultos secretos, conocidos como *extensiones de archivo,* al final de los nombres de los archivos. Por ejemplo, cuando usted hace doble clic en un archivo de texto de Notepad, Windows Vista detecta la extensión de archivo, oculta y secreta y utiliza Notepad para abrir el archivo. Pero si Windows no reconoce las letras de código secreto, se queja con este mensaje de error.

Soluciones: Si *usted* sabe qué programa creó el archivo misterioso, elija Select a Program from a List of Installed Programs y elija ese programa de la lista de Vista. Luego marque el cuadro de verificación Always Use the Selected Program to Open This Kind of File.

Sin embargo, si usted no sabe qué contestar, elija Use the Web Service to Find the Correct Program. Windows examina el archiva, consulta con Internet y ofrece sugerencias y vínculos para descargar el programa correcto para el trabajo. (En el Capítulo 5 cubro este problema).

Windows Needs Your Permission to Continue (Windows Necesita Su Permiso para Continuar)

Significado: La Figura 18-11 aparece cuando usted intenta hacer algo que está disponible solamente para las personas con cuentas de administrador.

Mensajes similares incluyen You Need to Provide Adminstrator Credentials, You Don't Currently Have Permission y A Program Needs Your Permission to Use This Program.

Figura 18-11:
Necesita
una cuenta
de adminis-
trador para
abrir este
programa.

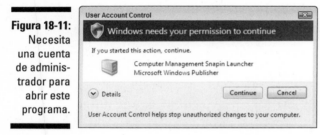

Causa probable: La acción que está intentando tomar puede dañar potencial-mente sus archivos o su equipo o reducir la seguridad del mismo. Eso no quiere decir que sí sucederá, pero que podría suceder si se utiliza de la manera equivocada. Esta acción se refiere más a levantar una palanca que a presionar el botón Detonar.

Soluciones: Si usted está seguro de que la acción es algo que desea hacer, haga clic en Continue (si ese botón está disponible) para proseguir. Si el mensaje solicita una contraseña, llame a un propietario de cuenta de administrador para que camine a su equipo y escriba su contraseña, de acuerdo a como lo describo en el Capítulo 10.

You Don't Currently Have Permission to Access This Folder (Actualmente Usted No Tiene Permiso para Obtener Acceso a Esta Carpeta)

Significado: La figura 18-12 significa que Vista no le permite dar un vistazo dentro de la carpeta que intenta abrir. (El nombre de la carpeta aparece en la barra de título del mensaje).

Figura 18-12: Busque a alguien que tenga una cuenta de administrador para abrir esa carpeta o archivo.

Forbidden Fruit

You don't currently have permission to access this folder.

Click Continue to get access to this folder.

Continue | Cancel

Causa probable: El propietario del equipo no le ha dado permiso a usted.

Soluciones: Únicamente una persona con cuenta de administrador, por lo general el propietario del equipo, puede otorgar permiso para abrir ciertas carpetas, por lo que necesita localizar a esa persona. (Si usted es el administrador, puede otorgar acceso a otros al copiar o mover la carpeta o su contenido a la carpeta Public, como se describe en el Capítulo 14).

Capítulo 19

Trasladarse de un Equipo Antiguo a Uno Nuevo

....

En Este Capítulo

▶ Copiar los archivos y configuraciones de su equipo antiguo a un equipo nuevo

▶ Utilizar Windows Easy Transfer

▶ Transferir archivos por medio de un cable, red, unidad de disco, CD o DVD

▶ Deshacerse de su equipo antiguo

....

*C*uando trae a casa un magnífico equipo nuevo, no tiene lo más importante de todo: los archivos de su equipo *antiguo*. ¿Cómo copia todo desde ese equipo viejo y pasado de moda con Windows XP, a ese emocionante equipo nuevo con Windows Vista? ¿Cómo *encuentra* todo lo que desea transferir? Para solucionar el problema, Microsoft abasteció a Vista con una furgoneta virtual de mudanza llamada Windows Easy Transfer.

Windows Easy Transfer, aparte de tomar los datos de su equipo viejo, también toma la configuración de muchos de sus programas: por ejemplo, sus sitios Web favoritos y el correo electrónico de Outlook Express. También toma sus configuraciones de correo electrónico para evitarle la molestia de configurar su programa de correo nuevo.

No todas las personas necesitan Windows Easy Transfer. Si actualiza a Vista su equipo con Windows XP, por ejemplo, Vista automáticamente transfiere sus archivos y configuraciones durante el proceso de instalación de Vista. No necesitará el programa de transferencia, ni este capítulo.

Pero cuando necesita copiar información de un equipo a otro, este capítulo le presenta el programa y lo guía en su misión.

Nota: Windows Easy Transfer no funciona en versiones antiguas de Windows como Windows Me o Windows 98.

Prepararse Para Mudarse a Su Equipo Nuevo

Como en cualquier día de mudanza, el éxito del evento depende de su preparación. En lugar de alborotarse buscando cajas y cinta adhesiva, usted debe hacer estas dos cosas para preparar su equipo para Windows Easy Transfer:

✔ Elegir el método para transferir la información entre los equipos

✔ Instalar los programas de su equipo *viejo* en su equipo *nuevo*.

Las dos secciones siguientes explican cada tema con más detalle.

Elegir cómo transferir la información de su equipo anterior

Las computadoras son excelentes para copiar cosas, para preocupación de la industria del entretenimiento. De hecho, son tan buenas que ofrecen una cantidad enorme de formas para copiar la misma cosa.

Por ejemplo, Windows Easy Transfer ofrece *cuatro* formas distintas para copiar la información de su equipo viejo al nuevo. Cada método funciona a un nivel de dificultad y velocidad diferentes. Debe elegir uno de estos cuatro:

✔ **Cable de Windows Easy Transfer:** Todo equipo tiene un puerto USB, por lo que la solución más rápida y sencilla es el cable de Windows Easy Transfer. Con frecuencia se vende en las tiendas bajo el nombre de Easy Link, Direct Link, USB Bridge o simplemente Linking USB cable. Éste es un cable especial que se parece a un cable normal de USB que se tragó un ratón: El cable tiene una protuberancia en el centro, como se muestra en la Figura 19-1. Estos cables cuestan menos de $30 en la mayoría de tiendas de artículos electrónicos o en línea.

✔ **Red:** Vista puede succionar la información de su equipo viejo vieja a través de una red, si usted ya ha creado una entre sus dos equipos. Crear una red requiere mucho más trabajo que conectar un cable Easy Transfer, pero explico el trabajo requerido en el Capítulo 14.

✔ **DVD o CD:** Si ambos equipos tienen grabadoras de CD o DVD, puede transferir información si graba carretadas de discos. Pero prepárese para una *larga* tarde de trabajo introduciendo discos a ambos equipos. A menos que transfiera sólo un puñado de archivos, este método es la opción más lenta y la más laboriosa.

✔ **Unidad de disco duro portátil:** Una unidad de disco duro portátil, que cuesta entre $100 y $200, funciona bien para transferir información de un equipo a otro. La mayoría de unidades de disco portátiles se conectan a un tomacorriente en la pared y al puerto USB de su equipo. (Un iPod vacío puede funcionar como una unidad de disco duro portátil, en caso de necesidad, si sabe cómo almacenar archivos en él).

Cuando su equipo está a una distancia más larga que el alcance de un cable, una unidad de disco portátil es su mejor opción de transferencia. Elija uno que sea tan grande como la unidad de disco duro dentro de su equipo. Después de transferir los archivos, ponga a funcionar la unidad de disco duro todas las noches para hacer una copia de seguridad de sus archivos, una tarea sumamente prudente que describo en el Capítulo 12.

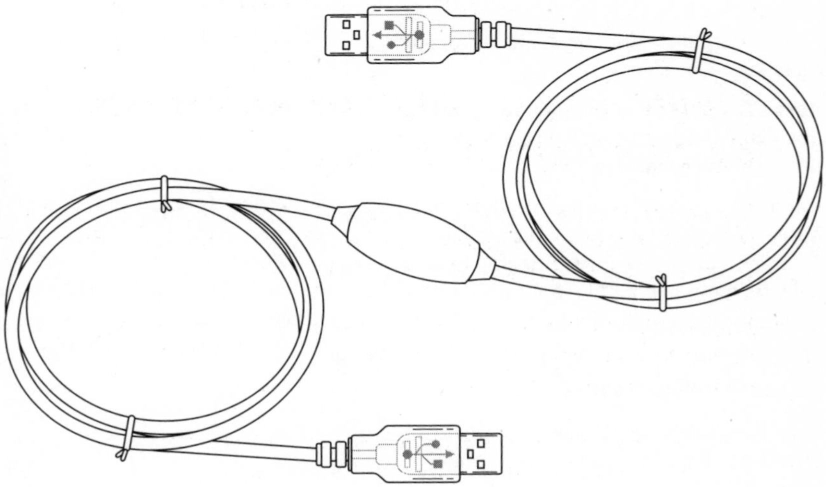

Figura 19-1: Un cable USB de Windows Easy Transfer tiene una protuberancia en el centro.

Instalar los programas de su equipo viejo en su equipo nuevo

Windows Vista puede transferir los *datos* de su equipo (su correo electrónico, fotos digitales, cartas y otras cosas que usted ha creado) así como las *configuraciones* de sus programas: configuraciones de cuentas de correo electrónico, por ejemplo, y la lista de sitios Web favoritos de su explorador Web.

Pero Vista no puede copiar los *programas*. Así es: Todos los programas de su equipo viejo se tienen que volver a instalar en su equipo nuevo. Y necesita instalar esos programas *antes* de ejecutar el programa Easy Transfer para estar seguro de que los programas estén listos para aceptar las configuraciones que vienen.

Copiar Windows Easy Transfer a su equipo viejo

Windows XP no viene con el programa Windows Easy Transfer. Eso no es un obstáculo si su equipo tiene una unidad de disco para DVD. Sólo tiene que insertar el DVD de instalación de Windows Vista en la unidad de disco para DVD de su equipo con Windows XP. En la pantalla de inicio, elija Transfer Files and Settings from Another Computer y Windows Easy Transfer salta a la pantalla.

Pero si su centenaria computadora con Windows XP no tiene una unidad de disco para DVD, instale el programa Windows Easy Transfer mediante los pasos siguientes:

1. **Abra Windows Easy Transfer en su equipo con Vista y haga clic en Next en la pantalla de inicio del programa.**

   Haga clic en Start, elija All Programs, haga clic en Accessories, haga clic en System Tools y en Windows Easy Transfer. Si se le solicita, haga clic en Close All para cerrar cualquier programa que se encuentre en ejecución.

2. **Elija Start a New Transfer.**

   Vista pregunta si se está ejecutando el programa en su equipo nuevo o en el viejo.

3. **Elija My New Computer.**

   Vista pregunta si tiene un cable para Easy Transfer.

4. **Elija No, Show Me More Options.**

   Elija esta opción sin sentido aunque *sí* posea un cable para Windows Easy Transfer.

5. **Elija No, I Need to Install It Now.**

   Vista ofrece copiar el programa Windows Easy Transfer a un CD, unidad flash USB, unidad de disco duro externo o carpeta compartida en red.

6. **Haga su elección y Vista crea una copia del programa para ejecutarla en su equipo viejo.**

   Vista guarda el programa en una carpeta llamada MigWiz. Para ejecutar el programa en su equipo con Windows XP, navegue hacia la carpeta MigWiz, ábrala y haga doble clic en el nombre críptico del programa: migwiz o migwiz.exe.

Para instalar los programas antiguos, desempolve sus CD de instalación y cualquier código de protección de copia que pudiera necesitar introducir. Normalmente los códigos están impresos en el mismo CD, en el empaque del CD o en una etiqueta adhesiva en el manual del programa. (Si compró un programa en línea, es probable que pueda recuperar el código de protección de copia en el sitio Web del fabricante).

Transferir Información Entre Dos Equipos con Windows Easy Transfer

Windows Easy Transfer funciona en tan sólo unos pasos o en una extensa fila de pasos, dependiendo del método de transferencia elegido. Primero, indíquele al programa cómo transferir su información: a través de un cable, red o en discos. Segundo, indíquele a Vista qué información recolectar de su equipo viejo: ¿Todo lo que está en su cuenta de usuario? ¿De las cuentas de usuario de todos los usuarios? O quizás, ¿únicamente unos cuantos archivos importantes?

Después de recibir esos detalles, el programa se pone a trabajar, tomando todo lo que usted ha elegido de su equipo con Windows XP y metiendo todo en los lugares apropiados dentro de su equipo nuevo con Vista.

En la siguiente sección se describe cómo copiar con Windows Easy Transfer mediante un cable USB Easy Transfer, red o área de almacenaje como CD, DVD o unidad de disco duro portátil.

Asegúrese de iniciar sesión con una cuenta de administrador; las cuentas limitadas no tienen permiso para copiar archivos. Y tome el tiempo que necesite: Siempre puede regresar a una pantalla anterior al hacer clic en la flecha azul que aparece en la esquina superior izquierda de la ventana.

1. **Inicie ambos equipos e inicie sesión en cada uno.**

   Si piensa utilizar un cable USB para Easy Transfer, instale ahora el programa de cable para Easy Transfer a su equipo con Windows XP. Ese programa le permite al pobre viejo Windows XP entender el tipo de cable que usted está a punto de conectar. (No instale el programa de cable para Easy Transfer en su equipo con Vista, porque Vista ya sabe cómo utilizar el programa de cable USB para Easy Transfer).

2. **Ejecute Windows Easy Transfer en su equipo con Windows XP y haga clic en Next.**

   Inserte el DVD de instalación de Windows Vista en la unidad de disco para DVD de su equipo con Windows XP. En la pantalla de inicio, elija Transfer Files and Settings from Another Computer y el programa salta a la pantalla.

   Si su equipo con Windows XP no tiene una unidad de disco para DVD, lea la nota enmarcada en un recuadro, "Copiar Windows Easy Transfer a su equipo viejo". Ésta explica cómo copiar el programa a su equipo viejo.

3. **En su equipo con Windows XP, elija cómo transferir archivos y configuraciones a su equipo nuevo con Vista**

   El programa Easy Transfer ofrece tres opciones, las cuales se muestran en la Figura 19-2:

   • **Use an Easy Transfer Cable (Recommended).** Si elige esta opción rápida y fácil, conecte el cable para Easy Transfer entre los puertos USB de su equipo con Windows XP y su equipo con Windows Vista. Cuando se abre Windows Easy Transfer automáticamente en su equipo con Windows Vista, diríjase al Paso 11.

- **Transfer Directly, Using a Network Connection.** Si elige transferir sus datos a través de la red de su equipo, diríjase al Paso 5.

- **Use a CD, DVD, or Other Removable Media.** Si elige esta opción, diríjase al siguiente paso.

4. **Elija cómo transferir sus archivos y configuraciones.**

   El programa ofrece tres opciones:

   - **CD or DVD:** Esta opción funciona si su equipo viejo puede grabar CD o DVD *y* su equipo nuevo tiene una unidad de disco para CD o DVD para leerlos. Prepárese para pasar una larga tarde frente a ambos equipos, copiando discos e insertándolos en su equipo nuevo.

   - **USB Flash Drive (Unidad flash):** Más rápidas que los CD o DVD, las unidades flash USB tienen el problema de ser pequeñas. Funcionan para transferir unos pocos archivos, pero no son suficientemente grandes para guardar toda la información de su equipo viejo.

   - **External Hard Disk or Network Location (Unidad de disco duro externo o ubicación de red):** Los discos duros externos (llamados también unidades de disco duro portátiles) se conectan al puerto USB de su equipo para darle una gran dosis de espacio para almacenaje. Son su mejor y más confiable opción. Si ambos equipos pueden conectarse a la misma ubicación de red (una carpeta Public o Shared Documents) también puede elegir esa opción.

   Después de hacer su elección, elija la letra de unidad de su grabador de CD/DVD, unidad flash USB, disco duro externo o la ruta a la ubicación de su red y a continuación cree una contraseña opcional para mantener su información segura. (Tendrá que introducir esa contraseña en su equipo con Windows Vista para tener acceso a la información). Haga clic en Next y diríjase al Paso 11.

5. **Elija cómo transferir archivos y configuraciones a través de una red.**

   El programa ofrece dos opciones:

   - **Use a Network Connection (Utilizar una conexión de red):** La elección más probable para redes domésticas pequeñas, esta opción canaliza la información directamente desde su equipo con Windows XP a su equipo con Windows Vista. Si elige esta opción, diríjase al Paso 6 a continuación.

   - **Copy to and from a Network Location (Copiar hacia y desde una ubicación de red):** Elija esta opción para redes más privadas, cuando sus equipos no pueden comunicarse directamente, pero ambos pueden tener acceso a la misma ubicación de red. Si elige esta opción, seleccione la ubicación de red, elija una contraseña opcional y diríjase al Paso 11.

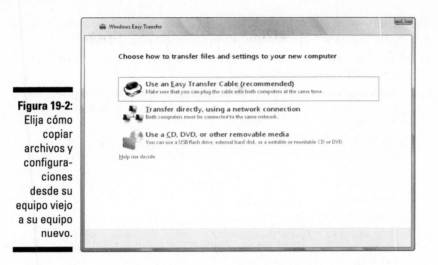

Figura 19-2:
Elija cómo copiar archivos y configuraciones desde su equipo viejo a su equipo nuevo.

6. **Elija si tiene o no una clave para Windows Easy Transfer.**

   Elija No, I Need a Key y luego escriba la clave en una hoja de papel. Más tarde necesitará introducir la clave en su equipo con Vista. (Vista se preocupa *bastante* por la seguridad).

7. **Cámbiese a su equipo con Windows Vista, ejecute Windows Easy Transfer y haga clic en Next.**

   Al igual que con Windows XP, Windows Vista permite utilizar Windows Easy Transfer solamente a propietarios de cuentas de administrador.

   El programa Easy Transfer de Vista le pregunta si desea iniciar una transferencia nueva o continuar con la que está en curso.

8. **Elija Continue a Transfer in Progress.**

   Este programa pregunta si los equipos están conectados a una red.

9. **Elija Yes, I'll Transfer Files and Settings Over the Network.**

   El programa le solicita que escriba su clave para Easy Transfer.

10. **Escriba la clave que recibió en el Paso 6, haga clic en Next y regrese a su equipo con Windows XP.**

    ¿No tiene la clave? Todavía se muestra en el monitor de su equipo con Windows XP. Escriba la clave y haga clic en Next. Vista se conecta a su equipo con Windows XP.

    Luego regrese a su equipo con Windows XP y continúe con el Paso 11.

11. **En su equipo con Windows XP, elija cuáles cuentas e información transferir al equipo nuevo con Vista.**

    Windows Easy Transfer ofrece tres formas para transferir su información, las cuales se muestran en la Figura 19-3:

    • **All User Accounts, Files, and Settings:** La mejor opción y la más sencilla para familias con equipo nuevo. Esta opción transfiere información de cada cuenta de usuario al equipo nuevo.

    • **Only My User Accounts, Files, and Settings:** Esta elección copia sólo la información de su *propia* cuenta de usuario. Esta opción funciona bien si comparte un equipo con otras personas y si desea pasar su información a su propio flamante equipo portátil nuevo o equipo de escritorio nuevo.

    • **Advanced Options:** Diseñada para los técnicos, esta opción le permite escoger y elegir exactamente cuáles archivos y configuraciones transferir. Los equipos de hoy en día contienen una cantidad abrumadora de archivos y configuraciones, así que ésta no es para los débiles de corazón.

    Si canaliza su información a su equipo con Windows Vista a través de un cable para Easy Connect o cable de red, siéntese frente a su equipo nuevo con Vista y diríjase al Paso 16.

    Pero si está transfiriendo su información con los otros métodos más laboriosos, diríjase al paso siguiente.

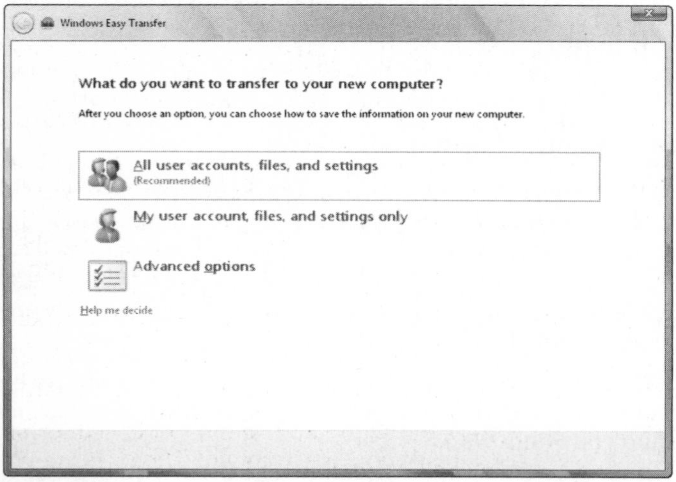

Figura 19-3: Elija cuál información transferir a su equipo nuevo.

12. Revise los archivos y configuraciones que seleccionó y haga clic en Transfer.

El programa enumera todos los archivos y configuraciones que usted seleccionó, como se muestra en la Figura 19-4. Tenga en cuenta el tamaño de su transferencia, indicada arriba del botón Transfer. Haga clic en Customize para dirigirse al Paso 11 si desea jugar más; de lo contrario, haga clic en Transfer para que la bola siga rodando.

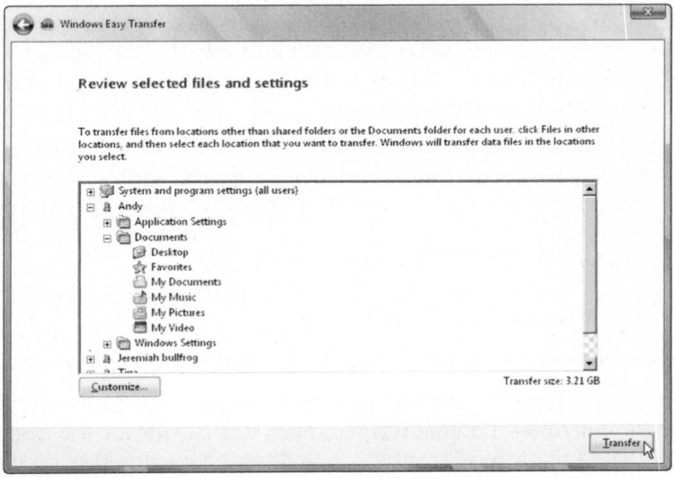

Figura 19-4: Haga clic en Transfer para copiar todos sus archivos y configuraciones seleccionados.

Vista comienza a reunir la información de su equipo viejo con el método que usted eligió:

- **Conexión directa a red:** Si elige este método, diríjase al Paso 17.

- **CD o DVD:** Vista lo lleva a través del proceso de grabar discos en su equipo viejo para insertarlos, en orden, en su equipo nuevo. Conforme crea cada disco, escriba un número (CD1, CD2, CD3,. . .) en el lado impreso con un marcador de punta de fieltro.

- **Unidad de disco:** Inserte su unidad de disco duro portátil o unidad flash, si es necesario, para almacenar sus preciados datos.

- **Ubicación de red:** El programa comienza a transferir la información a la ubicación de red de su equipo con Vista para captarla.

Cuando su equipo termina de guardar lo último de la información, diríjase al siguiente paso para copiarlo todo en su equipo nuevo.

13. Diríjase a su equipo nuevo, abra Windows Easy Transfer y haga clic en Next en la pantalla de inicio.

Si el programa se queja por algunos programas abiertos, elija Close All para cerrarlos. A continuación el programa pregunta si debe Start a New Transfer o Continue a Transfer in Progress.

14. **Elija Continue a Transfer in Progress.**

    Vista le pregunta si está transfiriendo los archivos a través de una red.

15. **Elija No, I've Copied Files and Settings to a CD, DVD, or Other Removable Media.**

    Vista pregunta en dónde almacenó los archivos entrantes.

16. **Elija la ubicación del disco o unidad de disco que contiene los archivos y haga clic en Next.**

    Indíquele al programa la ubicación exacta de los archivos: la letra de su unidad de disco para CD o DVD, por ejemplo, la letra de la unidad de disco de su unidad flash USB o unidad de disco duro externo o si guardó la información en algún otro lugar de una red, la ruta a la ubicación de la red.

    Escriba su contraseña, si protegió sus archivos con contraseña.

    Cuando hace su elección, Vista inmediatamente comienza a buscar en ese lugar para asegurarse que la información esté allí.

    Si eligió CD o DVD, Vista lo dirige en su recorrido de insertar CD o DVD, en orden, en su equipo nuevo,

17. **Elija nombres para las cuentas transferidas y haga clic en Next.**

    Vista necesita saber dónde colocar la información de la cuenta de usuario entrante. La ventana enumera a la izquierda, los nombres de las cuentas de usuario entrantes y a la derecha las cuentas de usuario existentes en el equipo, como se muestra en la Figura 19-5. Esto le deja tres posibles escenarios:

    • **Nombres iguales de cuenta de usuario:** Si utilizó los mismos nombres de cuenta de usuario en el equipo viejo y en el nuevo, este paso es muy sencillo: Automáticamente Vista organiza las cuentas en los dos equipos para que vayan a los lugares correctos.

    • **Nombres diferentes de cuenta de usuario:** Si algunos o todos los nombres de cuenta son *diferentes* en ambos equipos, indíquele a Vista cuál información va en cuál cuenta. Utilice los menús desplegables para hacer coincidir los nombres de cuenta de usuario del equipo viejo con los nombres nuevos de cuenta de usuario en el equipo nuevo.

    • **Nombres nuevos de cuenta de usuario:** Para transferir los archivos de una cuenta de usuario a una cuenta totalmente nueva, escriba el nombre nuevo de la cuenta en la parte superior del menú desplegable adyacente. El programa Easy Transfer crea esa cuenta nueva en su equipo con Vista.

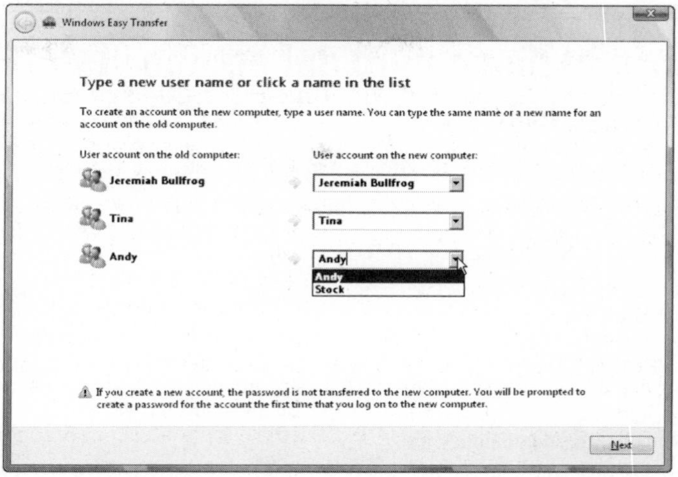

Windows Easy Transfer

Type a new user name or click a name in the list

To create an account on the new computer, type a user name. You can type the same name or a new name for an account on the old computer.

User account on the old computer: User account on the new computer:

Jeremiah Bullfrog   Jeremiah Bullfrog

Tina   Tina

Andy   Andy
                                         Andy
                                         Stock

If you create a new account, the password is not transferred to the new computer. You will be prompted to create a password for the account the first time that you log on to the new computer.

Next

Figura 19-5:
Haga
coincidir la
cuenta de
usuario
existente en
la izquierda
con su
nuevo
destino en
la derecha.

18. **Revise los archivos que seleccionó y, dependiendo de la opción de transferencia que eligió, haga clic en Next o Transfer.**

    Vista comienza a copiar la información elegida a su equipo nuevo, creando cuentas nuevas según sea necesario. Dependiendo de la cantidad de información, su método de transferencia y la potencia de procesamiento de su equipo, el trabajo puede tomar de unos minutos a varias horas.

    El programa finaliza al totalizar toda la información que transfirió y lo deja pensando cómo usted se las arreglaría sin él.

Si transfirió su información por medio de CD o DVD, guarde los discos en un lugar seguro para que pueda utilizarlos como copias de seguridad de emergencia. Si algún desastre contamina a su equipo nuevo, por lo menos tendrá segura la información de su equipo viejo.

Desechar el Equipo Viejo

Después de que ha transferido todo lo de valor del equipo viejo al nuevo, ¿qué puede hacer con el equipo viejo? Tiene varias opciones.

Muchas personas sencillamente le pasan sus equipos viejos a sus niños; es muy parecido a cuando se pasa la ropa del hijo mayor al hijo que le sigue. Los niños no necesitan equipos potentes para escribir trabajos de clase.

Borrar el disco duro del equipo viejo

Un disco duro recién donado puede ser el deleite de un ladrón. Si es como la mayoría de discos duros, contiene contraseñas a sitios Web, cuentas de correo electrónico y programas; números de tarjetas de crédito, información de identificación y muy posiblemente registros financieros. Ninguna información de este tipo debería caer en las manos equivocadas.

Si su disco duro contiene información particularmente confidencial, compre un programa de destrucción de datos, disponible en la sección de Utilities de la mayoría de tiendas de computación.

Estos programas, especialmente diseñados, borran completamente el disco duro y después lo llenan con caracteres aleatorios. (Muchos programas repiten el proceso varias veces hasta lograr la especificación de privacidad requerida por el gobierno).

Alternativamente, sáquela a la calle y golpéela con un mazo grande hasta que ya no tenga reparación. (Dan Gookin, autor de *Word For Dummies,* los dispara con una escopeta a sus unidades de disco viejas).

Otras personas los donan a instituciones de caridad, aunque éstas se han vuelto más exigentes en lo que aceptan. Asegúrese de que el equipo todavía funcione bien y que tenga un monitor.

También puede, sencillamente, tirarlo a la basura. Sin embargo, una cantidad creciente de ciudades y estados prohíben esta opción para evitar que desechos peligrosos lleguen a los basureros. Por ejemplo, en California, Texas y otros estados es ilegal tirar equipos o monitores.

Recíclelo. Dell, por ejemplo, reciclará gratuitamente su equipo Dell viejo. Dell incluso recicla los equipos de la competencia cuando usted compra un equipo Dell nuevo. Aunque no compre la marca Dell, visite la página de reciclaje (www.dell.com/recycling) en el sitio Web de Dell para obtener mucha información general de reciclaje. Pregúntele también a su distribuidor de IBM acerca de su plan de reciclaje.

Recicle cosas útiles. Cuando ya ninguno de ustedes o de sus amigos quiere su equipo viejo, visite la red Freecycle (www.freecycle.org). Este sitio Web le permite exponer artículos que ya no tienen valor para usted, para que otras personas puedan acercarse y quitárselos de las manos. Un estudiante necesitado podría encontrarle algún valor a su equipo viejo.

Retenga su equipo viejo por unas semanas mientras utiliza su equipo nuevo. Puede que se recuerde de un archivo o configuración importante que esté en el equipo viejo y que no se haya transferido todavía.

Capítulo 20

Ayuda acerca del Sistema de Ayuda de Windows Vista

En Este Capítulo

▶ Encontrar consejos útiles rápidamente

▶ Encontrar ayuda para un problema o programa en particular

*N*o se moleste en rebuscar las cosas importantes en todo el capítulo: He aquí las formas más rápidas para que Windows Vista le traslade información útil cuando esté confundido:

- ✔ **Presione F1:** Presione la tecla F1 de su teclado desde Windows o cualquier programa.

- ✔ **Menú Start:** Haga clic en el menú Start y seleccione Help and Support.

- ✔ **Signo de interrogación:** Si ve un pequeño ícono de signo de interrogación cerca de la esquina superior derecha de una ventana, haga un rápido clic sobre éste.

En cada caso, Vista lo lleva a su programa Help and Support, que está lleno de tablas, diagramas e instrucciones paso a paso para que usted las siga.

Este capítulo explica cómo obtener la mayor ayuda posible desde Help and Support de Windows.

Consultar a un Gurú de Equipos con Programas Integrados

Casi todos los programas de Windows incluyen su propio sistema separado de Help. Para hacer un llamado al gurú de equipos con programas integrados, presione F1 o seleccione Help desde el menú. Por ejemplo, para encontrar ayuda en Windows Mail y comenzar a hacer preguntas específicas, siga estos pasos:

1. **Seleccione Help desde el menú del programa y elija View Help (o presione F1).**

   El programa Help and Support técnico de Windows abre la página dedicada a Windows Mail (consulte la Figura 20-1). Una vez ahí, el programa enumera los temas que les provocan a las personas muchos dolores de cabeza.

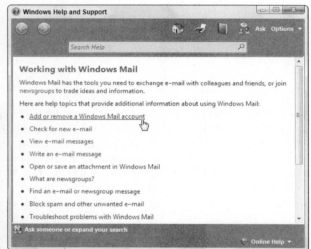

Figura 20-1: Seleccione el tema que le está dando problemas en Windows Mail.

El cuadro Search que aparece en la parte superior de la pantalla, le permite buscar el índice del programa Help. Escribir unas cuantas palabras que describen su pregunta, a menudo captura la página precisa que usted necesita, con lo que le ahorra algunos pasos.

2. **Haga clic sobre el tema para el que necesita ayuda.**

   Por ejemplo, al hacer clic sobre Add or Remove a Windows Mail Account, le indica a Vista que explique más sobre cómo configurar o eliminar las cuentas de correo.

3. **Elija el subtema que le interese.**

   Después de una breve explicación sobre el tema, la página Help ofrece muchos subtemas: Puede seleccionar entre agregar o eliminar una cuenta de correo electrónico, por ejemplo. Pero no deje de ver los temas "See also" en la parte inferior de la página. Éstos capturan temas relacionados con la información que pueda necesitar.

4. Siga los pasos enumerados para completar su tarea.

Vista enumera los pasos necesarios para completar su tarea o solucionar su problema, evitándole buscar en todos los menús de su otro programa problemático. Conforme siga los pasos, siéntase libre de ver el área que está debajo de éstos; a menudo encontrará consejos para que su trabajo sea más fácil la próxima vez.

 ¿Confundido sobre un término extraño que se usa en la ventana Help? Si el término aparece en un color distinto y aparece subrayado cuando lo señala con el mouse, haga clic sobre éste. Emergerá una nueva ventana, con la definición de la palabra.

Trate de mantener abierta la ventana Help y su programa problemático en ventanas adyacentes. Esto le permite leer cada paso en la ventana Help y aplicar los pasos en su programa, sin la distracción de que ambas ventanas se traslapen entre sí.

El sistema Help de Windows Vista a veces lo hace trabajar más, obligándolo a batallar entre los menús cada vez más detallados para encontrar información específica. De todos modos, utilizar Help le ofrece un último recurso cuando no puede encontrar la información en otro lado. Esto es mucho menos vergonzoso que preguntarles a los hijos adolescentes del vecino.

Si está impresionado con una página útil en particular, imprímala. Haga clic sobre el ícono Printer (se muestra en el margen) en la parte superior de la página. Windows Vista envía esa página a la impresora, para que la pueda tener a la mano hasta que la pierda.

Encontrar la Información Que Necesita en el Help and Support Center de Windows

Cuando no sabe en dónde más comenzar, recurra al Help and Support Center de Vista y empiece a buscar en la parte superior.

Para convocar al programa, elija Help and Support Center desde el menú Start. Aparece en la pantalla el Help and Support Center, como se muestra en la Figura 20-2.

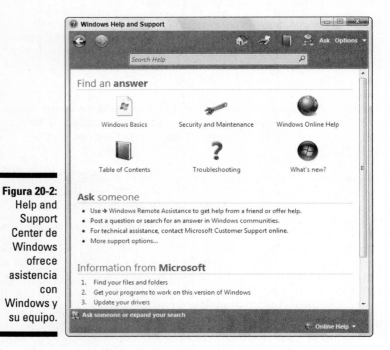

Figura 20-2:
Help and
Support
Center de
Windows
ofrece
asistencia
con
Windows y
su equipo.

El programa ofrece tres secciones: Find an Answer, Ask Someone y Information from Microsoft. Comience con la sección Find an Answer, la que hace emerger la ayuda sobre estos temas:

✔ **Windows Basics (Introducción a Windows):** Si es un novato tanto con los equipos como con Windows, diríjase aquí primero. Lo lleva a través de la información que se describe en el Capítulo 1.

✔ **Security and Maintenance (Seguridad y mantenimient):** Esta área ofrece cosas que las personas dejan a un lado hasta que algo esté mal: garantizar que los sistemas de seguridad de su equipo estén activos, por ejemplo; diagnosticar problemas potenciales que Vista notó con su equipo; o asegurarse de que su equipo cuente con las últimas actualizaciones de Windows Update.

✔ **Windows Online Help (Ayuda en pantalla de Windows):** No haga clic aquí a menos que esté conectado a la Internet, debido a que esto le indica al programa Help que muestre la página Help en línea de Vista en el sitio Web de Microsoft. El sitio está generalmente más actualizado que el programa Help integrado de Vista, pero utiliza lenguaje más técnico.

✔ **Table of Contents (Tabla de contenido):** Tal como usted esperaría, hacer clic aquí muestra una tabla de contenido que enumera cada tema. Haga clic sobre cualquier tema para que aparezcan los subtítulos, lo que le permite encaminarse hacia la dirección que necesite.

✔ **Troubleshooting (Solución de problemas):** El lugar al que hay que acudir cuando algo no está funcionando. Le permite diagnosticar y solucionar problemas con las redes de Internet, correo electrónico y la forma en la que las partes de su equipo recíprocamente con Vista.

✔ **What's New (¿Qué hay de nuevo?):** Los usuarios de Windows XP que sienten curiosidad de saber por qué se actualizaron, pueden hacer clic aquí para conocer qué hay de nuevo en su versión particular de Vista, ya sea Home Basic, Ultimate o alguna intermedia.

No se moleste con la sección Ask Someone. Le ofrece Remote Assistance, que es útil sólo cuando se ha dado cuenta de que usted es un individuo raro que desea conectar su equipo con la Internet para resolver sus problemas. La opción Windows Communities de la sección Ask Someone, lo lleva a los grupos de noticias, una complicada reliquia en línea de los primeros años de Internet. La última opción de la sección, Contact Microsoft Customer Support Online, lo lleva a la Knowledgebase de Microsoft, una base de datos de los problemas de Windows escrita para profesionales de Internet.

Information from Microsoft, es el área que se encuentra al final de la sección Help and Support, en donde se enumeran las preguntas más frecuentes que se hacen en el sitio de soporte técnico en línea de Vista de Microsoft. Vale la pena intentar sólo para el caso remoto de localizar su pregunta entre las tres que aparecen enumeradas.

Inicie su búsqueda de ayuda en el cuadro Search al escribir unas cuantas palabras clave. Escriba **correo electrónico**, por ejemplo, para que aparezcan todos los temas de ayuda relacionados con correo electrónico. Si Vista no surge con respuestas, diríjase a la Table of Contents. Encuentre el tema que causa problemas, haga clic sobre éste y comience a reducir la búsqueda de la información pertinente.

El programa Help and Support de Windows trabaja de manera muy similar a la de un sitio Web o carpeta. Para regresar una página, haga clic en la pequeña flecha azul Back, en la esquina superior izquierda. Esa flecha lo ayuda si se encuentra acorralado.

Convocar a los Solucionadores de Problemas de Windows Vista

Cuando algo no está funcionando como debería, la sección Troubleshooting del programa Help and Support de Windows Vista puede detectar una solución. Algunas veces trabaja como un índice, con lo que limita el alcance de sus problemas al botón que los soluciona. Después, aparece el botón en la página Help para obtener la solución con un solo clic.

Algunas veces, un botón mágico no es suficiente. Por ejemplo, si la señal de su Internet inalámbrico no es lo suficientemente fuerte, el Troubleshooter le dice que se levante y que mueva su equipo portátil más cerca del transmisor.

Para convocar al programa de solución de problemas, siga estos pasos:

1. **Seleccione Help and Support desde el menú Start.**

   Se abre el programa Help and Support, que se mostró anteriormente en la Figura 20-2.

2. **Seleccione Troubleshooting en la pantalla que se abrió.**

   El ícono Troubleshooting (que aparece en el margen), se encuentra en la sección Find an Answer de la pantalla de apertura del programa Help and Support (consulte la Figura 20-2). La página de Troubleshooting in Windows, que se muestra en la Figura 20-3, está lista para atacar una amplia variedad de problemas, de lo general a lo específico.

3. **Haga clic en el tema que le preocupa.**

   La sección Troubleshooting le ofrece estos cinco temas:

   - **Networking (Redes):** Este tema ofrece ayuda sobre cómo encontrar "zonas activas" inalámbricas para conectarse en el camino, arreglar redes locales y solucionar problemas de conexión de redes e Internet.

   - **Using the Web (Utilizar la Web):** Aquí es donde puede encontrar ayuda con las conexiones de Internet, que incluyen cómo compartir una conexión con varios equipos.

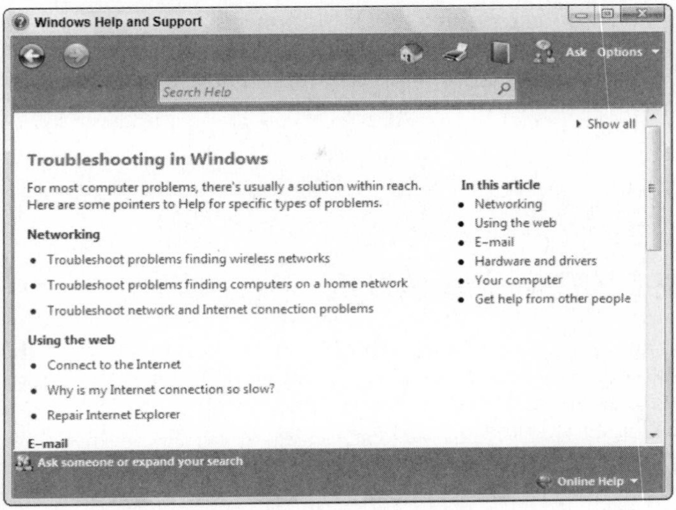

Figura 20-3:
Los
programas
del Trouble-
shooting
ayudan a
resolver una
amplia
variedad de
problemas.

- **E-mail (Correo electrónico):** Esta área cubre Windows Mail y los datos adjuntos, así como el envío de imágenes y video a través del correo electrónico.

- **Hardware and Drivers (Hardware y controladores):** Cuando algo no funciona adentro de su equipo, Vista puede mostrarle los síntomas. Esta área muestra cómo se pueden diagnosticar los problemas del controlador, la causa más grande de discusión entre Vista y lo que está dentro o conectado con su equipo.

- **Your Computer (Su equipo):** Una sección general para todo lo demás; ésta le ayuda con temas de seguridad y mejorar el rendimiento de su equipo.

Haga clic sobre un tema y Vista lo llevará a la página que trata los problemas más comunes sobre ese tema. Siga haciendo clic sobre los subtemas, hasta que encuentre el que se relaciona con su problema en particular.

4. **Siga los pasos recomendados.**

La mayor parte del tiempo, tropezará con los pasos numerados para resolver su problema. Siga los pasos uno a la vez para finalizar el trabajo.

Parte VII
La Parte de los Diez

The 5th Wave   Por Rich Tennant

Bueno, el primer nivel de seguridad de Windows Vista se ve bien. No puedo quitar el empaque de plástico termoencogible.

En esta parte . . .

Ningún libro *Para Dummies* está completo sin la sección Parte de los Diez: Enumera diez segmentos de información fáciles de leer. Por supuesto, la lista no siempre contiene exactamente diez, pero usted sabe a qué nos referimos.

La primera lista explica diez cosas que usted realmente odia Vista (seguido por las formas para solucionar esos problemas). La siguiente lista hace un balance de la primera lista con las diez cosas que le gustan sobre Vista (y cómo mejorarlas).

La última lista contiene consejos exclusivamente para equipos portátiles. Explica cómo cambiar la forma en la que reacciona su equipo portátil cuando usted cierra la cubierta, así como formas rápidas de ajustar el brillo de la pantalla, volumen y encender el adaptador inalámbrico integrado. También proporciona pasos detallados para las tareas que los usuarios de equipos portátiles repiten constantemente: conectarse a Internet de formas diferentes y configurar el reloj para una nueva zona horaria.

Capítulo 21

Diez o Más Cosas Que Usted Odia sobre Windows Vista (y Cómo Solucionarlas)

*W*indows Vista sería genial si sólo. . . *(inserte aquí lo que más le molesta).* Si se encuentra pensando (o diciendo) esas palabras frecuentemente, lea este capítulo. Aquí, encontrará no sólo una lista de diez o más de las cosas más odiosas de Windows Vista, sino las formas en que las puede solucionar.

No Soporto Esas Molestas Pantallas de Permisos

Puede elegir cualquiera de estos dos enfoques para las molestas pantallas de permiso de Vista:

- ✔ **Enfoque preferido de Microsoft:** Antes de hacer clic de forma automática en el botón Continue, hágase esta pregunta: ¿Acaso *yo* inicié esta acción? Si usted le pidió deliberadamente a su equipo que hiciera algo, haga clic en Continue para que el equipo ejecute su comando. Pero, si la pantalla de permiso emerge inesperadamente, haga clic en Cancel, porque algo no está bien.

- ✔ **La salida fácil:** Desactive las pantallas de permisos, tal como lo explico en el Capítulo 17. Desafortunadamente, eso deja a su equipo más susceptible a virus, bichos, spyware y otras cosas perjudiciales que se lanzan hacia su equipo durante el curso del día.

Ninguna opción es perfecta, pero esa es la alternativa que Microsoft le ha dado con Vista: Escuchar a su equipo renegar o desactivar las molestias y en vez de eso, confiar en sus propios programas de antivirus y antispyware.

Le recomiendo el enfoque preferido de Microsoft; en gran medida, es como utilizar un cinturón de seguridad cuando está manejando: No es cómodo, pero es más seguro. Aunque, al final, la opción radica en su propio balance entre comodidad y seguridad.

No Puedo Copiar los CD Extraídos Digitalmente ni Música Comprada en Mi iPod

No encontrará mencionada la palabra "iPod" en los menús de Vista, pantallas de ayuda ni tampoco en las áreas de ayuda del sitio Web de Microsoft. El contendiente de Microsoft, Apple, ha hecho tremendamente popular el iPod y Microsoft lo está ignorando con la esperanza de que esto sea pasajero.

Sin embargo, lo que no desaparecerán son los problemas que enfrentará si trata de copiar las canciones del Media Player en un iPod. Se encontrará con dos obstáculos:

- ✔ Las canciones compradas en la tienda de música del Media Player, URGE a que únicamente vengan en formato WMA (Windows Media Audio), protegido contra copias, y los iPods no pueden reproducirlas.

- ✔ Las canciones copiadas de CD con Media Player, tampoco se podrán reproducir en su iPod. También están almacenadas en formato WMA.

El segundo obstáculo tiene una solución: Indíquele al Media Player que convierta la música de su CD a archivos MP3, que *cualquier* reproductor portátil de música puede reproducir, incluso un iPod. Siga estos pasos para hacer el cambio:

1. **Abra el Media Player al hacer clic en el menú Start, seleccionar All Programs y seleccionar Windows Media Player.**

2. **Presione Alt, seleccione Tools desde el menú desplegable y seleccione Options.**

3. **Haga clic en la ficha Rip Music y seleccione MP3 en lugar de Windows Media Audio en el menú desplegable Format.**

4. **Haga clic en OK para guardar sus cambios.**

Al extraer su música al formato MP3, se garantizará que su biblioteca de música extraída digitalmente será compatible con cualquier reproductor de música que compre ahora o en el futuro. (Cubro lo relacionado con el Media Player en el Capítulo 15).

Todos los Menús Desaparecieron

En el intento de Microsoft por darle a Vista una apariencia nítida, los programadores eliminaron los menús de carpetas utilizados durante la década pasada. Para exhibir los menús que faltan en las carpetas, presione Alt. Aparecen los menús, permitiéndole seleccionar la opción que busca.

Para evitar que los menús vuelvan a desaparecer, haga clic en el botón Organize (que aparece en el margen), seleccione Layout y seleccione Menu Bar desde el menú desplegable.

Los Parental Controls Son Demasiado Complicados

Los nuevos Parental Controls de Vista le permiten controlar exactamente qué es lo que su niño puede y no puede hacer en su equipo. (Explico las opciones detalladas en el Capítulo 10). Pero, si sólo quiere que Vista le proporcione un resumen de lo que su hijo ha estado haciendo en el equipo, siga estos pasos rápidos:

1. **Haga clic en el botón Start, haga clic en Control Panel, seleccione User Accounts and Family Safety y seleccione Parental Controls.**

   Aparece la ventana de Parental Controls, que muestra el nombre de cada una de las cuentas.

2. **Haga clic en el nombre de la cuenta de usuario de su hijo.**

   Aparece la ventana Parental Controls Settings, que muestra una lista de botones.

3. **En la sección de Parental Controls, haga clic en On, Enforce Current Settings.**

4. **En la sección Activity Reporting, haga clic en On, Collect Information about Computer Usage.**

5. **Haga clic en el botón OK.**

Cada semana aproximadamente, revise el informe de actividad de su hijo siguiendo los Pasos 1 y 2 en los pasos anteriores, pero en el Paso 3, seleccione View Activity Reports. Ahí, Vista le muestra un resumen rápido en una página de lo que su hijo ha estado haciendo en la Internet.

Para revisar las áreas sospechosas, haga clic en el área Account Activity de su hijo en el panel de tareas que está a la izquierda. Todo está ahí: nombres de las personas que envían o reciben correos electrónicos y mensajes instantáneos de su hijo, canciones y videos reproducidos, sitios Web visitados, nombres de todos los programas descargados, horas de ingreso y salida, número de horas que pasó en el teclado e información similar.

El Efecto "Glass" Hace Que Mi Equipo Portátil Sea Más Lento

Uno de los efectos especiales más coquetos de Vista, el Aero Glass, puede ser mucho más especial que práctico. Aero Glass le permite ver fragmentos y pedazos de su escritorio en cada marco de la ventana. Los efectos también permiten que algunos programas, como el juego de ajedrez de Vista, "flote" en el aire, dejándole ver el juego desde todos los ángulos.

Pero los cálculos requeridos para dicha gimnasia visual vuelven lentos los equipos que no tienen gráficos de alta definición; esto incluye a muchas de las marcas actuales de equipos portátiles. Con Aero Glass, el alguna vez ágil Freecell de Windows XP, puede andar paseándose por toda la pantalla de su equipo portátil.

Lo que es peor: puede agotar las baterías a una fracción de su vida útil. Si no le gustan las interrupciones que saturan el Aero Glass en su equipo, desactívelas siguiendo estos pasos:

1. **Haga clic con el botón secundario en una parte vacía de su escritorio y seleccione Personalize para que aparezca el Control Panel.**

2. **Seleccione Window Color and Appearance.**

   Si aparecen las palabras Open Classic Appearance Properties For More Color Options, haga clic sobre éstas. De lo contrario, siga con el Paso 3.

3. **Seleccione Windows Vista Basic como el Color Scheme y haga clic en OK.**

Si eso *todavía* es muy lento, intente seleccionar Windows Standard o incluso Windows Classic en el Paso 3.

Para activar de nuevo el Aero Glass para impresionar a sus amigos, siga los primeros dos pasos en la lista anterior, pero seleccione Windows Aero en el Paso 3.

Si Vista *aún* no es lo suficientemente ágil, haga clic en Computer en el menú Start, seleccione Properties y seleccione Advanced System Settings del sistema del panel de tareas de la izquierda. Haga clic en el botón Settings en la sección Performance, seleccione Adjust for Best Performance y haga clic en OK.

No Puedo Averiguar Cómo Apagar Mi Equipo

El botón Start de Windows XP ofrecía un botón conveniente para apagar el equipo. Vista, en cambio, tiene dos botones en ese conveniente espacio y ninguno de los dos apaga su equipo. Uno deja su equipo en un "estado de energía baja" y el otro protege rápidamente su cuenta con una contraseña cuando usted se aleja durante un corto período de tiempo.

Para apagar su equipo, haga clic en la flecha de la derecha de los dos botones y seleccione Shut Down. (Explico todas las opciones del botón de energía en el Capítulo 2).

Para transformar el botón de la izquierda (que aparece en el margen) en un sencillo dispositivo Encendido/Apagado, siga estos pasos:

1. **Haga clic en el botón Start, seleccione Control Panel, seleccione System and Maintenance y seleccione Power Options.**

2. **En el panel de tareas que está a la izquierda, haga clic en Choose What the Power Buttons Do.**

3. **Seleccione Shut Down del menú desplegable del Power Button y haga clic en Save Changes.**

Windows Me Hace Iniciar Sesión Todo el Tiempo

Windows ofrece dos formas para regresar a la vida de su agitado y arremolinado protector de pantalla. Windows puede regresarlo a la pantalla inicial, en donde usted debe iniciar de nuevo sesión en su cuenta de usuario. Como alternativa, Windows Vista puede sencillamente regresarlo al programa que usted estaba utilizando cuando se activó el protector de pantalla.

Algunas personas prefieren la seguridad de la pantalla de inicio. Si el protector de pantalla se activa cuando las personas pasan mucho tiempo en el dispensador de agua, ellos están protegidos: Nadie puede llegar caminando y hurgar en sus correos electrónicos.

Otras personas no necesitan tanta seguridad adicional y simplemente quieren regresar a trabajar rápidamente. Aquí se describe cómo configurar cada caso:

1. **Haga clic con el botón secundario en cualquier parte vacía de su escritorio y seleccione Personalize.**

2. **Haga clic en Screen Saver.**

    Windows Vista muestra las opciones del protector de pantalla, inclusive si Windows debe o no activarse en la pantalla inicial.

3. **Dependiendo de su preferencia, elimine o agregue una marca de verificación en la casilla On Resume, Display Logon Screen.**

    Si la casilla *está marcada*, Windows Vista es más seguro. El protector de pantalla se activa en la pantalla inicial de Vista y los usuarios deben iniciar sesión en sus cuentas de usuario antes de utilizar el equipo.

    Si la casilla *no está marcada*, Windows Vista es más fácil de usar, activándose del protector de pantalla en el mismo lugar en donde dejó de trabajar.

4. **Haga clic en el botón OK para guardar sus cambios.**

Si usted ya *nunca* quiere ver la pantalla inicial, entonces utilice una sola cuenta, sin contraseña. Eso vence toda la seguridad ofrecida por el sistema de cuentas de usuarios, pero es más conveniente si usted vive solo.

La Barra de Tareas Sigue Desapareciendo

La barra de tareas es una característica útil de Windows Vista que generalmente se encuentra en la parte inferior de su pantalla. Desafortunadamente, algunas veces termina perdiéndose en el bosque. A continuación encontrará algunas formas de rastrearla y traerla de nuevo a casa.

Si su barra de tareas se mueve repentinamente al lado de su escritorio, o inclusive a la parte superior, intente arrastrarla hacia abajo: en lugar de arrastrar una orilla, arrastre la barra de tareas desde la parte media. Conforme su puntero del mouse llegue a la parte inferior de su escritorio, la barra de tareas regresará inmediatamente a su lugar. Libere el mouse y la habrá recapturado.

Siga estos pasos para evitar que siga deambulando su barra de tareas:

- Para mantener la barra de herramientas fija en su lugar, de modo que no se vaya flotando, haga clic sobre la barra de tareas y seleccione Lock the Taskbar. No obstante, recuerde que antes de que pueda realizar cualquier cambio a la barra de tareas, primero debe desbloquearla.

- Si su barra de tareas se desaparece de su vista cada vez que el puntero del mouse no se queda suspendido cerca, desactive la característica Auto Hide de la barra de tareas: Haga clic con el botón secundario en una parte vacía de la barra de herramientas y seleccione Properties desde el menú desplegable. Cuando aparezca el cuadro de diálogo Taskbar and Start Menu Properties, haga clic para eliminar la marca de verificación de la casilla Auto-Hide en la ficha de la Taskbar. (Para desactivar la característica Auto Hide, agregue la marca de verificación).

- Mientras se encuentre en el cuadro de diálogo Taskbar and Start Menu Properties, asegúrese de que se encuentre presente en la casilla de verificación Keep the Taskbar on Top of Other Windows. De ese modo, la barra de tareas siempre estará visible en el escritorio, lo que hace que ésta sea más fácil de ubicar.

No Puedo Seguirles la Pista a las Ventanas Abiertas

Usted no *tiene* que seguirles la pista a todas esas pantallas abiertas. Windows Vista lo hace por usted con una combinación secreta de teclas: Al sostener la tecla Alt y presionar la tecla Tab, aparece la pequeña barra, mostrando los íconos para todas sus ventanas abiertas. Siga presionando Tab; cuando Windows resalte el ícono de la ventana que está buscando, libere las teclas. Se despliega la ventana.

Si su equipo tiene gráficos suficientemente poderosos, haga clic en el botón Flip 3D (aparece en el margen) al lado del botón Start. Vista hace que "floten" todas las ventanas abiertas en la pantalla. Haga clic en la ventana que quiere traer hacia el frente. También puede pasar por las ventanas al presionar Tab o las teclas de flechas en su teclado.

O bien, puede utilizar la barra de tareas, esa franja larga que está en la parte inferior de su pantalla. Tal como se describe en el Capítulo 2, la barra de tareas enumera el nombre de cada una de las ventanas abiertas. Haga clic en el nombre de la ventana que desea y esa ventana saltará a la parte superior del grupo.

En el Capítulo 6, encontrará más soldados para reclutar en la batalla contra las ventanas, archivos y programas fuera de lugar.

No Puedo Alinear Dos Ventanas en la Pantalla

Con todo el lío de cortar y pegar, Windows Vista le facilita el tomar información de un programa y llevarla a otro. Respecto del asunto de arrastrar y colocar, puede copiar la dirección de la tarjeta de un contacto y colocarla en una carta en su procesador de textos.

 Lo más difícil de Windows Vista es alinear dos ventanas en la pantalla, lado a lado, para que sea más fácil arrastrar. *Ahí* es cuando usted necesita que aparezca la barra de tareas. Primero, abra las dos ventanas y colóquelas en cualquier lugar en la pantalla. Luego, convierta las demás pantallas en íconos al hacer clic en su botón Minimize (que aparece al margen).

Ahora, haga clic en un área vacía de la barra de tareas y luego elija entre Show Windows Stacked o Show Windows Side By Side. Las dos ventanas se alinean perfectamente en la pantalla. Intente ambos para ver cuál cubre sus necesidades actuales.

¡No Me Deja Hacer Algo a menos Que Sea un Administrador!

Windows Vista se pone realmente quisquilloso sobre quién hace qué en su equipo. El propietario del equipo obtiene la cuenta Administrator. El administrador generalmente asigna a los demás una cuenta Standard. ¿Qué significa esto? Bueno, que sólo el administrador puede hacer estas cosas en el equipo:

- ✔ Instalar programas y hardware.
- ✔ Crear o cambiar cuentas para otros usuarios.
- ✔ Instalar algún tipo de hardware, como cámaras digitales y reproductores MP3.
- ✔ Leer los archivos de los demás.

Capítulo 21: Diez o Más Cosas Que Usted Odia sobre Windows Vista

Las personas con cuentas Standard, por naturaleza, están limitados a actividades puramente básicas. Ellos pueden hacer estas cosas:

- ✔ Ejecutar programas instalados.
- ✔ Cambiar su imagen y contraseña de la cuenta.

Las cuentas Guest se hicieron para la niñera o visitantes que no utilizan de forma permanente el equipo. Si tiene una cuenta de Internet de banda ancha u otra "siempre activa", los invitados pueden navegar por Internet, ejecutar programas o revisar su correo electrónico. (Tal como lo describo en el Capítulo 13, a las cuentas Guest no se les permite iniciar una conexión a Internet, pero sí pueden utilizar una existente).

Si Windows dice que sólo un administrador puede ejecutar algo en su equipo, usted tiene dos alternativas: Buscar a un administrador para que escriba su contraseña, con lo que autoriza la acción; o convencer al administrador para que actualice su cuenta a una cuenta Administrator. Esto se explica en el Capítulo 13.

No Sé Que Versión de Windows Tengo

Windows se ha vendido en más de una docena de sabores desde su debut en noviembre de 1985. ¿Cómo puede indicar qué versión está realmente instalada en su equipo?

Abra el menú Start, haga clic en Computer y seleccione Properties. Busque en la sección Windows Edition en la parte superior para ver qué versión de Windows Vista tiene: Home Basic, Home Premium, Business, Enterprise o Ultimate.

En las primeras versiones de Windows, busque debajo de la palabra System para ver la versión de Windows.

Mi Tecla Print Screen No Funciona

Windows Vista convirtió la tecla Print Screen (etiquetada PrtSc, PrtScr o algo aún más sobrenatural en algunos teclados). En lugar de enviar cosas que están en la pantalla a la impresora, la tecla Print Screen las envía a la memoria de Windows Vista, en donde puede pegarlas en otras pantallas.

Si sostiene la tecla Alt mientras presiona la tecla Print Screen, Windows Vista envía una imagen de la *ventana* actual, no de la pantalla completa, al portapapeles para pegarla posteriormente.

Si usted *realmente* necesita una impresión de la pantalla, presione el botón Print Screen para enviar una imagen de la pantalla a su memoria. (No se verá como si nada ha ocurrido). Luego, haga clic en Start, seleccione All Programs, seleccione Accessories, abra Paint y seleccione Paste desde el menú Edit. Cuando aparezca su imagen, seleccione Print desde el menú File y envíelo a la impresora.

Capítulo 22

Diez o Más Consejos para Propietarios de Equipo Portátil

*E*n su mayor parte, todo en este libro aplica tanto para equipos de escritorio como para equipos portátiles. Sin embargo, Vista ofrece unas cuantas configuraciones exclusivamente para equipos portátiles, las cuales se describen aquí. También proporciono algunos consejos y referencias rápidas para que este capítulo sea especialmente idóneo para los propietarios de equipos portátiles que necesitan la información de inmediato.

Ajustar Rápidamente la Configuración de Su Equipo Portátil

Vista ofrece a los propietarios de equipo portátil una forma rápida de ver las cosas que más afectan a sus pequeños equipos en este estilo de vida tan ajetreado. Conocido como el Mobility Center, se trata de un destino de una sola parada para ajustar la configuración principal de su equipo portátil. Para abrir el Mobility Center, siga estos pasos:

1. **Haga clic en Start y seleccione Control Panel.**

2. **Seleccione Mobile PC y seleccione Windows Mobility Center.**

   Aparece en la pantalla el Windows Mobility Center, tal como se muestra en la Figura 22-1. En el futuro, puede trasladarse hasta aquí rápidamente al mantener presionada la tecla Windows y la X.

3. **Realice sus ajustes.**

Como se muestra en la Figura 22-1, el Mobility Center le permite hacer ajustes rápidos a la configuración principal de su equipo portátil, tal como se describe en la siguiente lista. No piense que algo anda mal si no encuentra todas estas opciones en su equipo portátil. Los fabricantes personalizan las opciones del centro para que coincidan con las características de cada modelo.

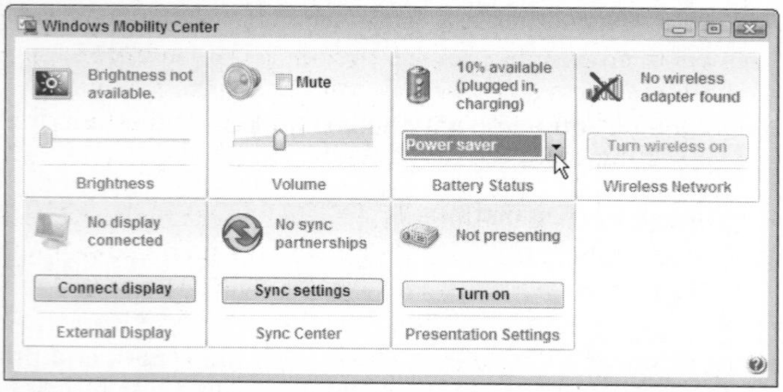

Figura 22-1:
El Windows Mobility Center coloca los ajustes más comunes para un equipo portátil en un solo panel.

- **Brightness (Brillo):** Un sencillo control que se desliza le permite atenuar su equipo portátil en situaciones de poca luz (o sencillamente ahorrar la carga de la batería) o incrementar el brillo cuando esté trabajando al aire libre.

- **Volume (Volumen):** ¿Cansado de que cada vez que enciende su equipo portátil éste hace un molesto estruendo? Baje aquí el nivel del volumen. (O bien, haga clic en la casilla de verificación Mute para apagarlo por completo, lo que ahorra baterías y permite que lo encienda sólo cuando sea necesario).

- **Battery Status (Estado de la batería):** Seleccione Balanced para el trabajo diario, cámbiese a Power Saver cuando esté trabajando lejos de una conexión a corriente eléctrica por varias horas y cámbiese a High Performance cuando esté conectado a la energía eléctrica.

- **Wireless Network (Red inalámbrica):** Si su equipo portátil lo ofrece, aquí encontrará un conmutador On/Off fácil de encontrar para el adaptador de la red inalámbrica de su equipo portátil. Déjelo apagado para ahorrar baterías y vuélvalo a encender cuando esté listo para conectarse.

- **External Display (Pantalla externa):** ¿Alguna vez ha conectado su equipo portátil a un monitor grande o proyector para dar una presentación? Diríjase aquí para configurarlo.

- **Sync Center (Centro de sincronización):** Vista le permite mantener su equipo portátil o equipo sincronizado con un reproductor portátil de música o teléfono celular, actualizándolos automáticamente con la información de cada cual. (Desafortunadamente, no puede sincronizar su equipo portátil con su equipo de escritorio o con un iPod). Este conmutador lo lleva al Sync Center, en donde puede configurar una asociación con gadgets compatibles con la sincronización y hacer clic en el botón Sync All para que éstos intercambien información.

- **Presentation Settings (Configuración de la presentación):** Esta opción le permite controlar lo que aparece en el proyector cuando conecta su equipo portátil. Con el clic de un botón, puede convertir el papel tapiz de su escritorio en algo seguro para su negocio, apagar su protector de pantalla, ajustar el volumen de su equipo y evitar cualquier otra distracción.

Aunque algunos botones lo llevan a más áreas de configuraciones completas, el Mobility Center trabaja bien como una plataforma de lanzamiento. Es su primer paso para personalizar su equipo portátil de modo que armonice con sus alrededores.

Elegir Qué Pasa Cuando Cierra la Cubierta de Su Equipo Portátil

Cerrar la cubierta de su equipo portátil significa que ha dejado de trabajar, pero ¿por cuánto tiempo? ¿Durante la noche? ¿Hasta que se baje del subterráneo? ¿Durante una larga pausa de almuerzo? Vista le permite personalizar exactamente cómo se debería comportar su equipo portátil cuando usted cierra la cubierta del mismo.

Para iniciar los ajustes, siga estos pasos:

1. **Haga clic en Start, seleccione Control Panel y luego elija System and Maintenance.**

2. **Elija Power Options y luego seleccione desde el panel izquierdo Choose What Closing the Lid Does.**

   Tal como se muestra en la Figura 22-1, Vista ofrece distintas configuraciones al cerrar la cubierta, ya sea cuando su equipo está conectado (Plugged In) o funcionando con baterías (On Battery): Do Nothing, Hibernate o Shut Down.

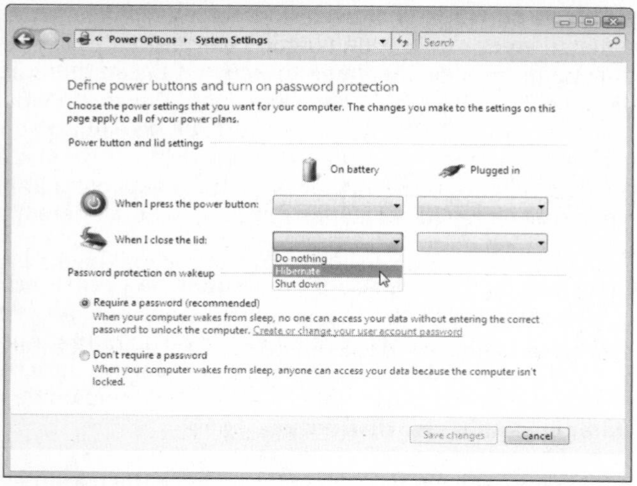

Figura 22-2:
Cambiar las
reacciones
de su
equipo
portátil
cuando esté
conectado o
utilizando
baterías.

Generalmente, se selecciona Hibernate, ya que permite que su equipo portátil permanezca funcionando en un estado de baja energía, permitiendo que se active rápidamente para que pueda comenzar a trabajar sin demora. Pero, si va a tener apagado su equipo portátil durante la noche, apagarlo por completo es generalmente la mejor idea. Esa opción permite que el equipo portátil conserve la carga de la batería y si lo deja conectado a la electricidad durante toda la noche, se encenderá con las baterías completamente cargadas.

Del mismo modo, puede elegir si su equipo debe requerir o no una contraseña cuando se vuelva a encender. (Las contraseñas siempre son una buena idea).

Esta ventana también le permite seleccionar qué es lo que sucede cuando hace clic en los botones Power y Lock en la parte de abajo de su menú Start. Describo estas opciones de energía más detalladamente en el Capítulo 2.

3. **Haga clic en Save Changes para que sus cambios sean permanentes.**

Ajustar a Diferentes Ubicaciones

Los equipos no se mueven de un escritorio, lo que hace que configurar algunas cosas sea más fácil. Por ejemplo, sólo necesita ingresar su ubicación una vez y Vista automáticamente establece su zona horaria, símbolos de moneda y cosas similares que cambian en todo el mundo.

Pero la alegría de la movilidad de un equipo portátil contrasta con la agonía de indicarle al mismo en dónde está ubicado exactamente en la actualidad. Estas secciones proporcionan los pasos que necesita cambiar cuando viaja a un área distinta.

Cambiar su zona horaria

Siga estos pasos para dejar que su equipo portátil sepa que ha ingresado a una nueva zona horaria:

1. **Haga clic en la barra de tareas del reloj en la esquina inferior derecha.**

   Aparecerá un calendario y un reloj en una pequeña ventana.

2. **Seleccione la configuración de Date and Time.**

   Aparece el cuadro de diálogo Date and Time.

3. **Seleccione Change Time Zone, ingrese su zona horaria actual en el menú desplegable Time Zone y haga clic dos veces en OK.**

Si viaja frecuentemente entre zonas horarias, aproveche la ficha Additional Clocks en el Paso 3. Ahí podrá agregar hasta dos relojes adicionales. Para verificar rápidamente la hora en Caracas, sólo mueva su puntero del mouse sobre el reloj de la barra de tareas. Aparece un menú desplegable que le muestra su hora local, así como la hora en las ubicaciones adicionales que ingresó.

Marcar un módem en una ubicación distinta

Proporcioné una explicación detallada sobre cómo conectarse con un módem de acceso telefónico en el Capítulo 8. Aquí, asumo que usted está configurando una conexión en una ciudad distinta, en donde debe ingresar un número diferente de teléfono, código de área, tarjeta de llamada u otras diferencias. Siga estos pasos para conectarse a una conexión de Internet de acceso telefónico en una nueva ubicación.

1. **Haga clic en el botón Start y seleccione Connect To.**

   Vista muestra todas las conexiones anteriores de Internet de acceso telefónico que ha agregado anteriormente, inclusive la primera que configuró.

   Si necesita cambiar el número telefónico, agregue un número que se conecte a una línea externa, cambie el código de área o ingrese un número de tarjeta de llamada y siga al Paso 2.

2. **Haga clic con el botón secundario en su ubicación de conexión de acceso telefónico existente y seleccione Properties.**

   Vista le muestra las configuraciones para su conexión actual de acceso telefónico.

3. **Haga clic en la casilla de verificación Use Dialing Rules y haga clic en Dialing Rules.**

   Aparece el cuadro de diálogo Dialing Rules, que muestra los nombres de las ubicaciones que ha ingresado cuando configuró diferentes conexiones de acceso telefónico. La configuración llamada My Location es la que Vista creó cuando configuró su primera conexión de acceso telefónico.

4. **Haga clic en New e ingrese la configuración cambiada para su nueva ubicación.**

   Cuando aparece el cuadro de diálogo New Location, ingrese el nombre de su nueva ubicación, así como los cambios requeridos para el marcado en esa ubicación: un código de área o número de acceso distinto, un hotel que requiere que marque 9 para una línea externa o, tal vez, un código para deshabilitar la llamada en espera.

   Conforme ingrese sus cambios, la parte inferior del cuadro de diálogo New Location muestra el número que Vista marcará para hacer la conexión.

5. **Haga clic en OK cuando termine, luego haga clic en OK para salir del cuadro de diálogo Phone and Modem Options y haga clic en OK para salir del cuadro de diálogo Properties.**

   Vista lo regresa al cuadro de diálogo Connect to a Network que le asigna nombre a su conexión de acceso telefónico.

6. **Haga clic en Connect.**

   Vista marca el número de Internet utilizando la nueva configuración que ingresó. Si necesita marcar un número telefónico distinto, diríjase al Capítulo 8 para obtener instrucciones sobre cómo configurar una cuenta de acceso telefónico. Sin embargo, su recién ingresada configuración regional lo estará esperando aquí.

Conectarse a una zona activa de Internet inalámbrico

Cada vez que se conecta a una red inalámbrica, Vista almacena sus configuraciones para conectarse de nuevo la próxima vez que esté de viaje. Le explico completamente las conexiones inalámbricas en el Capítulo 14, pero aquí están los pasos para una guía rápida:

1. **Encienda el adaptador inalámbrico de su equipo portátil, si es necesario.**

   Generalmente, puede activarlo con hacer clic en Mobility Center, tal como se muestra en la figura 22-1. Algunos equipos portátiles ofrecen un dispositivo manual en algún lugar del aparato.

2. **Seleccione Connect To a desde el menú Start.**

   Vista le muestra todas las formas en las que se puede conectar a Internet, incluyendo cualquier red inalámbrica que encuentre dentro del rango.

3. **Conéctese a la red inalámbrica al hacer clic en su nombre y en Connect.**

   Su equipo debería conectarse inmediatamente. Pero si su equipo portátil solicita más información, trasládese al Paso 4.

4. **Ingrese el nombre de la red inalámbrica y la clave de seguridad/frase clave, si se lo pide y luego haga clic en Connect.**

   Algunas redes inalámbricas secretas no difunden sus nombres, así que Windows las muestra como Unnamed Network. Si encuentra ese nombre, rastree al propietario de la red y pídale el nombre de la red, clave de seguridad o palabra clave para ingresar ahí.

   Cuando usted hace clic en Connect, Vista anuncia su éxito. Asegúrese de hacer clic en ambos cuadros, Save This Network y Start This Connection Automatically, para que la próxima vez que esté en el área sea más fácil conectarse.

Cuando ya no necesite estar en línea, apague el adaptador inalámbrico de su equipo portátil para ahorrarle baterías al mismo.

Hacer una Copia de Seguridad de Su Equipo Portátil Antes de Viajar

Describo cómo hacer una copia de seguridad de su equipo en el Capítulo 12. Hacer una copia de seguridad de un equipo portátil es como hacer una copia de seguridad de un equipo de escritorio. Por favor, recuerde hacer una copia de seguridad de su equipo antes de salir de su casa u oficina. Los ladrones se roban equipos portátiles mucho más seguido que equipos de escritorio. Su equipo portátil puede reemplazarse, pero no la información que contiene.

Mantenga la información de la copia de seguridad en casa, no en la bolsa de su equipo portátil.

Apéndice A

Actualizar a Windows Vista

*E*n la actualidad, las nuevas computadoras vienen con Windows Vista pre-instalado; es prácticamente inevitable. Si se encuentra leyendo este capítulo, su equipo probablemente todavía utiliza Windows XP. Si todavía funciona con Windows 98 o Windows Me, no se moleste en intentarlo: Vista require un equipo poderoso con partes a la vanguardia.

Para reforzar la potencia de su equipo y aprovechar Vista al máximo, adquiera otro de mis libros *Upgrading & Fixing PCs For Dummies (Actualizar y Reparar PCs Para Dummies)*. Explica cómo actualizar los gráficos, añadir más memoria y realizar otras tareas para satisfacer la necesidad de potencia de Vista.

Una advertencia: La actualización a Vista desde Windows XP es una calle de una sola vía, ya que no puede regresar a Windows XP una vez que haya instalado Vista. No realice la actualización hasta que esté seguro de estar preparado para Vista.

Prepararse para Windows Vista

Por lo general Windows Vista se ejecuta bien en equipos adquiridos durante los últimos tres o cuatro años. Antes de actualizar, asegúrese de revisar rápidamente la siguiente lista de verificación:

✔ **Potencia del equipo:** Asegúrese de que su equipo tenga la fuerza suficiente para ejecutar Windows Vista. En el Capítulo 1 cubro los requisitos de Vista.

✔ **Compatibilidad:** Antes de actualizar o instalar, inserte el DVD de Vista y elija Check Compatibility Online. Cuando Vista lo lleve al sitio Web de Microsoft, descargue y ejecute el Windows Vista Upgrade Advisor. El programa le alerta de antemano acerca de las partes de su equipo que podrían no ejecutarse bien bajo Windows Vista. Puede encontrar el Upgrade Advisor en el sitio Web de Microsoft: www.microsoft.com/windowsvista/getready.

✔ **Seguridad:** Antes de actualizar a Windows Vista, desactive su software antivirus y otros programas de seguridad. Podrían inocentemente tratar de protegerle contra el proceso de actualización de Windows Vista.

✔ **Copia de seguridad:** Realice una copia de seguridad de todos los datos importantes de su equipo con Windows XP.

Instalar la Actualización de Windows Vista

Siga estos pasos para actualizar su copia de Windows XP a Windows Vista:

1. **Inserte el DVD de Windows Vista en su unidad de disco DVD y elija Install Now, tal como se muestra en la Figura A-1.**

   Vista se prepara para instalarse por sí mismo.

2. **Elija Go Online to Get the Latest Updates for Installation (Recommended).**

   Este paso indica a Vista que visite el sitio Web de Microsoft y descargue las actualizaciones, controladores, parches y varios arreglos recientes que ayudan a que su instalación se ejecute sin problemas.

Figura A-1:
Elija Install Now desde la pantalla de instalación de Windows Vista.

3. **Ingrese su clave de producto y haga clic en Next, como se muestra en la Figura A-2.**

   Por lo general, la *clave de producto (product key)* se encuentra en una pequeña etiqueta adherida al empaque del CD. ¿No hay clave de producto? No puede seguir. Windows Vista no se puede instalar sin una clave de producto. (Si está volviendo a instalar una versión de Vista que venía preinstalada en su equipo, busque la clave de producto impresa en una etiqueta adherida a la parte lateral o trasera del mismo).

   No marque la casilla de verificación llamada Automatically Activate Windows When I'm Online. Lo puede hacer después, cuando sepa que Vista funciona en su equipo.

   Escriba la clave de producto en la parte superior de su DVD de Vista con un bolígrafo rotulador. (Escríbalo en el lado *impreso* del CD). De esta manera, siempre tendrá su clave de producto válida con su CD.

   La característica Activation de Windows Vista toma una foto instantánea de las partes de su equipo y las vincula con el número de serie de Windows Vista, lo cual impide que pueda instalar la misma copia en otro equipo. Desafortunadamente, la característica Activation también le puede fastidiar si cambia muchas partes de su equipo.

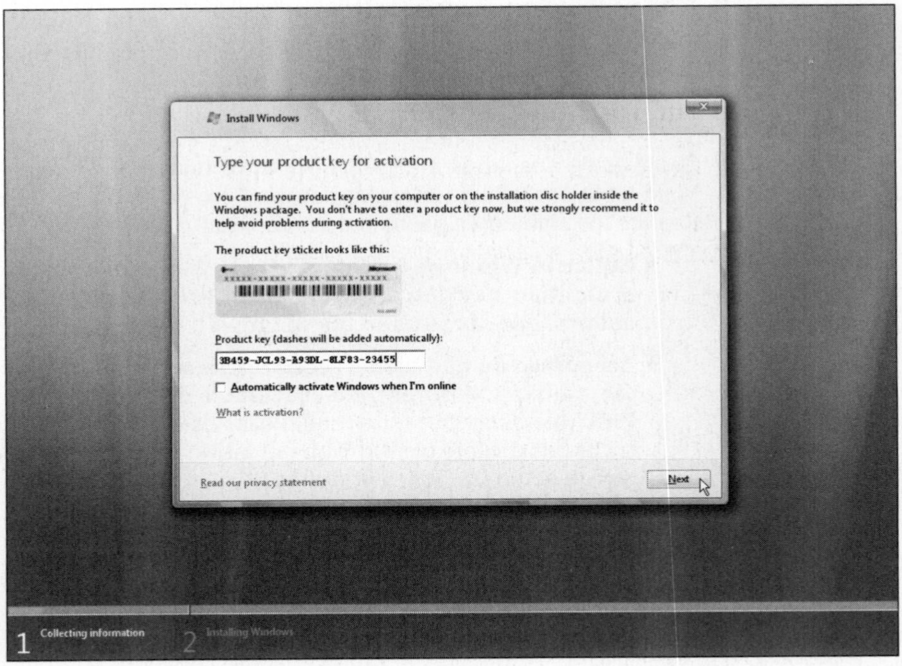

Figura A-2:
Ingrese la
clave de
producto y
haga clic en
Next.

4. Lea el contrato de licencia, marque la casilla de verificación junto a I Accept the License Terms y haga clic en Next.

Tome aproximadamente una hora para leer cuidadosamente el contrato de licencia de Microsoft de 25 páginas. Debe seleccionar la opción de la casilla de verificación I Accept the License Terms antes de que Microsoft le permita instalar el software.

5. Elija Upgrade y haga clic en Next.

La actualización preserva sus archivos, configuraciones y programas anteriores. Si esta opción está atenuada, significa que su unidad de disco duro no es lo suficientemente grande. Necesita hasta 15GB de espacio libre para instalar Vista.

El Compatibility Report (informe de compatibilidad) de Vista enumera cualquier software o parte de su equipo que Vista no pueda manejar. Anótelas para que las pueda actualizar posteriormente.

6. Elija su país, hora, moneda y distribución del teclado, luego haga clic en Next.

Si vive en Estados Unidos, haga clic en Next. Si no vive en Estados Unidos, elija su país, hora, divisa e idioma del teclado para que coincida con su idioma.

7. Elija Use Recommended Settings.

Las configuraciones de seguridad recomendadas de Vista mantienen el programa automáticamente actualizado.

8. Elija la hora y fecha actual y haga clic en Finish.

Después de buscar en su equipo por unos minutos, aparecerá Windows Vista en la pantalla de inicio de sesión. Pero no se detenga todavía. Realice los siguientes pasos para completar el proceso:

- **Utilice la Windows Update.** Visite la Windows Update, descrita en el Capítulo 10 y descargue cualquier actualización de seguridad y controlador actualizado por Microsoft.

- **Asegúrese de que Vista reconozca su software.** Ejecute todos sus programas anteriores para asegurarse de que todavía funcionen. Probablemente necesite reemplazarlos con versiones más recientes o visite el sitio Web del fabricante para averiguar si ofrece actualizaciones gratuitas.

- **Verifique las cuentas de usuario.** Asegúrese de que las cuentas de usuario de su equipo funcionen correctamente.

¡Bienvenido a Windows Vista!

Index

Libros en Español

Disponibles en cualquier lugar donde vendan libros, o través de dummies.com

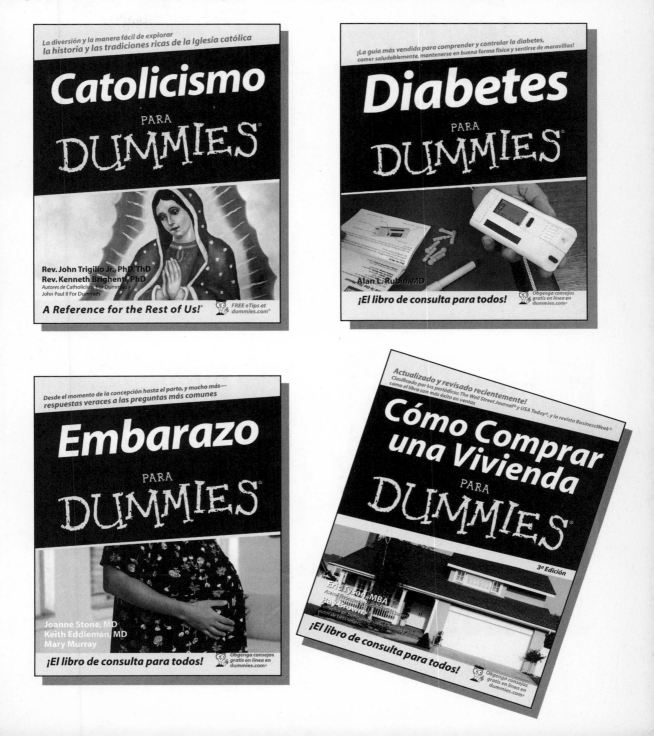

Guía útil para palabras y expresiones de uso cotidiano

Frases en Inglés

PARA

DUMMIES

¡El libro de consulta para todos!

- Conozca los fundamentos del lenguaje de una manera fácil y práctica
- Encuentre las palabras que necesita de manera rápida en las secciones Palabras para Recordar
- Con las guías de pronunciación no tendrá problemas para que lo entiendan

Gail Brenner
Autora de uno de los libros más vendidos Inglés Para Dummies

Comience a hablar inglés rápidamente con esta guía fácil y divertida

Inglés

PARA

DUMMIES

Diálogos del libro en disco compacto de audio

¡Soluciones prácticas para todos!

Información gratis diariamente en dummies.com

Gail Brenner
Creadora e instructora del curso, "Programa del lenguaje de inglés intensivo", en la Universidad de California, Santa Cruz

¡Vista es de Windows - lo mas exito de venta - y tiene las ventajas mejores para Ud.!

Windows Vista

PARA

DUMMIES

Incluye todos los detalles y aspectos de Vista y todos elementos esenciales de Windows

¡El libro de consulta para todos!

Obgenga consejos gratis en linea en dummies.com

Andy Rathbone

"¡Aclara misterios y provee ayuda útil!"
U.S. News & World Report

En Español

Fotografía Digital

PARA

DUMMIES

4a Edición

Cubre qué camara comprar, cómo imprimir sus imágenes y más

¡Soluciones Prácticas para Todos!

eTips GRATIS en dummies.com

Julie Adair King
Autora de Photo Retouching & Restoration For Dummies